中国煤炭行业知识产权蓝皮书

刘 峰 曹光明／主编

中国煤炭行业知识产权发展报告（2020）

ZHONGGUO MEITAN HANGYE ZHISHI CHANQUAN FAZHAN BAOGAO

中国煤炭工业协会 组织编写

知识产权出版社
全国百佳图书出版单位
—北京—

图书在版编目（CIP）数据

中国煤炭行业知识产权发展报告 . 2020 / 中国煤炭工业协会组织编写 . —北京：知识产权出版社，2020.12
（中国煤炭行业知识产权蓝皮书 / 刘峰，曹光明主编）
ISBN 978-7-5130-7213-7

Ⅰ.①中… Ⅱ.①中… Ⅲ.①煤炭工业-知识产权-研究报告-中国-2020 Ⅳ.①D923.404

中国版本图书馆 CIP 数据核字（2020）第 185937 号

内容提要

本书对 2019 年中国煤炭行业知识产权发展情况进行了分析总结。全书分为行业篇、区域篇、企业篇、案例篇和借鉴篇五篇，对煤炭行业的专利申请、专利授权、商标注册、软件著作权登记等情况进行了概述，对煤炭产业集中的区域及煤炭行业重点企业进行了研究，对获得中国专利奖的案例进行了深度剖析，总结了煤炭行业的知识产权发展现状，为煤炭行业企事业单位做好知识产权工作提供了参考和借鉴。

责任编辑：许波　　　　**责任印制**：刘译文

中国煤炭行业知识产权蓝皮书　刘峰　曹光明　主编

中国煤炭行业知识产权发展报告（2020）

ZHONGGUO MEITAN HANGYE ZHISHI CHANQUAN FAZHAN BAOGAO（2020）

中国煤炭工业协会　组织编写

出版发行：	知识产权出版社有限责任公司	网　　址：	http: //www .ipph.cn
电　　话：	010-82004826		http: //www .laichushu.com
社　　址：	北京市海淀区气象路 50 号院	邮　　编：	100081
责编电话：	010—82000860 转 8380	责编邮箱：	xubo@cnipr.com
发行电话：	010—82000860 转 8101	发行传真：	010—82000893
印　　刷：	天津嘉恒印务有限公司	经　　销：	各大网上书店、新华书店及相关专业书店
开　　本：	787mm×1092mm　1/16	印　　张：	24.5
版　　次：	2020 年 12 月第 1 版	印　　次：	2020 年 12 月第 1 次印刷
字　　数：	438 千字	定　　价：	168.00 元

ISBN 978-7-5130-7213-7

前　言

煤炭产业是我国重要的基础产业，煤炭产业的可持续发展关系着国民经济健康发展和国家能源安全。依靠科技进步，煤炭行业坚持资源利用率高、安全有保障、经济效益好、环境污染少的发展道路。目前，我国煤炭资源的高效安全开发与清洁高效利用水平已进入世界先进行列。

2019 年，煤炭行业在科技创新体系建设、科技创新平台搭建、重点项目攻关和科技人才培养等方面取得了一系列成果，科技创新水平又迈上了一个新的台阶，为煤炭行业的创新发展和推动地方经济建设作出了巨大贡献，为保障国家能源供应发挥了重要作用。

在煤炭行业企事业单位的科技同人们的大力支持下，经过多年的努力，煤炭行业初步建成了煤炭行业科技创新管理体系。该体系以科技成果鉴定评价、科技奖励评优及行业创新平台建设三部分作为支撑，形成了从企业技术需求和难题的初期遴选到科研攻关与创新培育，再到科技成果推广应用三步走的创新管理模式。同时，中国煤炭工业协会（以下简称中国煤炭协会）不断加大力度开展行业标准化工作和知识产权工作，利用标准和知识产权这两大有力抓手为成果的创新培育和推广应用保驾护航，在引导行业创新方向、营造良好的创新环境、保护创新权益等方面发挥了重要的作用。

随着国家对知识产权工作的着力推进，煤炭行业的知识产权工作得到了长足的发展，煤炭企事业单位的知识产权保护意识大大增强，对知识产权创造、运用、保护和管理的能力也有了显著提升，煤炭领域的专利保护工作取得了实质性的进展，专利申请量和授权量历经了从无到有、从有到多的阶段，煤炭行业也正努力迈向从多到好、从好到强的新阶段。

目　　录

区 域 篇

企 业 篇

案 例 篇

借鉴篇

第1章
绪　论

1.1　编制背景和意义

1.1.1　行业知识产权保护

1.1.1.1　专利申请与授权情况

截至2020年3月26日，煤炭行业拥有授权发明专利8772件，实用新型专利17491件，PCT专利申请631件，累计申请总量达3.79万件。2019年，煤炭行业专利申请量5344件，商标注册量671件。从统计结果分析得出，煤炭企业专利数量整体呈上升趋势，其中，发明专利的比例也逐年增加，专利质量整体稳步提升。

随着煤炭行业着力推进实施专利质量提升工程，积极承担并顺利完成国家知识产权局的现代煤化工和煤炭工业物联网专利分析项目，以及北京市知识产权局的重点行业协会特定创新方向专利集群构建方案制定等课题。中国煤炭协会积极推动并指导国家能源投资集团有限责任公司（以下简称“国家能源集团”）、兖矿集团有限公司（以下简称“兖矿集团”）、阳泉煤业（集团）有限责任公司（以下简称“阳煤集团”）（北京）等煤炭企事业单位围绕现代煤化工、煤炭开采、采掘机械、智能开采等重点领域开展专利分析、预警布局、高价值专利培育等工作，培育高价值核心专利技术，在创新全过程周期中注重对研发成果的产权保护，推动核心技术专利化、核心专利工程化、专利技术利润化，加强专利、技术秘密的保护和转化，为提升企业核心创新能力，提高成果转化率，推动企业转型升级打下坚实基础。

1.1.1.2　中国专利奖获奖情况

自中国专利奖设立奖项以来，煤炭行业共获得中国专利奖97项，其中，金奖7项，银奖2项，优秀奖88项。煤炭行业的专利创造、保护与运用水平不断提高，在专利授权量不断提升的基础上，行业重点领域高质量高价值专利培育成为自主创新发展的重点方向。2012年，中国煤炭协会被国家知识产权局授予中国专利奖评审“优秀组织奖”荣誉。煤炭行业获中国专利奖情况见附件。

1.1.2 行业知识产权运用

1.1.2.1 中国矿业知识产权联盟

2017年3月26日，在国家知识产权局、北京市知识产权局、中国科学技术协会、中国煤炭协会的共同指导下，中国矿业知识产权联盟成立了。中国矿业知识产权联盟在联盟会员之间搭建知识产权公共信息平台，形成矿业领域知识产权流动与运营渠道，提升矿业领域的自主创新能力，推动矿业领域在关键领域实现技术突破，为联盟会员的知识产权战略运用以及海外知识产权布局等相关事宜提供信息分析服务与知识产权预警分析。经过三年来的建设，联盟已建立完全具有我国自主知识产权、国际领先的无煤柱煤炭开采技术，构建了无煤柱自成巷-110工法专利池，并围绕N00工法及其装备系统构建了较为完整的专利保护体系。

1.1.2.2 知识产权优势示范企业

为深入实施创新驱动发展战略和知识产权战略，大力推进《全国专利事业发展战略（2011—2020年）》的贯彻落实，加快形成一批拥有自主知识产权和知名品牌、国际竞争力较强的骨干企业，国家知识产权局总结企业知识产权试点示范工作经验，从2013年起开展国家级知识产权优势企业和示范企业培育工作。截至2020年年初，煤炭行业有5家企业入选国家知识产权示范企业，22家企业入选国家知识产权优势企业。优势示范企业的培育与发展，在完善知识产权管理体系、提升知识产权质量和运用能力等方面得到了很大的提升、具有行业影响力和标杆性，有力推动了企业知识产权管理体系的建设，进一步提升了煤炭行业知识产权保护能力和市场竞争力。

1.1.3 行业知识产权人才培养

煤炭行业高度重视知识产权人才培养，多次组织专家深入煤炭企业、高校院所、行业工程中心开展高价值专利培育、专利布局、专利预警等专题培训，组织煤炭企事业单位参加国家知识产权局组织的企业专利竞争策略实战培训、全国专利信息人才培训、知识产权管理体系培训等培训班，为行业培养知识产权管理人才、知识产权分析实务人才、专利挖掘撰写人才等多层次知识产权人才梯队打下坚实基础，为行业科技创新质量保驾护航。

目前，行业拥有全国知识产权领军人才 1 人，即国家能源集团袁明；全国专利信息实务人才 3 人，即中国煤炭协会曹光明、煤科集团沈阳研究院有限公司范洪利、太原理工大学付鑫金。参加专业培训并通过考核的行业知识产权专业管理人才有 600 余人。

1.2 编制方法

1.2.1 研究对象

本报告研究主体是中国煤炭协会所有的会员单位，研究的成果主要包括：

① 2019 年中国煤炭协会科技项目成果；

② 2019 年所有会员单位专利申请数据；

③ 2019 年所有会员单位获得专利授权的数据；

④ 2019 年所有会员单位专利运营数据（包括转让、许可和质押）；

⑤ 2019 年所有会员单位商标注册数据。

1.2.2 数据检索分析

专利数据主要来源于 Incopat 商业数据库，商标数据主要来源于 DI 数据库。在检索过程中，检索采用申请人和受让人为检索入口，检索出所有相关专利和商标数据，进行人工逐篇阅读去噪，并按照行业内分类进行人工标引，得到分析样本。

专利数据检索主要采用计算机检索，中国专利文献检索以中国专利局对外公开的专利文献为基础，国外专利文献检索以美国、日本、西班牙、英国、法国、德国、瑞士、韩国、俄罗斯、欧洲专利局（EPO）、世界知识产权组织（WIPO）等国家或组织间交换并已公开的专利文献为基础。

数据检索分析的时间范围如下：

中国专利数据公开起始时间为2019年1月1日，截止时间为2020年3月26日。

国外专利数据公开起始时间为2019年1月1日，截止时间为2020年3月26日。

涉及技术方面的专利数量统计选择申请号合并方式合并。分析人员采用定量分析和定性分析结合的方式，从行业、区域、企业等角度进行了多维度的分析，从而得出目前煤炭行业知识产权发展现状。

1.2.3 相关事项和约定

本节将对本报告中出现的各国专利术语或现象一并给出解释：

①**项**：同一件发明可能在多个国家或地区提出专利申请，在进行专利申请量统计时，对于数据库中以一族（这里的“族”指的是同族专利中的“族”）数据的形式出现的一系列专利文献，计算为“1项”。

②**件**：将同族专利申请分别进行统计，所得的结果对应于申请的件数。

③**专利族/同族专利**：同一项发明创造在多个国家申请专利而产生的一组内容相同或基本相同的专利文献出版物，称为一个专利族。从技术角度看，属于同一专利族的多件专利申请可以视为同一件专利。

④**优先权**：申请人自发明或者实用新型在外国第一次提出专利申请之日起十二个月内，或者自外观设计在外国第一次提出专利申请之日起六个月内，又在中国就相同主题提出专利申请的，依照该外国同中国签订的协议或者共同参加的国际条约，或者依照相互承认优先权的原则，可以享有优先权。

⑤**全球专利申请**：申请人在全球范围内各个国家、地区和组织的专利申请。

⑥**国外专利申请**：除中国以外的全球范围内各国（地区、组织）专利局受理的专利申请。

⑦**中国专利申请**：申请人在中国提出，并被国家知识产权局受理的专利申请。

⑧**国外来华专利申请**：国外申请人在中国提出，并被国家知识产权局受理的专利申请。

⑨ **PCT申请**：是《专利合作条约》（*Patent Cooperation Treaty*）的英文缩写，是有关专利的国际条约。根据PCT的规定，专利申请人可以通过PCT途径递交国际专利申

请，向多个国家申请专利。

⑩ **IPC 分类号**：（国际专利分类法 International Patent Classification，IPC），IPC 采用了功能和应用相结合，以功能性为主、应用性为辅的分类原则。

⑪ **地域分布**：统计专利申请分布的国家和地区。

⑫ **目标国**：专利申请指定国家。

⑬ **法律状态**：包括未决申请、有效专利和无权专利。

⑭ **未决申请**：在本报告检索截止日为止，专利申请可能还未进入实质审查程序或者处于实质审查程序中，也有可能处于复审等其他法律状态。

⑮ **无权专利**：在本报告检索截止日为止，已经丧失专利权的专利或者自始至终未获得授权的专利申请，包括专利权届满、未缴年费、无效，或者专利申请被驳回、撤回、视撤等。

⑯ **多边专利申请**：同一项专利可能在多个国家或地区提出申请。

行业篇

第2章

专利全景分析

2.1 专利申请情况

2.1.1 煤炭行业专利申请总量

煤炭行业专利申请与全国专利申请对比

图 2-1-1 展示了 2019 年煤炭行业的专利申请总量及其在 2019 年全国专利申请总量中的比重情况。截至检索时间 2020 年 3 月 26 日，已公开的 2019 年专利申请中，公开国别为中国的全国专利申请总量为 2338880 件（包括发明、实用新型、外观设计），其中，煤炭行业专利申请总量为 5344 件，约占 2019 年全国专利申请总量的 0.23%。

图 2-1-1　2019 年煤炭行业专利申请总量及其在 2019 年全国专利申请总量中的比重

2.1.2 专利申请类型

图 2-1-2 展示了 2019 年煤炭行业专利申请类型情况。2019 年煤炭行业申请发明专

利 4034 件，申请实用新型 1304 件，申请外观专利 6 件。

图 2-1-2 2019 年煤炭行业专利申请类型情况（单位：件）

2.1.3 技术主题布局情况

图 2-1-3 展示了煤炭行业专利申请技术主题分布情况。根据涉及煤炭行业的一级学科分类，2019 年煤炭行业发明专利申请布局最多的三个技术主题为资源勘查与地质保障、煤炭安全与应急保障、煤矿机械与装备；2019 年煤炭领域实用新型专利申请布局最多的三个技术主题为煤矿机械与装备、资源勘查与地质保障、煤矿机电与智能信控。

综合来看，煤炭行业的专利申请在矿区职业健康、大型工程类、创新管理与经济的专利布局热度较低，除研发热度外，这也与一级学科自身是否易于形成技术方案的特点相关。

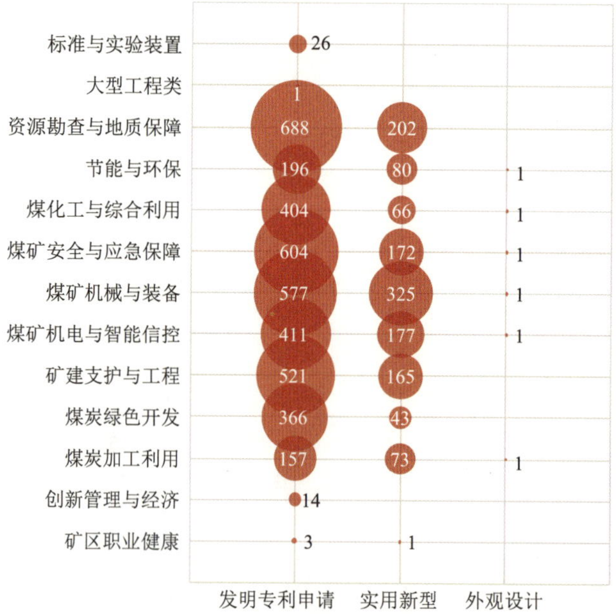

图 2-1-3 2019 年煤炭行业专利申请技术主题分布情况（单位：件）

2.1.4 省份分布情况

图 2-1-4 展示了煤炭行业申请人的省份分布情况及根据申请人所属省份统计的专利申请省份分布情况。涉及合作申请的专利，根据合作的申请人进行拆分进行统计。北京市、山西省既是会员单位的集中省市，也是专利申请的活跃地区；位于江苏省的会员单位数量排名并不靠前，但其专利申请量十分突出，这一定程度上是由位于江苏省的中国矿业大学的专利申请数量优势明显带动的；与江苏省的情况相反，内蒙古自治区的中国煤炭协会会员单位数量较多，但专利申请数量却较少。

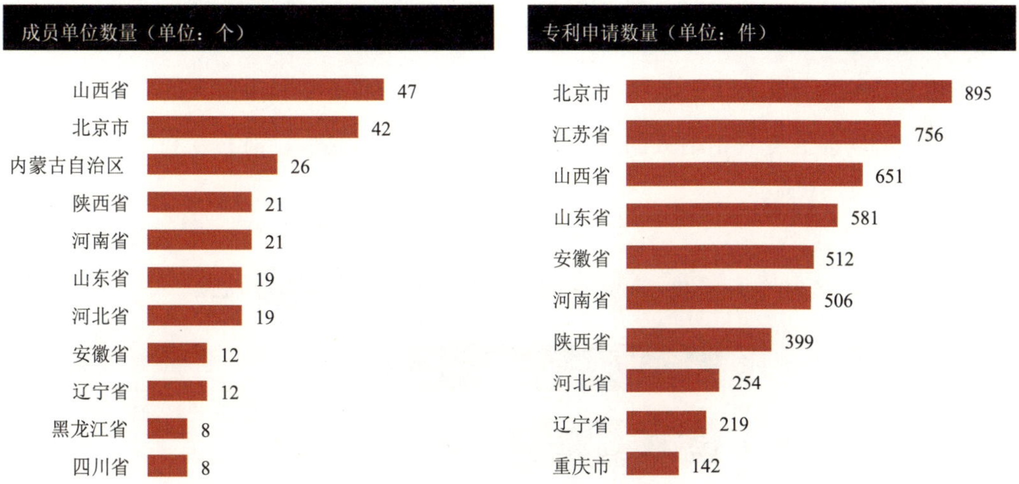

图 2-1-4 2019 年煤炭行业专利申请省份分布总体情况

2.1.5 申请人分析

2.1.5.1 申请人排名及集中度分析

图 2-1-5 展示了 2019 年中国煤炭行业主要申请人的专利申请情况。高校类申请人在煤炭行业专利申请排名靠前，且数量上与企业类或科研院所类申请人相比存在绝对优势，尤其是中国矿业大学，专利申请量是煤炭行业申请量最多的企业类的申请人的 4 倍以上。除高校申请人外，煤炭行业的龙头集团企业及其下属研究院所的专利申请较为活跃，如国家能源集团、中国煤科集团重庆研究院有限公司等。

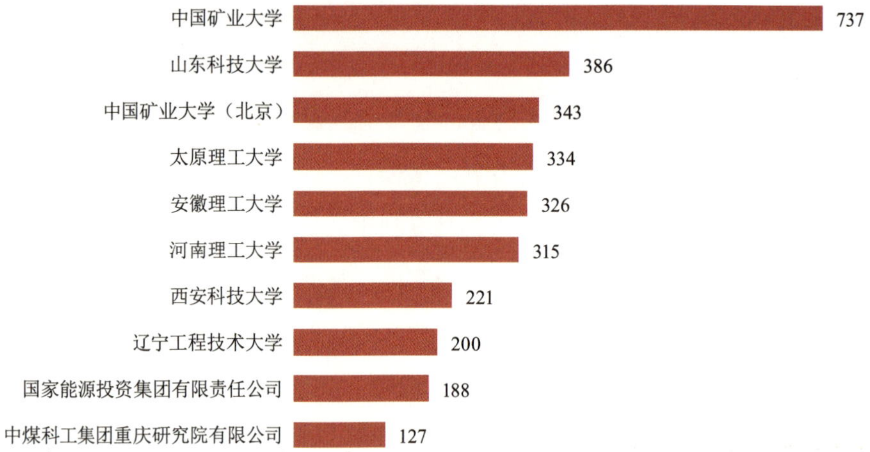

图 2-1-5　2019 年煤炭行业专利申请人排名（单位：件）

图 2-1-6 展示了煤炭行业专利申请人集中度情况。前十专利申请人的专利申请总量占比为 46.2%，前五专利申请人的专利申请总量占比为 30.9%，前三专利申请人的专利申请总量占比为 21.3%。

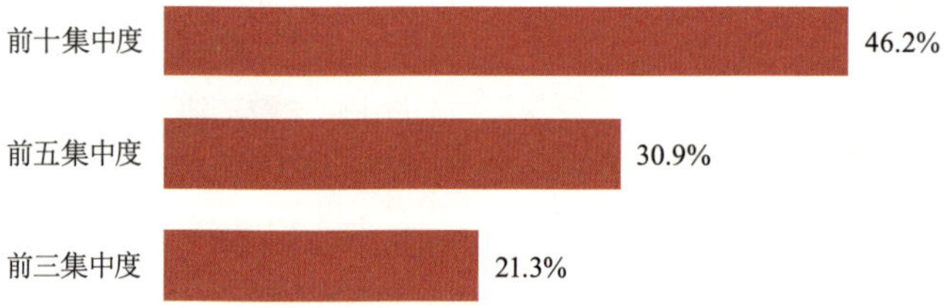

图 2-1-6　2019 年煤炭行业专利申请人集中度

2.1.5.2　主要申请人技术主题布局情况

图 2-1-7 展示了中国煤炭行业的专利申请技术主题布局情况。高校类申请人中，中国矿业大学在煤矿安全与应急保障、矿建支护与工程、煤炭绿色开发、资源勘查与地质保障等领域均有相当数量的专利布局，山东科技大学在矿建支护与工程领域表现突出，中国矿业大学（北京）在资源勘查与地质保障、矿建支护与工程上较为活跃，太原理工大学在煤化工与综合利用类、资源勘查与地质保障领域专利申请数量较多，河南理工大学较为注重煤矿安全与应急保障、资源勘查与地质保障领域的专利申请。科研院所类申请人中，中煤科工集团重庆研究院有限公司在煤矿安全与应急保障、资源勘查与地质保障领域有一定布局。企业类申请人中，国家能源集团则在煤化工与综合利用分支的专利布局热度较高。整体看来，主要申请人的重点关注领域有一定的相似性，集中在煤矿安

全与应急保障、矿井支护与工程，以及资源勘查与地质保障。此外，高校类申请人更多地涉及多个有相当专利申请数量的技术主题，而企业类及科研院所类申请人的布局主题则较为集中。

	分支 1	分支 2	分支 3	分支 4	分支 5	分支 6	分支 7	分支 8	分支 9	分支 10	分支 11	分支 12	分支 13
中国矿业大学	0	90	0	3	64	94	65	109	109	84	35	62	5
中国矿业大学（北京）	0	86	0	3	15	39	9	54	61	25	35	16	0
中煤科工集团重庆研究院有限公司	0	40	0	0	1	6	0	51	2	10	11	6	0
国家能源投资集团有限责任公司	0	5	0	0	96	2	1	8	6	28	19	23	0
太原理工大学	1	74	0	0	81	41	22	30	11	23	33	14	1
安徽理工大学	1	45	0	7	14	18	50	40	64	46	20	16	1
山东科技大学	0	64	0	5	18	39	4	60	118	29	25	8	1
河南理工大学	0	69	1	0	14	17	5	91	66	16	27	7	0
西安科技大学	0	57	0	0	16	15	6	51	10	27	24	15	0
辽宁工程技术大学	0	19	0	2	6	22	2	32	56	21	33	5	2

图 2-1-7　2019 年煤炭行业主要申请人的专利技术主题布局（单位：件）

分支 1. 矿区职业健康；分支 2. 资源勘查与地质保障；分支 3. 大型工程类；分支 4. 标准与实验装置；分支 5. 煤化工与综合利用类；分支 6. 煤炭绿色开发；分支 7. 煤炭加工利用；分支 8. 煤矿安全与应急保障；分支 9. 矿建支护与工程；分支 10. 煤矿机电与智能信控；分支 11. 煤矿机械与装备；分支 12. 节能与环保；分支 13. 创新管理与经济

2.1.6 发明人分析

2.1.6.1 发明人排名

图 2-1-8 展示了煤炭行业主要发明人申请数量。排名靠前的发明人为来自天地科技股份有限公司的郭岱、章立强，以及来自太原理工大学的冯国瑞。与图 2-1-7 中所示高校类申请人专利申请数量普遍高于企业类申请人专利申请量的情况不同，排名靠前的发明人所属单位并未出现明显的申请人类型差异，申请数量较多的重点发明人较为平均地分布在企业类和高校类申请人中。另外在此声明，由于部分发明人姓名较为常见，统计时存在涉及同名发明人统一计数的情况。

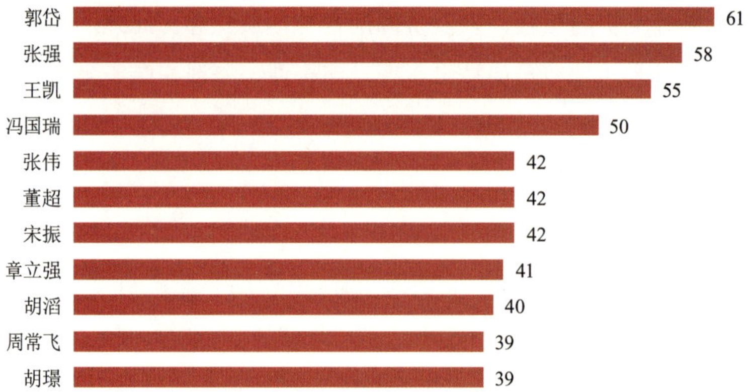

图 2-1-8　2019 年煤炭行业专利申请发明人排名（单位：件）

2.1.6.2　主要发明人技术主题布局情况

图 2-1-9 展示了中国煤炭行业主要发明人涉及的技术领域。主要发明人的技术主题布局聚焦在煤矿机械于装备制造领域，这与主要发明人的所属单位较为集中有关。此外，煤炭绿色开发也是主要发明人的热点布局技术主题之一。

主要发明人	分支2	分支4	分支5	分支6	分支7	分支8	分支9	分支10	分支11	分支12	分支13
郭岱	0	0	0	3	0	0	0	3	55	0	0
张强	2	0	0	19	0	8	5	5	16	2	1
王凯	13	1	1	7	0	22	7	0	2	2	0
冯国瑞	14	0	0	29	0	2	2	0	1	2	0
张伟	0	0	15	5	6	3	3	0	6	4	0
董超	0	0	0	10	0	0	0	0	32	0	0
宋振	0	0	0	10	0	0	0	0	32	0	0
章立强	0	0	0	8	0	0	0	0	33	0	0
胡滔	0	0	0	8	0	0	0	0	32	0	0
周常飞	0	0	0	8	0	0	0	0	31	0	0
胡璟	0	0	0	8	0	0	0	0	31	0	0

图 2-1-9　2019 年煤炭行业主要发明人专利技术布局总体情况（单位：件）

分支 2. 资源勘查与地质保障；分支 4. 标准与实验装置；分支 5. 煤化工与综合利用类；
分支 6. 煤炭绿色开发；分支 7. 煤炭加工利用；分支 8. 煤矿安全与应急保障；
分支 9. 矿建支护与工程；分支 10. 煤矿机电与智能信控；分支 11. 煤矿机械与装备；
分支 12. 节能与环保；分支 13. 创新管理与经济

2.2 专利授权情况

2.2.1 煤炭行业专利授权总量

煤炭行业专利授权与全国专利授权对比

图 2-2-1 展示了 2019 年煤炭行业的专利授权总量及 2019 年全国总授权量情况。截至检索日，已公开的 2019 年专利申请中，公开国别为中国的专利授权总量为 2591609 件（包括发明、实用新型、外观设计），其中，煤炭行业专利授权总量为 5064 件，约占 2019 年全国专利授权总量的 0.2%。

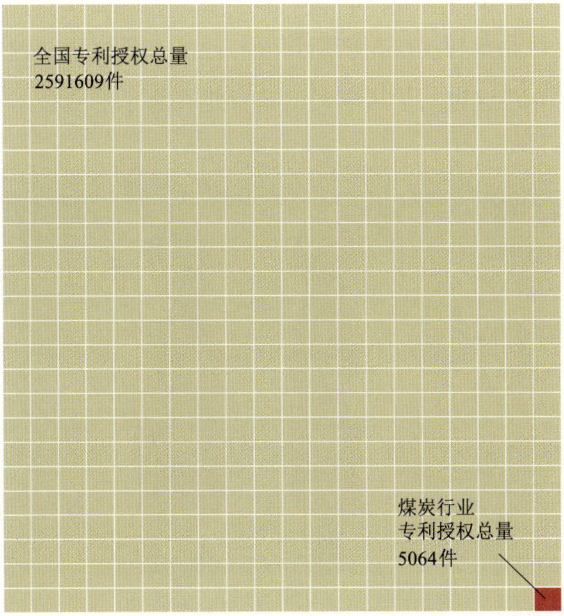

图 2-2-1　2019 年煤炭行业专利授权总量及全国专利授权总量

2.2.2 专利授权类型

图 2-2-2 展示了煤炭行业专利授权类型情况。2019 年煤炭行业发明专利授权量为 2007 件，实用新型专利授权量为 3042 件，外观设计专利授权量为 15 件。实用新型专利授权量较多，占总授权量的 3/5。

图 2-2-2 煤炭行业专利授权类型情况（单位：件）

2.2.3 技术主题分布情况

图 2-2-3 展示了煤炭行业授权专利技术主题分布情况。根据涉及煤炭行业的一级学科分类，2019 年煤炭行业发明专利授权最多的三个技术主题为煤矿机电与智能信控、矿建支护与工程、煤矿安全与应急保障；2019 年煤炭领域实用新型专利授权布局最多的三个技术主题为煤矿机电与智能信控、煤矿安全与应急保障、煤矿机械与装备。

综合来看，煤炭行业专利授权在创新管理与经济、矿区职业健康、大型工程类的专利较少，除研发热度外，这也与一级学科的自身是否易于形成技术方案的特点相关。

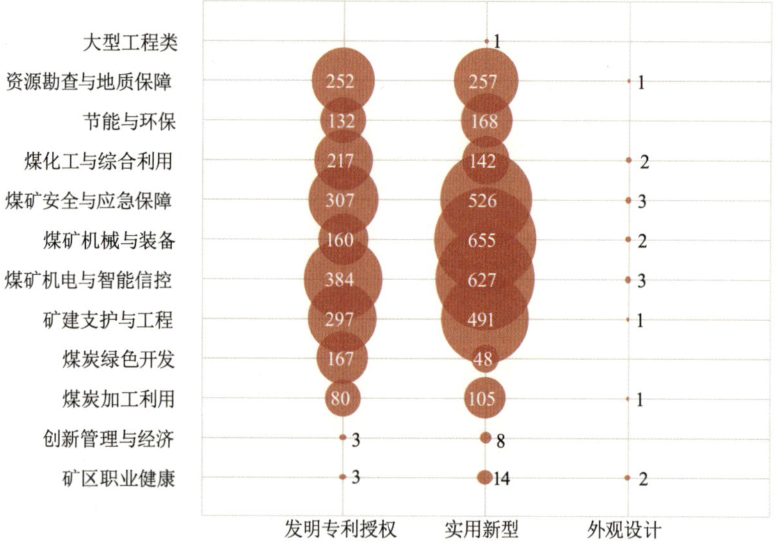

图 2-2-3 煤炭行业授权专利技术主题分布情况（单位：件）

2.2.4 省份分布情况

图 2-2-4 展示了中国煤炭行业获授权专利申请人省份分布情况及根据授权专利申请人所属省份统计的专利授权省份分布情况。涉及合作申请的专利，根据合作的申请人进行拆分统计。北京市、山西省既是会员单位的集中省市，也是专利授权最多的地区；位于江苏省的会员单位数量排名并不靠前，但其专利授权量十分突出，这一定程度上是由于位于江苏省的中国矿业大学的专利授权数量优势明显；与江苏省的情况相反，内蒙古自治区的会员单位数量较多，但专利授权数量较少。与企业类授权专利申请人相比，高校类授权专利申请人无论是平均授权量或总授权量均占绝对优势。有活跃高校授权专利申请人的省份，通常具有较为突出的表现。

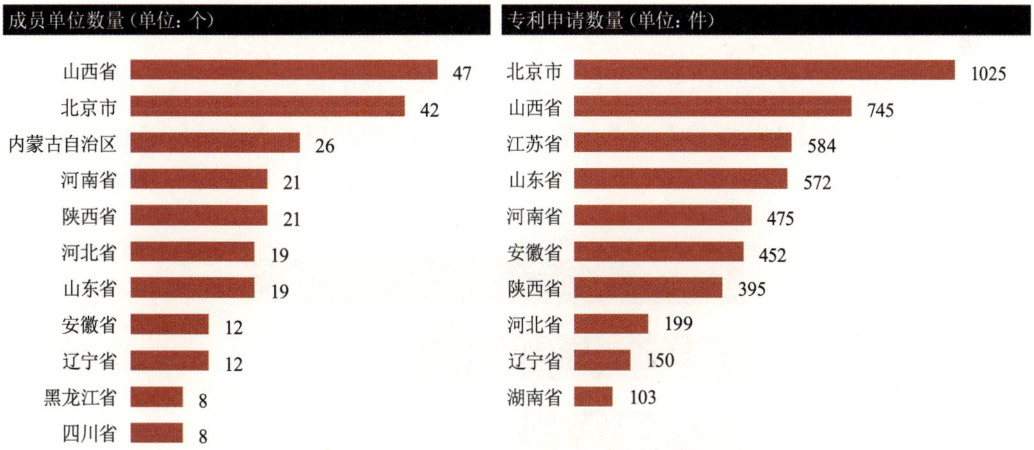

图 2-2-4　2019 年煤炭行业获授权专利申请人省份分布总体情况

2.2.5 申请人分析

2.2.5.1 授权专利申请人排名及集中度分析

图 2-2-5 展示了煤炭行业主要授权专利申请人的专利授权情况。高校类授权专利申请人排名靠前，且数量上与企业类或科研院所类授权专利申请人相比存在绝对优势，尤其是中国矿业大学，专利授权量是煤炭行业授权量最多的企业类授权专利申请人的两倍以上。除高校授权专利申请人外，煤炭行业的龙头集团企业及其下属单位的专利授权数量较多，如国家能源集团、神华神东煤炭集团有限责任公司、淮南矿业（集团）有限责任公司等。

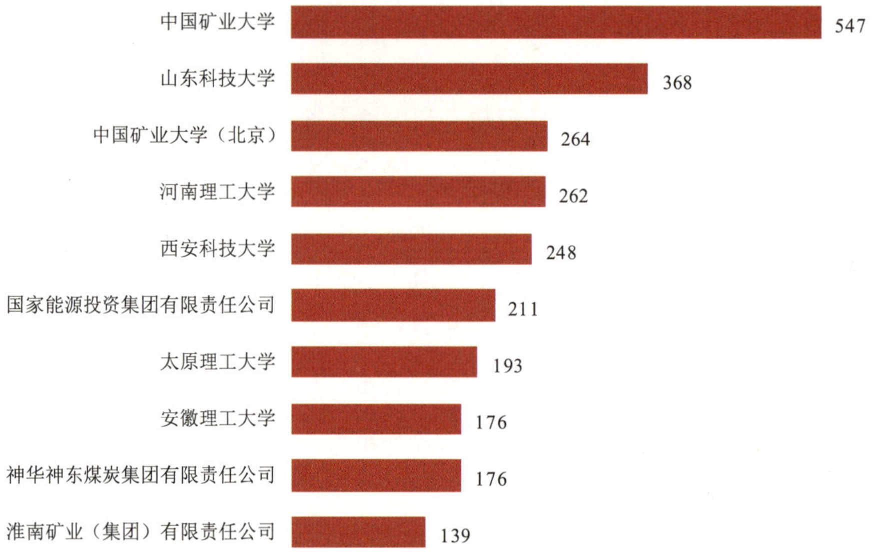

图 2-2-5　2019 年煤炭行业获得授权专利的申请人排名（单位：件）

图 2-2-6 展示了煤炭行业专利授权的集中度情况。前十申请人的授权专利总量占比为 38.3%，前五申请人的授权专利总量占比为 25.1%，前三申请人的授权专利总量占比为 17.5%。

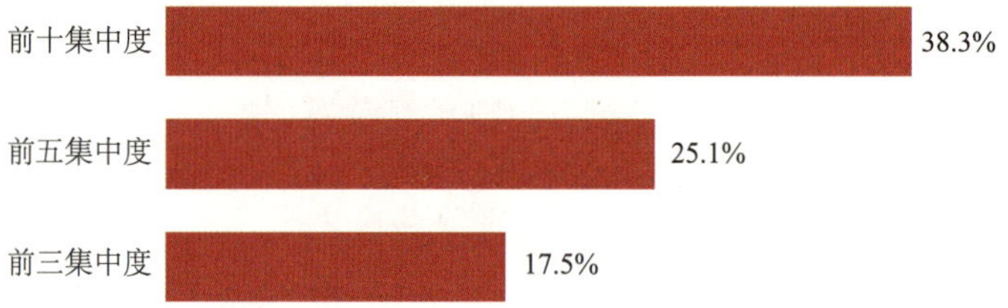

图 2-2-6　2019 年煤炭行业授权专利申请人集中度

2.2.5.2　主要申请人的授权专利技术主题分布情况

图 2-2-7 展示了中国煤炭行业主要授权专利申请人的技术主题分布情况。授权专利主要集中在煤矿安全与应急保障、矿井支护与工程及煤矿机电与智能信控。此外，高校类授权专利申请人更多地涉及多个有相当专利授权专利申请数量的技术主题，而企业类及科研院所类授权专利申请人的技术主题则较为集中。

主要申请人	分支 1	分支 2	分支 3	分支 4	分支 5	分支 6	分支 7	分支 8	分支 9	分支 10	分支 11	分支 12	分支 13
中国矿业大学	1	67	0	0	16	39	62	75	98	91	70	28	0
山东科技大学	0	78	0	0	6	26	9	60	79	46	47	17	0
中国矿业大学（北京）	0	56	0	0	7	24	2	45	46	46	27	11	0
河南理工大学	1	40	0	0	12	18	4	69	58	35	14	7	4
西安科技大学	0	38	0	0	7	12	7	58	30	50	17	27	2
国家能源投资集团有限责任公司	0	0	0	0	55	2	8	22	14	44	41	25	0
太原理工大学	1	13	0	0	31	24	9	23	10	40	14	27	1
安徽理工大学	0	39	0	0	10	9	11	28	39	20	12	8	0
神华神东煤炭集团有限责任公司	0	2	0	0	1	6	15	27	31	46	41	7	0
淮南矿业（集团）有限责任公司	1	5	0	0	2	4	1	31	28	39	25	3	0

图 2-2-7 煤炭行业主要申请人授权专利的技术主题分布（单位：件）

分支 1. 矿区职业健康；分支 2. 资源勘查与地质保障；分支 3. 大型工程类；分支 4. 标准与实验装置；分支 5. 煤化工与综合利用类；分支 6. 煤炭绿色开发；分支 7. 煤炭加工利用；分支 8. 煤矿安全与应急保障；分支 9. 矿建支护与工程；分支 10. 煤矿机电与智能信控；分支 11. 煤矿机械与装备；分支 12. 节能与环保；分支 13. 创新管理与经济

2.2.6 发明人分析

2.2.6.1 发明人排名

图 2-2-8 展示了 2019 年中国煤炭行业主要发明人授权专利数量。排名靠前的发明人为太原理工大学冯国瑞、山西潞安环保能源开发股份有限公司郭超、山东科技大学程卫民。另外在此声明，由于部分发明人姓名较为常见，统计时存在涉及同名发明人统一计数的情况。

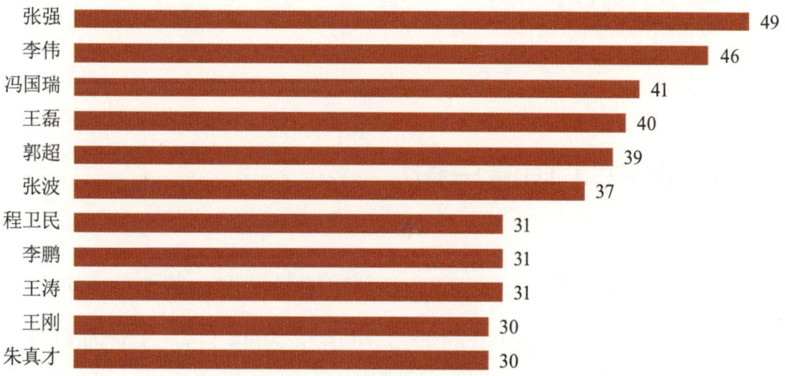

图 2-2-8 煤炭行业授权专利的发明人排名总体情况（单位：件）

2.2.6.2 主要发明人技术主题分布情况

图 2-2-9 展示了煤炭行业主要发明人涉及的技术领域。主要发明人的关注技术主题主要分布在煤矿安全与应急保障、矿建支护与工程、煤矿机电与智能信控、煤矿机械与装备。主要发明人 2019 年在矿区职业健康、大型工程类、标准与实验装置、创新管理与经济无新授权专利。

主要发明人	分支1	分支2	分支3	分支4	分支5	分支6	分支7	分支8	分支9	分支10	分支11	分支12	分支13
张强	0	0	0	0	0	6	1	7	9	12	12	2	0
李伟	0	1	0	0	0	3	1	4	9	14	14	0	0
冯国瑞	0	6	0	0	0	18	0	10	2	2	1	2	0
王磊	0	5	0	0	4	1	1	7	4	11	5	2	0
郭超	0	2	0	0	0	0	0	12	15	2	8	0	0
张波	0	5	0	0	15	0	0	2	1	6	2	6	0
程卫民	0	3	0	0	1	3	0	16	4	1	1	2	0
李鹏	0	8	0	0	0	6	0	2	6	6	3	0	0
王涛	0	4	0	0	1	0	0	11	2	10	3	0	0
王刚	0	4	0	0	1	2	0	8	3	7	2	3	0
朱真才	0	0	0	0	0	0	0	4	8	12	6	0	0

图 2-2-9　煤炭行业主要发明人授权专利的技术主题分布（单位：件）

分支 1. 矿区职业健康；分支 2. 资源勘查与地质保障；分支 3. 大型工程类；分支 4. 标准与实验装置；分支 5. 煤化工与综合利用类；分支 6. 煤炭绿色开发；分支 7. 煤炭加工利用；分支 8. 煤矿安全与应急保障；分支 9. 矿建支护与工程；分支 10. 煤矿机电与智能信控；分支 11. 煤矿机械与装备；分支 12. 节能与环保；分支 13. 创新管理与经济

2.3 PCT 申请情况

2.3.1 煤炭行业 PCT 申请总量

图 2-3-1 展示了 2019 年煤炭行业 PCT 专利申请量情况。截至检索时间 2020 年 3 月 26 日，收录的 2019 年煤炭协会申请的 PCT 申请量为 44 件，占全国 PCT 总申请量的 0.03%。截至检索日收录的 2019 年全国 PCT 申请量为 145576 件，占 2019 年专利申请

量的 6.22%，煤炭行业 PCT 申请量占煤炭行业 2019 年专利总申请量的 0.82%。

图 2-3-1　2019 年煤炭行业 PCT 专利申请量（单位：件）

2.3.2　技术主题布局情况

图 2-3-2 展示了煤炭行业 PCT 专利申请的技术主题布局情况。2019 年煤炭行业 PCT 专利申请布局最多的三个技术主题为资源勘查与地质保障、矿建支护与工程和煤矿机电与智能信控。在煤炭行业一级学科分类的 13 个技术主题中，有 5 个技术主题不涉及 PCT 专利申请，分别是矿区职业安全、节能与环保、大型工程类、创新管理与经济、标准与实验装置。

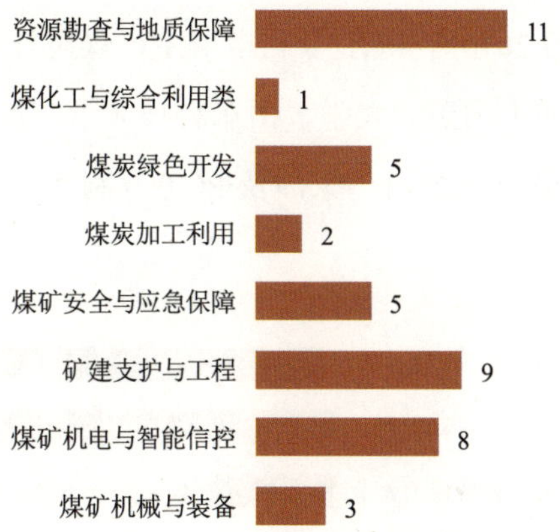

图 2-3-2　煤炭行业 PCT 专利申请的技术主题布局（单位：件）

2.3.3　省份分布情况

图 2-3-3 展示了 2019 年煤炭行业 PCT 专利申请的省份分布情况。涉及合作申请的专利，根据合作的申请人进行拆分进行统计。江苏省、山东省的申请量明显高于其他省份，这与上述两个省份内涉及的高校关系较大。位于江苏省的中国矿业大学和位于山

东省的山东科技大学，均为煤炭行业 PCT 专利申请的主要申请人，中国矿业大学及山东科技大学分别贡献了江苏省及山东省全部的 PCT 专利申请。对比煤炭行业申请量及煤炭行业 PCT 专利申请量，来自北京的 PCT 专利申请数量与其在华申请量相比，较为单薄。

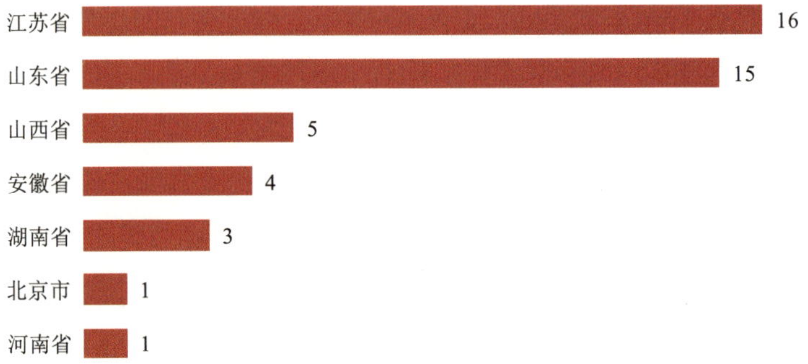

图 2-3-3　2019 年煤炭行业 PCT 专利申请省份分布情况（单位：件）

2.3.4　申请人排名

图 2-3-4 展示了涉及 2019 年 PCT 专利申请的申请人排名情况。截止至检索时间 2020 年 3 月 26 日，公开的 2019 年 PCT 专利申请中，煤炭行业涉及 PCT 专利申请的申请人以高校申请人为主，如中国矿业大学、山东科技大学。煤炭行业企业类申请人仅有山西潞安环保能源开发股份有限公司一家涉及 PCT 专利申请。2019 年无科研院所申请人申请 PCT 专利。

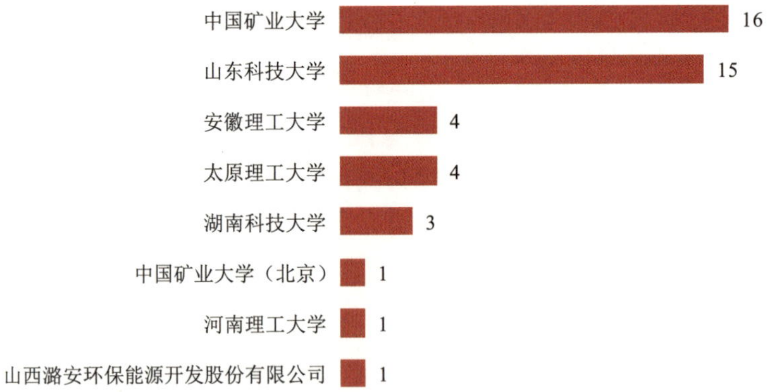

图 2-3-4　2019 年煤炭行业 PCT 专利申请人排名（单位：件）

2.3.5 发明人排名

图 2-3-5 展示了涉及 PCT 专利申请的发明人排名情况。排名靠前的发明情况与排名靠前的申请人情况相似，以高校类为主。此外，发明人主要集中在少数团队，如排名靠前的 Fan Deyuan、Liu Xuesheng、Ning Jianguo、Tan Yunliang 均来自山东科技大学，且合作关系密切；Li Wenping、Wang Qiqing 均来自中国矿业大学，且相互之间涉及多件合作申请。

图 2-3-5 煤炭行业 PCT 专利申请发明人排名（单位：件）

2.4 专利运营情况

2.4.1 转让情况

2.4.1.1 转让专利申请趋势

图 2-4-1 展示出了煤炭行业在 2019 年发生转让的专利权（申请）的申请年份分布情况。涉及煤炭行业的专利权（申请）的转让专利自 2001 年开始。2011—2014 年，煤炭行业专利的转让数量呈现上升阶段。2015—2016 年煤炭行业的专利转让量呈现迅速增长。

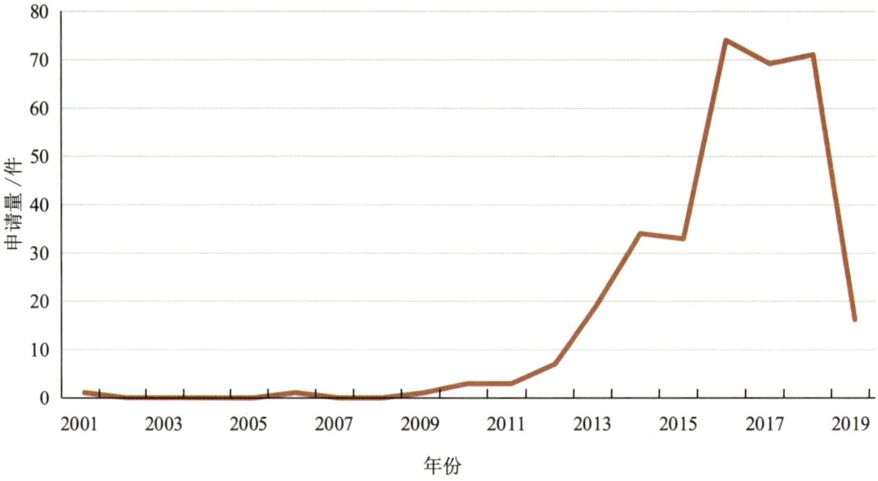

图 2-4-1　煤炭行业转让专利申请趋势

2.4.1.2　转让人及受让人排名

图 2-4-2 展示了煤炭行业专利转让情况。高校类转让人的专利转让排名靠前，安徽理工大学专利转让量排名第一。除高校申请人外，山西晋城无烟煤矿业集团有限责任公司和山西潞安矿业（集团）有限责任公司的专利转让较为活跃。

图 2-4-3 展示了煤炭行业专利受让情况。山西潞安矿业（集团）有限责任公司专利受让量排名第一，中国矿业大学专利受让量排名第二，中国矿业大学（北京）和中国地质集团有限公司专利受让量并列排名第三。

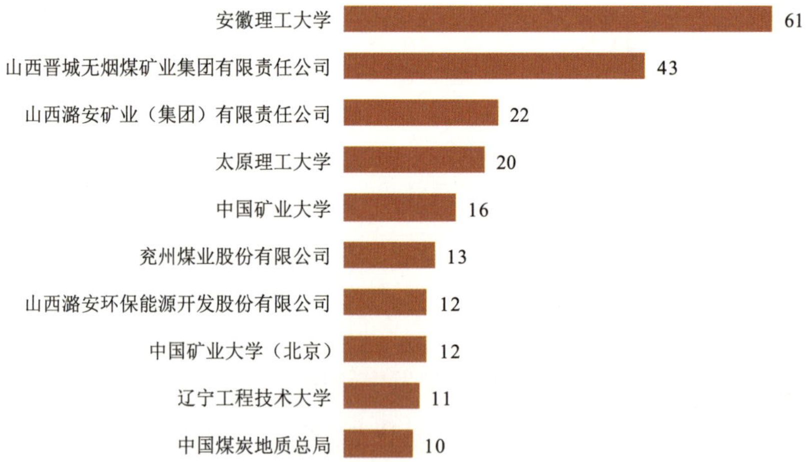

图 2-4-2　煤炭行业专利转让人排名（单位：件）

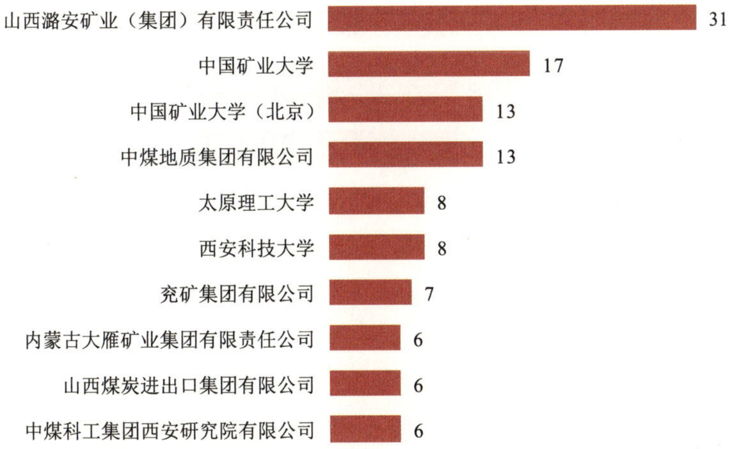

图 2-4-3 煤炭行业专利受让人排名（单位：件）

2.4.2 许可情况

2.4.2.1 专利许可趋势

图 2-4-4 展示出了煤炭行业在 2019 年发生许可的专利申请年份分布情况，申请年份主要集中在 2015—2016 年。

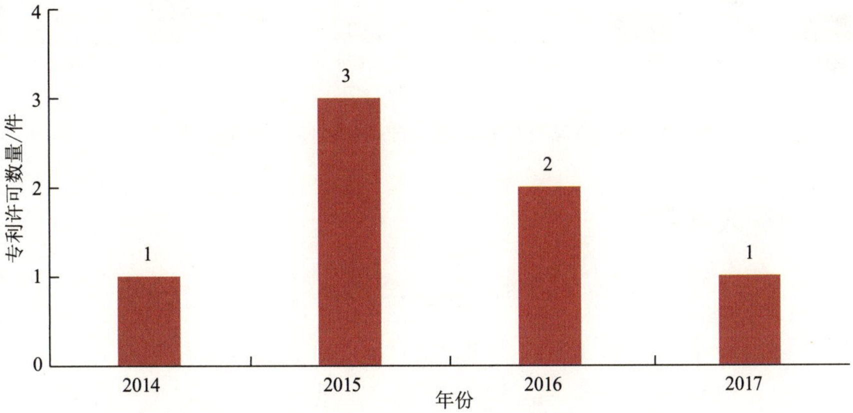

图 2-4-4 煤炭行业专利许可数量随年份变化趋势

2.4.2.2 专利许可人排名

图 2-4-5 展示了煤炭行业在 2019 年发生许可的专利申请人排名情况，涉及专利许可的申请人主要为高校类申请人。

图 2-4-5　煤炭行业专利许可人排名（单位：件）

2.4.3　质押情况

2.4.3.1　专利质押趋势

图 2-4-6 展示出了煤炭行业在 2019 年发生质押融资的专利申请年份分布情况，涉及质押的专利申请量近年来有上升趋势。

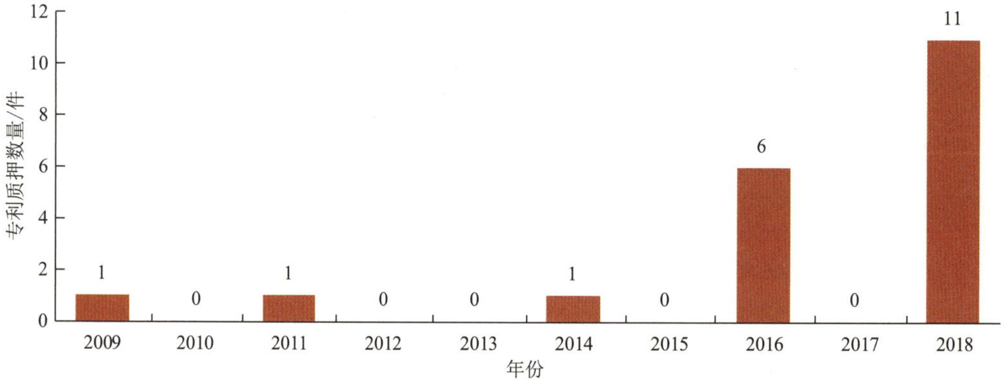

图 2-4-6　煤炭行业专利质押数量随年份变化趋势

2.4.3.2　质押人排名

图 2-4-7 展示了煤炭行业专利质押情况。安徽省皖北煤电集团有限责任公司以 18 件专利质押量排名第一，凯盛重工有限公司以 2 件专利质押量排名第二。

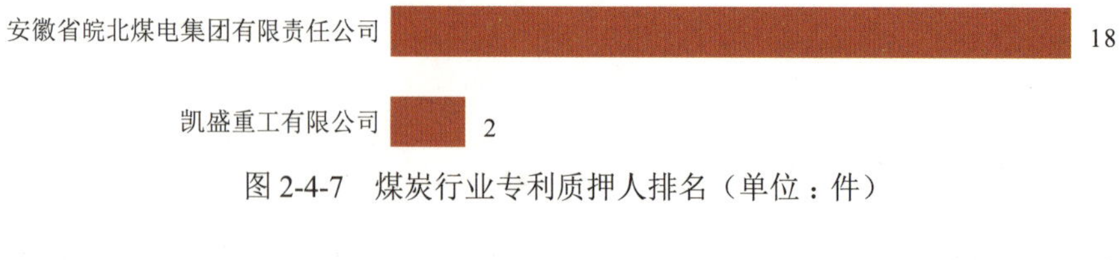

图 2-4-7　煤炭行业专利质押人排名（单位：件）

2.4.4 复审无效情况

2.4.4.1 复审无效专利申请趋势

图 2-4-8 展示出了煤炭行业在 2019 年发生复审无效的专利申请年份分布情况，发生复审无效的专利申请的申请年份主要集中在 2015-2016 年。

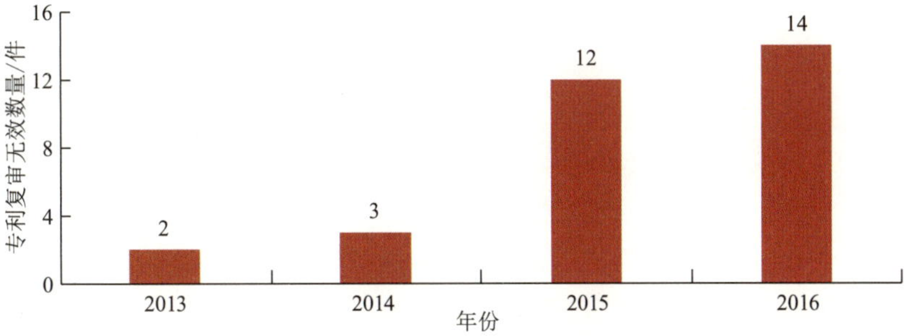

图 2-4-8 煤炭行业专利复审无效数量随年份变化趋势

2.4.4.2 复审请求人排名

图 2-4-9 展示了煤炭行业专利复审情况。中国矿业大学（北京）以 7 件专利复审量排名第一，中国矿业大学以 5 件专利复审量排名第二。湖南科技大学和神华集团有限责任公司并列排名第三。高校类申请人在复审请求中表现活跃。

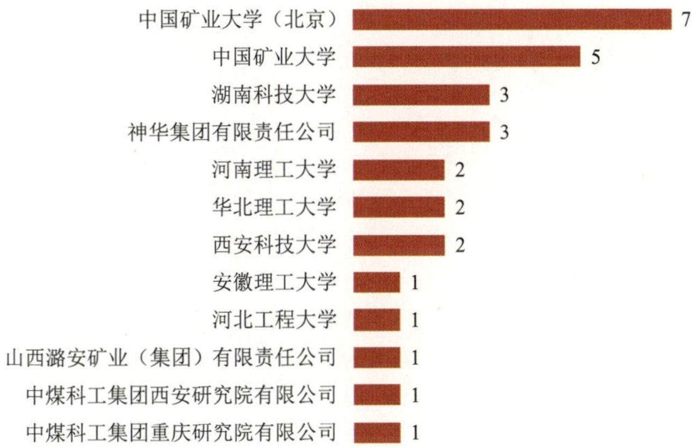

图 2-4-9 煤炭行业涉及专利复审案件的专利权人排名（单位：件）

第 3 章

中国煤炭协会会员单位专利情况分析

3.1 专利申请情况

3.1.1 会员单位专利申请总量

3.1.1.1 常务理事单位与理事单位专利申请总量

图 3-1-1 展示了中国煤炭协会会员单位的专利申请情况，其中，常务理事单位在煤炭领域申请专利 3072 件，占中国煤炭协会会员单位专利申请总量的 56.70%，理事单位在煤炭领域申请专利 2348 件，占中国煤炭协会会员单位专利申请总量的 43.43%。[1]根据 2019 年五届三次理事会理事单位情况，常务理事单位 107 家，理事单位 192 家，常务理事单位 2019 年平均专利申请量为 28.71 件，理事单位 2019 年平均专利申请量为 12.23 件。

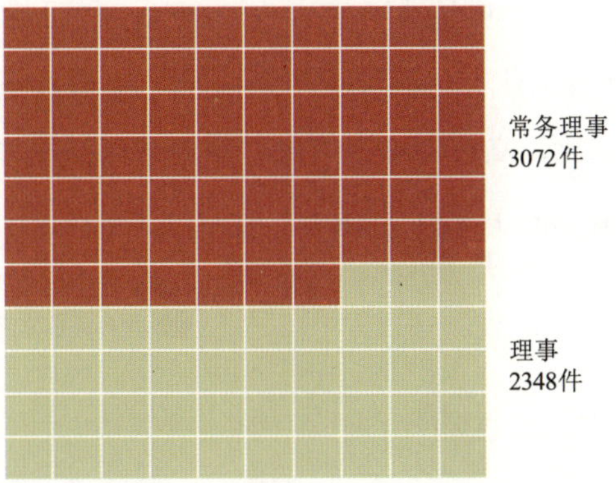

图 3-1-1　2019 年中国煤炭协会常务理事单位与理事单位的专利申请数量

3.1.1.2 涉及专利申请的中国煤炭协会会员单位总数

图 3-1-2 展示了 2019 年中国煤炭协会涉及专利申请的会员单位情况。其中，107 家

---

❶ 因一些专利为常务理事单位与理事单位合作申请，故数据有在重复计算问题，两者专利申请总量之和超出 100%。

常务理事单位中，36 家单位涉及专利申请的单位，占总常务理事单位数量的 33.64%；192 家理事单位中，62 家单位涉及专利申请，占总理事单位数量的 32.29%。结合会员单位的专利申请情况，有专利申请的常务理事单位 2019 年平均专利申请量为 85.33 件，有专利申请的理事单位 2019 年平均专利申请量为 34.03 件。常务理事单位及理事单位在 2019 年有专利申请的单位数量占比相差不大，但平均申请量差异明显，常务理事单位有专利单位的平均申请量是理事单位有专利单位的平均申请量的两倍有余。

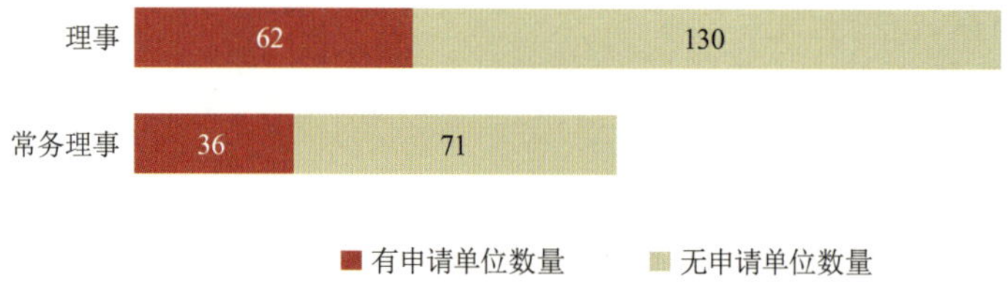

图 3-1-2　2019 年中国煤炭协会申请专利的单位数量（单位：件）

3.1.1.3　涉及专利申请的中国煤炭协会单位类型

图 3-1-3、图 3-1-4、图 3-1-5 展示了 2019 年中国煤炭协会各类型会员单位的专利申请情况。常务理事会员 36 家有专利申请的单位中，企业类单位 29 家，占 80.56%，企业类单位平均申请量为 30.93 件，高校类申请人 7 家，占 19.44%，高校类申请人平均申请量 300.57 件；理事会员 62 家有专利申请的单位中，企业类单位 48 家，占 77.42%，企业类单位平均申请量为 14.27 件，高校类单位 8 家，占 12.9%，高校类申请人平均申请量 140.63 件，科研院所类申请人 6 家，占 9.68%，科研院所类申请人平均申请量 56.17 件。常务理事单位的企业类、高校类申请人平均申请数量，均为理事单位的 2 倍有余。与企业类申请人相比，高校类申请人的专利申请活跃得多，高校类申请人平均申请量约为企业类平均申请量的 10 倍。

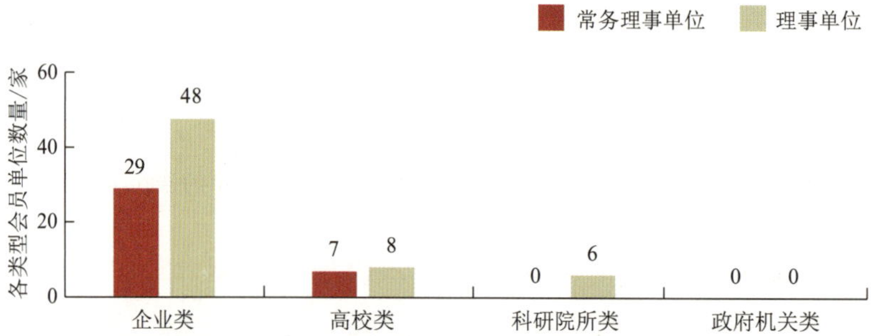

图 3-1-3　中国煤炭协会申请专利的各类型会员单位数量

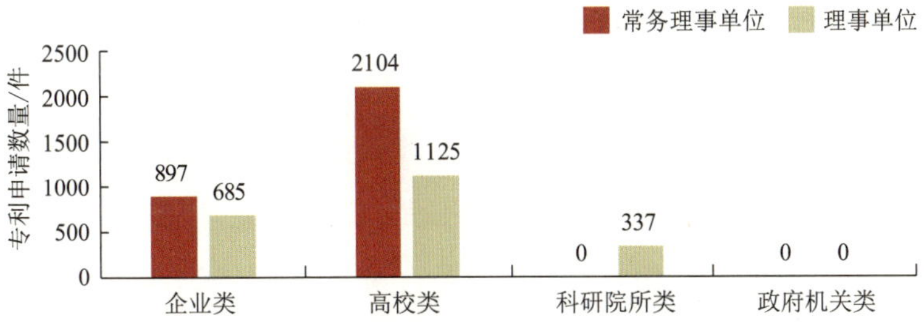

图 3-1-4　中国煤炭协会各类型会员单位专利申请数量

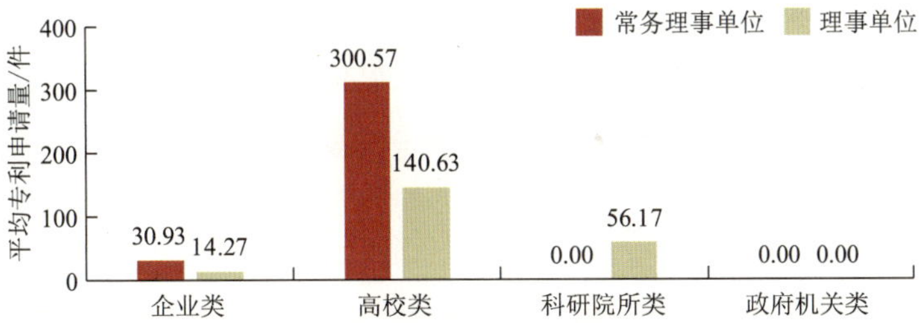

图 3-1-5　中国煤炭协会有专利申请的各类型会员单位的平均专利申请量

3.1.2　专利申请类型

图 3-1-6 展示了中国煤炭协会专利申请类型情况。2019 年中国煤炭协会常务理事单位申请发明专利 2324 件，占常务理事单位总专利申请量的 75.65%，申请实用新型专利 743 件，占常务理事单位总专利申请量的 24.19%，申请外观专利 5 件，占常务理事单位总专利申请量的 0.16%；2019 年中国煤炭协会理事单位申请发明专利 1772 件，占理事单位总专利申请量的 75.47%，申请实用新型专利 575 件，占理事单位总专利申请量 24.49%，申请外观专利 1 件，占理事单位总专利申请量的 0.04%。整体上看，常务理事单位专利申请类型的组成与理事单位专利申请类型的组成无明显差异，均更为重视发明专利申请，占总申请量的 3/4。

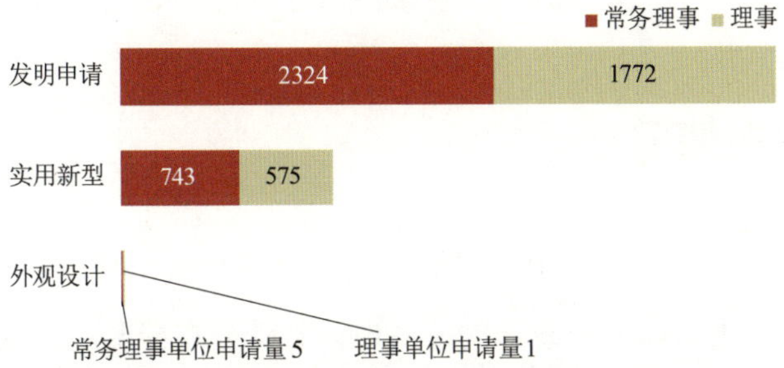

图 3-1-6　中国煤炭协会专利申请类型情况（单位：件）

3.1.3 技术主题布局情况

图 3-1-7 展示了中国煤炭协会会员单位专利申请的技术主题布局情况。中国煤炭协会会员单位专利申请在矿区职业健康、大型工程类、创新管理与经济的专利布局热度较低，除研发热度外，这也与一级学科的自身是否易于形成技术方案的特点相关。对比常务理事单位及理事单位在各技术主题的布局情况：理事单位在煤矿机械与装备领域专利布局数量占优，无论是发明申请还是实用新型申请均为常务理事单位在该领域专利申请的两倍有余；常务理事单位在矿建支护与工程、煤化工综合利用领域的专利申请热度较高；常务理事单位与理事单位在资源勘查与地质保障、煤矿安全与应急保障等主要分支布局数量基本相当。

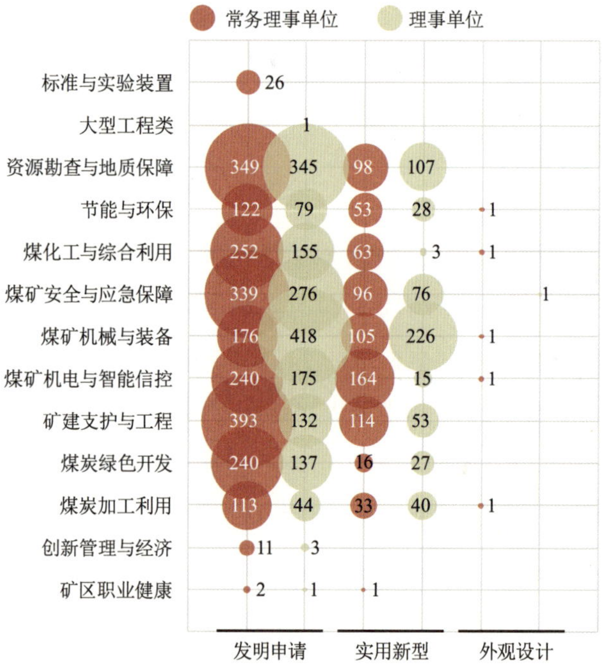

图 3-1-7　中国煤炭协会常务理事单位和理事单位专利申请技术主题布局情况（单位：件）

3.1.4 省份分布情况

图 3-1-8、图 3-1-9 展示了中国煤炭协会常务理事会员单位、理事会员单位的省份分布情况及根据申请人所属省份统计的专利申请省份分布情况。涉及合作申请的专利，根据合作的申请人进行拆分进行统计。对比常务理事单位和理事单位的专利申请省份分

布情况，江苏省的常务理事单位专利申请十分活跃，而理事单位则不突出；河南省的理事单位专利中请量排名十分靠前，而常务理事单位的专利申请状况则相对一般。

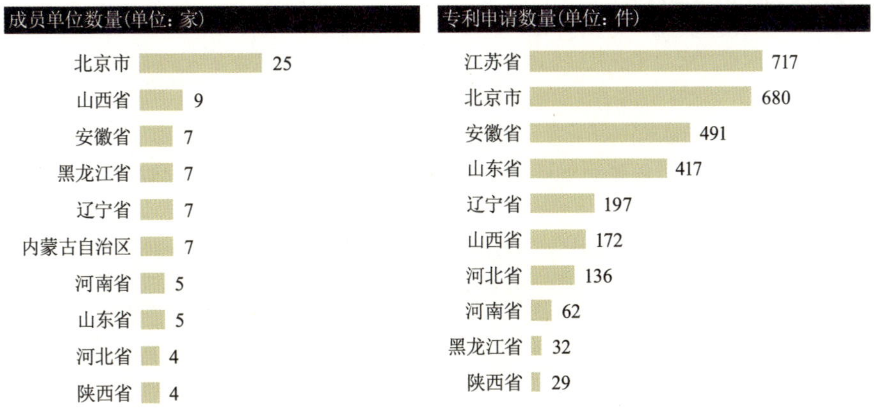

图 3-1-8　中国煤炭协会常务理事单位专利申请省份分布情况（单位：件）

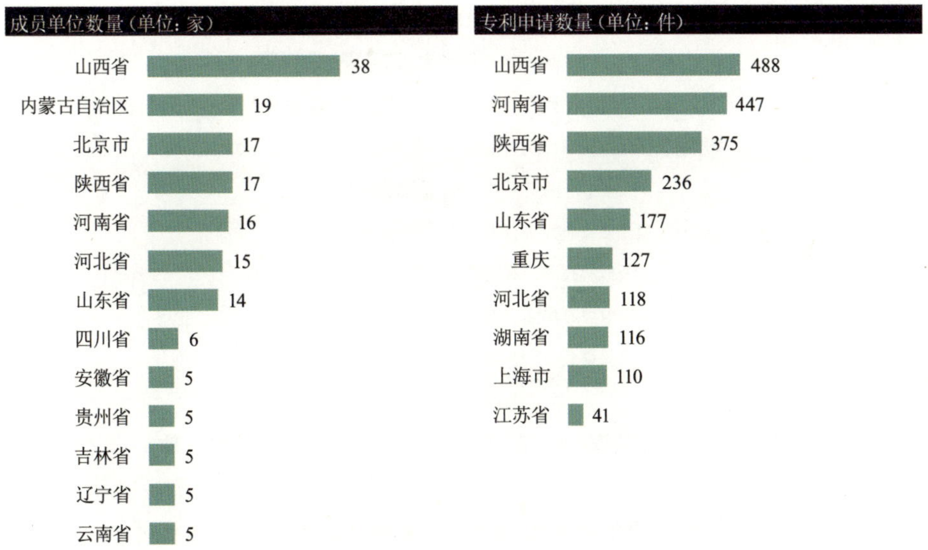

图 3-1-9　中国煤炭协会理事单位专利申请省份分布情况（单位：件）

3.1.5　申请人分析

3.1.5.1　申请人排名及集中度分析

图 3-1-10、图 3-1-11、图 3-1-12 展示了中国煤炭协会常务理事单位、理事单位主要申请人的专利申请情况及集中度情况。常务理事单位、理事单位中，高校类申请人在煤

炭行业专利申请排名靠前。相较常务理事单位，理事单位排名前十的专利申请数量占理事单位总专利申请数量的比例更高，体现了相较常务理事单位，理事单位的专利申请更为集中在排名靠前的申请人单位。

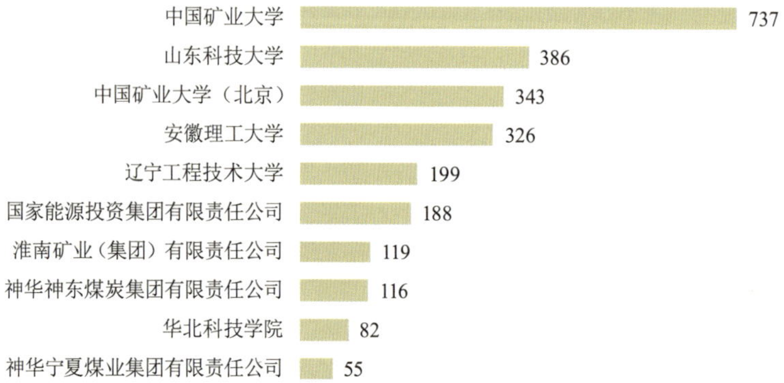

图 3-1-10　中国煤炭协会常务理事单位专利申请量排名（单位：件）

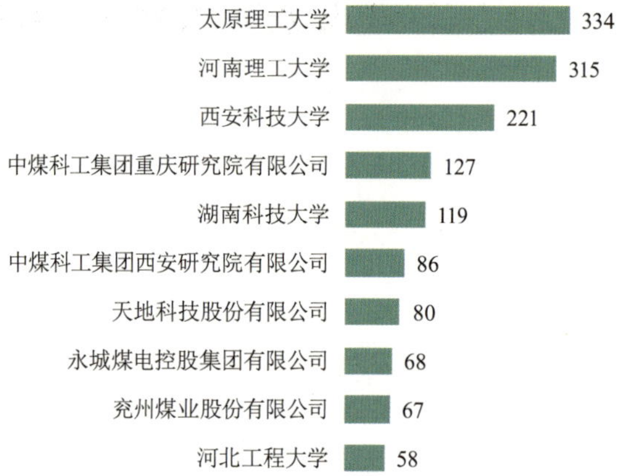

图 3-1-11　中国煤炭协会理事单位专利申请量排名（单位：件）

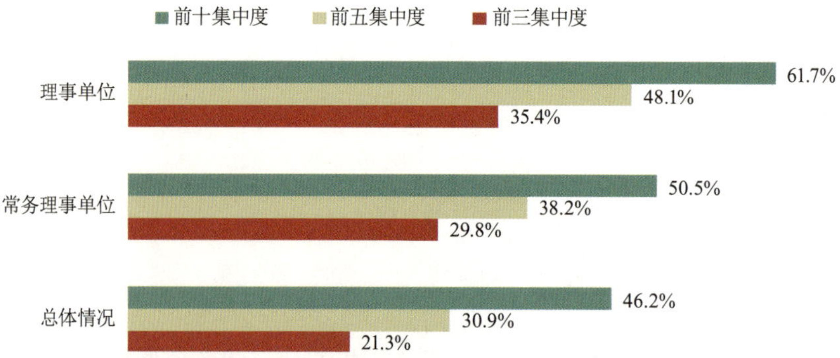

图 3-1-12　中国煤炭协会专利申请人集中度

3.1.5.2　主要申请人技术主题布局情况

图 3-1-13、图 3-1-14 展示了中国煤炭协会常务理事单位、理事单位主要申请人的专利主题布局情况。常务理事单位中，中国矿业大学在煤矿安全与应急保障、矿建支护与工程、煤炭绿色开发、资源勘查与地质保障等领域均有相当数量的专利布局，山东科技大学在矿建支护与工程领域表现突出，中国矿业大学（北京）在资源勘查与地质保障、矿建支护与工程上较为活跃，企业类申请人国家能源集团则在煤化工与综合利用分支的专利布局热度较高。理事单位中，太原理工大学在煤化工与综合利用类、资源勘查与地质保障领域专利申请数量较多，河南理工大学较为注重煤矿安全与应急保障、资源勘查与地质保障领域的专利申请，中煤科工重庆研究院在煤矿安全与应急保障、资源勘查与地质保障领域有一定布局。

常务理事单位主要申请人	分支1	分支2	分支3	分支4	分支5	分支6	分支7	分支8	分支9	分支10	分支11	分支12	分支13
中国矿业大学	0	90	0	3	64	94	65	109	109	84	35	62	5
中国矿业大学（北京）	0	86	0	3	15	39	9	54	61	25	35	16	0
华北科技学院	0	13	0	1	0	10	3	32	11	11	1	0	0
国家能源投资集团有限责任公司	0	5	0	0	96	2	1	8	6	28	19	23	0
安徽理工大学	1	45	0	7	14	18	50	40	64	46	20	16	1
山东科技大学	0	64	0	5	18	39	4	60	118	29	25	8	1
淮南矿业（集团）有限责任公司	0	19	0	3	1	4	1	27	15	28	18	3	0
神华宁夏煤业集团有限责任公司	0	0	0	0	42	0	0	1	1	6	3	2	0
神华神东煤炭集团有限责任公司	0	8	0	0	1	14	9	11	7	38	20	7	1
辽宁工程技术大学	0	19	0	2	6	21	2	32	56	21	33	5	2

图 3-1-13　中国煤炭协会常务理事单位主要申请人的专利技术主题布局（单位：件）

分支 1. 矿区职业健康；分支 2. 资源勘查与地质保障；分支 3. 大型工程类；分支 4. 标准与实验装置；
分支 5. 煤化工与综合利用类；分支 6. 煤炭绿色开发；分支 7. 煤炭加工利用；分支 8. 煤矿安全与应急保障；
分支 9. 矿建支护与工程；分支 10. 煤矿机电与智能信控；分支 11. 煤矿机械与装备；分支 12. 节能与环保；
分支 13. 创新管理与经济

理事单位主要申请人	分支1	分支2	分支3	分支4	分支5	分支6	分支7	分支8	分支9	分支10	分支11	分支12	分支13
中煤科工集团西安研究院有限公司	0	55	0	0	0	4	0	5	0	6	16	0	0
中煤科工集团重庆研究院有限公司	0	40	0	0	1	6	0	51	2	10	11	6	0
兖州煤业股份有限公司	0	3	0	0	1	0	1	7	1	3	41	10	0
天地科技股份有限公司	0	10	0	0	0	14	0	7	19	8	22	0	0
太原理工大学	1	74	0	0	81	40	22	30	11	24	33	14	1
永城煤电控股集团有限公司	0	6	0	0	0	3	0	7	4	2	43	3	0
河北工程大学	0	5	0	0	4	8	2	3	3	4	23	6	0
河南理工大学	0	71	1	0	14	17	5	91	64	16	27	7	0
湖南科技大学	0	26	0	0	2	6	0	22	22	13	19	6	0
西安科技大学	0	57	0	0	16	15	6	51	10	27	24	15	0

图 3-1-14　中国煤炭协会理事单位主要申请人的专利技术主题布局（单位：件）

分支 1. 矿区职业健康；分支 2. 资源勘查与地质保障；分支 3. 大型工程类；分支 4. 标准与实验装置；分支 5. 煤化工与综合利用类；分支 6. 煤炭绿色开发；分支 7. 煤炭加工利用；分支 8. 煤矿安全与应急保障；分支 9. 矿建支护与工程；分支 10. 煤矿机电与智能信控；分支 11. 煤矿机械与装备；分支 12. 节能与环保；分支 13. 创新管理与经济

3.1.6 发明人分析

3.1.6.1 发明人排名

图 3-1-15、图 3-1-16 展示了中国煤炭协会会员单位主要发明人申请数量。与常务理事单位相比，理事单位的发明人集中度相对更高，阶梯性更明显。另外在此声明，由于部分发明人姓名较为常见，统计时存在涉及同名发明人统一计数的情况。

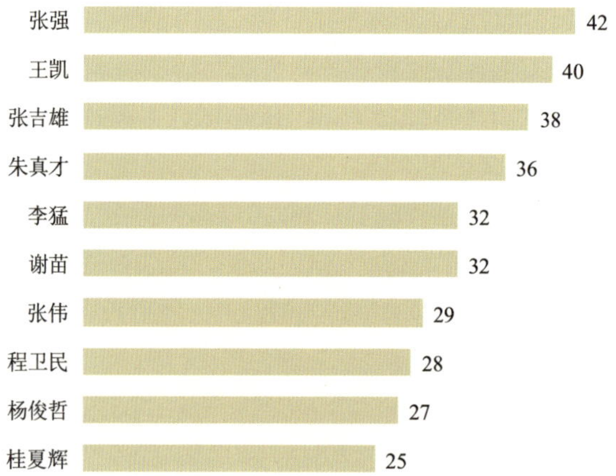

图 3-1-15　中国煤炭协会常务理事单位专利申请发明人排名（单位：件）

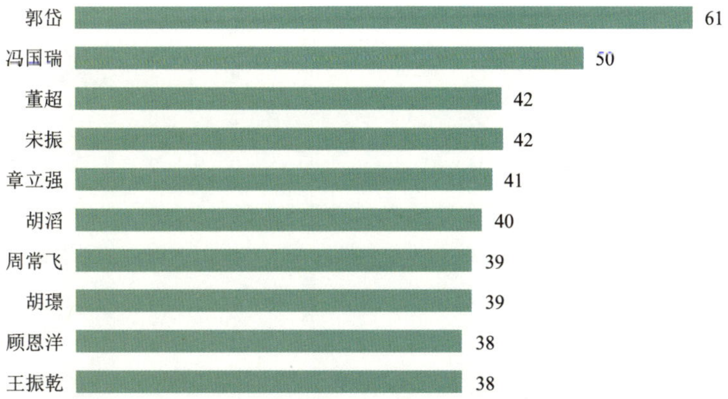

图 3-1-16 中国煤炭协会理事单位专利申请发明人排名（单位：件）

3.1.6.2 主要发明人技术主题布局情况

图 3-1-17、图 3-1-18 展示了中国煤炭协会会员单位主要发明人涉及的技术领域。理事单位申请量排名前列的发明人领域集中度较高，而常务理事单位申请量排名前列的发明人涉及的领域相对分散。常务理事单位主要发明人涉及领域主要为煤炭绿色开发、煤炭安全应急保障及煤矿机电与智能信控。理事单位主要发明人涉及领域明显的聚集在煤矿机械与装备、标准与实验装置，这主要与理事单位多位申请量排名靠前的发明人均来自天地科技股份有限公司相关。

主要发明人	分支2	分支4	分支5	分支6	分支7	分支8	分支9	分支10	分支11	分支12	分支13
张强	2	0	0	17	0	5	3	5	9	0	1
王凯	8	1	0	5	0	19	5	0	1	1	0
张吉雄	1	0	0	31	0	0	2	0	0	4	0
朱真才	0	0	0	0	0	0	5	19	12	0	0
李猛	0	0	0	20	0	6	2	1	0	3	0
谢苗	1	0	0	1	0	0	13	7	10	0	0
张伟	0	0	14	3	3	3	3	0	2	1	0
程卫民	6	0	3	0	0	13	5	1	0	0	0
杨俊哲	1	0	0	8	0	2	1	6	8	0	1
桂夏辉	0	0	7	0	15	0	0	0	0	3	0

图 3-1-17 中国煤炭协会常务理事单位主要发明人专利技术布局总体情况（单位：件）

分支 2. 资源勘查与地质保障；分支 4. 标准与实验装置；分支 5. 煤化工与综合利用类；
分支 6. 煤炭绿色开发；分支 7. 煤炭加工利用；分支 8. 煤矿安全与应急保障；
分支 9. 矿建支护与工程；分支 10. 煤矿机电与智能信控；分支 11. 煤矿机械与装备；
分支 12. 节能与环保；分支 13. 创新管理与经济

主要发明人	分支2	分支4	分支5	分支6	分支7	分支8	分支9	分支10	分支11	分支12	分支13
郭岱	0	0	0	3	0	0	0	3	55	0	0
冯国瑞	14	0	0	29	0	2	2	0	1	2	0
董超	0	0	0	10	0	0	0	0	32	0	0
宋振	0	0	0	10	0	0	0	0	32	0	0
章立强	0	0	0	8	0	0	0	0	33	0	0
胡滔	0	0	0	8	0	0	0	0	32	0	0
周常飞	0	0	0	8	0	0	0	0	31	0	0
胡璟	0	0	0	8	0	0	0	0	31	0	0
顾恩洋	0	0	0	9	0	0	0	0	29	0	0
王振乾	0	0	0	9	0	0	0	0	29	0	0

图 3-1-18 中国煤炭协会理事单位主要发明人专利技术布局总体情况（单位：件）

分支 2. 资源勘查与地质保障；分支 4. 标准与实验装置；分支 5. 煤化工与综合利用类；
分支 6. 煤炭绿色开发；分支 7. 煤炭加工利用；分支 8. 煤矿安全与应急保障；
分支 9. 矿建支护与工程；分支 10. 煤矿机电与智能信控；分支 11. 煤矿机械与装备；
分支 12. 节能与环保；分支 13. 创新管理与经济

3.2 专利授权情况

3.2.1 常务理事单位与理事单位专利授权总量

图 3-2-1 展示了中国煤炭协会会员单位的专利申请情况，其中，常务理事单位在煤炭领域授权专利 2891 件，占中国煤炭协会会员单位授权专利总量的 57%，理事单位在煤炭领域授权专利 2225 件，占中国煤炭协会会员单位总授权量的 43%。根据 2019 年五届三次理事会理事单位情况，常务理事单位 107 家，理事的单位 192 家，常务理事单位 2019 年平均授权专利量为 27.02 件，理事单位 2019 年平均授权专 利量为 11.59 件。

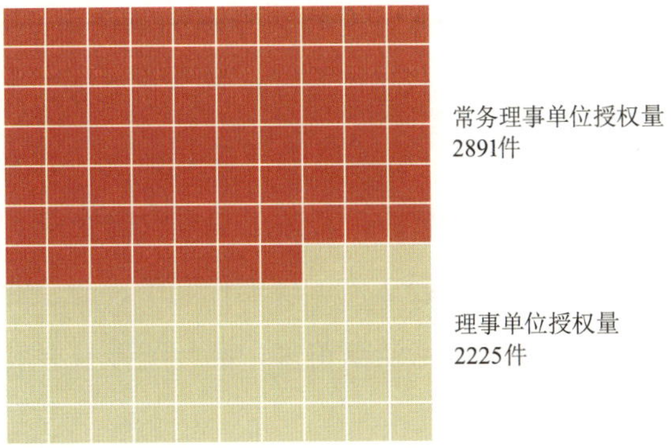

图 3-2-1　2019 年中国煤炭协会常务理事单位与理事单位的专利授权数量

3.2.1.1　涉及专利授权的中国煤炭协会单位总量

图 3-2-2 展示了 2019 年中国煤炭协会涉及专利授权的会员单位情况。其中，107 家常务理事单位中，38 家单位涉及授权专利的单位，占总常务理事单位数量的 35.51%；192 家理事单位中，64 家单位涉及授权专利，占总理事单位数量的 33.33%。结合第 1.2.1.2 节会员单位的授权专利情况，有授权专利的常务理事单位 2019 年平均授权专利量为 76.07 件，有授权专利的理事单位 2019 年平均授权专利量为 34.77 件。常务理事单位及理事单位在 2019 年有授权专利的单位数量占比相差不大，但平均授权量差异明显，常务理事单位有专利单位的平均授权量是理事单位有专利单位的平均授权量的两倍有余。

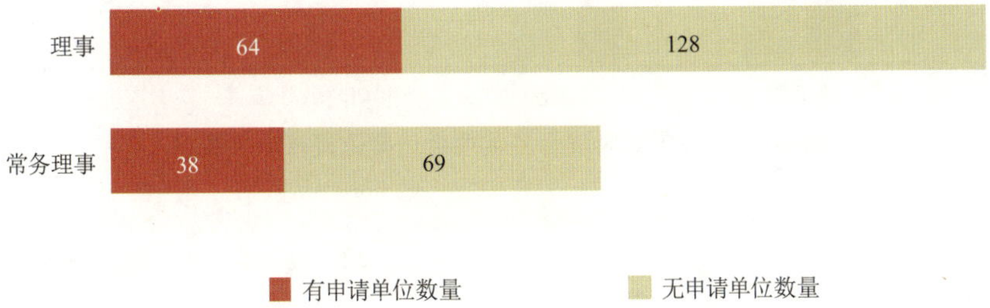

图 3-2-2　2019 年中国煤炭协会有授权专利的单位数量（单位：件）

3.2.1.2　涉及专利授权的中国煤炭协会单位类型

图 3-2-3、图 3-2-4、图 3-2-5 展示了中国煤炭协会会员单位类型的专利授权情况。常务理事会员 44 家有授权专利的单位中，企业类单位 37 家，占 84.1%，企业类单位平均授权量为 34.03 件，高校类授权专利申请人 7 家，占 15.9%，高校类授权专利申请

人平均授权量224.00件；理事会员64家有授权专利的单位中，企业类单位50家，占78.13%，企业类单位平均授权量为14.92件，高校类单位8家，占12.5%，高校类授权专利申请人平均授权量114.75件，科研院所类授权专利申请人6家，占9.38%，科研院所类授权专利申请人平均授权39.17件。常务理事单位的企业类、高校类授权专利申请人平均授权数量，均为理事单位的近2倍。煤炭行业中，与企业类授权专利申请人相比，高校类授权专利申请人的专利申请活跃得多，高校类授权专利申请人平均授权量约为企业类平均授权量的7～10倍。

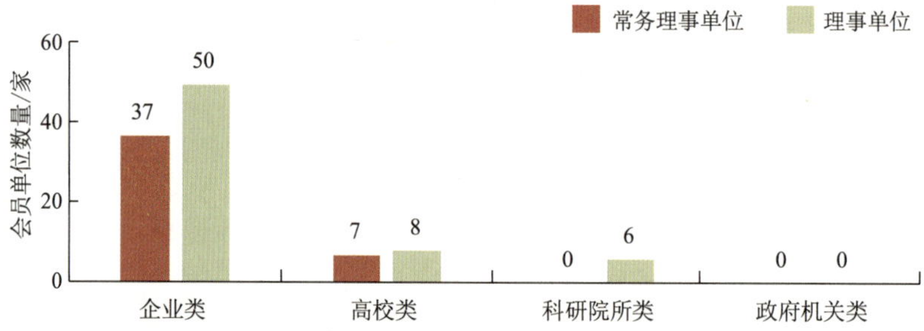

图3-2-3　中国煤炭协会获授权专利的各类型会员单位数量

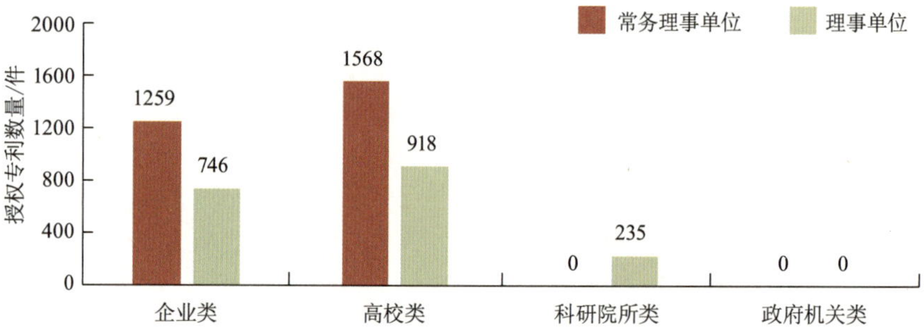

图3-2-4　中国煤炭协会各类型会员单位授权专利数量

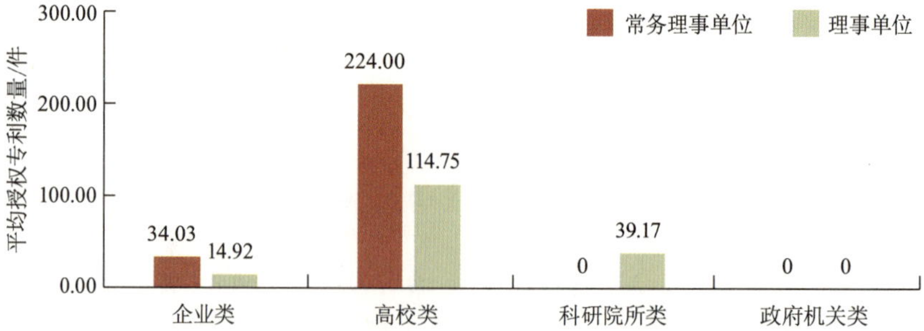

图3-2-5　中国煤炭协会各类型会员单位的平均授权专利数量

3.2.2 专利授权类型

图3-2-6展示了中国煤炭协会专利授权类型情况。2019年中国煤炭协会常务理事单位授权发明专利1231件，占常务理事单位总专利授权量的42.58%，授权实用新型专利1650件，占常务理事单位总专利授权量的57.07%，授权外观专利10件，占常务理事单位总专利授权量的0.35%；2019年中国煤炭协会理事单位授权发明专利791件，占理事单位总专利授权量的35.55%，授权实用新型专利1429件，占理事单位总专利授权量64.22%，授权外观专利5件，占理事单位总专利授权量的0.22%。整体上看，常务理事单位专利授权类型的组成与理事单位专利授权类型的组成无明显差异，均以实用新型专利授权为主，占总授权量的2/3。

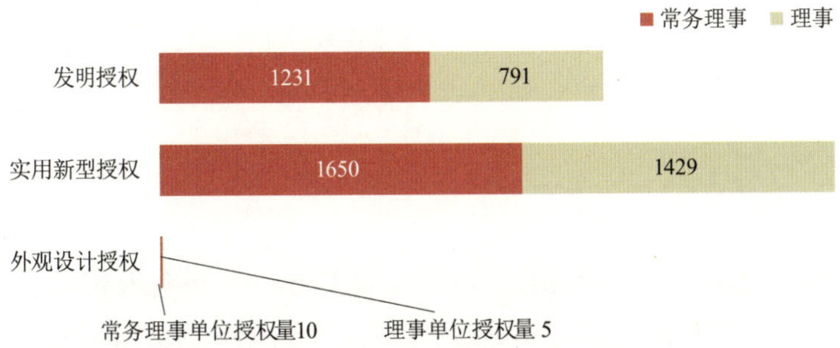

图3-2-6 中国煤炭协会专利授权类型情况（单位：件）

3.2.3 技术主题分布情况

图3-2-7展示了中国煤炭协会会员单位常务理事单位及理事单位授权专利技术主题分布情况。对比常务理事单位及理事单位在各技术主题的布局情况，理事单位在煤矿机电与智能信控领域专利布局数量占优；常务理事单位在煤矿机电与智能信控、煤矿机械与装备领域的专利授权热度较高；常务理事单位与理事单位在矿建支护与工程、煤矿安全与应急保障等主要分支布局数量基本相当。

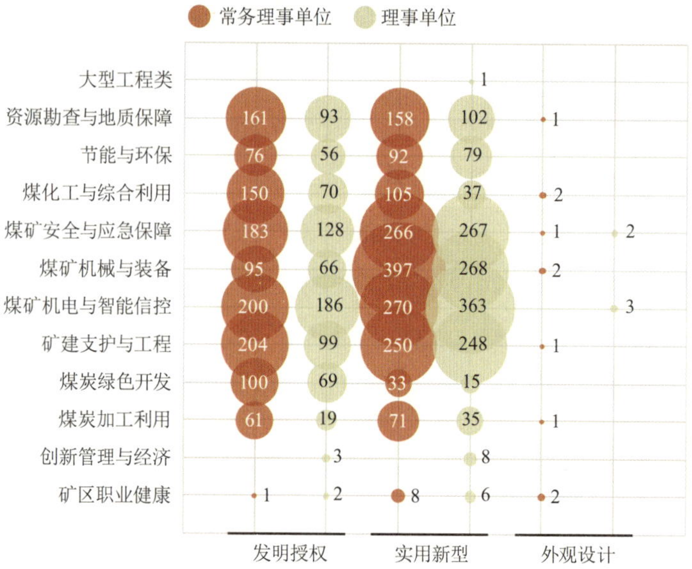

图 3-2-7　中国煤炭协会常务理事单位和理事单位授权专利技术主题分布情况（单位：件）

3.2.4　省份分布情况

图 3-2-8、图 3-2-9 展示了中国煤炭协会常务理事会员单位及理事会员单位的省份分布情况及根据授权专利申请人所属省份统计的专利授权省份分布情况。涉及合作申请的专利，根据合作的申请人进行拆分进行统计。对比常务理事单位和理事单位的专利授权省份分布情况，江苏省的常务理事单位专利授权较多，而理事单位则并不突出；河南省的理事单位专利授权量排名靠前，而常务理事单位的专利授权状况则相对普通。

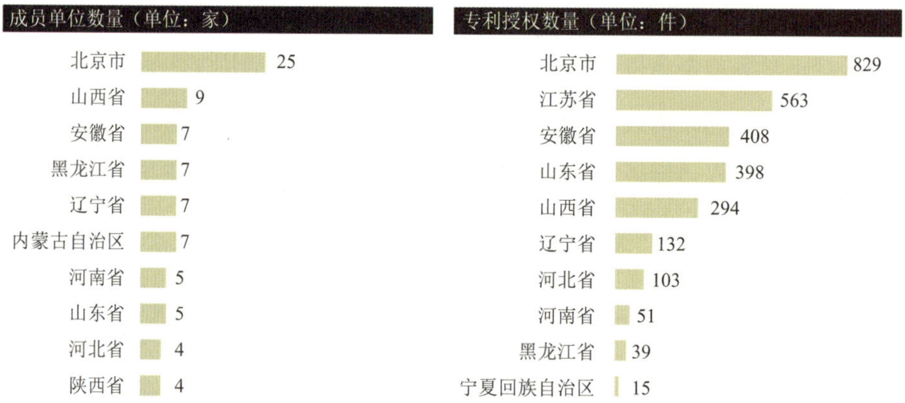

图 3-2-8　中国煤炭协会获授权专利的常务理事单位省份分布情况

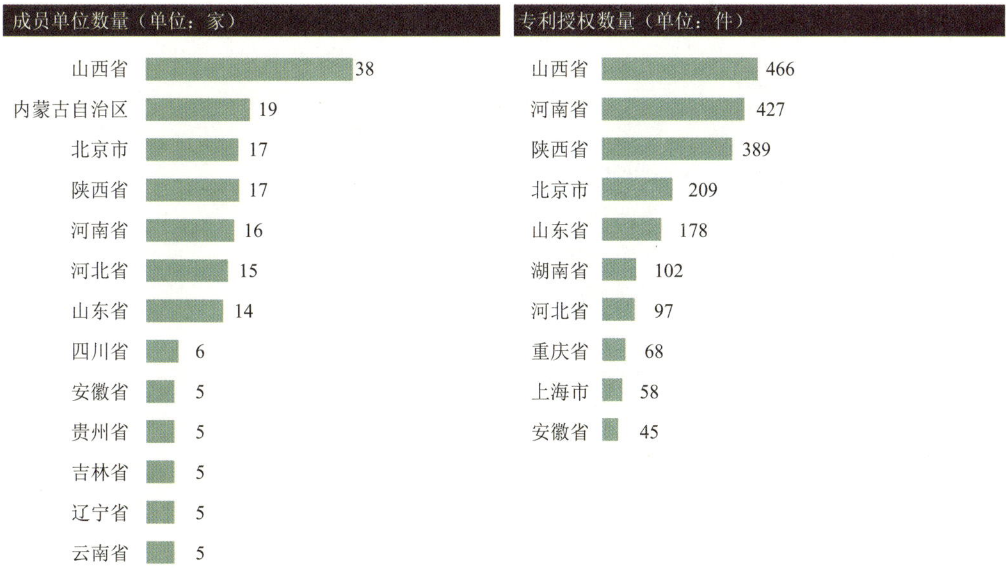

图 3-2-9　中国煤炭协会获授权专利的理事单位省份分布情况

3.2.5 申请人分析

3.2.5.1 授权专利申请人排名及集中度分析

图 3-2-10、图 3-2-11、图 3-2-12 展示了中国煤炭协会常务理事单位、理事单位主要授权专利申请人的专利授权情况及集中度情况。相较理事单位，常务理事单位排名前十的专利授权数量占常务理事单位总专利授权数量的比例均更高，相较理事单位而言，常务理事单位的专利授权更为集中在排名靠前的申请人单位。

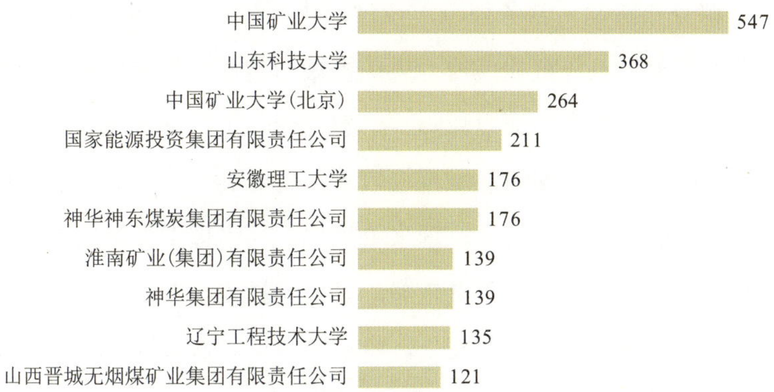

图 3-2-10　中国煤炭协会获得授权专利的常务理事单位排名（单位：件）

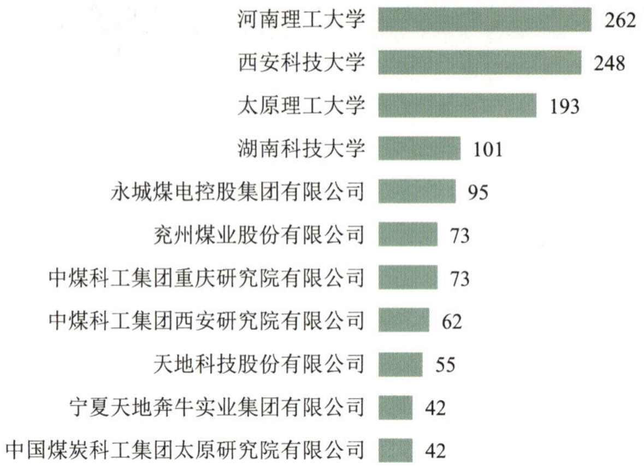

图 3-2-11　中国煤炭协会获得授权专利的理事单位排名（单位：件）

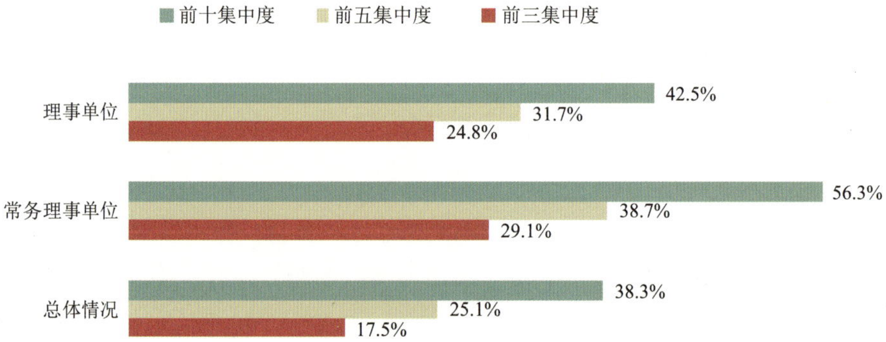

图 3-2-12　中国煤炭协会授权专利申请人集中度

3.2.5.2　主要申请人的授权专利技术主题分布情况

图 3-2-13、图 3-2-14 展示了中国煤炭协会常务理事单位及理事单位主要授权专利申请人的专利主题分布情况。常务理事单位中，中国矿业大学在煤矿安全与应急保障、矿建支护与工程、煤矿机电与智能信控、煤矿机械与装备等领域均有相当数量的专利授权，山东科技大学在资源勘查与地质保障、矿建支护与工程领域表现突出，中国矿业大学（北京）在资源勘查与地质保障领域授权较多，企业类申请人国家能源集团则在煤化工与综合利用类领域的授权数量较多。理事单位中，河南理工大学在煤矿安全与应急保障、矿建支护与工程领域专利授权数量较多，西安科技大学较为注重煤矿安全与应急保障、煤矿机电与智能信控领域的专利授权，企业类申请人永城煤电控股集团有限公司在煤矿机电与智能信控领域有一定授权专利。

主要申请人	分支1	分支2	分支3	分支4	分支5	分支6	分支7	分支8	分支9	分支10	分支11	分支12	分支13
中国矿业大学	1	67	0	0	16	39	62	75	98	91	70	28	0
山东科技大学	0	78	0	0	6	26	9	60	79	46	47	17	0
中国矿业大学(北京)	0	56	0	0	7	24	2	45	46	46	27	11	0
国家能源投资集团有限责任公司	0	0	0	0	55	2	8	22	14	44	41	25	0
安徽理工大学	0	39	0	0	10	9	11	28	39	20	12	8	0
神华神东煤炭集团有限责任公司	0	2	0	0	1	6	15	27	31	46	41	7	0
淮南矿业(集团)有限责任公司	1	5	0	0	2	4	1	31	28	39	25	3	0
神华集团有限责任公司	0	1	0	0	85	2	2	10	3	16	3	17	0
辽宁工程技术大学	0	14	0	0	3	7	1	31	26	15	31	7	0
山西晋城无烟煤矿业集团	0	7	0	0	10	4	4	26	23	16	27	4	0

图 3-2-13 中国煤炭协会常务理事单位主要申请人授权专利的技术主题分布情况（单位：件）

分支 1. 矿区职业健康； 分支 2. 资源勘查与地质保障； 分支 3. 大型工程类； 分支 4. 标准与实验装置；
分支 5. 煤化工与综合利用类； 分支 6. 煤炭绿色开发； 分支 7. 煤炭加工利用； 分支 8. 煤矿安全与应急保障；
分支 9. 矿建支护与工程； 分支 10. 煤矿机电与智能信控； 分支 11. 煤矿机械与装备； 分支 12. 节能与环保；
分支 13. 创新管理与经济

主要申请人	分支1	分支2	分支3	分支4	分支5	分支6	分支7	分支8	分支9	分支10	分支11	分支12	分支13
河南理工大学	1	40	0	0	12	16	4	71	58	35	15	6	4
西安科技大学	1	38	0	0	7	12	6	59	30	50	17	27	2
太原理工大学	0	13	0	0	32	23	9	23	10	40	14	27	1
湖南科技大学	1	21	0	0	6	3	2	15	32	7	4	11	0
永城煤电控股集团有限公司	0	2	0	0	0	0	0	17	25	32	19	0	0
兖州煤业股份有限公司	0	2	0	0	1	1	4	12	10	27	13	3	0
中煤科工集团重庆研究院	0	5	0	0	0	0	0	29	4	22	8	5	0
中煤科工集团西安研究院	0	18	0	0	0	2	0	10	9	12	10	1	0
天地科技股份有限公司	0	5	0	0	0	9	0	0	21	11	9	0	0
宁夏天地奔牛实业集团有限公司	0	0	0	0	0	0	1	2	5	19	15	0	0
中国煤炭科工集团太原研究院	0	1	0	0	0	4	0	1	9	22	5	0	0

图 3-2-14 中国煤炭协会理事单位主要申请人授权专利的技术主题分布情况（单位：件）

分支 1. 矿区职业健康； 分支 2. 资源勘查与地质保障； 分支 3. 大型工程类； 分支 4. 标准与实验装置；
分支 5. 煤化工与综合利用类； 分支 6. 煤炭绿色开发； 分支 7. 煤炭加工利用； 分支 8. 煤矿安全与应急保障；
分支 9. 矿建支护与工程； 分支 10. 煤矿机电与智能信控； 分支 11. 煤矿机械与装备； 分支 12. 节能与环保；
分支 13. 创新管理与经济

3.2.6 发明人分析

3.2.6.1 发明人排名

图 3-2-15、图 3-2-16 展示了中国煤炭协会常务理事单位及理事单位主要发明人授权数量。排名前十的发明人中，与常务理事单位相比，理事单位的发明人集中度相对更高，阶梯性更明显。另外在此声明，由于部分发明人姓名较为常见，统计时存在涉及同名发明人统一计数的情况。

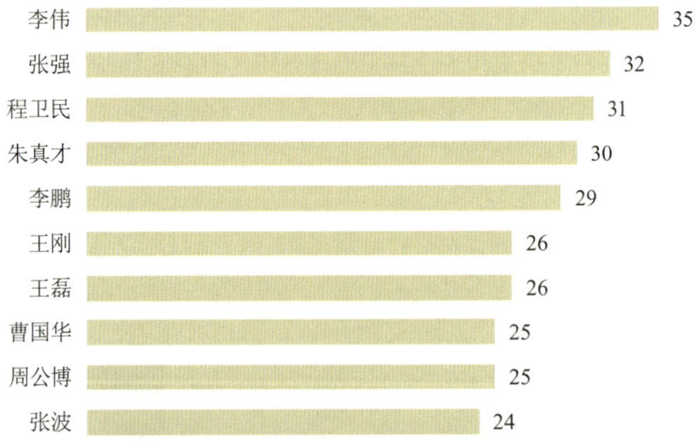

图 3-2-15 中国煤炭协会授权专利中常务理事单位的发明人排名情况（单位：件）

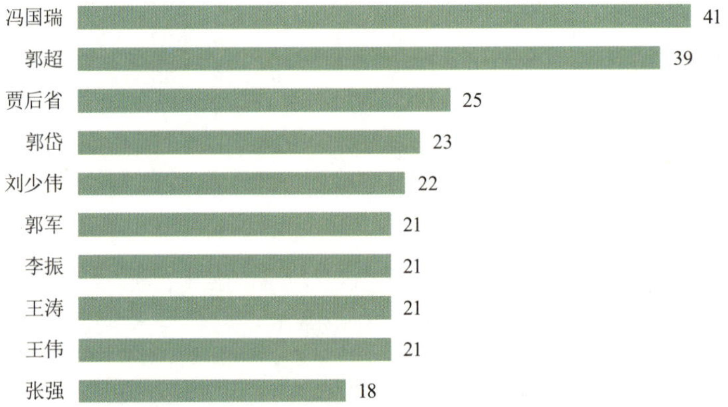

图 3-2-16 中国煤炭协会授权专利中理事单位的发明人排名情况（单位：件）

3.2.6.2 主要发明人技术主题布局情况

图 3-2-17、图 3-2-18 展示了中国煤炭协会常务理事单位及理事单位主要发明人涉及的技术领域。理事单位授权量排名前列的发明人领域集中度较高，而常务理事单位授

权量排名前列的发明人涉及的领域相对分散。常务理事单位主要发明人涉及领域主要为煤炭绿色开发、煤炭安全应急保障及煤矿机电与智能信控。理事单位主要发明人涉及领域明显的聚集在煤矿机械与装备、标准与实验装置，这主要与理事单位多位授权量排名靠前的发明人均来自天地科技股份有限公司相关。

主要发明人	分支1	分支2	分支3	分支4	分支5	分支6	分支7	分支8	分支9	分支10	分支11	分支12	分支13
李伟	0	0	0	0	0	3	0	1	7	12	12	0	0
张强	0	0	0	0	0	6	0	3	5	7	9	2	0
程卫民	0	3	0	0	1	3	0	16	4	1	1	2	0
朱真才	0	0	0	0	0	0	0	4	8	12	6	0	0
李鹏	0	8	0	0	0	6	0	1	6	5	3	0	0
王刚	0	4	0	0	1	2	0	8	2	4	2	3	0
王磊	0	5	0	0	4	1	0	5	1	4	5	1	0
曹国华	0	1	0	0	0	0	0	2	5	13	4	0	0
周公博	0	0	0	0	0	0	0	3	6	12	4	0	0
张波	0	0	0	0	15	0	0	2	0	4	2	1	0

图 3-2-17　中国煤炭协会常务理事单位中的主要发明人授权专利的技术分布情况（单位：件）

分支 1. 矿区职业健康；　分支 2. 资源勘查与地质保障；　分支 3. 大型工程类；　分支 4. 标准与实验装置；
分支 5. 煤化工与综合利用类；分支 6. 煤炭绿色开发；　分支 7. 煤炭加工利用；　分支 8. 煤矿安全与应急保障；
分支 9. 矿建支护与工程；　分支 10. 煤矿机电与智能信控；分支 11. 煤矿机械与装备；分支 12. 节能与环保；
分支 13. 创新管理与经济

主要发明人	分支1	分支2	分支3	分支4	分支5	分支6	分支7	分支8	分支9	分支10	分支11	分支12	分支13
冯国瑞	0	6	0	0	0	18	0	10	2	2	1	2	0
郭超	0	2	0	0	0	0	0	12	15	2	8	0	0
贾后省	0	4	0	0	0	2	0	2	15	1	0	0	1
郭岱	0	0	0	0	0	1	0	0	0	4	18	0	0
刘少伟	0	2	0	0	0	1	0	3	15	1	0	0	0
郭军	0	0	0	0	1	8	0	4	3	3	0	2	0
李振	0	4	0	0	0	3	3	3	1	3	2	2	0
王涛	0	0	0	0	0	0	0	10	2	7	2	0	0
王伟	0	1	0	0	0	0	0	2	5	11	2	0	0
张强	0	0	0	0	0	0	1	4	5	5	3	0	0

图 3-2-18　中国煤炭协会理事单位中的主要发明人授权专利的技术分布情况（单位：件）

分支 1. 矿区职业健康；　分支 2. 资源勘查与地质保障；　分支 3. 大型工程类；　分支 4. 标准与实验装置；
分支 5. 煤化工与综合利用类；分支 6. 煤炭绿色开发；　分支 7. 煤炭加工利用；　分支 8. 煤矿安全与应急保障；
分支 9. 矿建支护与工程；　分支 10. 煤矿机电与智能信控；分支 11. 煤矿机械与装备；分支 12. 节能与环保；
分支 13. 创新管理与经济

3.3 PCT 申请情况

3.3.1 中国煤炭协会 PCT 申请总量

3.3.1.1 中国煤炭协会 PCT 申请与全国 PCT 申请对比

3.3.1.2 涉及 PCT 的中国煤炭协会单位情况

图 3-3-1 展示了中国煤炭协会常务理事单位及理事单位 PCT 专利申请情况。涉及 PCT 申请的常务理事单位为 11 家，占常务理事单位总 107 家的 10.28%；涉及 PCT 申请的理事单位 3 家，占理事单位总 192 家的 1.56%。常务理事单位中涉及 PCT 申请的单位占比较理事单位中涉及 PCT 申请的单位占比优势明显。涉及 PCT 申请的常务理事单位和理事单位的 PCT 平均申请量相近，均为 3 件 / 家左右。

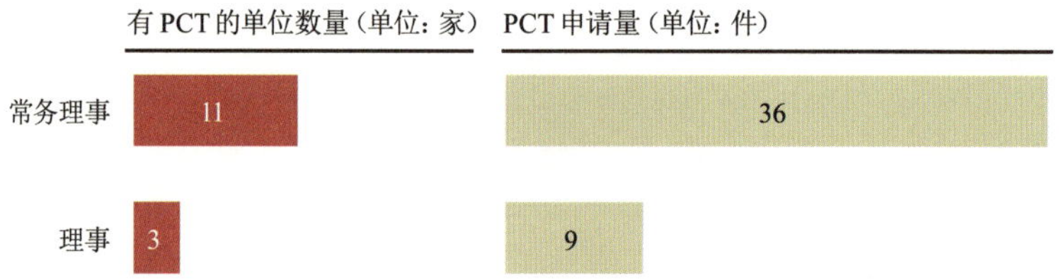

图 3-3-1 2019 年中国煤炭协会申请 PCT 专利的单位数量

3.3.2 技术主题布局情况

图 3-3-2 展示了中国煤炭协会 PCT 专利申请的技术主题布局情况。常务理事单位布局的技术主题更多地集中在资源勘查与地质保障、矿建支护与工程，理事单位布局的技术主题中煤矿机电与智能信控领域较多。

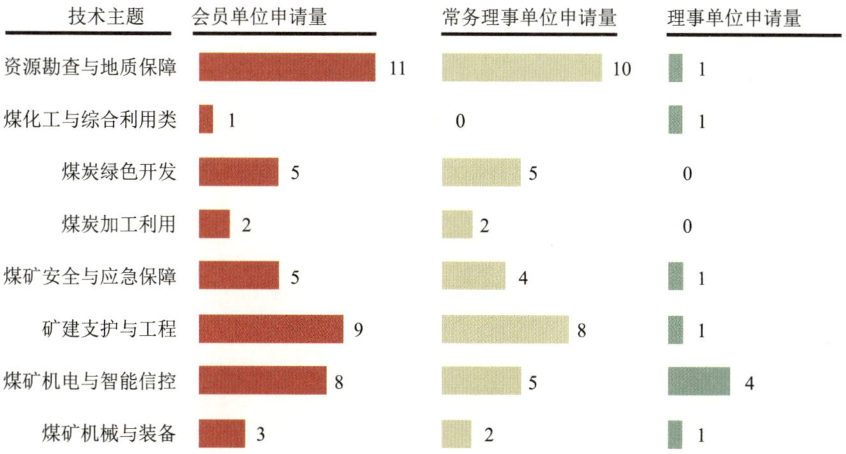

图 3-3-2　中国煤炭协会常务理事单位和理事单位 PCT 专利申请的技术主题布局情况（单位：件）

3.3.3　省份分布情况

图 3-3-3、图 3-3-4 展示了中国煤炭协会常务理事单位及理事单位 PCT 专利申请省份分布情况。常务理事单位及理事单位的 PCT 专利申请均主要来自省内的高校，如位于江苏省的中国矿业大学、位于山东省的山东科技大学、位于山西的太原理工大学。

图 3-3-3　中国煤炭协会 PCT 专利申请的常务理事单位省份布局情况（单位：件）

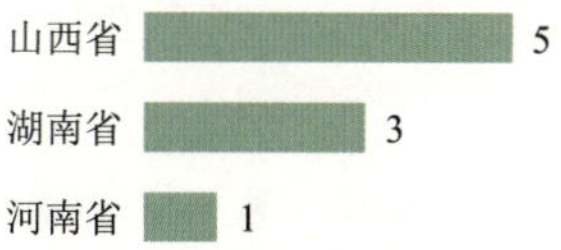

图 3-3-4　中国煤炭协会 PCT 专利申请的理事单位省份布局情况（单位：件）

3.3.4　申请人排名

图 3-3-5、图 3-3-6 展示了中国煤炭协会常务理事单位及理事单位 PCT 专利申请的申请人排名情况。

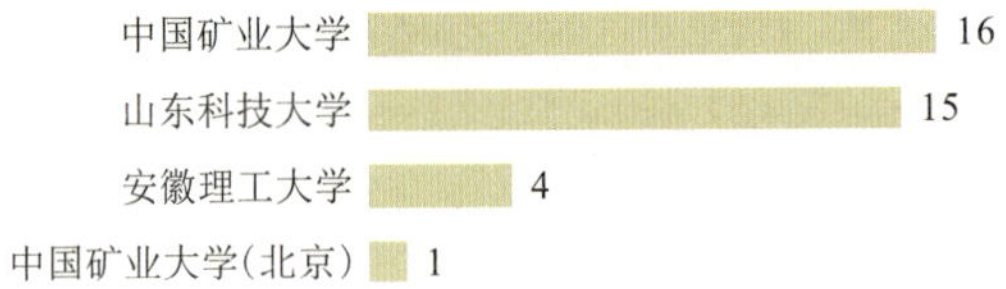

图 3-3-5　中国煤炭协会常务理事单位中 PCT 专利申请人排名（单位：件）

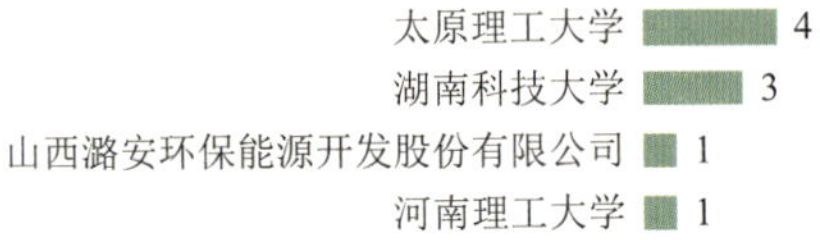

图 3-3-6　中国煤炭协会理事单位中 PCT 专利申请人排名（单位：件）

3.3.5　发明人排名

图 3-3-7、图 3-3-8 展示了中国煤炭协会常务理事单位及理事单位 PCT 专利申请的发明人排名情况。

图 3-3-7　中国煤炭协会常务理事单位中 PCT 专利申请发明人排名（单位：件）

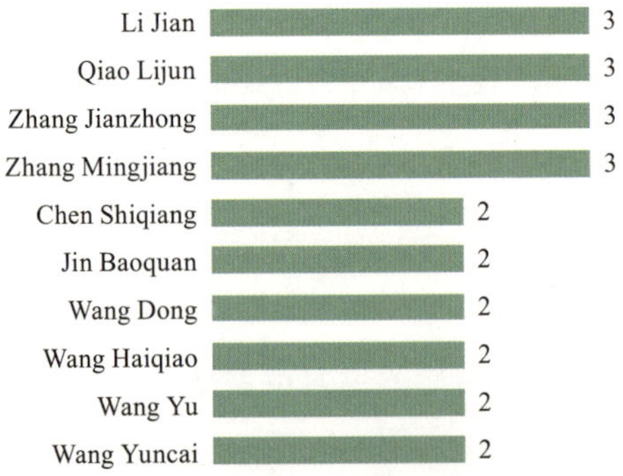

图 3-3-8　中国煤炭协会理事单位中 PCT 专利申请发明人排名（单位：件）

3.4 专利运营情况

3.4.1 转让情况

3.4.1.1 转让专利申请趋势

图 3-4-1 展示了中国煤炭协会常务理事单位及理事单位在 2019 年发生的转让专利权申请的申请年份分布情况。常务理事单位及理事单位的申请年份分布情况差异较小，常务理事单位发生的转让专利权（申请）数量整体高于理事单位发生的转让专利权（申请）数量。

图 3-4-1 中国煤炭协会转让专利申请趋势

3.4.1.2 转让人及受让人排名

图 3-4-2、图 3-4-3 展示了中国煤炭协会常务理事单位及理事单位在 2019 年发生转让的专利权（申请）的转让人排名情况，图 3-4-4、图 3-4-5 展示了中国煤炭协会常务理事单位及理事单位在 2019 年发生转让的专利权（申请）的受让人排名情况。常务理事单位涉及专利转让受让的专利数量较理事单位更多。

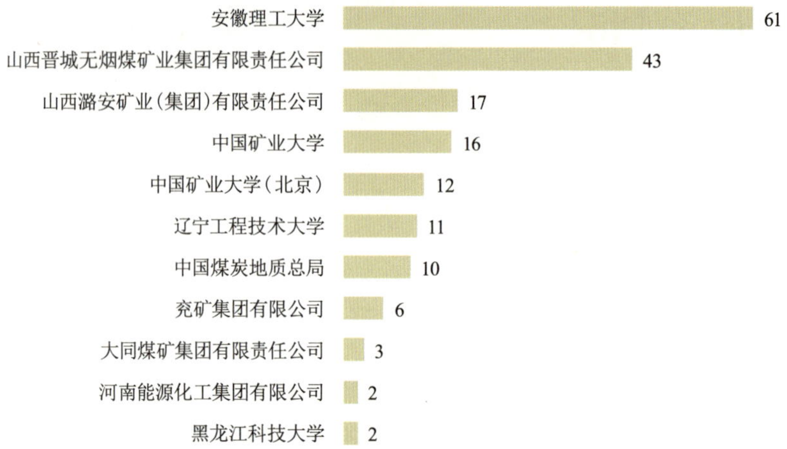

图 3-4-2　中国煤炭协会常务理事单位中专利转让人排名（单位：件）

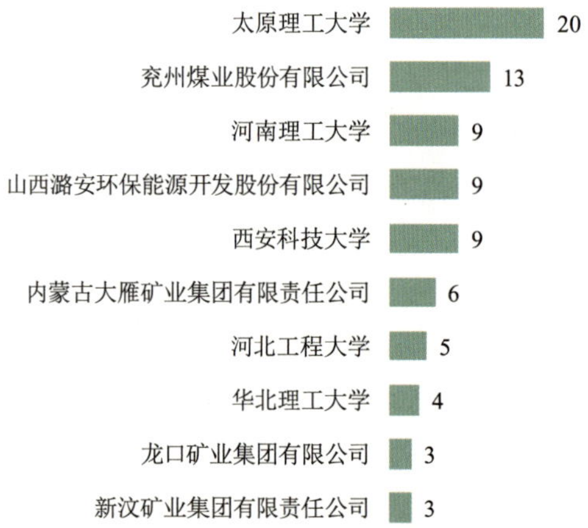

图 3-4-3　中国煤炭协会理事单位中专利转让人排名（单位：件）

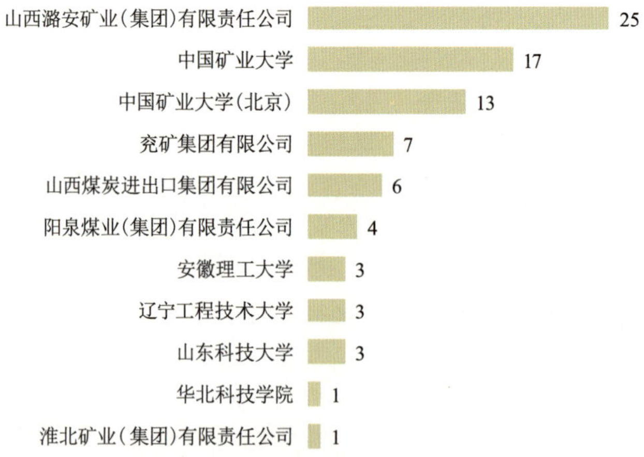

图 3-4-4　中国煤炭协会常务理事单位专利受让人排名（单位：件）

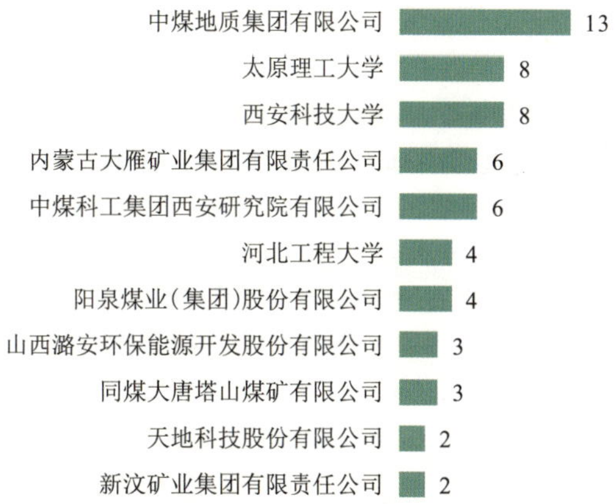

图 3-4-5　中国煤炭协会理事单位专利受让人排名（单位：件）

3.4.2　许可情况

3.4.2.1　专利许可趋势

图 3-4-6 展示了中国煤炭协会常务理事单位及理事单位在 2019 年发生许可的专利申请年份分布情况。

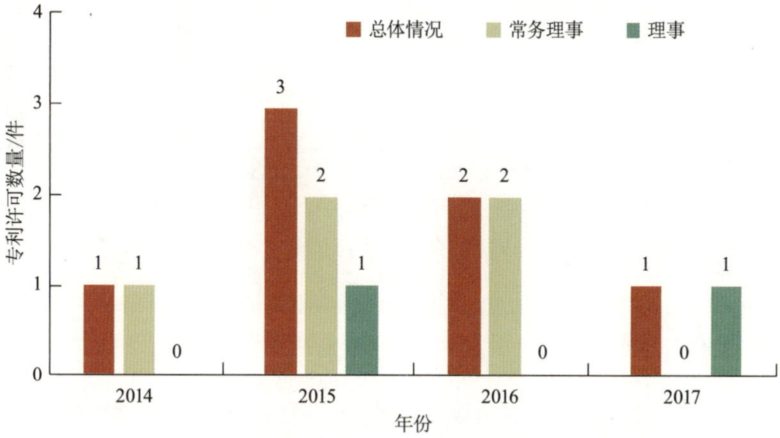

图 3-4-6　中国煤炭协会专利许可数量随年份变化趋势

3.4.2.2　专利许可人排名

图 3-4-7、图 3-4-8 展示了中国煤炭协会常务理事单位及理事单位在 2019 年发生许可的专利申请人排名情况。

图 3-4-7　煤炭行业常务理事单位的专利许可人排名（单位：件）

图 3-4-8　煤炭行业理事单位的专利许可人排名（单位：件）

3.4.3　质押情况

3.4.3.1　专利质押趋势

图 3-4-9 展示了中国煤炭协会常务理事单位及理事单位在 2019 年发生质押融资的专利申请年份分布情况。

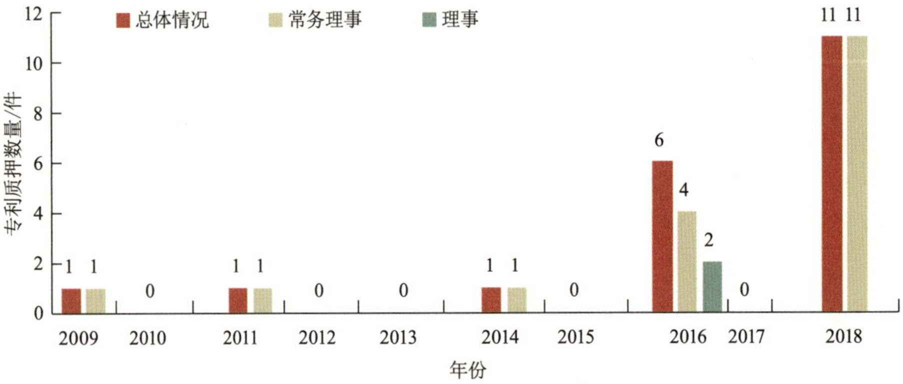

图 3-4-9　中国煤炭协会专利质押数量随年份变化趋势

3.4.3.2　质押人排名

图 3-4-10、图 3-4-11 展示了中国煤炭协会常务理事单位及理事单位在 2019 年发生质押融资的专利申请人排名情况。

图 3-4-10　煤炭行业常务理事单位专利质押人排名（单位：件）

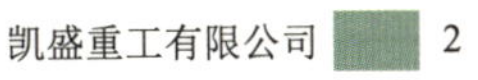

图 3-4-11 中国煤炭协会理事单位专利质押人排名（单位：件）

3.4.4 复审无效情况

3.4.4.1 复审无效专利申请趋势

图 3-4-12 展示出了中国煤炭协会常务理事单位及理事单位在 2019 年发生复审无效的专利申请年份分布情况。

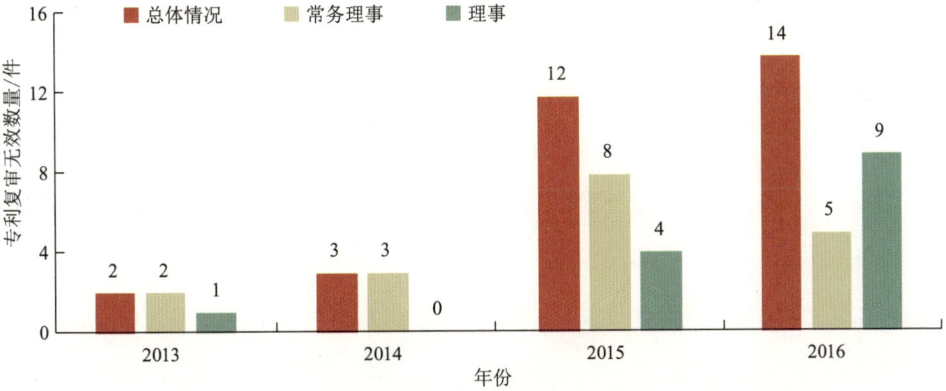

图 3-4-12 中国煤炭协会专利复审无效数量随年份变化趋势

3.4.4.2 复审请求人排名

图 3-4-13、图 3-4-14 展示了中国煤炭协会常务理事单位及理事单位在 2019 年发生复审无效的专利的申请人排名情况。排名前两位的都为常务理事单位，理事单位排名前十中高校的占比较多。

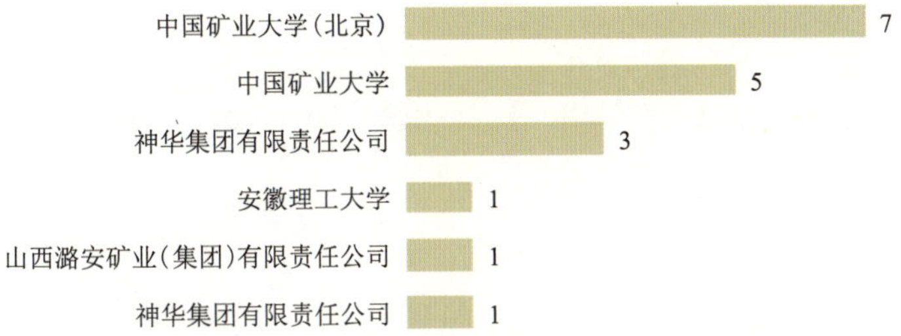

图 3-4-13 中国煤炭协会涉及专利复审无效案件的常务理事单位专利权人排名（单位：件）

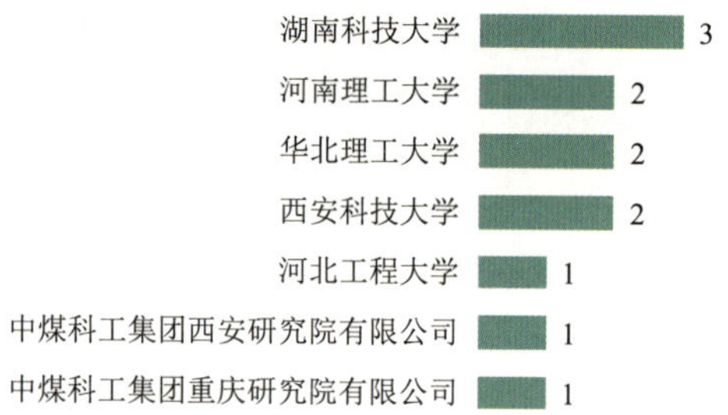

图 3-4-14　中国煤炭协会涉及专利复审无效案件的理事单位专利权人排名（单位：件）

区域篇

第4章

陕西省

4.1　发展现状

陕西省煤炭资源量大质优，煤种齐全、赋存条件相对优越，且伴生有丰富的煤层气等资源。作为煤炭大省，陕西省煤炭产量稳居全国第三，是我国重要的能源化工基地。目前，陕西省有9个市67个县（市、区）赋存煤炭资源，资源总量3930.66亿吨，居全国第四位。主要煤炭开发单位有国家能源集团、陕西煤业化工集团有限责任公司（以下简称“陕煤化集团”）、延长石油矿业公司、陕西汇森煤业公司、陕西榆林能源集团有限公司等。2019年，陕西省规模以上工业生产原煤6.34亿吨，同比增长1.7%。截至2020年年初，陕西省共有各类煤矿475处，生产建设能力合计73700万吨/年，其中，千万吨级现代化煤矿20处，集中于榆神、榆横大型矿区，陕煤柠条塔矿等3处的煤矿产能规模达1800万吨/年，新建陕煤小保当一号煤矿、陕煤曹家滩矿产能规模达1500万吨/年。

陕西省的煤炭涉及生产、流通、消费各个环节，为陕西省的经济发展作出了重要贡献，煤炭综合利用开发发展较好，电煤清洁利用水平不断提高，目前陕西省燃煤电厂煤炭清洁化利用率已达到90%左右。煤炭加工转换效率稳中有升，主要包括火力发电、供热、洗煤和炼焦等。煤化工覆盖面广，产业链长，产品众多，基本覆盖了煤化工行业的各终端产品，除了传统的合成氨、炼焦，还包括新型的煤制油、煤制甲醇、煤制烯烃等。目前陕西的煤化工工艺水平处于全国领先、世界先进水平。

4.2 专利申请

4.2.1 专利申请总量

陕西省煤炭行业专利申请情况如图 4-2-1 所示，从图中可以看出，2019 年，陕西省专利申请总量为 41786 件，其中煤炭行业申请总量为 399 件，占陕西省总申请量的 0.95%。

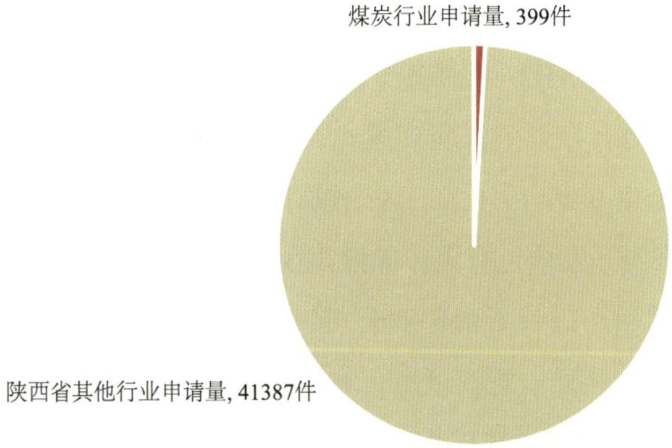

图 4-2-1　陕西省煤炭行业专利申请情况

4.2.2 各市专利申请情况

陕西省各个市的专利申请数量排名如图 4-2-2 所示，从图中可以看出，西安市专利申请量 338 件，占陕西省总煤炭专利申请量的 84.71%，位居陕西省煤炭专利申请量的第一位，并列位居第二位的为渭南和榆林，其专利申请量均为 29 件，占陕西省总煤炭专利申请量的 7.26%。商洛专利申请量为 2 件，延安专利申请量为 1 件。由此可见，陕西省的煤炭专利申请分布相对比较集中在西安，这与西安有较多大专院校有关。由于第一申请人通常为创新的主要主体，在涉及多个申请人合作申请时，以第一申请人进行统计。

图 4-2-2　陕西省各市申请专利排名（单位：件）

各个市的专利技术分布如图 4-2-3 所示，在西安市，排名前三的技术申请分别为资源勘查与地质保障、煤矿机械与装备、煤矿安全与应急保障。其中，资源勘查与地质保障申请量为 122 件，煤矿机械与装备专利申请量为 56 件，煤矿安全与应急保障专利申请数量为 53 件。榆林市在煤炭绿色开发专利申请最多，为 8 件。渭南市在煤矿机械与装备分支有 18 件专利申请，其余技术分支为个位数申请或者没有。商洛市在煤化工与综合利用及煤矿安全与应急保障分支有一件专利申请，其余无专利申请；延安市仅在煤炭绿色开发分支有 1 件专利申请。

从图 4-2-4 各市专利类型分布可以看出，陕西省各市专利申请均以发明专利申请为主。

从图 4-2-5 各市申请人类型可以看出，西安市以大专院校申请为主，榆林市和渭南市以企业申请为主，商洛市和延安市申请数量较少。

	西安市	榆林市	渭南市	商洛市	延安市
大型工程类	0	0	0	0	0
资源勘查与地质保障	122	5	3	0	0
节能与环保	13	2	2	0	0
煤化工与综合利用	14	1	0	1	0
煤矿安全与应急保障	53	1	0	1	0
煤矿机械与装备	56	6	18	0	0
煤矿机电与智能信控	44	3	0	0	0
矿建支护与工程	9	1	4	0	0
煤炭绿色开发	18	8	0	0	1
煤炭加工利用	9	1	2	0	0
创新管理与经济	0	1	0	0	0
矿区职业健康	0	0	0	0	0

图 4-2-3　陕西省各市专利申请技术分布（单位：件）

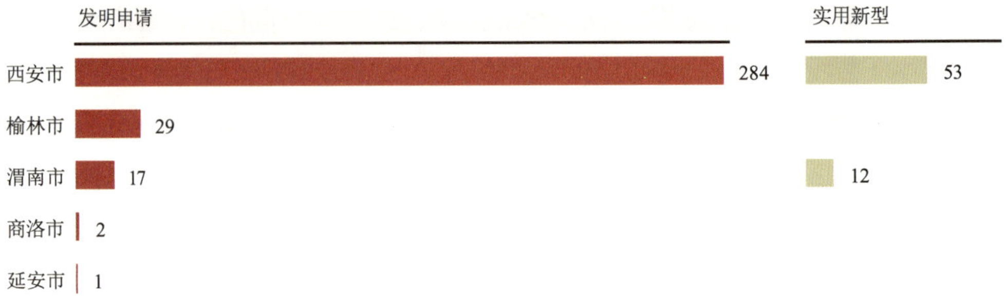

图 4-2-4　陕西省各市专利申请类型分布（单位：件）

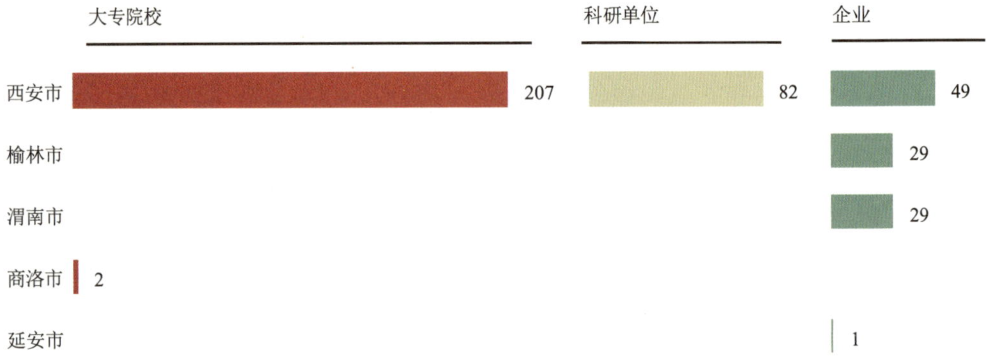

图 4-2-5　陕西省各市申请人类型分布（单位：件）

4.2.3　主要申请人排名

以第一申请人为陕西省内申请人申请的专利作为陕西省专利申请总数进行申请人排名分析。统计时，涉及合作申请的专利，按照合作的申请人进行拆分统计。排名前十的申请人如图 4-2-6 所示，可以看出在陕西省前十申请人中大专院校有两家，其中西安科技大学以 213 件位居第一位，远远高出其他申请人，华北科技学院申请量为 4 件，占据第十位；中煤科工集团西安研究院有限公司以 83 件专利位居第二，中煤集团有限公司以 41 件专利位居第三。陕西陕煤韩城矿业有限公司和神华神东煤炭集团有限责任公司分别以 29 件、28 件专利排在第四位和第五位。其后申请人申请总量均少于 20 件；西安煤矿机械有限公司申请量为 17 件，煤炭科学技术研究院有限公司申请量为 8 件；西安煤航遥感信息有限公司申请量为 6 件；陕西省煤田地质集团有限公司申请量为 5 件。

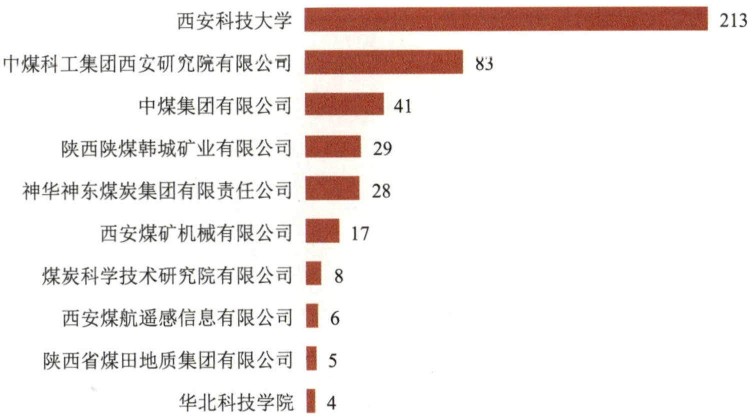

图 4-2-6　陕西省煤炭行业主要专利申请人排名（单位：件）

4.2.4　申请人集中度

从图 4-2-7 可以看出排名前三的申请人专利申请总量占比为 71.10%，排名前五的申请人专利申请总量占比为 83.12%，排名前十的申请人专利申请总量占比为 91.56%，总体来看，陕西省专利申请集中度较高。

图 4-2-7　陕西省煤炭行业专利申请人集中度

4.2.5　专利申请类型

从图 4-2-8 专利类型，可以看出发明专利申请数量为 334 件，占总申请量的 83.71%，实用新型申请为 65 件，占总申请量的 16.29%。

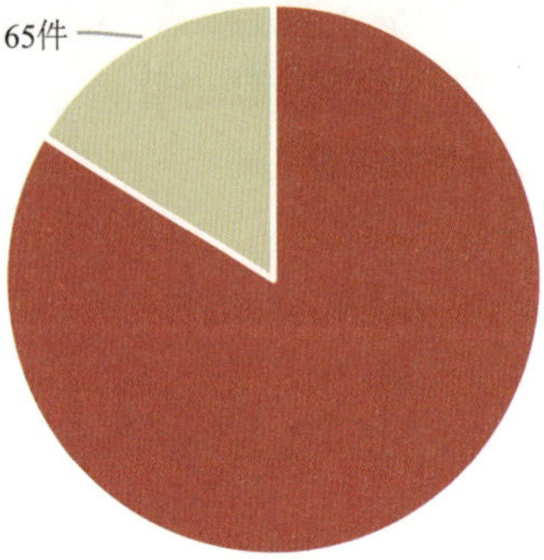

图 4-2-8　陕西省专利申请类型分布

4.2.6　申请人类型分析

专利申请人类型如图 4-2-9 所示，可以看出大专院校申请最多，占总申请的 52.38%，企业占比为 27.07%。科研单位占比为 20.55%。

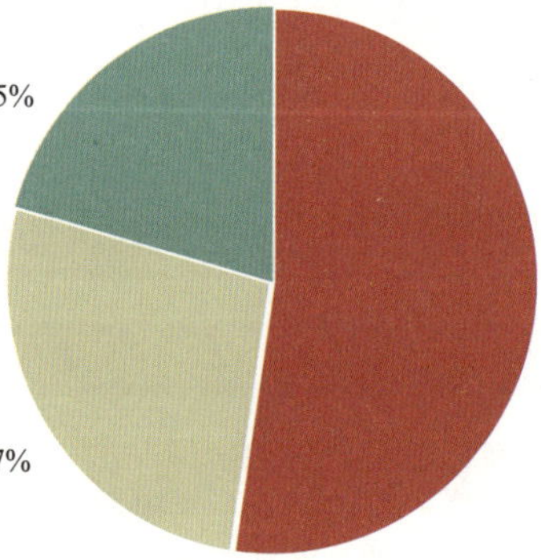

图 4-2-9　陕西省不同类型申请人的专利申请量

4.2.7　专利申请技术构成

陕西省专利申请技术布局如图 4-2-10 所示，其中资源勘测与地质保障申请量为 130 件，煤炭机械与装备申请量为 80 件，煤矿安全与应急保障申请量为 55 件，分别位居前三位，而其他技术分支专利申请量均小于 50 件，煤矿机电与智能控信申请量为 47 件；煤炭绿色开发申请量为 27 件，节能与环保申请量为 17 件，煤化工与综合利用类申请量为 16 件，矿建支护与工程申请量为 14 件，煤炭加工利用申请量为 12 件，创新管理与经济申请量为 1 件。

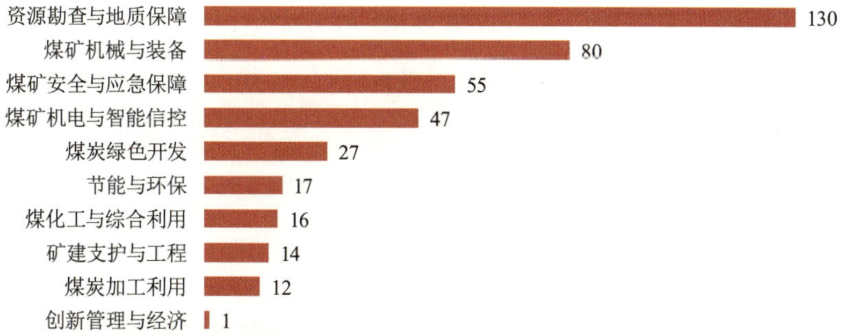

图 4-2-10 陕西省煤炭行业专利申请的技术布局（单位：件）

4.3 专利授权

4.3.1 专利授权总量

陕西省煤炭行业专利授权情况如图 4-3-1 所示，2019 年，陕西省专利授权总量为 44420 件，其中煤炭行业授权总量为 395 件，占省总授权量的 0.89%。

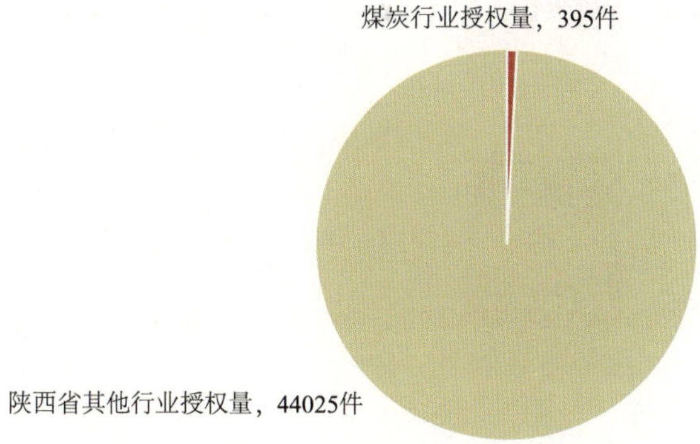

图 4-3-1 陕西省煤炭行业专利授权情况

4.3.2 各市授权专利情况

在陕西省各市的专利授权数量排名如图 4-3-2 所示，从图中可以看出，西安市授权数量 352 件，占陕西省总的煤炭专利授权数量的 89.11%，位居陕西省煤炭专利授权数量的第一位，铜川市和渭南市并列第二，专利授权数量为 14 件，占陕西省总授权量的 3.54%。榆林市仅有 8 件专利授权，咸阳市仅有 7 件专利授权。由此可见，陕西省的煤炭专利授权分布相对比较集中在西安市，这与西安市有较多大专院校有关。由于第一申请人通常为创新的主要主体，在涉及多个申请人合作申请时，以第一申请人进行统计。

图 4-3-2　陕西省各市授权专利量排名（单位：件）

各个市的专利技术分布如图 4-3-3 所示，在西安市，排名前三技术分支授权分别为煤炭机电与智能信控、煤矿安全与应急保障、资源勘查与地质保障。其中，煤炭机电与智能信控授权量为 73 件，占该市总授权量的 20.74%，煤矿安全与应急保障专利授权 72 件，占该市总授权量的 20.45%；资源勘查与地质保障专利授权数量为 58 件，占该市总授权量的 16.48%。榆林市、渭南市、咸阳市专利授权量较少。

	西安市	铜川市	渭南市	榆林市	咸阳市
资源勘查与地质保障	58	1	0	2	0
节能与环保	30	0	0	1	1
煤化工与综合利用	8	0	0	1	3
煤矿安全与应急保障	72	3	0	1	1
煤矿机械与装备	43	5	1	2	0
煤矿机电与智能信控	73	3	4	0	1
矿建支护与工程	42	2	7	1	1
煤炭绿色开发	16	0	0	0	0
煤炭加工利用	8	0	0	0	0
创新管理与经济	2	0	1	0	0
矿区职业健康	0	0	1	0	0

图 4-3-3　陕西省各市授权专利技术分布（单位：件）

从图 4-3-4 各市授权专利类型分布可以看出，西安市发明专利和实用新型在 2019 年授权量相等，而其他市均以实用新型授权为主。

从图 4-3-5 各市授权专利申请人类型可以看出，除西安市是大专院校授权专利较多外，其他市均以企业为主。

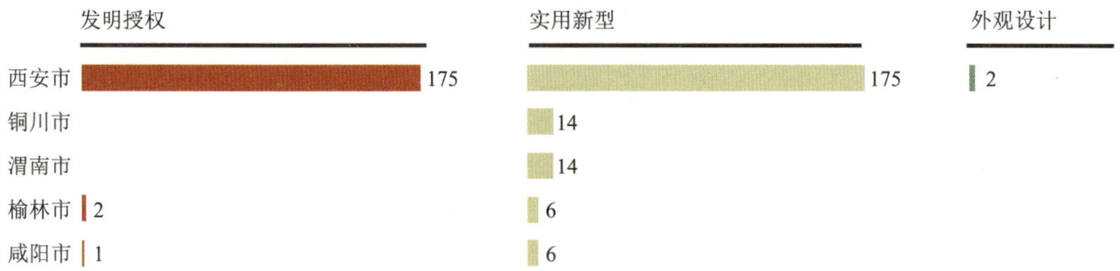

图 4-3-4　陕西省各市授权专利类型分布（单位：件）

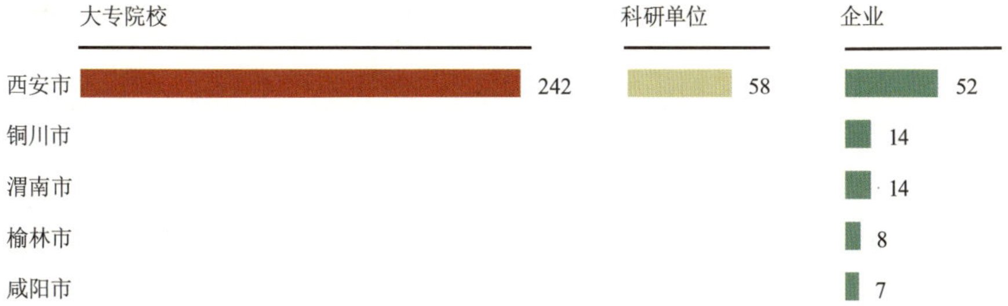

图 4-3-5　陕西省各市不同类型申请人的授权专利情况（单位：件）

4.3.3　授权专利的申请人排名

以第一申请人为陕西省内申请人授权的专利作为陕西省专利授权总量进行申请人排名分析。统计时，涉及合作申请的专利，按照合作的申请人进行拆分统计。授权排名前十的申请人如图 4-3-6 所示。可以看出在陕西省授权前十的申请人中西安科技大学以 242 件授权专利位居第一位，中煤科工集团西安研究院有限公司专利授权量为 62 件，中煤能源研究院有限责任公司专利授权量为 34 件；西安煤矿机械有限公司专利授权量为 22 件；西安天河矿业科技有限责任公司专利授权量为 14 件；陕西陕煤铜川矿业有限公司专利授权量为 14 件；陕西陕煤韩城矿业有限公司专利授权量为 13 件；彬县煤炭有限责任公司专利授权量为 6 件；陕西润中清洁能源有限公司专利授权量为 6 件；陕西华电榆横煤电有限责任公司专利授权量为 4 件；四川省煤炭产业集团有限责任公司专利授权量为 4 件。

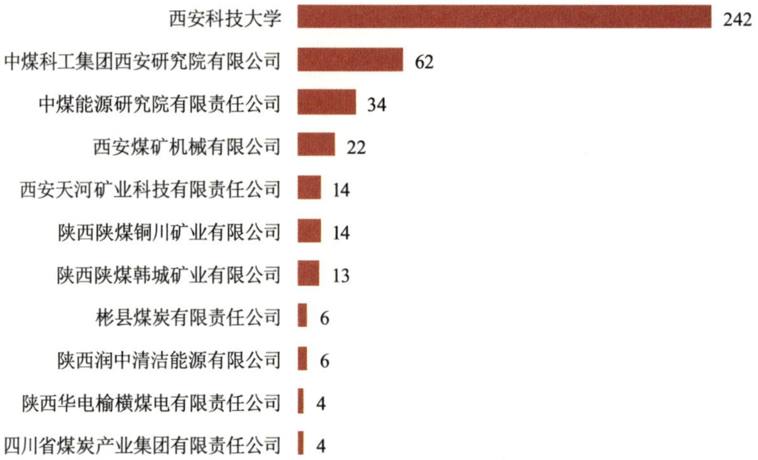

图 4-3-6　陕西省煤炭行业授权专利的主要专利申请人的排名（单位：件）

4.3.4　授权专利的申请人集中度

从图 4-3-7 可以看出排名前三申请人的授权专利申请总量占比为 72.53%，排名前五申请人授权专利总量占比为 80.26%，排名前十申请人专利授权总量占比为 89.48%，总体来看，陕西省专利授权申请集中度较高。

图 4-3-7　陕西省煤炭行业授权专利申请人集中度

4.3.5　授权专利类型

从图 4-3-8 授权专利类型，可以看出发明专利授权数量为 178 件，占总授权的 45.06%，实用新型申请为 215 件，占总授权的 54.43%，外观授权为 2 件。

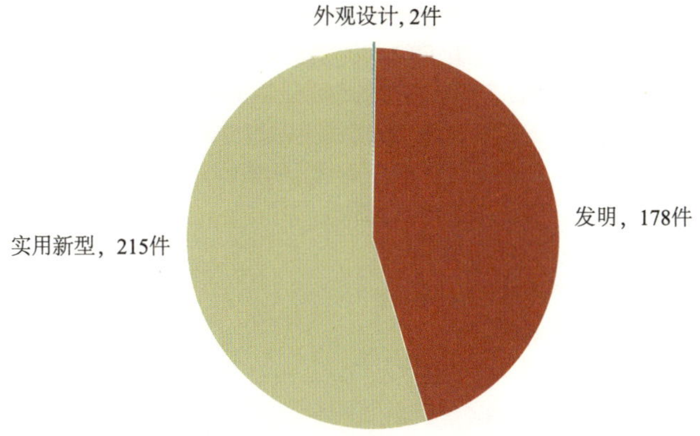

图 4-3-8　陕西省专利授权申请类型分布

4.3.6　授权专利申请人类型

授权专利申请人类型如图 4-3-9 所示，可以看出大专院校授权量占总授权的 61.26%，科研单位占比为 14.68%。企业占比为 24.05%。

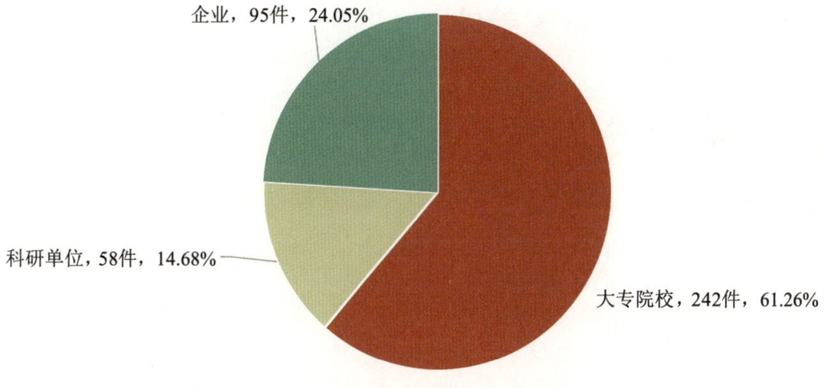

图 4-3-9　陕西省不同类型申请人的授权专利量

4.3.7　授权专利技术构成

图 4-3-10 为陕西省专利授权技术分布情况，其中煤矿机电与智能控信授权量为 81 件，煤矿安全与应急保障授权量为 77 件，资源勘测与地质保障授权量为 61 件，矿建支护与工程授权量为 53 件，煤炭机械与装备授权量为 51 件，节能与环保授权量为 32 件，煤炭绿色开发授权量为 16 件，煤化工与综合利用类授权量为 12 件，煤炭加工利用授权量为 8 件，创新管理与经济授权量为 3 件，矿区职业健康授权量为 1 件。

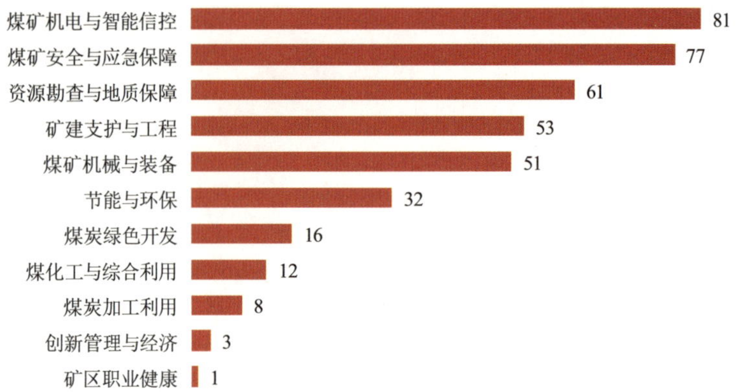

图 4-3-10　陕西省煤炭行业授权专利的技术分布（单位：件）

4.4　人才建设

4.4.1　活跃团队及其所属单位

4.4.1.1　专利申请发明人排名

如图 4-4-1 所示，申请专利前十排名中，杨俊哲以 18 件专利申请量，位居榜首，李泉新、林海飞专利申请量均为 14 件，贺安民、宋海涛专利申请量均为 13 件，刘建林、张杰专利申请量均为 12 件，梁春苗专利申请量为 11 件，马砺、王毅专利申请量均为 10 件。

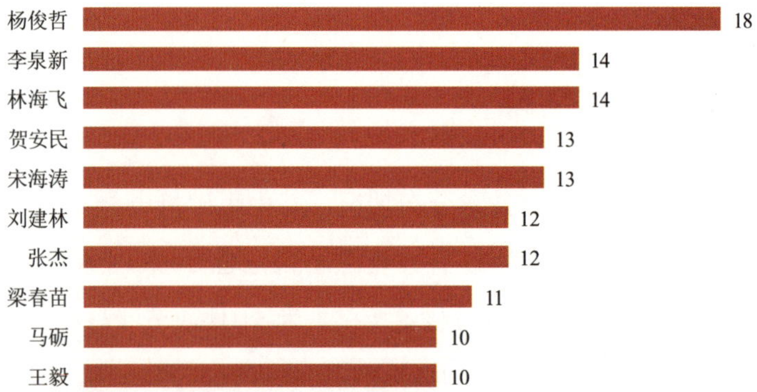

图 4-4-1　陕西省专利申请的发明人排名（单位：件）

4.4.1.2 不同类型申请人中发明人专利申请量排名

如图 4-4-2 所示，申请量排名前十的企业发明人中，数量差距并没有出现断层现象，杨俊哲专利申请量为 18 件，李泉新专利申请量为 14 件，贺安民、宋海涛专利申请量均为 13 件；刘建林专利申请量为 12 件，梁春苗专利申请量为 11 件，王毅专利申请量为 10 件，方俊、李坤、李鹏专利申请量均为 9 件。而大专院校发明人位居榜首的是林海飞，其专利申请量为 14 件，张杰专利申请量为 11 件；马砺专利申请量为 10 件，秦雷、赵鹏翔专利申请量均为 9 件；郭卫、严敏、赵栓峰专利申请量均为 8 件，崔峰、邓军专利申请量均为 7 件。

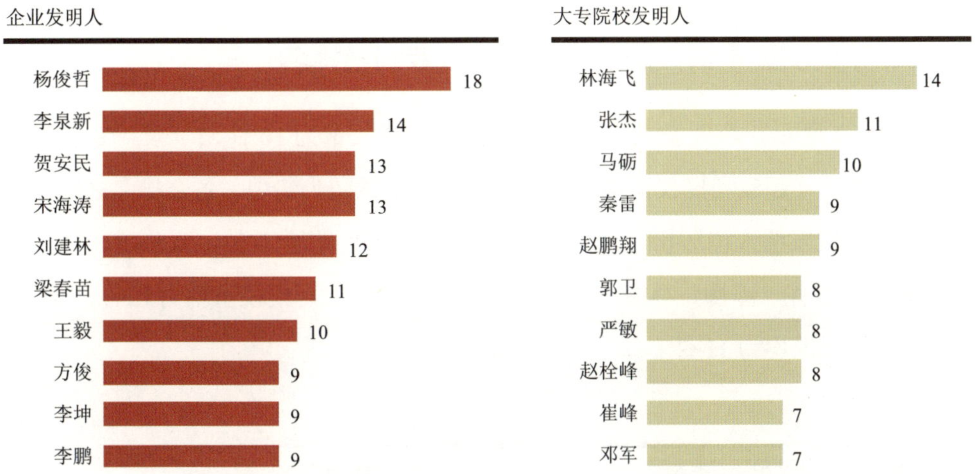

图 4-4-2 陕西省不同类型申请人中专利申请的发明人排名（单位：件）

4.4.1.3 授权专利发明人排名

如图 4-4-3 所示，授权专利排名前十的发明人中，邓军以 17 件专利授权量，位居榜首，张杰以 14 件专利授权量紧追其后，张小艳、郑学召专利授权量均为 13 件占据第三，陈柳、林海飞、刘浪、王美、张波专利授权量均为 12 件；李红霞、孙伟博、王燕、张超专利授权量均为 11 件。

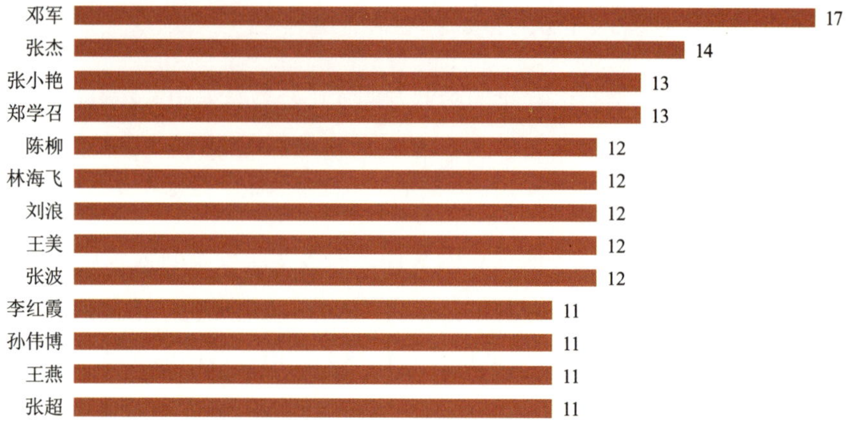

图 4-4-3　陕西省授权专利的发明人排名（单位：件）

4.4.1.4　不同类型申请人的发明人的授权专利量排名

如图 4-4-4 所示，企业发明人中，刘建林专利授权量为 10 件，李泉新专利授权量为 9 件，方俊、许超专利授权量均为 8 件，其授权数量较为集中，各个排名之间差异并不大；大专院校发明人位居榜首的是邓军，其专利授权量为 17 件，张小艳、郑学召专利授权量均为13件，陈柳、林海飞、刘浪、王美、张波专利授权量均为12件，李红霞、孙伟博专利授权量均为 11 件。

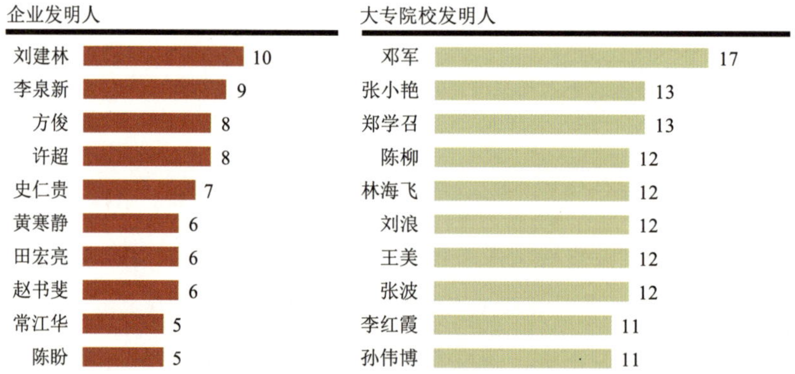

图 4-4-4　陕西省不同类型申请人授权专利的发明人排名（单位：件）

4.4.2　团队合作

图 4-4-5 是陕西省专利申请的发明人合作关系图，气泡越大合作申请的次数越多，气泡之间距离越近代表发明人之间的研发合作越紧密。从图中可以看出陕西省申请专利

中，发明人之间的合作关系还是比较密集的，其中主要发明人有杨俊哲、贺安民、林海飞、李鹏等。其中合作较为密切的发明人为：杨俊哲与王波、王春蕾、关丙火，贺安民和杨继元、陈清通、宋桂军，林海飞与严敏、李锦良、李鹏与吴作启、吕情绪。各个团队之间通过合作申请，从而实现信息共享，是有利于该行业的发展进步的。

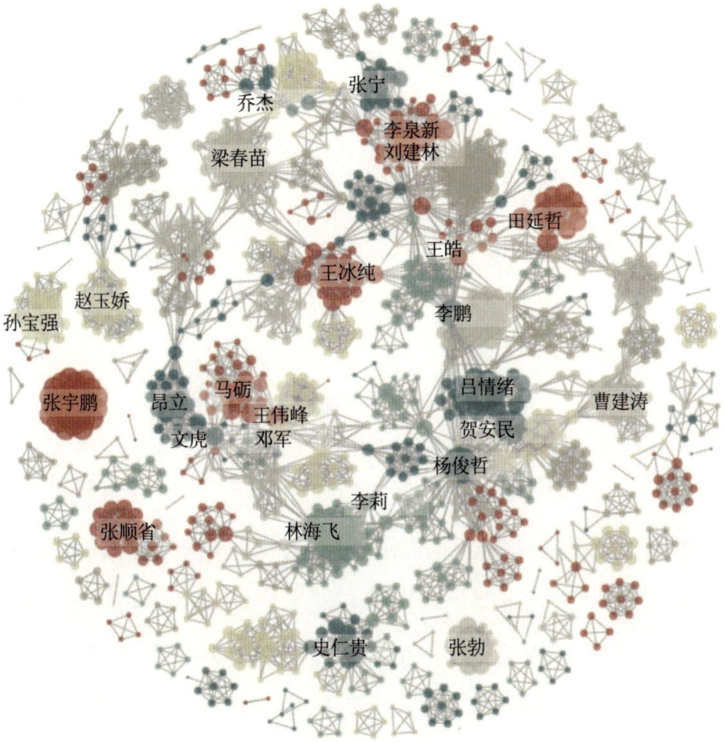

图 4-4-5　陕西省专利申请的发明人研发合作网络

图 4-4-6 是陕西省专利申请的申请人合作关系图，气泡越大合作申请的次数越多，气泡之间距离越近代表申请人之间的研发合作越紧密，从图中可以看出陕西省申请专利中，申请人之间的合作关系固定合作申请比较多，也可以从另一方面表现出陕西省各个申请人之间合作的密切程度，可以看出西安科技大学、神华神东煤炭集团有限责任公司的合作申请较多；其中合作较为密切的申请人为：西安科技大学和西安天河矿业科技有限责任公司，神华神东煤炭集团有限责任公司和煤炭科学技术研究院有限公司，中煤航测遥感集团有限公司与中煤（西安）地下空间科技发展有限公司。

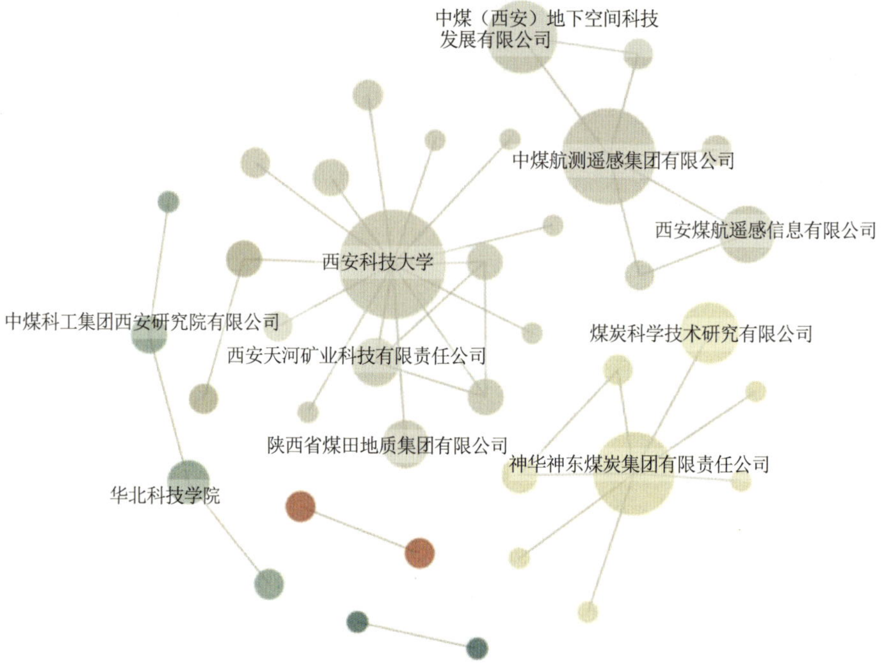

图 4-4-6　陕西省专利申请的申请人合作网络

注：图中仅标示合作次数排名靠前的合作申请人，排名靠后的未在图中体现，后文中类似问题不再注释。

图4-4-7是陕西省授权专利发明人合作关系图，气泡越大合作申请授权的次数越多，气泡之间距离越近代表发明人之间的研发合作越紧密，从图中可以看出陕西省授权专利中，发明人之间得合作关系还是比较密集的，其中主要发明人有王湃、邓军、张超、刘建林等。其中合作较为密切的发明人为张波与邱华富、辛杰，王湃与景宏君、王燕，邓军和郭军、张宇轩、张嫵妮，张超与凌伟、常杰、刘建林与吴国友、杨桐、李泉新。各个团队之间通过合作申请，从而实现信息共享，是有利于该行业的发展进步的。

图4-4-8是陕西省授权专利申请人合作关系图，气泡越大合作授权申请的次数越多，气泡之间距离越近代表申请人之间的研发合作越紧密，从图中可以看出陕西省授权专利中，申请人之间的合作关系固定合作申请比较多，也可以从另一方面表现出陕西省各个申请人之间合作的密切程度，可以看出西安科技大学、西安天河矿业科技有限责任公司、中煤航测遥感集团有限公司的合作授权最多；其中合作较为密切的申请人为：西安科技大学和西安天河矿业科技有限责任公司，中煤航测遥感集团与中煤地西安地图制印有限公司。

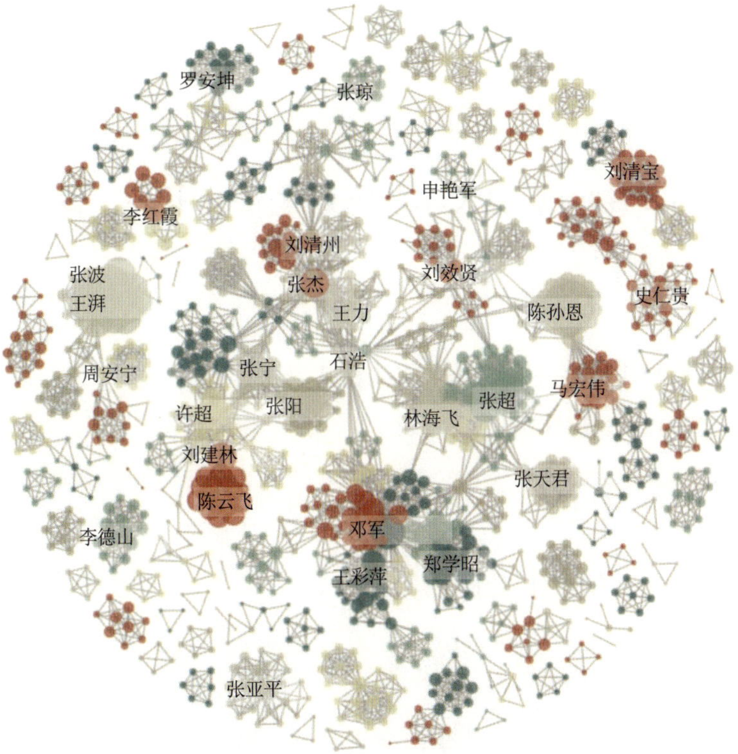

图 4-4-7　陕西省授权专利的发明人研发合作网络

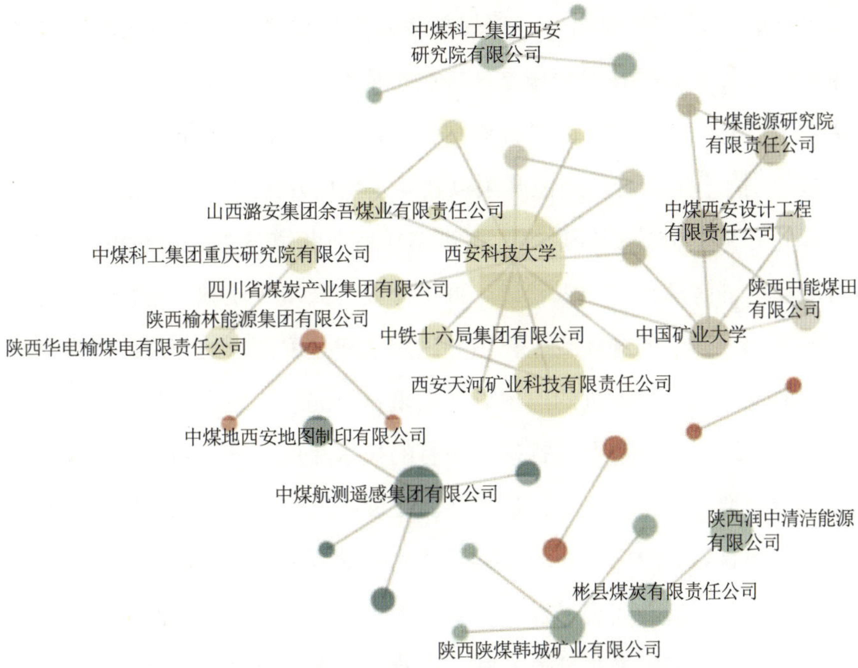

图 4-4-8　陕西省授权专利的申请人合作网络

4.5 成果转化

4.5.1 案例 1：中国矿业大学浅埋煤层保水开采方法技术转化

4.5.1.1 基本信息

专利名称：一种浅埋煤层保水开采方法及其应用

公开号：CN107542465B

原始权利人：中国矿业大学；

变更后的权利人：陕西省地质环境监测总站；中国矿业大学

登记生效日：2019 年 2 月 2 日

4.5.1.2 案情回顾

2017 年 7 月 21 日，中国矿业大学申请了一件专利名为“一种浅埋煤层保水开采方法及其应用”的发明专利，该发明专利主要应用在煤炭开采技术领域，提供了一种浅埋煤层保水开采方法，具有简单易行、采煤效率及采出率高、采煤与充填协调作业等优点。因此该专利在煤炭开采技术领域是一项高价值的工作技术成果。

中国矿业大学马立强教授、张东升教授、王烁康主要研究方向为煤炭开采方法、矿山压力与岩层控制、保水开采 / 绿色开采以及难采煤层开采等方面。2017 年，该团队采用多点平行掘进作业的方式进行采煤，掘进完成后在巷道与主运输巷相接处打密闭墙，对巷道进行充填的同时掘进下一组巷道，掘进作业与充填作业独立进行。掘进巷道和充填巷道两侧始终由未开采的煤体或已充填并达到承载强度要求的充填体作为支撑，通过控制掘进巷道的宽度、巷道掘进的速率以及充填材料的配比，来有效控制采动覆岩裂隙发育和巷道顶板下沉。该发明专利打破了原有的技术瓶颈，该发明专利实现了掘进（采煤）与充填同步协调作业，保证了掘进作业面持续、稳定、高效地出煤，给予了充填作业面充足的时间和有效的空间使充填体凝固并达到承载强度要求，有效控制了覆岩裂隙发育及巷道顶板下沉，最终实现了煤炭资源的水资源保护性开采（保水开采）和安全高效高回收率开采。该项发明是高价值专利，因此也引来了该领域研究人员的注意。

陕西省地质环境监测总站为陕西省公益性地质调查单位，主要工作涉及范围：地质环境监测和地质灾害防治服务，地下水动态监测评价；地下水资源调查勘查、矿山地质环境调查和评价以及恢复治理方案的编制；地质灾害调查、预报预警与专项防治技术指导；地质灾害应急值守及地质灾害会商网络系统和气象风险预警平台建设。为了更加高效地对陕西煤炭进行开采，加快陕西经济推动，2019年2月2日，中国矿业大学提出专利转让请求，在原始申请人不变的情况下，请求将其专利权转让给陕西省地质环境监测总站。

4.5.1.3 案件分析

专利转让是专利申请权人和专利权人把专利申请权和专利权让给他人的一种法律行为，专利的转让价格在一定程度体现了市场对于知识产权的定价。在煤炭行业高价值专利对整个行业的发展都具有极大的影响力，对于整个区域的发展也具有一定的冲击力。该专利为高校与企业间的转让，最终为共同持有式转让。

马立强教授团队在该行业的研究较为深入，通过专利转让，也加大了陕西省地质环境监测总站与该团队的联系，更有利于实现技术互动。

从区域来看，该发明专利转让为江苏省引入陕西省，陕西省从其他省市引入高价值专利，可以看出，陕西省对煤炭行业发展的高度重视。当然，对于转让人，完全有机会去与对方合作开发，享受相关的权益。拥有专利技术所有权，就有机会与对方洽谈合作，赢得合作机会。专利权获得，如果不进行必要的转让或者运营，往往无法发挥其全部价值，通过转让不仅仅可以实现双方的共赢，而且还是两个省市双赢的局面。

4.5.2 案例2：西安科技大学矿井涌水冷、热利用的深井降温除湿系统技术转化

4.5.2.1 基本信息

专利名称：矿井涌水冷、热利用的深井降温除湿系统

公开号：CN107013240B

原始权利人：西安科技大学

变更后的专利权人：昆山市智海机电空调有限公司

登记生效日：2019年12月13日

4.5.2.2 案情回顾

2017 年 4 月 28 日，西安科技大学申请了一件专利名称为“矿井涌水冷、热利用的深井降温除湿系统”的发明专利，该发明专利涉及矿井降温技术领域，提供一种矿井涌水冷、热利用的深井降温除湿系统，该系统从矿井低温涌水中提取冷量用于空气冷却器的冷却处理，从矿井高温涌水提取热量用于转轮除湿机的除湿再生。该系统结构简单，不需制冷机组，适用于有涌水充足的矿井对工作面进行降温除湿。该专利为一件高价值专利。

陈柳为西安科技大学副教授，主要从事建筑环境与设备方面的教学科研工作。在深部采矿工程中，创造一个安全和舒适的微气候环境，是矿井降温工作要完成的基本任务。2017 年，他提出在设备内设置除湿量大的转轮除湿机，解决了井下除湿难题；此外，从矿井低温涌水中提取冷量用于空气冷却器的冷却处理。从矿井高温涌水提取热量用于转轮除湿机的除湿再生。由于充分利用了涌水冷量和热量，节约了矿井降温除湿系统的能耗，因此具有能耗低的优点，该设备不需要设置制冷机组，因此具有环保的优点。最终形成一件高价值专利。

昆山市智海机电空调有限公司位于江苏省苏州市昆山市，主要工作涉及范围：管道安装工程、水电安装工程；中央空调、通风设备安装及保养维护；无尘室库板安装，其名下投资一家公司：苏州智海机电工程有限公司，其主要工作涉及范围：暖通设备、给排水设备、工业电气设备、管道设备、电器元件、电线电缆、五金材料、仪器仪表、环保设备的销售；机电设备安装工程、空调安装工程、管道安装工程、电气安装工程、弱电工程、室内外装饰装潢工程、无尘室工程、钢结构工程、环氧地坪工程、防水工程、智能化工程、环保工程的设计与施工。2019 年 12 月 13 日，该申请的专利权由西安科技大学转让至昆山市智海机电空调有限公司。

4.5.2.3 案件分析

截至目前，陈柳专利申请高达 39 项，其中大部分专利为授权专利，可见陈柳在该技术领域研究较为深入，昆山市智海机电空调有限公司主营业务主要涉及管道水电工程领域，通过本次专利转让，实现所生产产品更大的市场价值。此外，通过专利数量和专利质量等信息体现自己的技术研发水平或者需要专利进行各类项目的申报，也是现有企业提出专利转让请求的原因之一。

从区域来看，该技术为从陕西省引入到江苏省，跨区域式专利转让及交流也会加快两省市的技术流动效率。

第5章 山西省

5.1 发展现状

山西省是中国重要的综合能源基地，是中国煤炭大省，累计查明煤炭保有资源量2674亿吨，约占全国的1/4。目前，山西省共有煤矿978座，已全面实现机械化开采，自动化水平大幅提升，煤炭先进产能占比达68%。2019年煤炭产量9.8亿吨，已形成4家亿吨级、3家5000万吨级以上的企业集团，主要煤炭开发单位有：山西潞安矿业（集团）有限责任公司（以下简称“潞安矿业”）、大同煤矿集团有限责任公司、山西焦煤集团有限责任公司、阳泉煤业（集团）股份有限公司（以下简称“阳煤集团”）、山西晋城无烟煤矿业集团有限责任公司、晋能集团有限公司、山西煤炭进出口集团有限公司、山西兰花煤炭实业集团有限公司等。

2019年5月29日，在中共中央全面深化改革委员会第八次会议上，山西省正式成为全国首个能源革命综合改革试点。近年来，山西省充分发挥重点煤炭集团、煤炭高校、科研院所等技术优势，积极推广应用新装备、新技术、新材料、新工艺，尤其是智能化采煤技术装备、工作面超前支架以及掘锚一体机、盾构机等先进技术装备，在智能开采、智能掘进、连续化辅助运输上开展科技攻关，不断提升煤矿安全科技装备水平。山西省全省采煤机械化程度达到100%，掘进机械化程度提高到91%，29座矿井的42个综采工作面实现了自动化、智能化。山西省全省原煤洗选率达73%，洗煤闭路循环率达100%，煤矸石综合利用率由零提高到67.7%，煤化工企业达到65家，各类化工产品生产规模超过6000万吨，产业集约化水平和安全保障能力得到了显著提升。在煤炭加工、循环利用、原煤洗选、污染源治理、煤层气抽采、现代煤化工、资源回收等方面实现了飞跃发展。

5.2 专利申请

5.2.1 专利申请总量

山西省煤炭行业专利申请情况如图 5-2-1 所示，从图中可以看出，2019 年，山西省专利申请总量为 14985 件，其中煤炭行业申请总量为 651 件，占山西省总申请量的 4.34%。

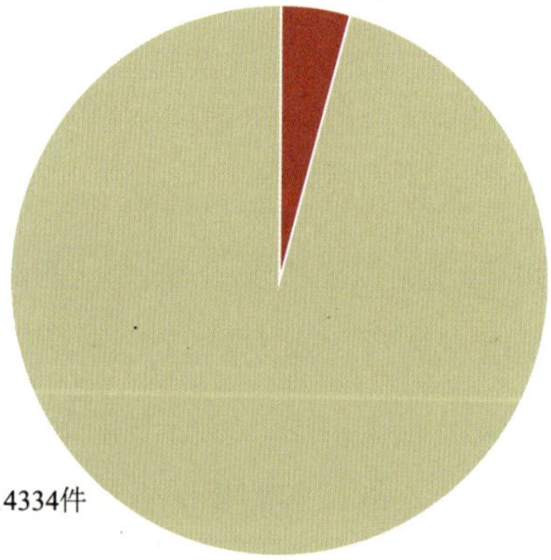

图 5-2-1 山西省煤炭行业专利申请情况

5.2.2 各市专利申请情况

山西省各个市的专利申请量排名如图 5-2-2 所示，从图中可以看出，太原市专利申请量 430 件，占山西省总的煤炭专利申请量的 66.05%，位居山西省煤炭专利申请量的第一位。位居第二位的为长治市，其专利申请量为 115 件，占山西省总申请量的 17.67%。而位居第三位的大同市，其专利申请量为 50 件，仅占总煤炭申请量的 7.68%，晋城市专利申请量为 27 件，阳泉市专利申请量为 20 件，运城市专利申请量为 4 件，朔州市专利申请量为 3 件，临汾市专利申请量为 2 件。由此可见，山西省的煤炭专利申请分布相对比较集中在太原市，这与太原市院校较多有关。由于第一申请人通常为创新的主要主体，在涉及多个申请人合作申请时，以第一申请人进行统计。

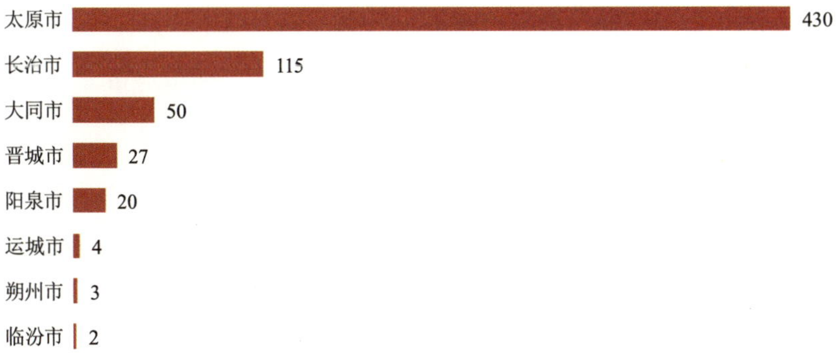

图 5-2-2 山西省各市申请专利排名（单位：件）

各个市的专利技术分布如图 5-2-3 所示，在太原市，排名前三的技术申请分别为煤化工与综合利用、资源勘查与地质保障、煤矿机械与装备。其中，煤化工与综合利用申请量为 98 件，占太原市总申请量的 22.79%，资源勘测与地质保障专利申请量为 79 件，占太原市总申请量的 18.37%；煤矿机械与装备专利申请量为 74 件，占太原市总申请量的 17.21%。长治市排名前三的技术申请分别为煤矿机械与装备、煤化工与综合利用、煤矿安全与应急保障。其中，煤矿机械与装备专利申请量为 31 件，占长治市总申请量的 26.96%；煤化工与综合利用申请量为 26 件，占长治市总申请量的 22.61%，煤矿安全与应急保障专利申请量为 17 件，占长治市总申请量的 14.78%。大同市煤矿机电与智能信控申请量为 11 件，煤炭绿色开发申请量为 10 件，其余专利均为个位数。晋城市、阳泉市、运城市、朔州市、临汾市都只有少量专利申请。

	太原市	长治市	大同市	晋城市	阳泉市	运城市	朔州市	临汾市
大型工程类	0	0	0	0	0	0	0	0
资源勘查与地质保障	79	10	6	4	3	0	0	0
节能与环保	16	6	2	3	3	0	0	0
煤化工与综合利用	98	26	2	5	4	0	1	0
煤矿安全与应急保障	38	17	6	1	3	0	0	0
煤矿机械与装备	74	31	5	7	1	0	0	0
煤矿机电与智能信控	39	7	11	3	2	0	1	0
矿建支护与工程	14	9	7	2	2	4	1	2
煤炭绿色开发	47	5	10	2	1	0	0	0
煤炭加工利用	23	4	1	0	0	0	0	0
创新管理与经济	1	0	0	0	0	0	0	0
矿区职业健康	1	0	0	0	1	0	0	0

图 5-2-3 山西省各市专利申请技术分布（单位：件）

从图 5-2-4 各市专利类型分布可以看出，太原市、晋城市、阳泉市专利申请主要以发明申请为主，长治市、大同市主要以实用新型申请为主。而运城市、朔州市、临汾市专利申请数量较少。

从图 5-2-5 各省市申请人类型可以看出，太原市以大专院校申请人较多，长治市、大同市、晋城市、阳泉市均以企业申请为主，而运城市、朔州市、临汾市专利申请数量较少。

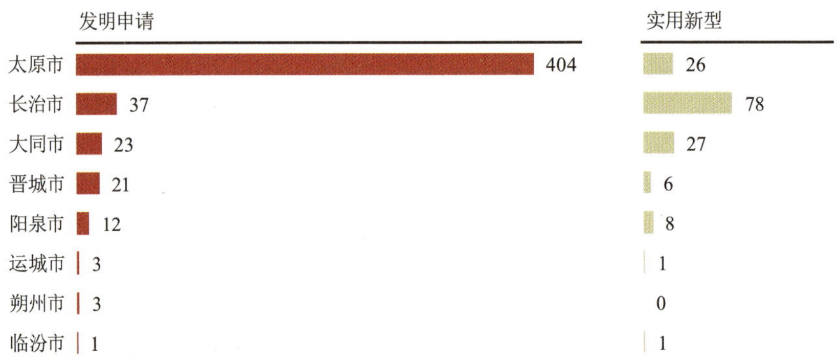

图 5-2-4　山西省各市专利申请类型分布（单位：件）

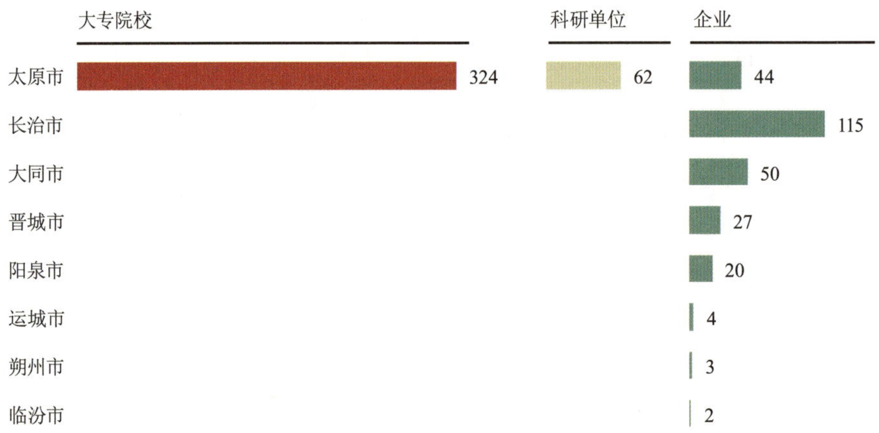

图 5-2-5　山西省各市申请人类型分布（单位：件）

5.2.3　主要申请人排名

以第一申请人为山西省内申请人申请的专利作为山西省专利申请总数进行申请人排名分析。统计时，涉及合作申请的专利，按照合作的申请人进行拆分统计。排名前十申请人如图 5-2-6 所示，可以看出在山西省前十申请人中大专院校有两家，其中太原理工以331件申请专利位居第一位，远远高出其他申请人，中国矿业大学以合作申请的形式申请专利25件，占据第七位。山西潞安矿业(集团）有限责任公司专利申请量为137件，位居第二位；山西天地煤机装备有限公司、中国煤炭科工集团太原研究院有限公司专利申请量均为57件，大同煤矿集团有限责任公司专利申请量为50件，分别位居第三位和第五位，其他申请人专利申请数量均低于50件。山西焦煤集团有限责任公司东曲煤矿专利申请数量为29件；阳泉煤业（集团）股份有限公司专利申请数量为27件；山西晋城无烟煤矿业集团有限责任公司专利申请数量为23件；西山煤电（集团）有限责任公司专利申请数量为10件。

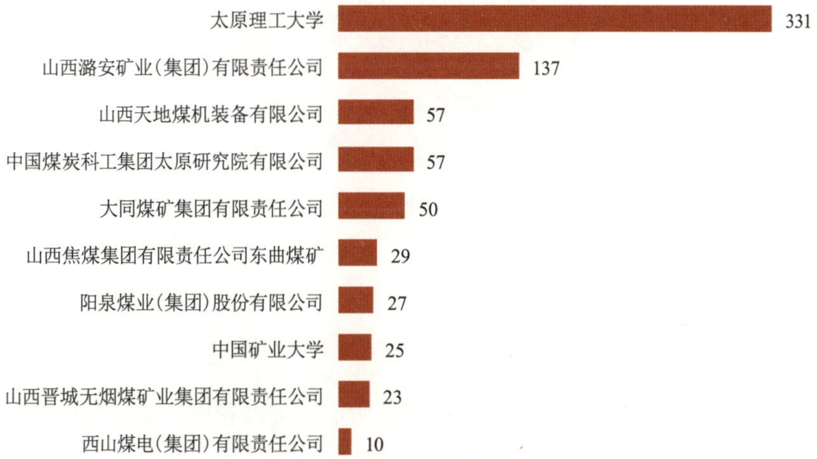

图5-2-6 山西省煤炭行业主要专利申请人排名（单位：件）

5.2.4 申请人集中度

从图5-2-7可以看出排名前三的申请人专利申请总量占比为62.13%，排名前五的申请人专利申请总量占比为74.79%，排名前十的申请人专利申请总量占比为88.28%，总体来看，山西省专利申请集中度较高。

图5-2-7 山西省煤炭领域专利申请人集中度

5.2.5 专利申请类型

从图 5-2-8 专利类型，可以看出发明专利申请量为 504 件，占总申请量的 77.42%，实用新型申请量为 147 件，占总申请量的 22.58%。

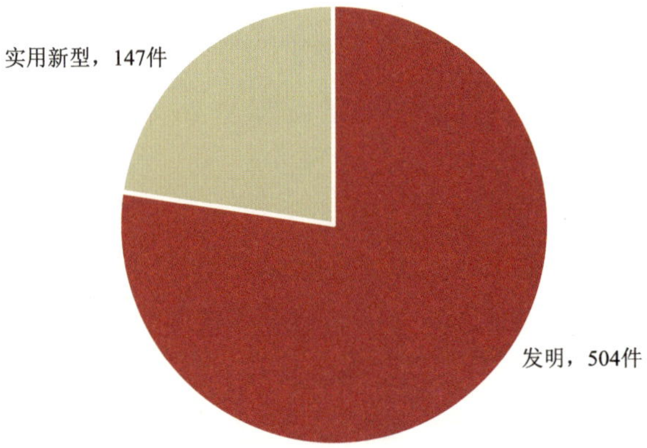

图 5-2-8 山西省煤炭领域专利申请类型布局

5.2.6 申请人类型分析

山西省煤炭领域专利申请人类型如图 5-2-9 所示，可以看出大专院校申请最多，占总申请的 49.77%，企业占比为 40.71%。科研单位占比为 9.52%。

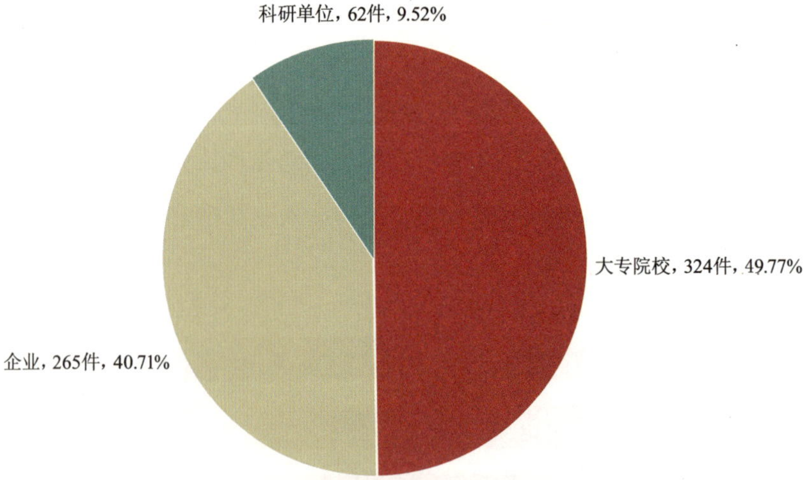

图 5-2-9 山西省煤炭领域专利申请人类型

5.2.7 专利申请技术构成

山西省专利申请技术布局如图 5-2-10 所示，其中煤化工与综合利用类申请量为 136 件，煤炭机械与装备申请量为 118 件，资源勘测与地质保障申请量为 104 件，分别位居前三位，而其他技术分支专利申请量均小于 100 件，煤矿安全与应急保障申请量为 71 件，煤炭绿色开发申请量为 65 件，煤矿机电与智能信控申请量为 63 件；矿建支护与工程申请量为 41 件，节能与环保申请量为 31 件，煤炭加工利用申请量为 28 件，矿区职业健康申请量为 2 件，创新管理与经济申请量为 1 件。

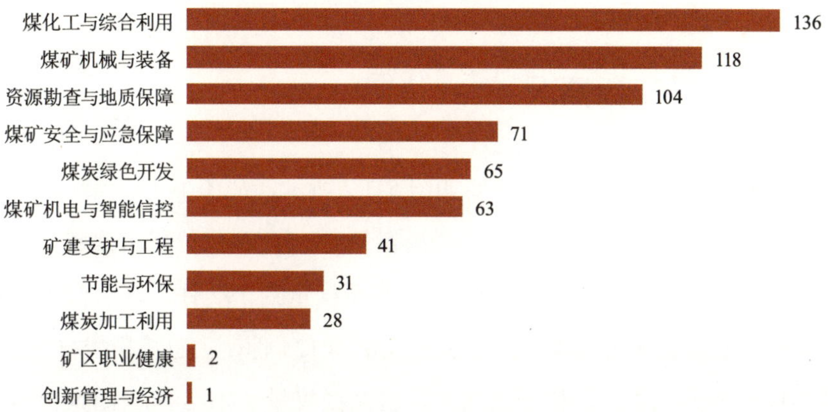

图 5-2-10　山西省煤炭领域专利申请的技术布局（单位：件）

5.3 专利授权

5.3.1 专利授权总量

山西省煤炭行业专利授权情况如图 5-3-1 所示，从图中可以看出，2019 年，山西省专利授权总量为 16691 件，其中煤炭行业授权总量为 745 件，占省总授权量的 4.46%。

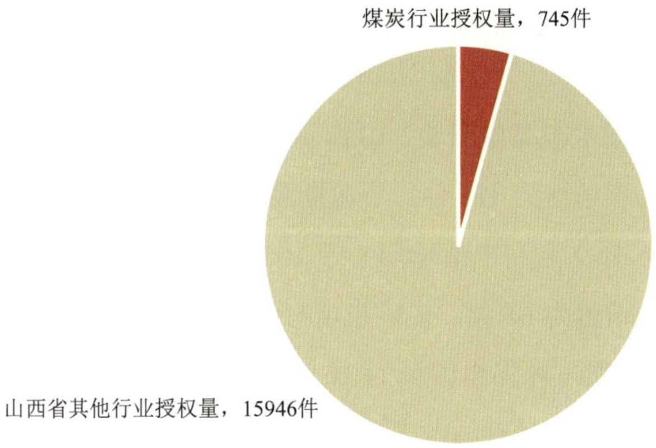

图 5-3-1 山西省煤炭行业专利授权情况

5.3.2 各市授权专利情况

山西省各个市的授权专利数量排名如图 5-3-2 所示，从图中可以看出，太原市专利授权量为 266 件，占山西省总的煤炭专利授权量的 35.70%，位居山西省煤炭专利授权量的第一位。位居第二位的为长治市，其专利授权量为 192 件，占山西省总授权量的 25.77%。位居第三位的为大同市，其专利授权量为 124 件，占总煤炭授权量的 16.64%，晋城市专利授权量为 122 件，位居第四位，占总授权量的 16.38%。阳泉市专利授权量为 29 件，占比为 3.89%，其他市专利授权量均为个位数，朔州市 7 件专利授权，晋中市 2 件专利授权，临汾市、吕梁市、忻州市均有 1 件专利授权。由于第一申请人通常为创新的主要主体，在涉及多个申请人合作申请时，以第一申请人进行统计。

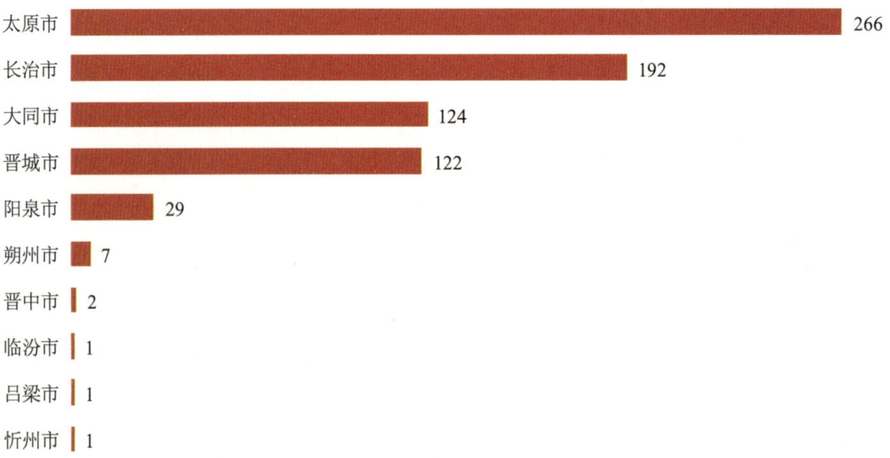

图 5-3-2 山西省各市授权专利量排名（单位：件）

各个市的专利技术分布如图 5-3-3 所示，在太原市，排名前三的技术授权分别为煤矿机电与智能信控、煤矿安全与应急保障、煤化工与综合利用。其中，煤矿机电与智能信控授权量为 71 件，占太原市总授权量的 26.69%，煤矿安全与应急保障专利授权 35 件，占太原市总授权量的 13.16%；煤化工与综合利用专利授权量为 33 件，占太原市总授权量的 12.41%。长治市前三技术授权分别为煤矿安全与应急保障、矿建支护与工程、煤矿机电与智能信控。其中，煤矿安全与应急保障专利授权量为 45 件，占长治市总授权量的 23.44%；矿建支护与工程授权量为 41 件，占长治市总授权量的 21.35%，资源勘测与地质保障专利授权 39 件，占长治市总授权量的 20.31%。大同市煤矿机械与装备授权量为 50 件，煤矿机电与智能信控授权量为 27 件，煤矿安全与应急保障专利授权量为 22 件，矿建支护与工程授权量为 13 件，其余专利均为个位数。晋城市排名前三的授权技术分支分别为煤矿机械与装备授权量为27件，煤矿安全与应急保障专利授权26件，矿建支护与工程授权量为 23 件，阳泉市、朔州市、晋中市、临汾市、吕梁市、忻州市专利授权不为乐观，都只有少量专利授权。

	太原市	长治市	大同市	晋城市	阳泉市	朔州市	晋中市	临汾市	吕梁市	忻州市
资源勘查与地质保障	15	9	2	7	0	0	0	0	0	0
节能与环保	27	7	1	4	2	0	1	0	0	0
煤化工与综合利用	33	12		10	4	1	0	0	0	0
煤矿安全与应急保障	35	45	22	26	5	1	1	0	1	0
煤矿机械与装备	28	30	50	27	5	2	0	0	0	1
煤矿机电与智能信控	71	39	27	17	6		0	0	0	0
矿建支护与工程	18	41	13	23	2	3	0	1	0	0
煤炭绿色开发	27	2	4	4	0	0	0	0	0	0
煤炭加工利用	10	7	1	4	1	0	0	0	0	0
创新管理与经济	1	0	0	0	0	0	0	0	0	0
矿区职业健康	1	0	4	0	4	0	0	0	0	0

图 5-3-3　山西省各市授权专利技术分布（单位：件）

从图 5-3-4 各市专利类型分布可以看出，太原市授权专利主要以发明授权为主，长治市、大同市、晋城市、阳泉市、朔州市主要以实用新型授权为主。而晋中市、临汾市专利授权数量较少。

从图 5-3-5 各市授权专利申请人类型可以看出，除太原市以大专院校授权专利申请人较多外，长治市、大同市、晋城市、阳泉市、朔州市均以企业授权为主，而晋中市、临汾市、吕梁市、忻州市专利授权数量较少。

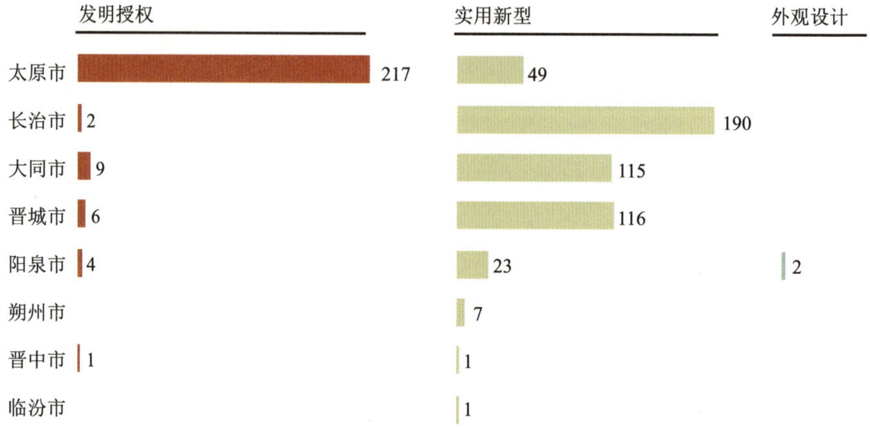

图 5-3-4　山西省各市授权专利类型分布（单位：件）

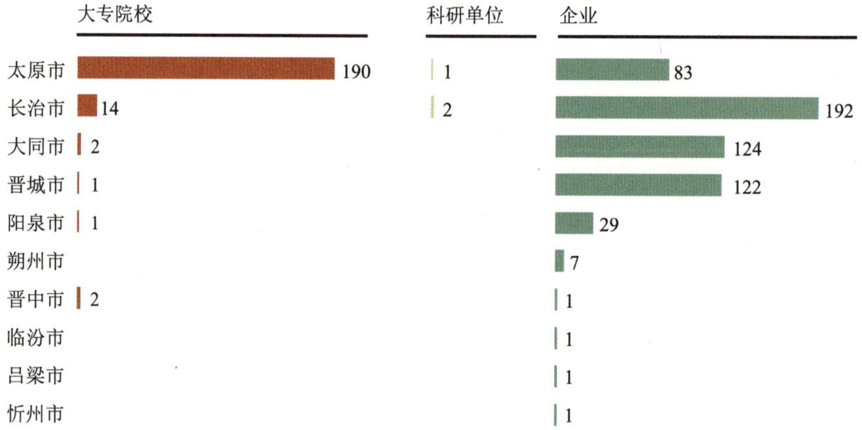

图 5-3-5　山西省各市不同类型申请人的授权专利情况（单位：件）

5.3.3　授权专利的申请人排名

以第一申请人为山西省内申请人授权的专利作为山西省专利授权总量进行申请人排名分析。统计时，涉及合作申请的专利，按照合作的申请人进行拆分统计。授权排名前十的申请人如图 5-3-6 所示，可以看出在山西省授权前十的申请人中太原理工大学以 191 件位居第一位，山西潞安环保能源开发公司常村煤矿授权量为 186 件紧跟其后，山西晋城无烟煤矿业集团有限责任公司专利授权数量为 120 件，大同煤矿集团有限责任公司专利授权量为 92 件，山西天地煤机装备有限公司专利授权量为 41 件，中国煤炭科工集团太原研究院有限公司专利授权量为 41 件，同煤大唐塔山煤矿有限公司专利授权量为 37 件，阳泉煤业（集团）股份有限公司专利授权数量为 31 件，西山煤电（集团）有限责任公司专利授权数量为 17 件，山西焦煤集团有限责任公司东曲煤矿专利授权数量为 17 件。

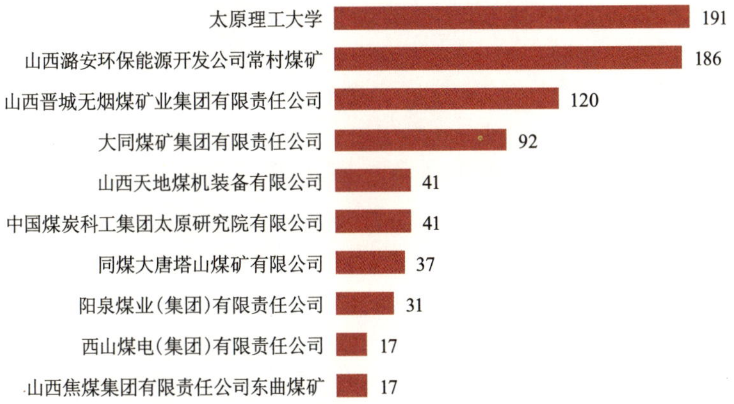

图 5-3-6　山西省煤炭行业授权专利的主要专利申请人的排名（单位：件）

5.3.4　授权专利的申请人集中度

从图 5-3-7 可以看出排名前三申请人的授权专利申请总量占比为 50.92%，排名前五申请人授权专利总量占比为 64.55%，排名前十申请人专利授权总量占比为 79.20%，总体来看，山西省专利授权申请集中度较高。

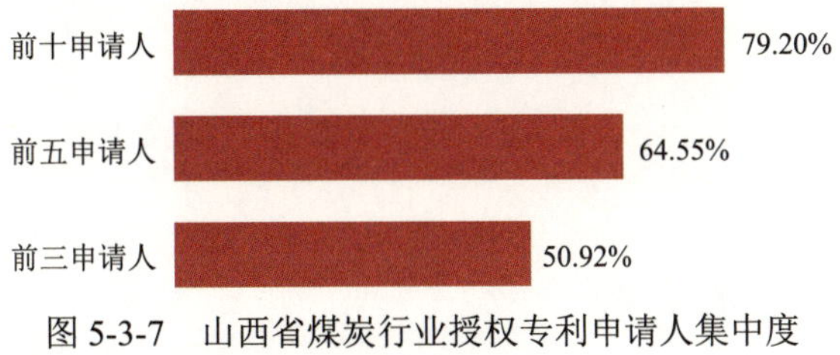

图 5-3-7　山西省煤炭行业授权专利申请人集中度

5.3.5　授权专利类型

从图 5-3-8 授权专利类型，可以看出，发明专利授权数量为 239 件，占总申请的 32.08%，实用新型授权数量为 504 件，占总授权数量的 67.65%，外观授权为 2 件。

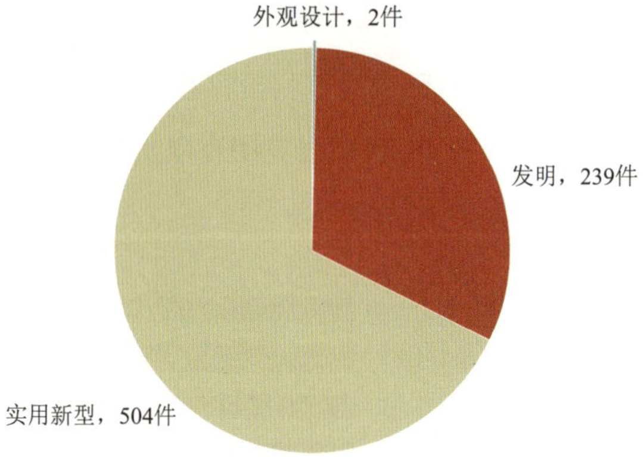

图 5-3-8　山西省专利授权申请类型布局

5.3.6　授权专利申请人类型

授权专利申请人类型如图 5-3-9 所示，可以看出大专院校授权占总授权的 27.13%，企业占比为 72.48%。科研单位占比仅仅为 0.39%。

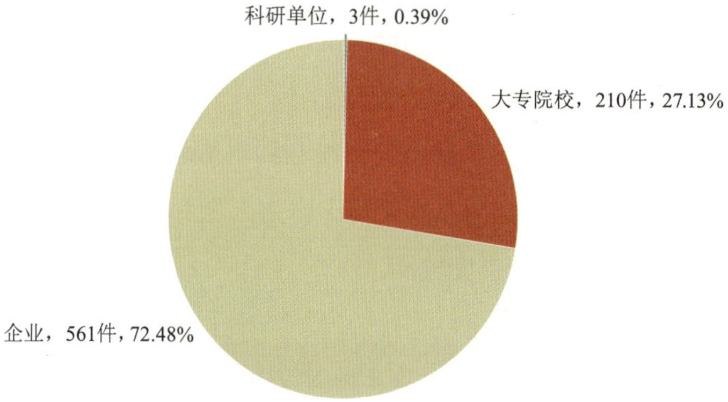

图 5-3-9　山西省不同类型申请人的授权专利量

5.3.7　授权专利技术构成

山西省专利授权技术分布如图 5-3-10 所示，其中煤矿机电与智能信控授权量为 160 件，煤矿机械与装备授权量为 143 件，煤矿安全与应急保障授权量为 136 件，矿建支护与工程授权量为 101 件，煤化工与综合利用类授权量为 60 件，节能与环保授权量为 42 件，煤炭绿色开发授权量为 37 件，资源勘查与地质保障授权量为 33 件，煤炭加工利用授权量为 23 件，矿区职业健康授权量为 9 件，创新管理与经济授权量为 1 件。

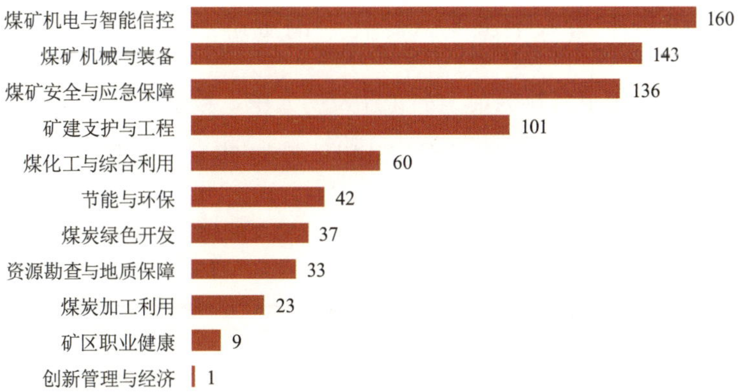

图 5-3-10　山西省不同类型申请人的授权专利量（单位：件）

5.4　人才建设

5.4.1　活跃团队及其所属单位

5.4.1.1　专利申请发明人排名

如图 5-4-1 所示，申请专利前十排名中，冯国瑞以 50 件专利申请量，位居榜首，白锦文、王伟林专利申请量均为 17 件，郭超、郭军、康立勋、毋皓田专利申请量均为 16 件，丁永成、王静、王朋飞、周旭专利申请量均为 15 件。

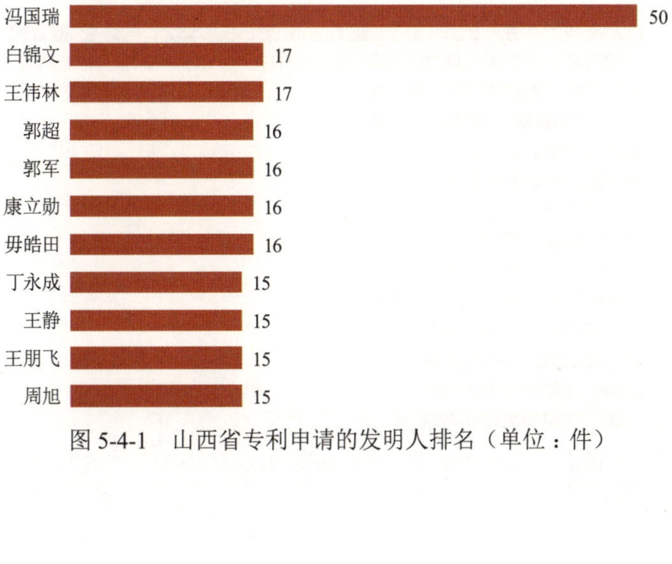

图 5-4-1　山西省专利申请的发明人排名（单位：件）

5.4.1.2 不同类型申请人中发明人专利申请量排名

如图 5-4-2 所示，申请量排名前十的企业发明人中，数量差距并没有出现断层现象，而大专院校发明人位居榜首的是冯国瑞，其申请量为 50 件，远远高于其他发明人，这也从一定程度上说明大专院校的科研实力较强。

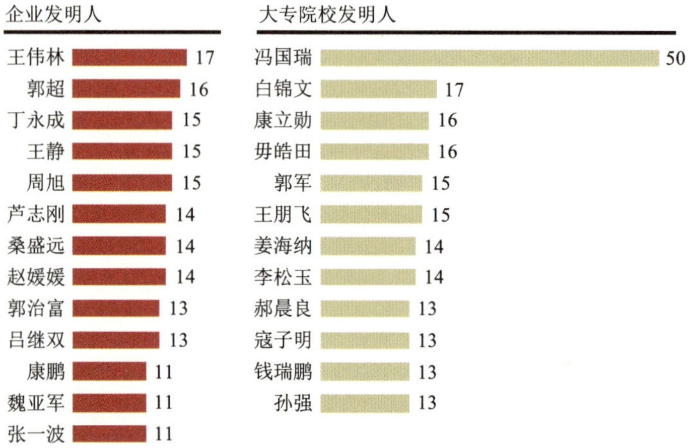

图 5-4-2 山西省不同类型申请人中专利申请的发明人排名（单位：件）

5.4.1.3 授权专利发明人排名

如图 5-4-3 所示，授权专利排名前十的发明人中，冯国瑞以 41 件专利授权量，位居榜首，郭超以专利授权量 39 件紧追其后，康立勋、张兴专利授权量均为 17 件占据第三，白锦文专利授权量为 16 件，韩卓鹏、王磊、张玉江专利授权量均为 15 件，其他前十授权申请人的专利授权量均为 14 件。

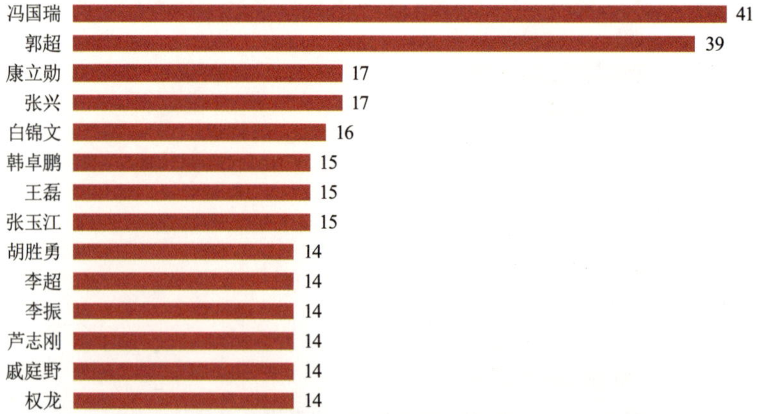

图 5-4-3 山西省授权专利的发明人排名（单位：件）

5.4.1.4 不同类型申请人的发明人的授权专利量排名

如图 5-4-4 所示，企业发明人中，郭超以专利授权量 39 位居第一，远远高于其他发明人；大专院校发明人位居榜首的是冯国瑞，其授权量为 41 件，远远高于其他发明人，总体来看企业发明人和大专院校发明人专利申请数量相差不大。

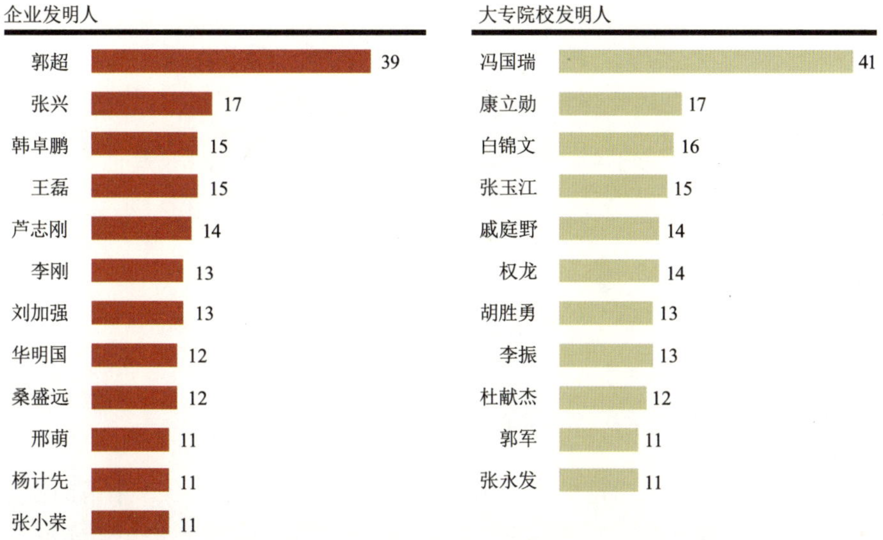

图 5-4-4 山西省不同类型申请人授权专利的发明人排名（单位：件）

5.4.2 团队合作

图 5-4-5 是山西省专利申请的发明人合作关系图，气泡越大合作申请的次数越多，气泡之间距离越近代表发明人之间的研发合作越紧密。从图中可以看出山西省申请专利中，发明人之间的合作关系还是比较密集的，其中主要发明人有冯国瑞、孙强、张礼才、冀鹏飞等。其中合作较为密切的发明人为：冯国瑞与孙强、康立勋、姜海纳、孙强和闫勇敢、康立勋、张礼才与周旭、赵媛媛、冀鹏飞与刘玉荣、陈宁。各个团队之间通过合作申请，从而实现信息共享，是有利于该行业的发展进步的。

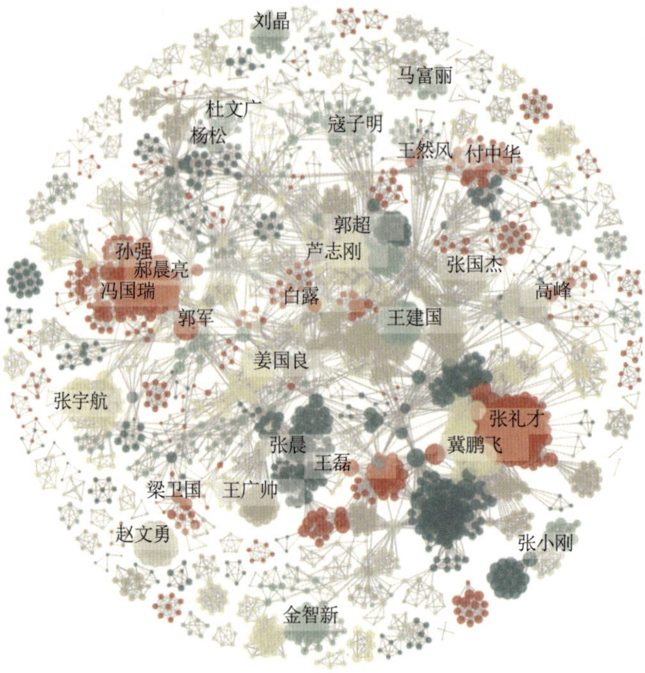

图 5-4-5 山西省专利申请的发明人研发合作网络

图 5-4-6 是山西省专利申请的申请人合作关系图，气泡越大合作申请的次数越多，气泡之间距离越近代表申请人之间的研发合作越紧密。从图中可以看出山西省申请专利中，申请人之间的合作关系固定合作申请比较多，也可以从另一方面表现出山西省各个申请人之间合作的密切程度。合作较为密切的申请人为：山西天地煤机装备有限公司和中国煤炭科工集团太原研究院有限公司，山西潞安矿业（集团）有限责任公司和山西潞安矿业环保能源开发股份有限公司。

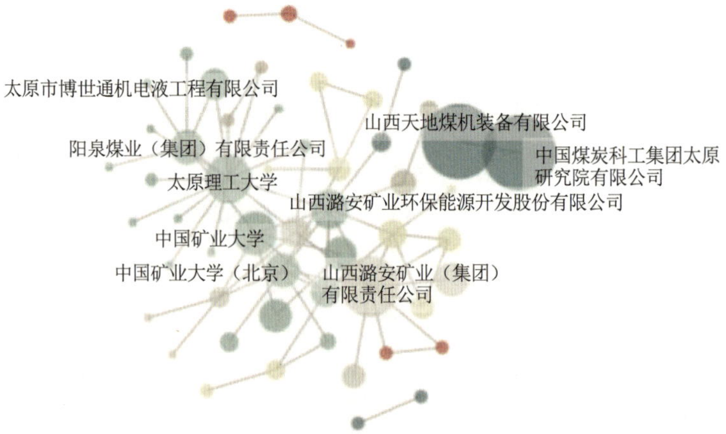

图 5-4-6 山西省专利申请的申请人合作网络

图 5-4-7 是山西省授权专利发明人合作关系图，气泡越大合作申请授权的次数越多，气泡之间距离越近代表发明人之间的研发合作越紧密，从图中可以看出山西省授权专利中，发明人之间的合作关系还是比较密集的。其中合作较为密切的发明人为：郭超与邢萌、张志强、白璐，冯国瑞与胡胜勇、张玉江、白锦文，芦志刚和尚中磊、王萌慧、苗晓伟，康立勋与白锦文、李振。各个团队之间通过合作申请，从而实现信息共享，是有利于该行业的发展进步的。

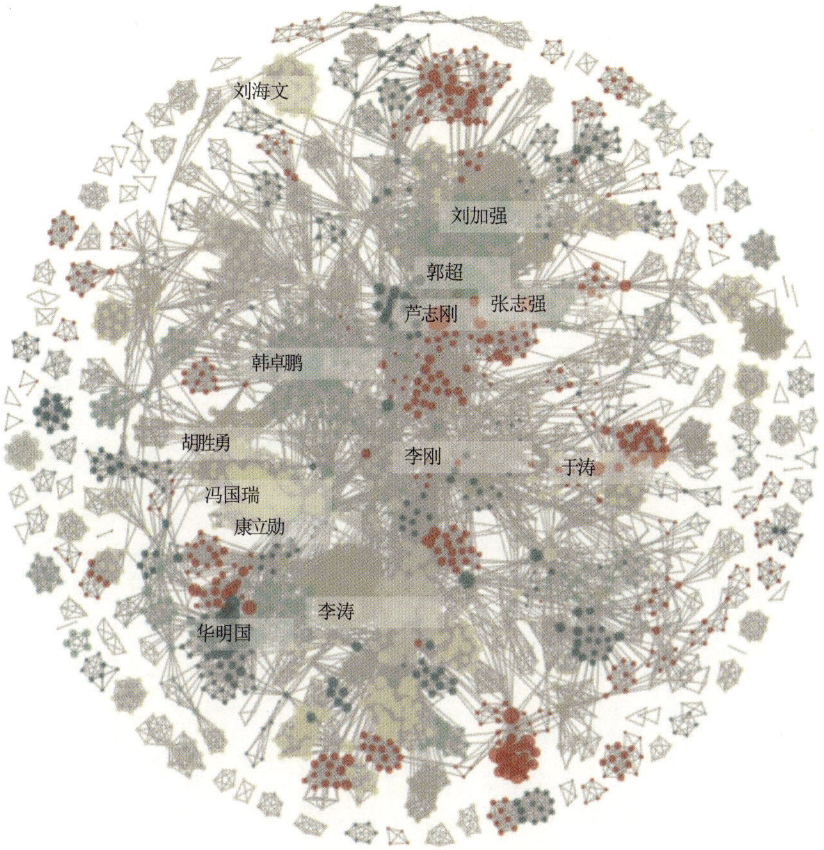

图 5-4-7　山西省授权专利的发明人研发合作网络

图 5-4-8 是山西省授权专利申请人合作关系图，气泡越大合作授权申请的次数越多，气泡之间距离越近代表申请人之间的研发合作越紧密，从图中可以看出山西省授权专利中，申请人之间的合作关系固定合作申请比较多，也可以从另一方面表现出山西省各个申请人之间合作的密切程度，可以看出同煤大唐塔山煤矿有限公司、山西天地煤矿装备有限公司、中国煤炭科工集团太原研究院有限公司的合作授权专利次数较多。其中合作较为密切的申请人为：同煤大唐塔山煤矿有限公司和张兴、张艳群，山西天地煤矿装备

有限公司和中国煤炭科工集团太原研究院有限公司。

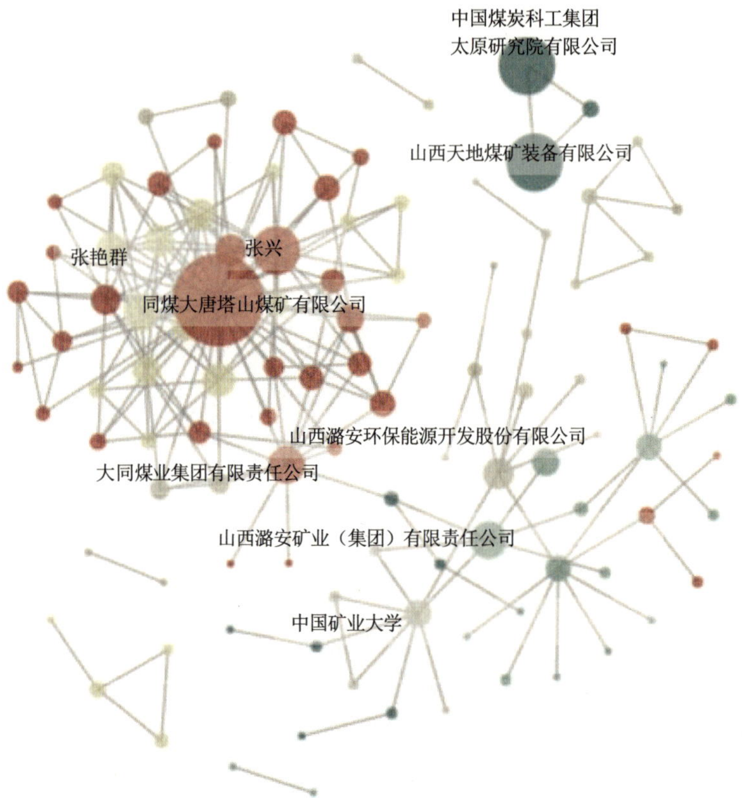

图 5-4-8　山西省授权专利的申请人合作网络

5.5　成果转化

5.5.1　案例 1：太原理工大学有色金属冶炼烟气硫酸制酸系统的废稀硫酸回收装置及其回收方法技术转化

5.5.1.1　基本信息

专利名称：有色金属冶炼烟气硫酸制酸系统的废稀硫酸回收装置及其回收方法

公开号：CN105036089B

原始权利人：太原理工大学

变更后的权利人：清创人和生态工程技术有限公司

登记生效日：2019 年 4 月 22 日

5.5.1.2 案情回顾

2015 年 7 月 14 日，太原理工大学申请了一件专利名称为“有色金属冶炼烟气硫酸制酸系统的废稀硫酸回收装置及其回收方法”的发明专利，该方案在不影响有色金属冶炼烟气制酸系统硫酸产品质量的前提下，进一步提高硫资源、水资源、有色金属资源的利用率，降低制酸系统的废液排放量，并提供一种有色金属冶炼烟气硫酸制酸系统的废稀硫酸回收装置及其回收方法。该项发明专利具有较高的应用价值。

太原理工大学刘世斌教授团队，主要从事烟气污染物净化及其资源化研究、甲醇燃料电池非贵金属阳极电催化剂的设计和性能研究，以及阳极电催化层的数学模拟、过渡金属纳米簇催化材料合成、性能表征及高效清洁电源（燃料电池）的反应工程研究。2015 年，该团队提出通过增加废硫酸回收装置及其回收方法，对废硫酸进行处理，节省了大量中和反应碱的投入；膜过滤器分离出的滤浆经陶瓷真空转鼓过滤器或板框过滤器脱水，使含水量达到 <10% 后送到回收加工系统处理，回收有价金属。该发明将有色金属冶炼烟气硫酸制酸中的重金属离子、As^{3-}、F^- 酸洗净化流程外排稀硫酸经过净化得以回收，进一步提高了硫资源、水资源、有色金属资源的利用率，降低了制酸系统的废液排放量，大幅度提高了有色金属冶炼烟气制酸系统的经济效益、环境效益和社会效益。同时，避免了将废稀硫酸直接引入电渗析膜堆所带来的膜污染等问题，可以显著延长膜的使用寿命。该项发明专利的有利效果更加证实了它的高价值性。

清创人和生态工程技术有限公司，其主要业务范围：环境影响评价、环境保护技术咨询、环境监理、环保资金申请咨询、工程项目管理和咨询；生态环境技术研发、推广及服务；环保信息技术研发；新能源技术研发和成果转化；水土保持、河道治理工程、水利工程、矿山生态修复工程、园林工程规划、设计、施工及监理；地质灾害治理；废气污染治理；水污染治理；城市及工业固体废弃物处置及回收设施投资、设计、施工、监理；生态环保产品开发、农业开发；农产品、中药材种植、加工及销售；矿井水、煤矸石综合利用；环保设施销售、租赁及技术服务。其名下控股有 3 家公司，分别为山西人和致远环境咨询有限公司，太原清创和环境科技有限责任公司及山西人和致诚环境工程有限公司。清创人和生态工程技术有限公司名下共有 10 项专利申请，其中 6 项为转让所得，而且这6项专利都为自太原理工大学转让所得，其中有5项的转让人都为刘世斌教授团队。

5.5.1.3 案件分析

高校的发明创造专利能力比较强，企业为了自身发展，以及在本行业中占据领先地位，通常会与相关高校合作，该案件为区域内高校企业间的转让合作。

刘世斌团队共拥有58项专利申请，清创人和生态工程技术有限公司大量进行专利转让申请集中在2019年4月，同年8月获得企业知识产权管理体系认证，9月获得高新技术企业。可知，该企业通过专利数量和专利质量等信息体现自己的技术研发水平或者需要专利进行各类项目的申报，这种集中式专利策略能够进一步扩大公司的影响力。

清创人和生态工程技术有限公司，通过这种策略不仅提升了自身产品的可信度，而且也获得各类项目的荣誉。

5.5.2 案例2：太原理工大学纯硅ZSM-5/活性炭复合吸附剂的制备方法技术转化

5.5.2.1 基本信息

专利名称：纯硅ZSM-5/活性炭复合吸附剂的制备方法及其应用

公开号：CN106237988B

原始权利人：太原理工大学

变更后的权利人：太原理工大学、阳泉煤业（集团）股份有限公司

登记生效日：2019年9月16日

5.5.2.2 案情回顾

2016年9月13日，太原理工大学申请了一件专利名称为“纯硅ZSM-5/活性炭复合吸附剂的制备方法及其应用”的发明专利，该发明提出了一种以沥青粉、田菁粉作为黏结剂并经过一步碳化-活化法将沥青粉、田菁粉制备成活性炭，从而得到了一种纯硅ZSM-5/活性炭复合吸附剂。使用该发明所述制备方法制备的复合吸附剂解决了纯硅ZSM-5成型后硅铝比改变，分离效果下降的问题。因此该专利具有较大的实用价值。

杨江峰副教授团队主要研究方向为：低浓度煤层气富集与无机多孔功能材料的制备。2016年，该团队制备的纯硅ZSM-5/活性炭复合吸附剂可以应用于固定床、模拟移动床的甲烷/氮气分离操作。该复合吸附剂具有较高的机械强度，较高的甲烷/氮气的选择性系数，材料融合了活性炭和纯硅ZSM-5两种材料的特性，在保持了纯硅ZSM-5均匀的孔道情况下，比表面积有较大的提高。解决了纯硅ZSM-5成型后硅铝比改变、选择性降低和分离效果下降的问题。在本行业得到高度认可，因此也引来该领域研究人员的注意。

阳泉煤业（集团）股份有限公司，是全国最大的无烟煤生产基地、最大的冶金喷吹煤基地、最大的无烟煤出口基地，是国家首批确认的特大型国有企业，列全国煤炭企业前10强、山西省优势企业5强之一和世界500强。主要涉及矿产资源开采：煤炭开采（限分支机构）、矿石开采；煤炭加工；煤层气开发；建筑施工、建设工程，建筑安装、勘察设计；物资供销；铁路运输；道路货物运输；煤气、电力生产，燃气经营、发电业务（仅限分支机构）等。该集团比较重视知识产权布局，所以拥有比较完善的知识产权体系。自身创新能力比较活跃，当然对于该领域内较为先进的技术方案也会进行引进实施。2019年9月16日，太原理工大学提出专利转让的请求，在原始申请人不变的情况下，请求将其专利权转让给阳泉煤业（集团）股份有限公司。

5.5.2.3 案件分析

该案件为同区域内高校企业间的专利转让，最终为共同持有式转让。

阳泉煤业（集团）股份有限公司共申请264项专利，其中15项专利为专利转让，可以看出，该企业的科研发展水平在本行业具有较高水平，同时引进高质量专利，可以提升本企业的专利质量，对本身产品的应用也具有较大的提升空间。通过专利转让也加大了相关技术的流通性，有利于本行业快速发展。高价值专利会给企业带来巨大的盈利收入，对于企业的科研实力也会拥有较高的影响。

第 6 章 内蒙古自治区

6.1 发展现状

内蒙古自治区煤炭资源丰富，分布广、储量大、埋藏浅、易开发，利于规模化开采，是国家重要的能源基地。内蒙古自治区作为产煤大省，12 个盟市中有 11 个盟市分布有煤矿，煤炭产能占全国总产能 1/4，现有煤矿 523 处，核定产能 12.8 亿吨，其中产能在 120 万吨 / 年及以上的生产煤矿有 198 处，合计产能 78190 万吨 / 年，占总产能的 87.17%。2019 年，内蒙古自治区生产煤炭 10.9 亿吨、同比增加 1.15 亿吨，增长 10.1%。百万吨死亡率降至 0.009，创造了有数据记录以来煤矿安全生产历史最好水平。内蒙古自治区拥有千万吨级煤矿 33 处，区属主要煤炭开发企业有内蒙古伊泰集团有限公司、汇能煤电集团有限公司、内蒙古蒙泰煤电集团有限公司、内蒙古伊东煤炭集团有限责任公司、满世投资集团有限公司等。

近年来，内蒙古自治区加快能源结构调整，不断延伸煤炭产业链，发展煤制油、煤制气、煤制烯烃、煤制甲醇等现代煤化工产业。其中，国家能源集团 108 万吨煤直接液化项目是世界首套煤直接液化生产线，伊泰 16 万吨煤间接液化项目是国内首套以自主知识产权为主的间接液化生产线。随着内蒙古自治区加快提升煤矿安全质量标准化和机械化、自动化、信息化建设，2019 年，内蒙古自治区大型露天煤矿对 5G 技术先行先试，推进井工煤矿 5 个智能化无人开采工作面投产，9 处冲击地压矿井装备了较先进的应力在线监测、微震监测等系统，增强了煤矿抵御风险和事故的能力，提升了本质安全能力。

6.2 专利申请

6.2.1 专利申请总量

内蒙古自治区煤炭行业专利申请情况如图 6-2-1 所示，从图中可以看出，2019 年，内蒙古自治区专利申请总量为 9267 件，其中煤炭行业申请总量为 28 件，占省总申请量的 0.30%。

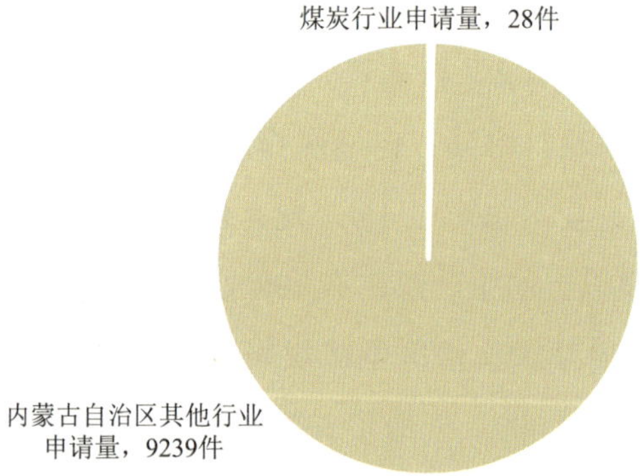

图 6-2-1　内蒙古自治区煤炭行业专利申请情况

6.2.2 各市专利申请情况

内蒙古自治区各个市的专利申请量排名如图 6-2-2 所示，从图中可以看出，内蒙古自治区总申请量并不多，其中鄂尔多斯市申请数量 13 件，呼伦贝尔市申请量 9 件，包头市和乌海市申请量为 3 件。由于第一申请人通常为创新的主要主体，在涉及多个申请人合作申请时，以第一申请人进行统计。

图 6-2-2　内蒙古自治区各市申请专利排名（单位：件）

各个市的专利技术分布如图 6-2-3 所示，鄂尔多斯市煤矿安全与应急保障有 4 件专利申请，资源勘查与地质保障有 3 件专利申请，煤炭加工利用申请量为 3 件；煤矿机械与装备、煤矿机电与智能信控、矿建支护与工程专利申请量为 1 件。呼伦贝尔市煤矿机械与装备专利申请数量为 4 件，矿建支护与工程专利申请数量为 2 件，煤炭绿色开发、资源勘查与地质保障、煤矿安全与应急保障专利申请量 1 件；包头市煤矿安全与应急保障、节能与环保、煤炭绿色开发各有 1 件专利申请。乌海市在煤矿安全与应急保障、煤矿机械与装备、煤炭加工利用各有 1 件专利申请。

	鄂尔多斯市	呼伦贝尔市	包头市	乌海市
资源勘查与地质保障	3	1	0	0
节能与环保	0	0	1	0
煤矿安全与应急保障	4	1	1	1
煤矿机械与装备	1	4	0	1
煤矿机电与智能信控	1	0	0	0
矿建支护与工程	1	2	0	0
煤炭绿色开发	0	1	1	0
煤炭加工利用	3	0	0	1

图 6-2-3　内蒙古自治区各市专利申请技术分布（单位：件）

从图 6-2-4 各市专利类型分布可以看出，内蒙古自治区各市专利申请主要是以发明专利申请为主。

从图 6-2-5 各市申请人类型可以看出，内蒙古自治区各大专院校专利申请较少，主要以企业申请为主。

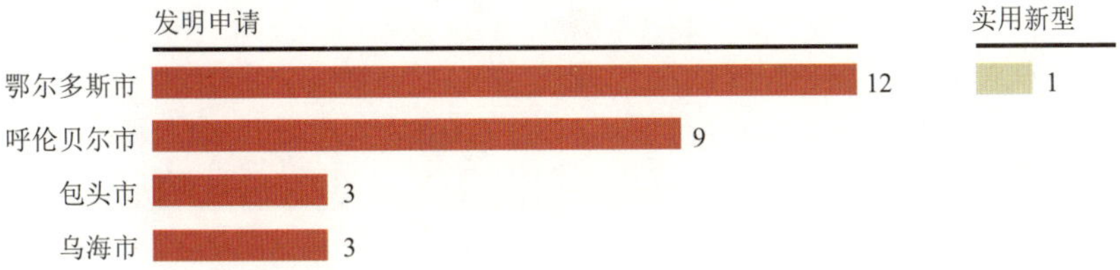

图 6-2-4　内蒙古自治区各地市专利申请类型分布（单位：件）

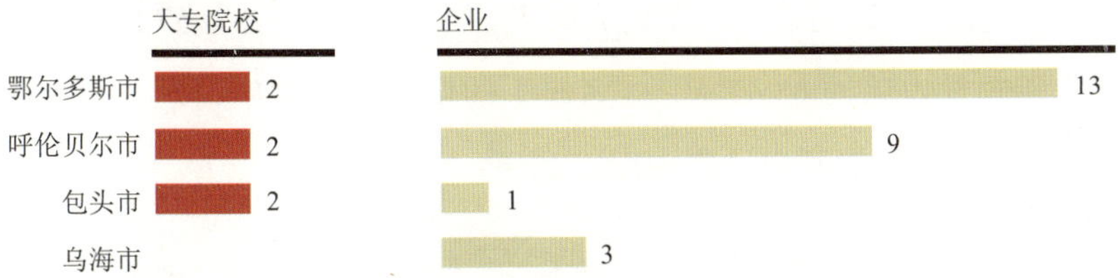

图 6-2-5　内蒙古自治区各地市申请人类型分布（单位：件）

6.2.3 主要申请人排名

以第一申请人为内蒙古自治区内申请人申请的专利作为内蒙古自治区专利申请总数进行申请人排名分析。统计时，涉及合作申请的专利，按照合作的申请人进行拆分统计。排名前十申请人如图 6-2-6 所示，神华神东煤炭集团有限责任公司专利申请量为 15 件，华能伊敏煤电有限责任公司专利申请量为 4 件，中煤科工集团研究院有限公司专利申请量为 3 件，国家能源集团煤焦化有限责任公司、辽宁工程技术大学、内蒙古大雁矿业集团有限责任公司、内蒙古科技大学、中国矿业大学专利申请量均为 2 件，安徽理工大学、鄂尔多斯市中北煤化工有限公司、国家能源集团乌海能源有限责任公司、河南理工大学、西安科技大学、中天合创能源有限责任公司煤炭分公司专利申请量均为 1 件。

图 6-2-6 内蒙古自治区煤炭行业主要专利申请人排名（单位：件）

6.2.4 申请人集中度

从图 6-2-7 可以看出排名前三的申请人的专利申请总量占比为 57.89%，排名前五的申请人专利申请总量占比为 68.42%，排名前十的申请人专利申请总量占比为 89.47%，总体来看，内蒙古自治区专利申请集中度较高。

图 6-2-7 内蒙古自治区煤炭行业专利申请人集中度

6.2.5 专利申请类型

从图 6-2-8 专利类型，可以看出发明专利申请量为 27 件，占总申请量的 96.43%，实用新型申请量为 1 件，占总申请量的 3.57%。

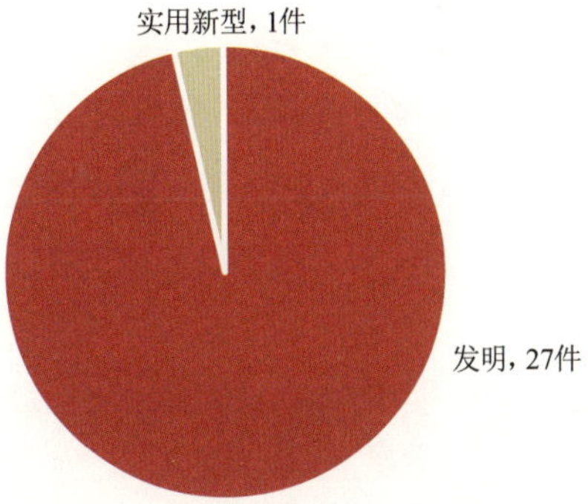

图 6-2-8 内蒙古自治区专利申请类型布局

6.2.6 申请人类型分析

专利申请人类型如图 6-2-9 所示，可以看出大专院校申请较少，占总申请的 18.75%，企业占比为 81.25%。

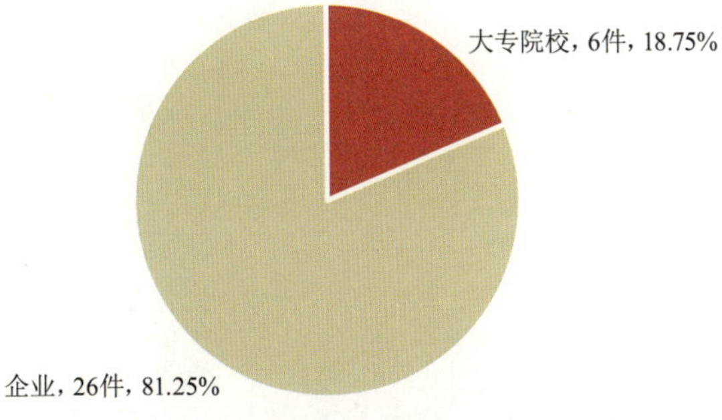

图 6-2-9 内蒙古自治区不同类型申请人的专利申请量

6.2.7 专利申请技术构成

内蒙古自治区专利申请技术分布如图 6-2-10 所示，其中煤矿安全与应急保障申请量为 7 件，煤炭机械与装备申请量为 6 件，资源勘测与地质保障、煤炭加工利用申请量均为 4 件，矿建支护与工程申请量为 3 件，煤炭绿色开发申请量为 2 件，节能与环保、煤炭机电与智能信控申请量均为 1 件。

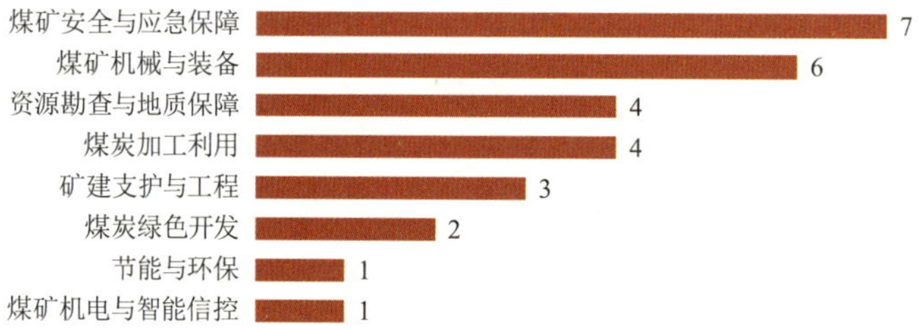

图 6-2-10 内蒙古自治区煤炭行业专利申请的技术分布（单位：件）

6.3 专利授权

6.3.1 专利授权总量

内蒙古自治区煤炭行业专利授权情况如图 6-3-1 所示，从图中可以看出，2019 年，内蒙古自治区专利授权总量为 11048 件，其中煤炭行业授权总量为 42 件，占省总授权量的 0.38%。

图 6-3-1 内蒙古自治区煤炭行业专利授权情况

6.3.2 各市专利授权情况

在内蒙古自治区各个市的授权专利数量排名如图 6-3-2 所示，从图中可以看出，呼伦贝尔市有 36 件专利授权，鄂尔多斯市有 6 件专利授权。由于第一申请人通常为创新的主要主体，在涉及多个申请人合作申请时，以第一申请人进行统计。

图 6-3-2 内蒙古自治区各市授权专利量排名（单位：件）

各个市的专利技术分布如图 6-3-3 所示，在内蒙古自治区专利授权主要集中在呼伦贝尔市和鄂尔多斯市，其中呼伦贝尔市煤矿机电与智能信控授权量为 19 件，煤矿机械与装备授权量为 10 件，矿建支护与工程授权量为 3 件，煤矿安全与应急保障专利授权 2 件，资源勘察与地质保障、煤炭加工利用专利授权为 1 件；鄂尔多斯市矿建支护与工程授权量为 3 件，煤矿机械与装备、煤矿安全与应急保障、节能与环保各有 1 件专利授权。

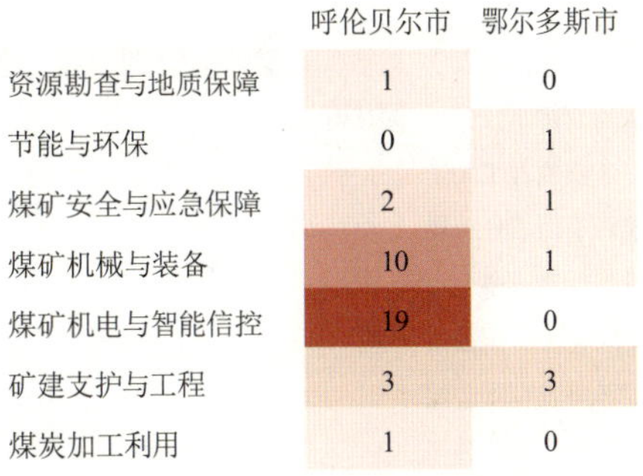

图 6-3-3 内蒙古自治区各地市授权专利技术分布（单位：件）

从图 6-3-4 各市专利类型分布可以看出，呼伦贝尔市专利授权主要以实用新型授权为主，鄂尔多斯市主要以发明授权为主。

从图 6-3-5 各市授权申请人类型可以看出，呼伦贝尔市授权专利主要集中在企业，鄂尔多斯市授权专利主要集中在大专院校。

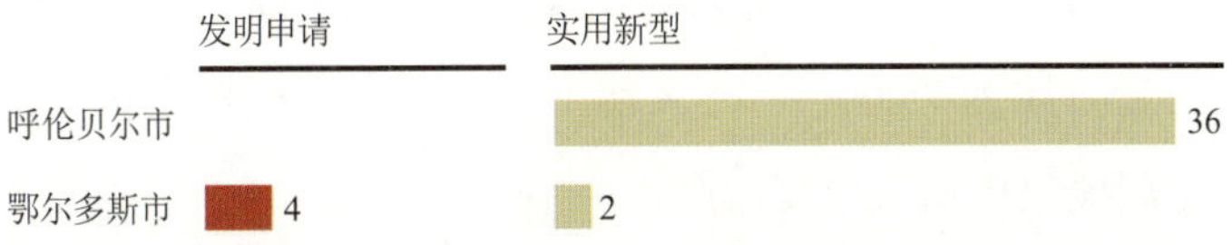

图 6-3-4 内蒙古自治区各地市授权专利类型分布（单位：件）

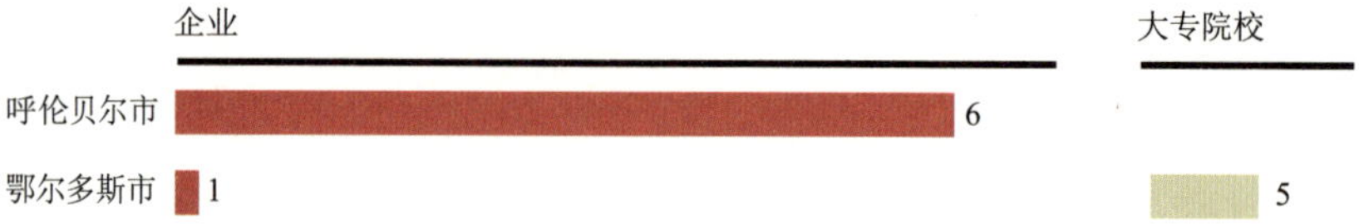

图 6-3-5　内蒙古自治区各地市不同类型申请人的授权专利情况（单位：件）

6.3.3　授权专利的申请人排名

以第一申请人为内蒙古自治区内申请人授权的专利作为内蒙古自治区专利授权总量进行申请人排名分析。统计时，涉及合作申请的专利，按照合作的申请人进行拆分统计。授权排名前十的申请人如图 6-3-6 所示，西安科技大学专利授权量为 242 件，华能伊敏煤电有限责任公司专利授权量为 35 件，安徽理工大学、鄂尔多斯市华兴能源有限责任公司、淮矿西部煤矿投资管理有限公司专利授权量都为 5 件，鄂尔多斯市中北煤化工有限公司专利授权量为 4 件，内蒙古银宏能源开发有限公司专利授权量为 3 件，神华准格尔能源有限责任公司、天地科技股份有限公司、扎赉诺尔煤业有限责任公司专利授权量均为 1 件。

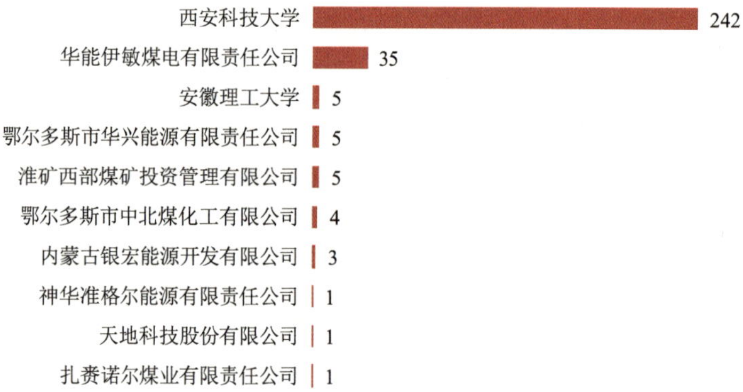

图 6-3-6　内蒙古自治区煤炭行业授权专利的主要专利申请人的排名（单位：件）

6.3.4　授权专利的申请人集中度

从图 6-3-7 可以看出排名前三申请人的授权专利申请总量占比为 58.33%，排名前五申请人授权专利总量占比为 75.00%，排名前十申请人专利授权总量占比为 90.00%，总体来看，内蒙古专利授权申请集中度较高。

图 6-3-7 内蒙古自治区煤炭行业授权专利申请人集中度

6.3.5 授权专利类型

从图 6-3-8 授权专利类型可以看出，发明专利授权数量为 4 件，占总申请的 9.52%，实用新型授权为 38 件，占总申请的 90.48%。

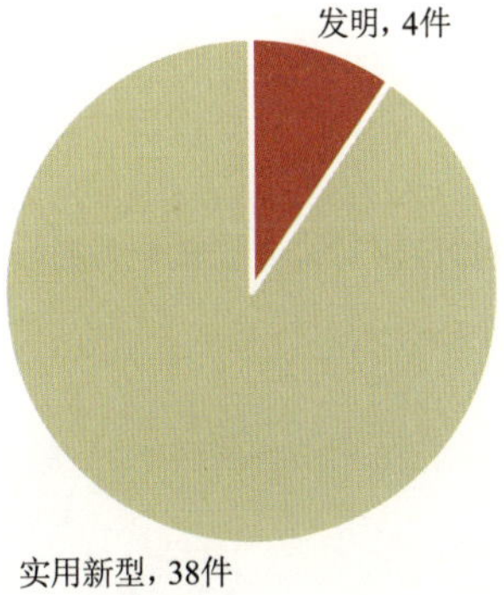

图 6-3-8 内蒙古自治区专利授权申请类型分布

6.3.6 授权专利申请人类型

授权专利申请人类型如图 6-3-9 所示，可以看出大专院校授权占总授权的 10.64%，企业占比为 89.36%。

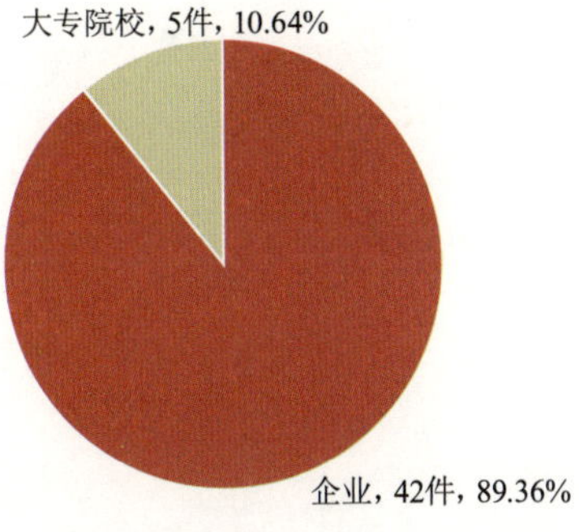

图 6-3-9 内蒙古自治区不同类型申请人的授权专利量

6.3.7 授权专利技术构成

内蒙古自治区专利授权技术分布如图 6-3-10 所示，其中煤矿机电与智能信控授权量为 19 件，煤矿机械与装备授权量为 11 件，矿建支护与工程授权量为 6 件，煤矿安全与应急保障授权量为 3 件，节能与环保、资源勘查与地质保障、煤炭加工利用授权量均为 1 件。

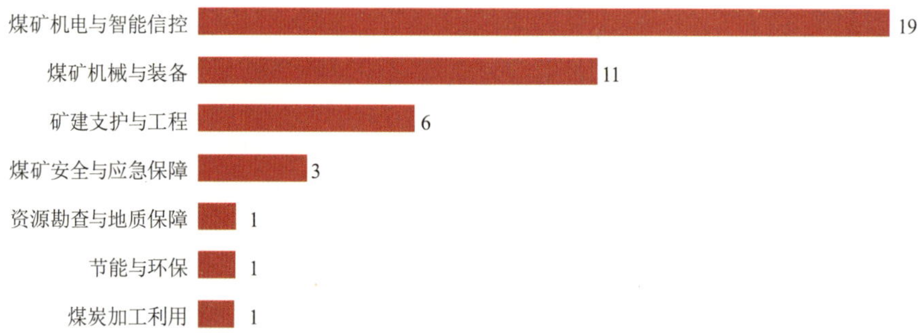

图 6-3-10 内蒙古自治区煤炭行业授权专利的技术构成（单位：件）

6.4 人才建设

6.4.1 活跃团队及其所属单位

6.4.1.1 专利申请发明人排名

如图 6-4-1 所示，申请专利前四排名中，周永利专利申请量为 5 件，程鹏、王建明、张利忠专利申请量均为 3 件，安世岗、陈芳、程伟、杜善周、宫传刚、关万里专利申请量均为 2 件。

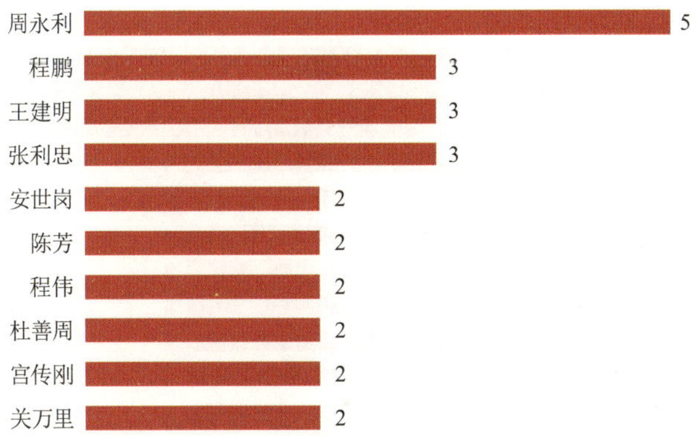

图 6-4-1 内蒙古自治区专利申请的发明人排名（单位：件）

6.4.1.2 不同类型申请人中发明人专利申请量排名

如图 6-4-2 所示，企业和大专院校申请量排名前十的发明人中，数量差距并没有出现明显差异现象，企业发明人总体申请量高于大专院校发明人。

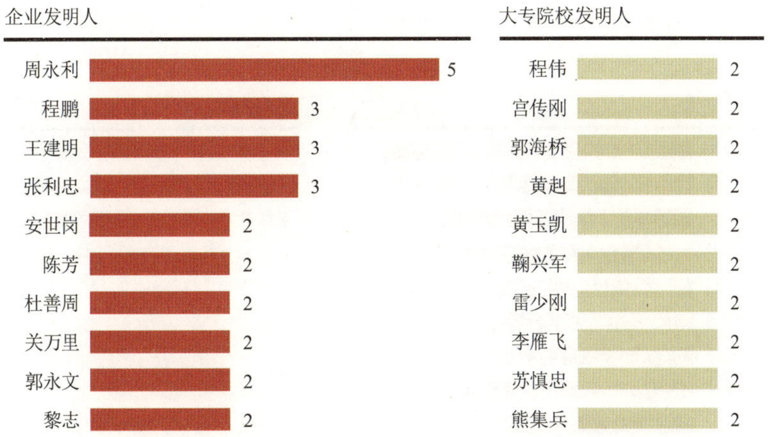

图 6-4-2 内蒙古自治区不同类型申请人中专利申请的发明人排名（单位：件）

6.4.1.3 授权专利发明人排名

如图 6-4-3 所示，授权专利排名前十的发明人中，刘玉和专利授权量为 6 件，刘结高、王洪宇、朱先龙专利授权量均为 5 件，丁晶、董泽阳、雷成祥、李启龙、李晓斌、钱立云等专利授权量均为 4 件。

图 6-4-3　内蒙古自治区授权专利的发明人排名（单位：件）

6.4.1.4　不同类型申请人的发明人的授权专利量排名

如图 6-4-4 所示，企业发明人中，专利授权量数据差异并不大，总体来看企业发明人专利授权数量高于院校发明人的授权数量。

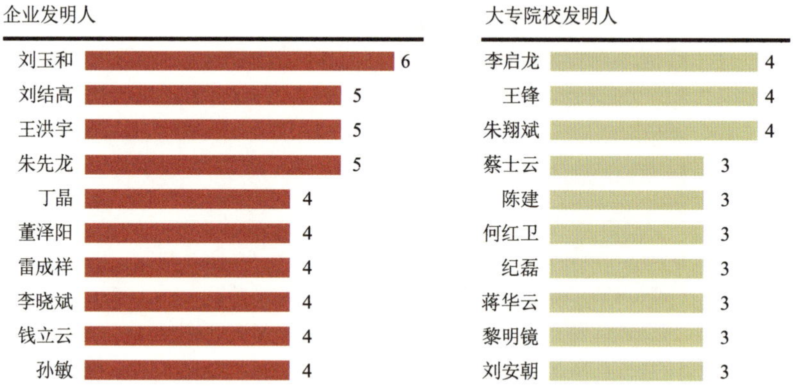

图 6-4-4　内蒙古自治区不同类型申请人授权专利的发明人排名（单位：件）

6.4.2　团队合作

图 6-4-5 是内蒙古自治区专利申请的发明人合作关系图，气泡越大合作申请的次数越多，气泡之间距离越近代表发明人之间的研发合作越紧密。从图 6-4-5 中可以看出内蒙古自治区申请专利中，发明人之间得合作关系还是比较密集的，其中主要发明人有吴国友、杜善周、李燕飞、郭海桥等。其中合作较为密切的发明人为：吴国友与袁地镜、

关万里，杜善周和马威、刘秋云，李燕飞与雷少刚、黄玉凯，郭海桥与鞠星军、张立忠。各个团队之间通过合作申请，从而实现信息共享，是有利于该行业的发展进步的。

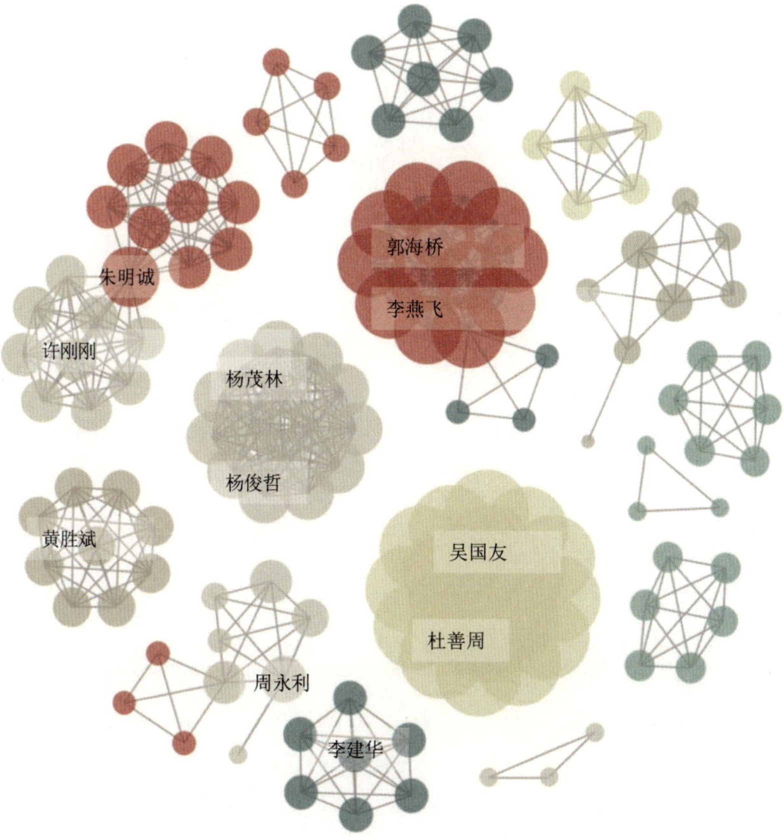

图 6-4-5　内蒙古自治区专利申请的发明人研发合作网络

图 6-4-6 是内蒙古自治区专利申请的申请人合作关系图，气泡越大合作申请的次数越多，气泡之间距离越近代表申请人之间的研发合作越紧密，从图中可以看出内蒙古自治区申请专利中，申请人之间的合作关系固定合作申请比较多，也可以从另一方面表现出内蒙古各个申请人之间合作的密切程度，合作次数较多的为高校之间的合作，例如辽宁工程技术大学与内蒙古科技大学、西安科技大学之间的合作申请次数较多。

图 6-4-6　内蒙古自治区专利申请的申请人合作网络

图 6-4-7 是内蒙古自治区授权专利发明人合作关系图，气泡越大合作申请授权的次数越多，气泡之间距离越近代表发明人之间的研发合作越紧密，从图中可以看出内蒙古自治区申请授权专利中，发明人之间得合作关系还是比较密集的，其中主要发明人有刘结高、雷成祥、李启龙等。其中合作较为密切的发明人为：刘结高与刘小虎、何卫红，雷成祥和何卫红、陈建，李启龙与蔡士云、钱立云。各个团队之间通过合作申请，从而实现信息共享，是有利于该行业的发展进步的。

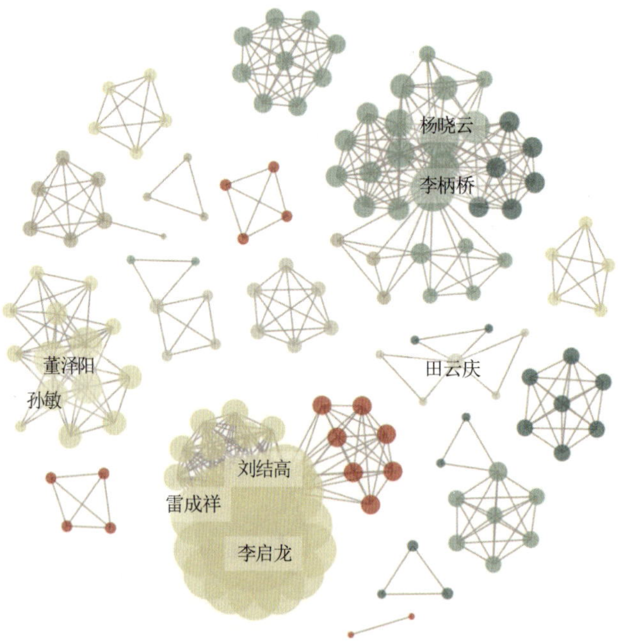

图 6-4-7　内蒙古自治区授权专利的发明人研发合作网络

图 6-4-8 是内蒙古自治区授权专利申请人合作关系图，气泡越大合作授权申请的次数越多，气泡之间距离越近代表发明人之间的研发合作越紧密，从图中可以看出内蒙古自治区申请授权专利中，申请人之间的合作关系固定合作申请比较多，也可以看出内蒙古自治区授权专利的合作关系较为单一，鄂尔多斯市华兴能源有限公司、大连理工大学和淮矿西部煤矿投资管理有限公司合作授权专利申请较多。

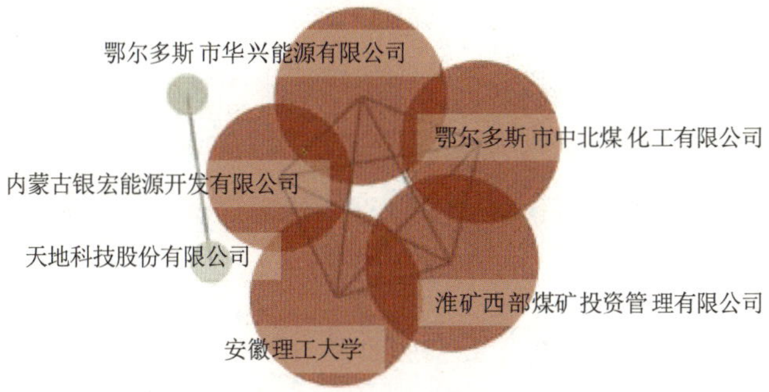

图 6-4-8　内蒙古自治区授权专利的申请人合作网络

6.5　成果转化

6.5.1　案例 1：内蒙古大雁矿业集团有限责任公司防渗截流地下帷幕墙粉煤灰基防渗材料及施工方法技术转化

6.5.1.1　基本信息

专利名称：防渗截流地下帷幕墙粉煤灰基防渗材料及施工方法

公开号：CN110054455A

原始权利人：内蒙古大雁矿业集团有限责任公司

变更后的权利人：内蒙古大雁矿业集团有限责任公司；中煤科工集团西安研究院有限公司

登记生效日：2019 年 9 月 10 日

6.5.1.2 案情回顾

2019年4月24日内蒙古大雁矿业集团有限责任公司申请了专利名称为“防渗截流地下帷幕墙粉煤灰基防渗材料及施工方法”的发明专利，该方案提供的防渗材料无须砂、石，且能利用电厂废弃物粉煤灰，可减少固体废弃物排放和减少对环境的破坏，绿色环保；利用该防渗材料来浇筑形成地下帷幕墙，具有施工方便，浇筑工艺流程简单，所形成的地下连续墙适应性强、防渗性好。

内蒙古大雁矿业集团有限责任公司为神华国能集团有限公司100%控股公司，其主要研发方向为煤炭生产、销售，与煤炭生产销售相关原料的生产采购和供应，粉煤灰加工和销售等，彭巍作为大雁矿业集团有限责任公司董事长，2004年至2005年组织完成“大雁第二煤矿五采区工作面瓦斯综合治理技术探索与实践”课题研究，并于2006年获内蒙古自治区“经济技术创新”重大创新成果奖。可见他在本领域具有比较深入的研究，2019年提出的防渗截流地下帷幕墙粉煤灰基防渗材料，具有注浆帷幕施工方便、浇筑工艺流程简单和地下连续墙适应性强、防渗性好的特性，而且能够充分利用电厂废弃物粉煤灰，减少固体废弃的排放，绿色环保；该防渗截流地下帷幕墙粉煤灰基防渗材料可替代传统的防渗混凝土或塑性混凝土，具有低成本、高防渗的特点，实现粉煤灰的绿色、环保利用，减轻砂、石采掘的环保压力，降低防渗截流地下帷幕墙工程造价，提高施工效率，实现防渗截流地下帷幕墙连续、有效防渗，提高防渗效果，充分节约水资源，实现露天矿山的绿色保水开采；此外，该发明的防渗截流地下帷幕墙可替代传统的钻孔注浆帷幕及混凝土地下连续墙。该发明专利的有益效果有目共睹，2019年9月10日内蒙古大雁矿业集团有限责任公司提出专利转让的请求，在原始申请人不变的情况下，请求将其专利权转让给中煤科工集团西安研究院有限公司。

中煤科工集团西安研究院有限公司是煤炭系统从事资源勘探、煤矿安全与环境保护的大型科研机构，主要从事煤地质、水文地质与工程地质、地球物理勘探，钻探技术与工艺、岩土工程、环境工程、煤层气资源评价与开发等专业的应用基础研究、技术开发与服务，产品研发与生产，以及工程承包业务，其专业范围基本涵盖了煤田地质勘探与煤矿地质安全业的主要专业与技术领域。

6.5.1.3 案件分析

专利转让是专利申请权人和专利权人把专利申请权和专利权让给他人的一种法律行

为。在煤炭行业高价值专利对整个行业的发展都具有极大的影响力，对于整个区域的发展也具有一定的冲击力。该专利为企业与企业间的转让，最终为共同持有式转让。

从区域来看为陕西省从内蒙古自治区引入的高价值专利，虽说山西省目前为全国煤炭行业发展比较迅速的省份，但是仅仅依靠自身技术，也较难实现行业领先，通过引入其他省份企业或高校的高价值专利，不仅可以完善自身知识产权体系，也可以提升企业整体专利质量，通过专利转让加大与其他企业联系，达到技术共享，从而带动整个行业领域的进步与发展。

6.5.2 案例 2：内蒙古大雁矿业集团有限责任公司滑坡截排水施工方法技术转化

6.5.2.1 基本信息

专利名称：滑坡截排水施工方法

公开号：CN110029678A

转让人：内蒙古大雁矿业集团有限责任公司

受让人：内蒙古大雁矿业集团有限责任公司；中煤科工集团西安研究院有限公司

登记生效日：2019 年 9 月 10 日

6.5.2.2 案情回顾

2019 年 4 月 24 日内蒙古大雁矿业集团有限责任公司申请了专利名称为“滑坡截排水施工方法”的发明专利，该方案提出一种滑坡截排水施工方法，通过对滑坡的滑带内含水截排，提高滑坡的物理力学性质以及抗剪强度，可有效提供抗滑能力。

2019 年，内蒙古大雁矿业集团有限责任公司的迟赞团队提出滑坡截排水施工方法，该方案中集水管收集滑带内含水，输送到定向排水管内，通过定向排水管排离滑带以及滑坡，有效疏降滑带静水压力和孔隙水压力，降低滑坡体和滑带的含水量，并重新固结滑带土、改良滑带土的力学性质、提高滑坡的物理力学性质以及抗剪强度，可有效提供抗滑能力。滑坡截排水施工方法采用的装置结构简单，便于施工，操作方便，实用可靠。而且，可以替代使用抗滑支挡结构，减少了滑坡治理的工程量，降低劳动力、成本以及安全风险，缩短工期，提高运行稳定性，降低维护时间和费用，提高了经济效益。

中煤科工集团西安研究院有限公司是煤炭系统从事资源勘探、煤矿安全与环境保护的大型科研机构，主要从事煤地质、水文地质与工程地质、地球物理勘探，钻探技术与工艺、岩土工程、环境工程、煤层气资源评价与开发等专业的应用基础研究、技术开发与服务，产品研发与生产，以及工程承包业务，其业务范围基本涵盖了煤田地质勘探与煤矿地质安全业的主要专业与技术领域。2019 年 9 月 10 日内蒙古大雁矿业集团有限责任公司提出专利转让的请求，在原始申请人不变的情况下，请求将其专利权转让给中煤科工集团西安研究院有限公司。

6.5.2.3 案件分析

与案例 1 相似，该专利为：企业与企业间的转让，最终为共同持有式转让。

案例 1 与案例 2 其专利转让执行日为同一天，一并转让的申请号分别为：CN2019103202718、CN2019103202760、CN2019103319806、CN2019103319882、CN2019103319897、CN2019103382937，由内蒙古大雁矿业集团有限责任公司提出专利转让的请求，在原始申请人不变的情况下，请求将其专利权转让给中煤科工集团西安研究院有限公司。可以看出中煤科工集团西安研究院有限公司，该次高价值专利引入为批量引入，也可见该批专利的高价值性。

从区域来看为山西省从内蒙古自治区引入的高价值专利，虽说山西省目前为全国煤炭行业发展比较迅速的省份，但是仅仅依靠自身技术，也较难实现行业领先，通过引入其他省份企业或高校的高价值专利，不仅可以完善自身知识产权体系，也可以提升企业整体专利质量，通过专利转让加大与其他企业联系，达到技术共享，从而带动整个行业领域的进步与发展。

第 7 章

山东省

7.1 发展现状

山东省拥有着丰富的矿产资源，煤炭资源分布广，储量大，种类多样，煤质优良，赋存条件好。作为煤炭大省，山东省煤炭种类齐全，煤质优良，以气煤、肥煤为主，占总储量的 81.6%，主要分布在济宁市、枣庄市、菏泽市、泰安市、淄博市、济南市、莱芜市、潍坊市、临沂市、烟台市、聊城市和德州市 12 个市。含煤面积约 1.65 万平方千米，占山东省国土面积的 11.5%。根据国家对大型煤炭基地建设的批复，山东省煤炭资源划为鲁西煤炭基地，由兖州、济宁、新汶、枣滕、龙口、淄博、肥城、临沂、巨野和黄河北 10 个矿区组成。2019 年，山东全省煤矿生产原煤 11728.1 万吨，截至 2019 年年底，山东省有依法生产建设煤矿 106 处，产能规模 14318 万吨 / 年。省内主要煤炭开发企业有山东能源集团有限公司、兖矿集团有限公司，济宁能源发展集团有限公司、山东鲁泰控股集团有限公司等。

随着近年来的快速发展，煤炭产业对山东省经济社会发展仍然起到重要的支撑作用。在安全装备和管理水平方面基本处于全国第一梯队，在智慧煤矿建设方面有着较好的基础优势，山东省坚持以新旧动能转换重大工程为统领，以安全、高效、绿色、智能为主攻方向，以数字化矿山建设为重点，把建设“智能煤矿”、打造“智慧行业”作为加快实现煤炭行业高质量发展的关键抓手，推动形成以机械化、自动化、智能化为重点的高效采掘格局，加快实现减人、提效、保安全目标，促进煤炭生产方式根本性变革。截至 2019 年年底，已有 57 处煤矿建成 125 个智能化采掘工作面，其中智能化采煤工作面 71 个，远程控制掘进工作面 54 个，为全国煤炭行业智能化建设树立“山东标杆”、贡献“山东智慧”。

7.2 专利申请

7.2.1 专利申请总量

山东省煤炭行业专利申请情况如图 7-2-1 所示，从图中可以看出，2019 年，山东省专利申请总量为 123143 件，其中煤炭行业申请总量为 581 件，占省总申请量的 0.47%。

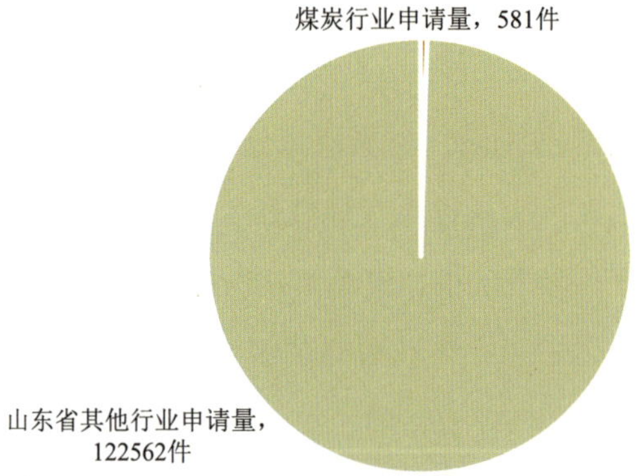

图 7-2-1 山东省煤炭行业专利申请情况

7.2.2 各市专利申请情况

在山东省各个市的专利申请数量排名如图 7-2-2 所示，从图中可以看出，青岛市申请数量 344 件，占山东省总的煤炭专利申请数量的 59.21%，位居山东省煤炭专利申请数量的第一位。位居第二位的为济宁市，其专利申请数量为 109 件，占山东省总申请量的 18.76%。位居第三位的泰安市，其专利申请数量为 49 件，占山东省煤炭行业申请量的 8.43%，烟台市专利申请 42 件，枣庄市专利申请 23 件，济南市专利申请 11 件，淄博市专利申请 2 件，临沂市专利申请 1 件。由此可见，山东省的煤炭专利申请分布相对比较集中在青岛市。由于第一申请人通常为创新的主要主体，在涉及多个申请人合作申请时，以第一申请人进行统计。

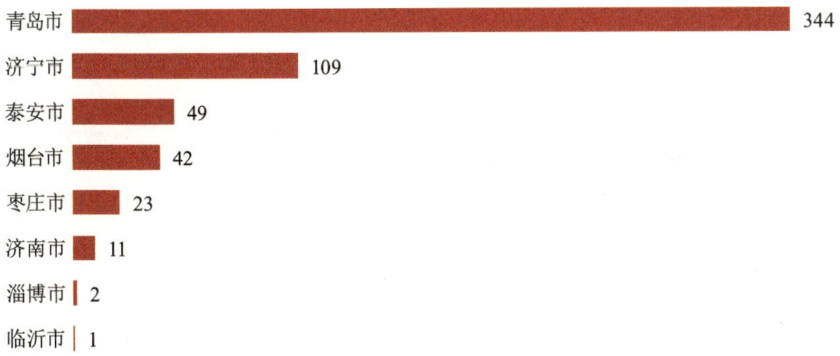

图 7-2-2　山东省各市申请专利排名（单位：件）

各个市的专利技术分布如图 7-2-3 所示，在青岛市，排名前三的技术申请分别为矿建支护与工程、资源勘查与地质保障、煤矿安全与应急保障。其中矿建支护与工程专利申请 111 件，占青岛市总申请量的 32.27%，资源勘查与地质保障专利申请 63 件，占青岛市总申请量的 18.31%，煤矿安全与应急保障利申请 54 件，占青岛市总申请量的 15.70%；济宁市技术分支主要为煤矿机械与装备，专利申请量为 52 件。泰安市在煤炭绿色开发技术分支有 15 件申请，在矿建支护与工程有 13 件专利申请；烟台市主要技术分支分布在煤矿机械与装备，其申请量 21 件；枣庄市相关专利申请业主要集中在煤矿机械与装备，其专利申请量为 12 件，济南市、淄博市、临沂市相关专利申请数量均为个位数。

	青岛市	济宁市	泰安市	烟台市	枣庄市	济南市	淄博市	临沂市
标准与实验装置	5	1	0	0	0	0	0	0
资源勘查与地质保障	63	5	2	2	2	0	0	0
节能与环保	8	10	1	3	0	6	0	0
煤化工与综合利用	18	11		1	1	3	0	1
煤矿安全与应急保障	54	10	7	4	3	0	0	0
煤矿机械与装备	25	52	8	21	12	0	0	0
煤矿机电与智能信控	28	17	3	3	1	0	1	0
矿建支护与工程	111	4	13	5	0	1	0	0
煤炭绿色开发	29	2	15	3	1	0	0	0
煤炭加工利用	2	2	0	0	2	2	0	0
创新管理与经济	1	0	0	0	1	0	1	0

图 7-2-3　山东省各市专利申请技术布局

从图 7-2-4 各市专利类型分布可以看出，山东省各个市专利申请主要以发明申请为主。从图 7-2-5 各市申请人类型可以看出，青岛市、泰安市以大专院校申请人为主，其他市均以企业申请为主。

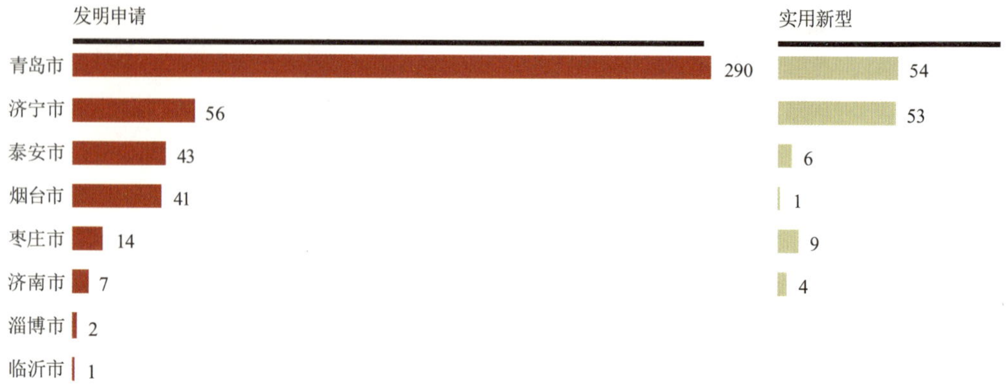

图 7-2-4　山东省各市专利申请类型布局（单位：件）

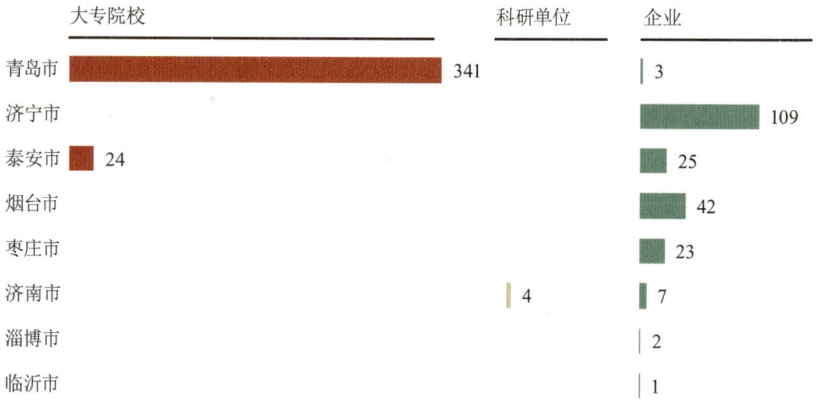

图 7-2-5　山东省各市申请人类型布局（单位：件）

7.2.3　主要申请人排名

以第一申请人为山东省内申请人申请的专利作为山东省专利申请总数进行申请人排名分析。统计时，涉及合作申请的专利，按照合作的申请人进行拆分统计。排名前十申请人如图 7-2-6 所示，其中山东科技大学以 368 件位居第一位，远远高出其他申请人，兖州煤业股份有限公司专利申请量为 82 件，兖矿集团有限公司专利申请量为 76 件，龙口矿业集团有限公司专利申请量为 42 件，新汶矿业集团有限责任公司专利申请量为 28 件，枣庄矿业（集团）有限责任公司田陈煤矿专利申请量为 23 件，山东鲁泰控股集团有限公司专利申请量为 16 件，通用技术集团工程设计有限公司专利申请量为 7 件，煤科集团杭州环保研究院有限公司专利申请量为 6 件，安徽理工大学、山东大学、微山金源煤矿专利申请量为 5 件。

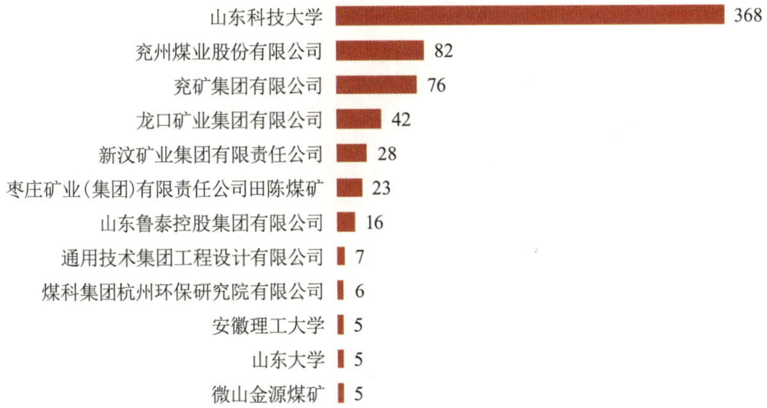

图 7-2-6　山东省煤炭行业主要专利申请人排名（单位：件）

7.2.4　申请人集中度

从图 7-2-7 可以看出排名前三的申请人的专利申请总量占比为 72.75%，排名前五的申请人专利申请总量占比为 82.43%，排名前十的申请人专利申请总量占比为 90.32%，总体来看，山东省专利申请集中度较高。

图 7-2-7　山东省煤炭行业专利申请人集中度

7.2.5　专利申请类型

从图 7-2-8 专利类型，可以看出发明专利申请量为 454 件，占总申请的 78.14%，实用新型申请为 127 件，占总申请的 21.86%。

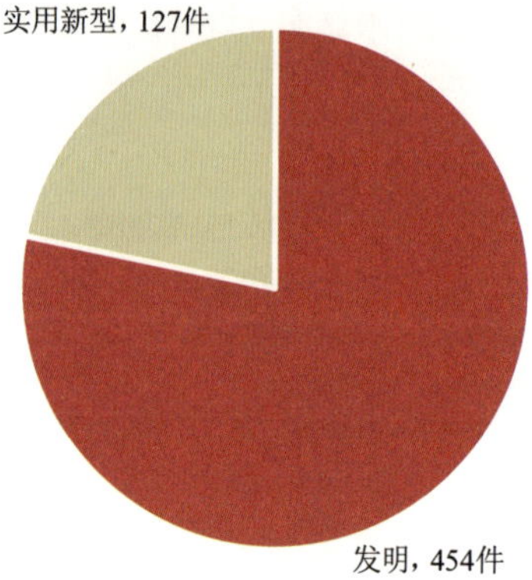

图 7-2-8　山东省专利申请类型布局

7.2.6　申请人类型分析

专利申请人类型如图 7-2-9 所示，可以看出大专院校申请最多，占总申请的 62.82%，企业占比为 36.49%。科研单位占比仅仅为 0.69%。

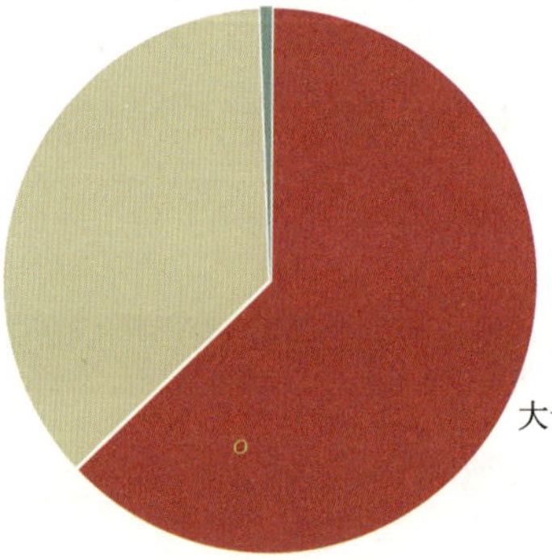

图 7-2-9　山东省不同类型申请人的专利申请量

7.2.7　专利申请技术构成

山东省专利申请技术布局如图 7-2-10 所示，其中矿建支护与工程申请量为 134 件，煤矿机械与装备申请量为 121 件，煤矿安全与应急保障申请量为 78 件，资源勘测与地质保障申请量为 74 件，煤矿机电与智能信控申请量为 53 件，煤炭绿色开发申请量为 50 件，煤化工与综合利用类申请量为 35 件，节能与环保申请量为 32 件，煤炭加工利用申请量为 8 件，标准与实验装置申请量为 6 件，创新管理与经济授权量为 3 件。

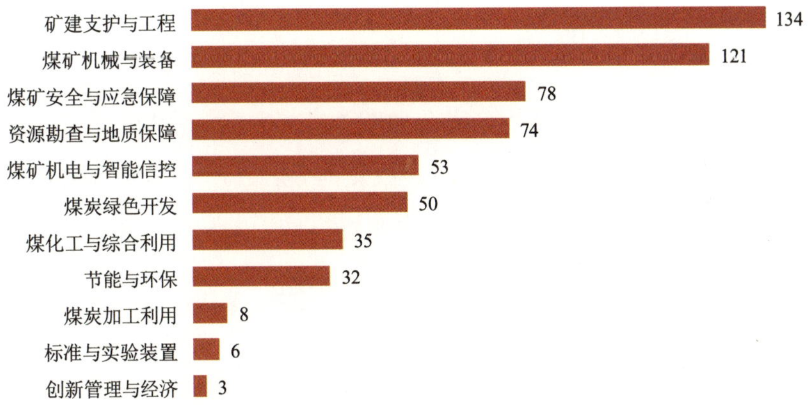

图 7-2-10　山东省煤炭行业专利申请的技术布局（单位：件）

7.3　专利授权

7.3.1　专利授权总量

山东省煤炭行业专利授权情况如图 7-3-1 所示，在从图中可以看出，2019 年，山东省专利授权总量为 148009 件，其中煤炭行业授权总量为 572 件，占省总授权量的 0.39%。

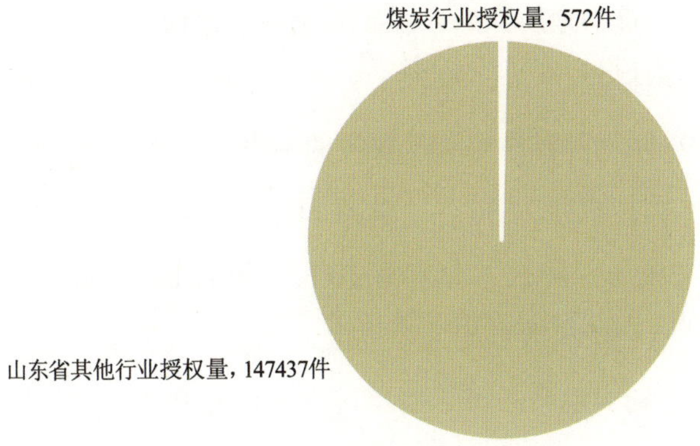

图 7-3-1　山东省煤炭行业专利授权情况

7.3.2 各市专利授权情况

在山东省各个市的授权专利数量排名如图 7-3-2 所示，在从图中可以看出，青岛市授权量 362 件，占山东省总的煤炭专利授权量的 63.29%，位居山东省煤炭专利授权量的第一位。位居第二位的为济宁市，其专利授权量为 115 件，占山东省总授权量的 20.10%。而位居第三位的泰安市、枣庄市，其专利授权量均为 31 件，占总煤炭授权量的 5.42%，济南市、烟台市专利授权均为 12 件，淄博市专利授权 6 件，莱芜市专利授权 2 件，菏泽市专利授权 1 件。由此可见，山东省的煤炭专利授权分布相对比较集中在青岛市。由于第一申请人通常为创新的主要主体，在涉及多个申请人合作申请时，以第一申请人进行统计。

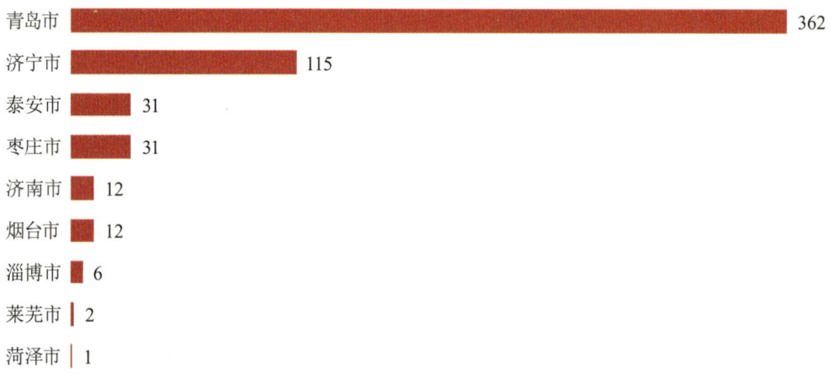

图 7-3-2 山东省各市授权专利量排名（单位：件）

各个市的专利技术分布如图 7-3-3 所示，在青岛市，排名前三的技术申请分别为矿建支护与工程、资源勘查与地质保障、煤矿安全与应急保障。其中矿建支护与工程、资源勘查与地质保障专利授权 77 件，分别占青岛市总授权量的 21.27%，煤矿安全与应急保障专利授权申请 60 件，占青岛市总授权量的 16.57%；济宁市技术分支主要为煤矿机电与智能信控，其专利授权量为 36 件，其次为煤矿机械与装备，专利授权量为 25 件。泰安市在煤矿安全与应急保障技术分支有 10 件专利授权；烟台市、枣庄市、济南市、淄博市、临沂市相关专利授权数量均为个位数。

从图 7-3-4 各市专利类型分布可以看出，青岛市专利授权主要以发明授权为主，其他市则以实用新型授权为主。

从图 7-3-5 各市授权专利申请人类型可以看出，除青岛市以大专院校授权专利申请人较多外，其他市均以企业为主。

技术主题	青岛市	济宁市	泰安市	枣庄市	济南市	烟台市	淄博市	莱芜市	菏泽市
资源勘查与地质保障	77	2	1	0	1	0	0	0	0
节能与环保	17	4	1	4	1	0	3	0	1
煤化工与综合利用	6	6	2	1	1	0	3	0	0
煤矿安全与应急保障	60	18	10	9	2	0	0	0	0
煤矿机械与装备	46	25	9	5	2	3	0	2	0
煤矿机电与智能信控	45	36	4	8	1	7	0	0	0
矿建支护与工程	77	15	4	3	4	1	0	0	0
煤炭绿色开发	26	2	0	0	0	0	0	0	0
煤炭加工利用	8	7	0	0	0	0	0	0	0
创新管理与经济	0	0	0	0	0	1	0	0	0
矿区职业健康	0	0	0	1	0	0	0	0	0

图 7-3-3　山东省各市授权专利技术分布

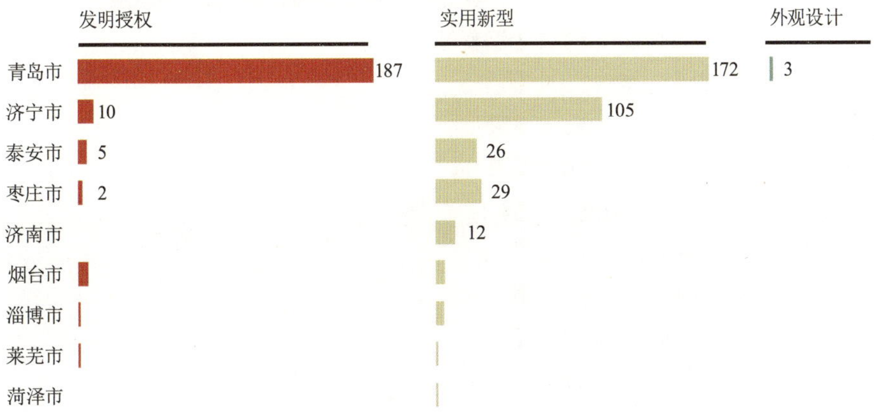

图 7-3-4　山东省各地市授权专利类型分布（单位：件）

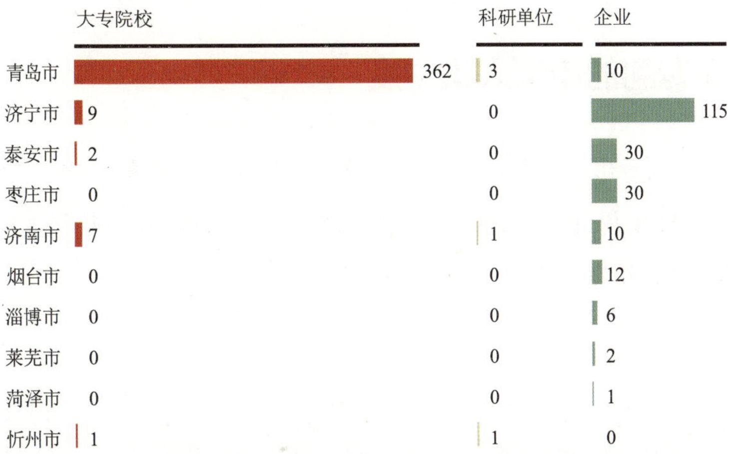

图 7-3-5　山东省各地市不同类型申请人的授权专利情况（单位：件）

7.3.3 授权专利的申请人排名

以第一申请人为山东省内申请人授权的专利作为山东省专利授权总数进行申请人排名分析。统计时，涉及合作申请的专利，按照合作的申请人进行拆分统计。授权排名前十的申请人如图 7-3-6 所示，可以看出在山东省授权前十的申请人中山东科技大学以 366 件专利授权量位居第一位，兖州煤业股份有限公司专利授权量 77 件，新汶矿业集团有限责任公司专利授权量 31 件，山东鲁泰控股集团有限公司、枣庄矿业（集团）有限责任公司蒋庄煤矿专利授权量 30 件，兖矿集团有限公司专利授权量 18 件，龙口矿业集团有限公司专利授权量 12 件，淄博矿业集团有限责任公司专利授权量 10 件，兖矿科技有限公司专利授权量 8 件，山东大学、中国矿业大学专利授权量 4 件。

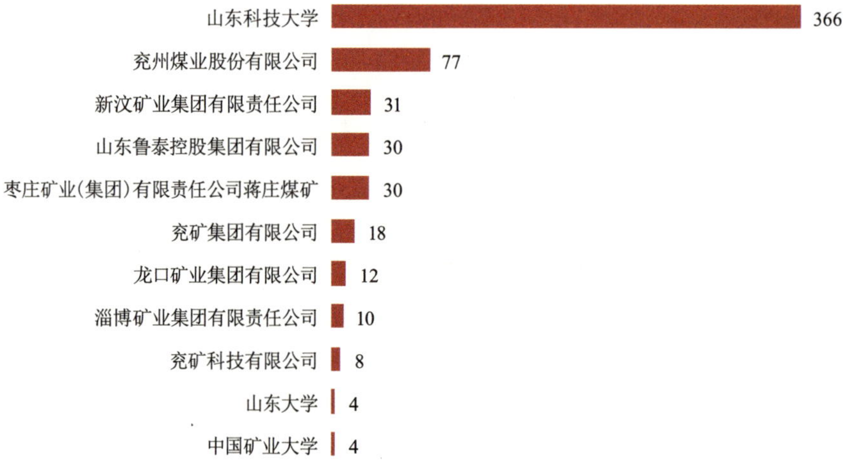

图 7-3-6　山东省煤炭行业授权专利的主要专利申请人的排名

7.3.4 授权专利的申请人集中度

从图 7-3-7 可以看出排名前三的申请人的授权专利申请总量占比为 71.93 %，排名前五的申请人授权专利总量占比为 81.03%，排名前十的申请人专利授权总量占比为 88.92%，总体来看，山东省专利授权集中度较高。

图 7-3-7　山东省煤炭行业授权专利申请人集中度

7.3.5　授权专利类型

从图 7-3-8 授权专利类型，可以看出发明专利授权数量为 212 件，占总授权的 37.06%，实用新型授权为 357 件，占总授权的 62.41%，外观授权为 3 件。

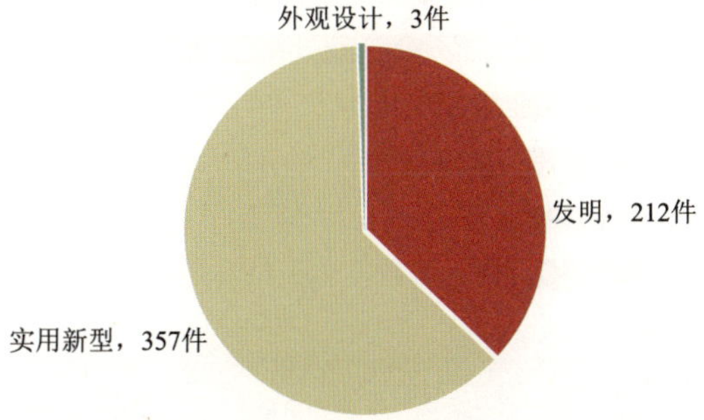

图 7-3-8　山东省专利授权申请类型分布

7.3.6　授权专利申请人类型

授权专利申请人类型如图 7-3-9 所示，可以看出大专院校授权占总授权的 63.44%，企业占比为 36.06%。科研单位占比仅仅为 0.50%。

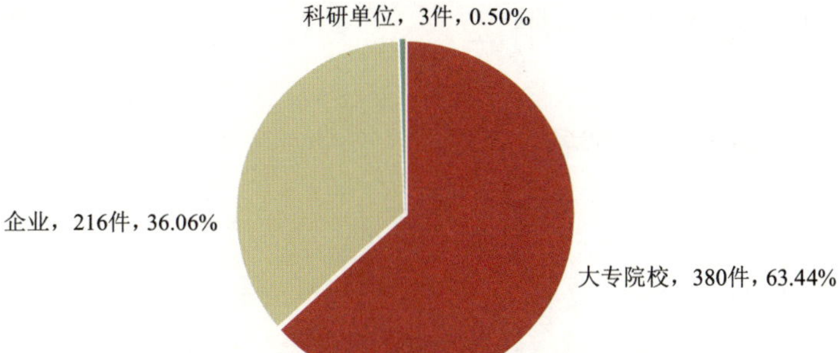

图 7-3-9　山东省不同类型申请人的授权专利量

7.3.7 授权专利技术构成

山东省专利授权技术分布如图 7-3-10 所示，其中矿建支护与工程授权量为 104 件，煤矿机电与智能信控授权量为 101 件，煤矿安全与应急保障授权量为 99 件，煤矿机械与装备授权量为 92 件，资源勘测与地质保障授权量为 81 件，节能与环保授权量为 31 件，煤炭绿色开发授权量为 28 件，煤化工与综合利用类授权量为 19 件，煤炭加工利用授权量为 15 件，创新管理与经济、矿区职业健康授权量均为 1 件。

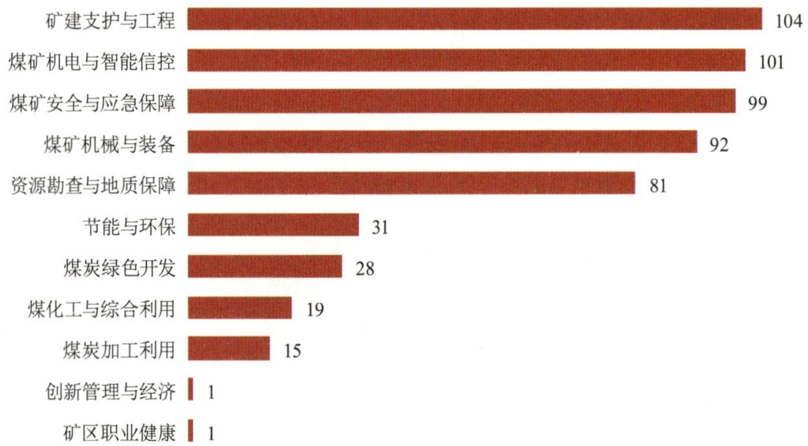

图 7-3-10 山东省煤炭行业授权专利的技术构成（单位：件）

7.4 人才建设

7.4.1 活跃团队及其所属单位

7.4.1.1 专利申请发明人排名

如图 7-4-1 所示，程卫民以 28 件专利申请量，位居榜首，赵同彬专利申请量 23 件，曾庆良、王刚专利申请量均为 22 件，潘立友专利申请量 18 件，陈理强专利申请量 16 件，陆伟、赵慧杰专利申请量均为 15 件。

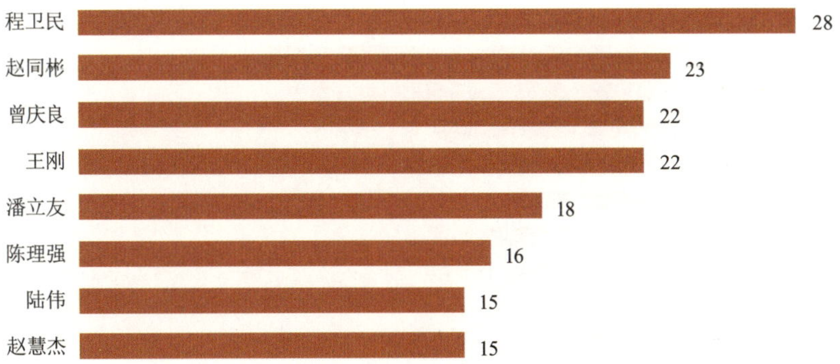

图 7-4-1 山东省专利申请的发明人排名（单位：件）

7.4.1.2 不同类型申请人中发明人专利申请量排名

如图 7-4-2 所示，大专院校发明人专利申请量远远高于企业发明人申请量。

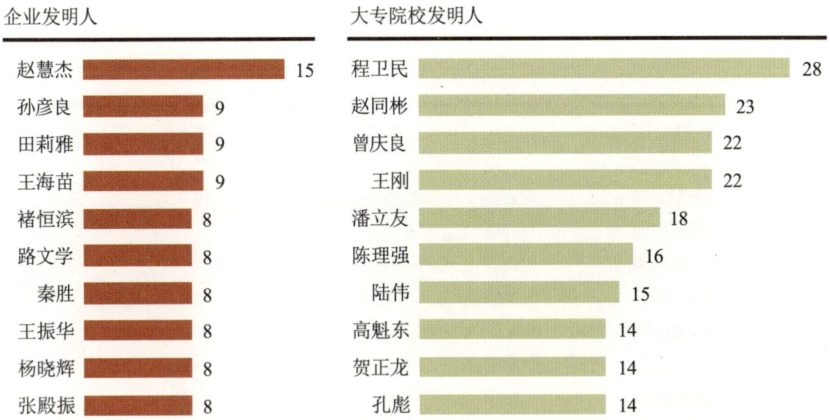

图 7-4-2 山东省不同类型申请人中专利申请的发明人排名（单位：件）

7.4.1.3 授权专利发明人排名

如图 7-4-3 所示，授权专利排名前十的发明人中，程卫民以 31 件专利授权量位居榜首，王刚专利授权量 21 件，谭云亮专利授权量 19 件，曾庆良、刘震专利授权量均为 14 件，倪冠华、周刚专利授权量均为 12 件，陈连军、陈绍杰、王凯、徐强、赵同彬专利授权量均为 11 件。

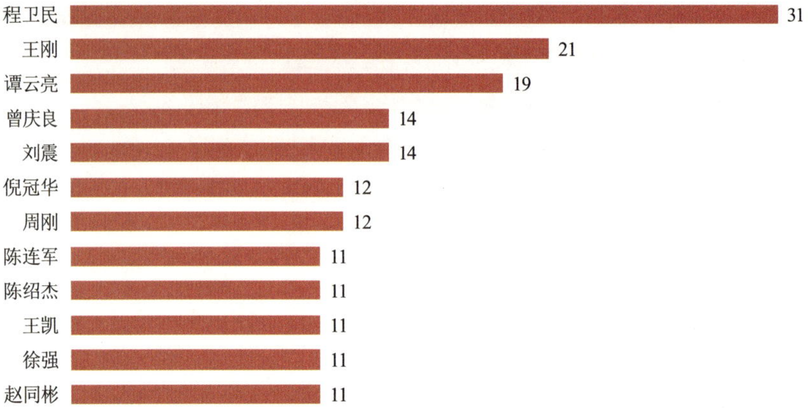

图 7-4-3　山东省授权专利的发明人排名（单位：件）

7.4.1.4　不同类型申请人的发明人的授权专利量排名

如图 7-4-4 所示，企业发明人专利授权量远远低于大专院校发明人的专利授权量。

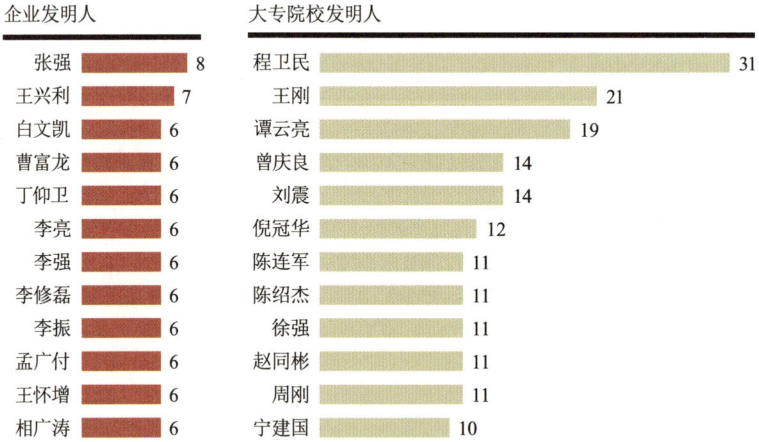

图 7-4-4　山东省不同类型申请人授权专利的发明人排名（单位：件）

7.4.2　团队合作

图 7-4-5 是山东省专利申请的发明人合作关系图，气泡越大合作申请的次数越多，气泡之间距离越近代表发明人之间的研发合作越紧密，从图中可以看出山东省申请专利中，发明人之间的合作关系还是比较密集的，其中主要发明人有曾庆良、贺正龙、吕长钢、王振华等。其中合作较为密切的发明人为：曾庆良与张鑫、高魁东、万丽荣、贺正龙和程卫民、陆伟、吕长钢与颜磊、黄玉兵、王振华与路文学、赵梅梅、郭宝贵。各个

团队之间通过合作申请，从而实现信息共享，是有利于该行业的发展进步的。

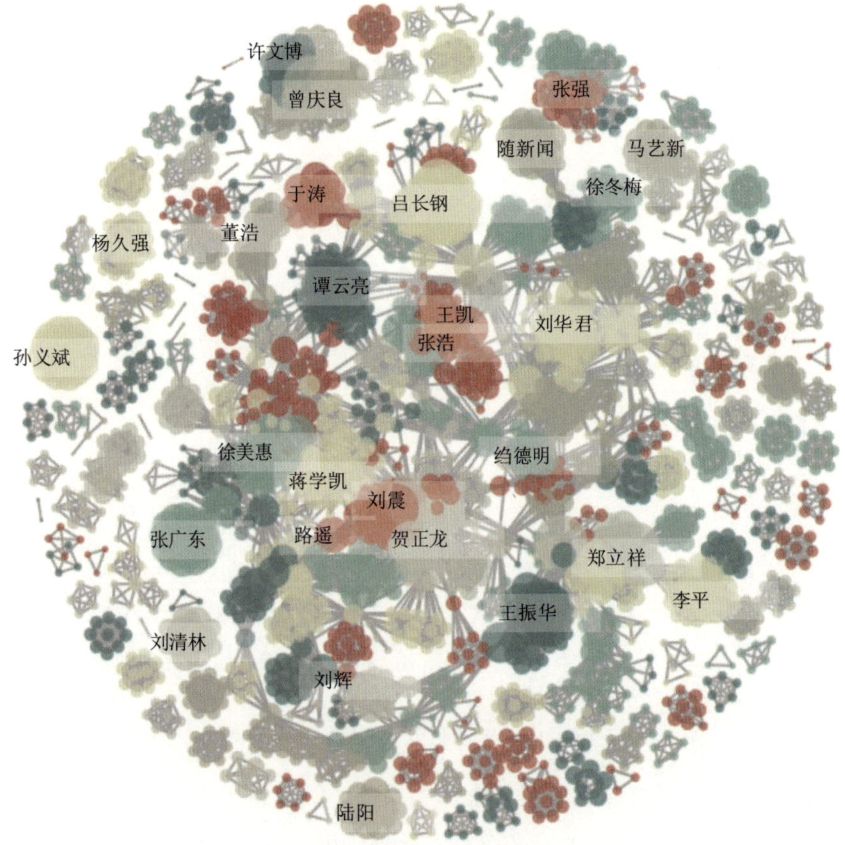

图 7-4-5　山东省专利申请的发明人研发合作网络

图 7-4-6 是山东省专利申请的申请人合作关系图，气泡越大合作申请的次数越多，气泡之间距离越近代表申请人之间的研发合作越紧密，从图中可以看出山东省申请专利中，申请人之间的合作关系固定合作申请比较多，也可以从另一方面表现出山东省各个申请人之间合作的密切程度，可以看出兖矿集团有限公司、兖矿煤业股份有限公司、山东科技大学、兖矿科技有限公司专利合作申请次数较多。合作较为密切的申请人为：兖矿集团有限公司、兖矿煤业股份有限公司和兖矿科技有限公司，山东大学、山东科技大学、新汶矿业集团有限责任公司。

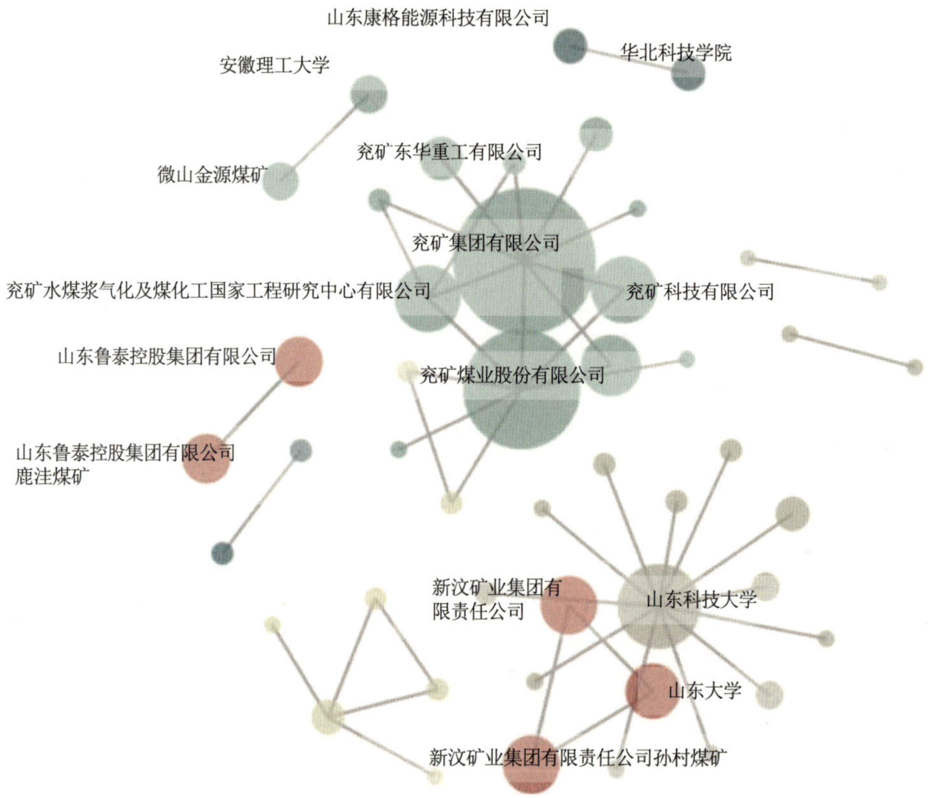

图 7-4-6　山东省专利申请的申请人合作网络

图 7-4-7 是山东省授权专利发明人合作关系图，气泡越大合作申请授权的次数越多，气泡之间距离越近代表发明人之间的研发合作越紧密，从图中可以看出山东省授权专利中，发明人之间的合作关系还是比较密集的。其中合作较为密切的发明人为：程卫民与王刚、陈连军、刘震、倪冠华、王刚与刘震、陈连军、曾庆良、李延春、曾庆良和万丽荣、张鑫、杨扬、谭云亮与宁建国、徐强、刘学生。各个团队之间通过合作申请，从而实现信息共享，是有利于该行业的发展进步的。

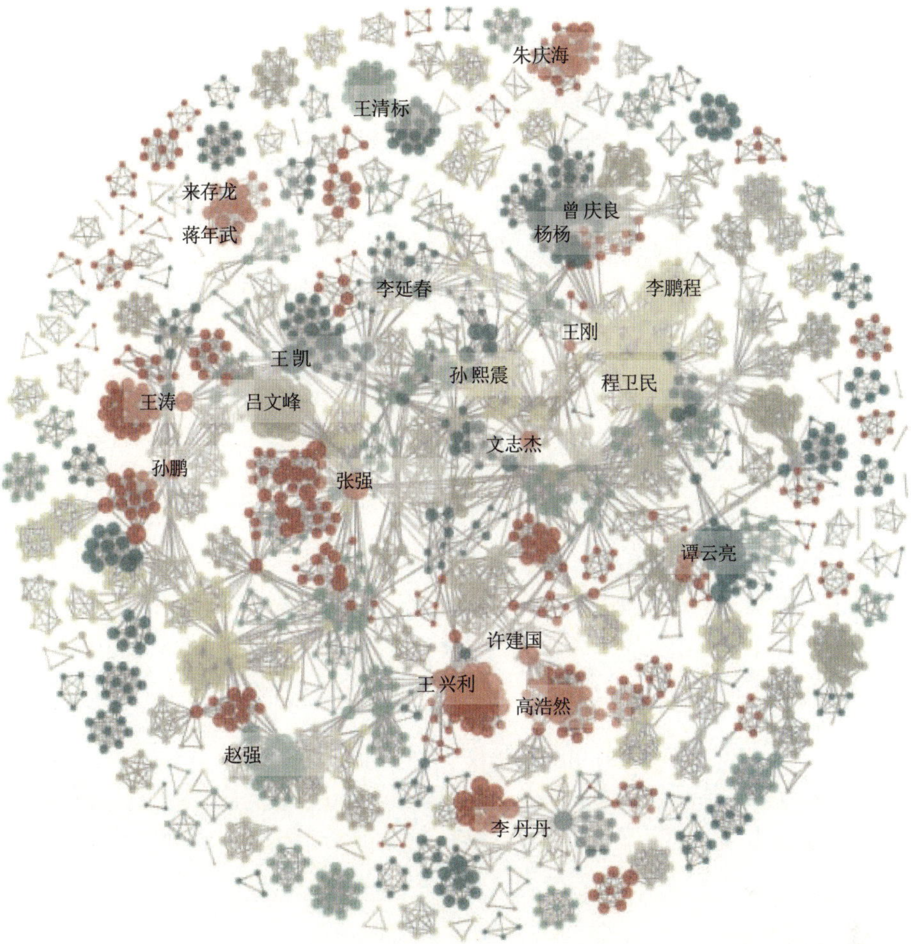

图 7-4-7　山东省授权专利的发明人研发合作网络

图7-4-8是山东省授权专利申请人合作关系图，气泡越大合作授权申请的次数越多，气泡之间距离越近代表申请人之间的研发合作越紧密，从图中可以看出山东省授权专利中，申请人之间的合作关系固定合作申请比较多，也可以从另一方面表现出山东省各个申请人之间合作的密切程度，可以看出山东科技大学、山东鲁泰控股集团有限公司、山东鲁泰控股集团有限公司鹿洼煤矿的合作授权专利次数较多。合作较为密切的申请人为：山东科技大学和兖矿集团有限公司、中国矿业大学、山东鲁泰控股集团有限公司和山东鲁泰控股集团有限公司鹿洼煤矿。

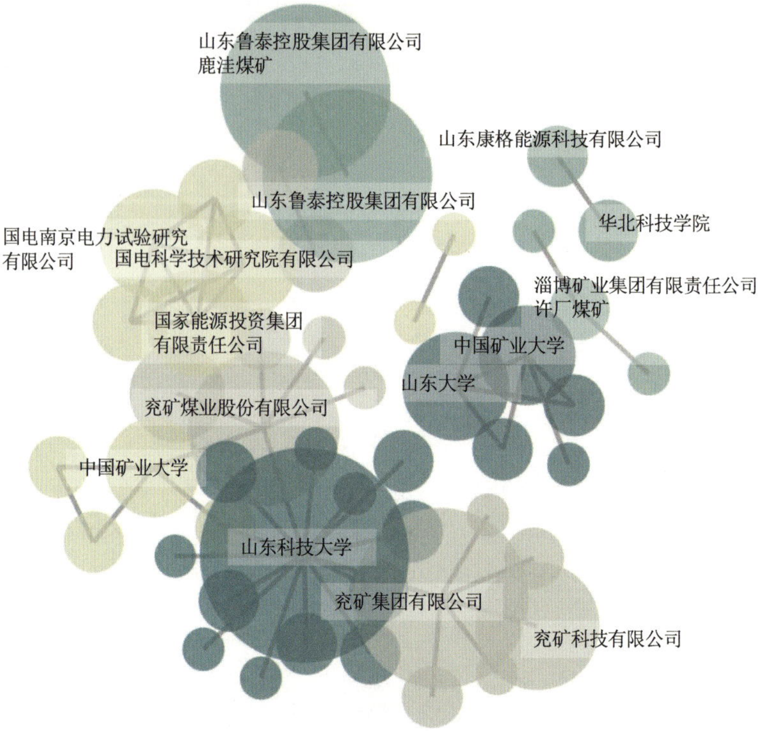

图 7-4-8　山东省授权专利的申请人合作网络

7.5　成果转化

7.5.1　案例 1：兖州煤业股份有限公司矿井水深度处理工艺及系统技术转化

7.5.1.1　基本信息

专利名称：一种矿井水深度处理工艺及系统

公开号：CN102557307B

原始权利人：兖州煤业股份有限公司

变更后的权利人：兖矿中科清洁能源科技有限公司

登记生效日：2019 年 6 月 27 日

7.5.1.2 案情回顾

2011 年 11 月 8 日，兖州煤业股份有限公司申请了一件专利名称为“一种矿井水深度处理工艺及系统”的发明专利，提供一种矿井水深度处理工艺及系统，以有效地降低矿井水的矿化度，并且通过调整运行参数，生产出满足各种用途的不同水质的中水，同时减少矿井水进行电吸附除盐过程中电吸附模块上的结垢，进而降低矿井水在满足电厂应用的处理过程中的处理费用。

兖州煤业股份有限公司是一家主要经营煤炭、能源、铁路运输行业的公司，同时是甲醇生产基地，生产甲醇、醋酸等产品，积极向煤化工领域发展。李凤山、杨磊一直致力研究如何提供一种矿井水深度处理工艺及系统，以有效地降低矿井水的矿化度，并且通过调整运行参数，生产出满足各种用途的不同水质的中水，同时减少矿井水进行电吸附除盐过程中电吸附模块上的结垢，进而降低矿井水在满足电厂应用的处理过程中的处理费用。终于在 2011 年，提供矿井水深度处理工艺及系统，有效地降低了矿井水的矿化度，并且通过调整运行参数，生产出满足各种用途的不同水质的中水；同时，由于在矿井水进行电吸附以前进行了预处理，向过滤后的矿井水中加酸降低了所述矿井水的碱度，减少碳酸氢根离子（HCO^{3-}）的含量，即减少了沉淀碳酸钙（$CaCO_3$）的生成和电吸附模块的结垢，从而减少电吸附模块的反冲洗次数，最终降低矿井水在满足电厂应用的处理过程中的处理费用。该项方案的提出，突破了该行业的发展瓶颈。

兖矿中科清洁能源科技有限公司为兖矿集团有限公司 46% 的控股公司，其主要业务范围：清洁能源和环保科技的研发、规划、设计、监测服务和科技成果转化；燃烧设备、换热设备的研发、制造、推广与销售；动力机械、控制系统、诊断与仿真装置、环保设备、新能源、节能环保材料的研发、制造、推广与销售等，专利“一种矿井水深度处理工艺及系统”作为本行业内重大的突破，很快也引起了兖矿中科清洁能源科技有限公司的注意，于 2019 年 6 月 27 日，兖州煤业股份有限公司提出专利转让请求，受让人为兖矿中科清洁能源科技有限公司，该项专利的引入无疑的为兖矿中科清洁能源科技有限公司带来了巨大盈利。

7.5.1.3 案件分析

该案件为省内具备共同实际控制人企业间的专利转让，省内的专利转让。

兖矿中科清洁能源科技有限公司通过引进专利，从实现自身产品技术的改善，该项专利的引进，对于企业产品增大了更大的技术支持。通过专利转让也加大了相关技术的流通性，有利于本行业快速发展。高价值专利会给企业带来巨大的盈利收入，对于企业的科研实力也会拥有较高的影响。

7.5.2 案例 2：龙口矿业集团有限公司电缆入库装置技术转化

7.5.2.1 基本信息

专利名称：电缆入库装置

公开号：CN102976147B

原始权利人：龙口矿业集团有限公司

变更后的权利人：龙口矿业集团热电有限公司

登记生效日：2019 年 6 月 3 日

7.5.2.2 案情回顾

2012 年 12 月 20 日，龙口矿业集团有限公司提出了一件专利名称为“电缆入库装置”的发明专利，该方案提供一种操作简便的电缆入库装置，能够快速高效地将电缆入库，降低了员工的劳动强度。

任尧喜、刘玉海、封绪海为龙口矿业集团有限公司的主要研发人员，发现目前该领域搬运技术仍然需要大量的人力，例如：井下电缆升井后入库都是由人工拖动到仓库内盘整，后来通过使用电缆装卸车装置后，装卸电缆难题得以解决，取得了较好的效果，但在仓库内仍需很多人员拖动盘整，工人体力消耗很大且效率很低。介于此问题，2012 年，提出在电缆入库装置通过操纵行走装置，将电缆入库装置沿着轨道运行到指定的放置电缆的位置，然后将电缆的一端插入辅助滚动轮与电缆导向轮上的导向槽之间构成电缆通过的通道中，然后启动电动机，电动机通过减速机带动电缆导向轮转动，由于通道的高度略小于电缆的外径，所以转动的电缆导向轮能够通过电缆导向轮、辅助滚动轮与电缆之间的摩擦力来拖动电缆绕过电缆导向轮，向电缆导向轮后方运动，同时通过人工使穿过通道的电缆盘成一盘。因此，通过该装置，能够迅速地将电缆入库并盘整，不需要很多人员拖动盘整，提高了电缆入库的工作效率，降低了工人的劳动强度。

龙口矿业集团有限公司是被山东能源集团有限公司 100% 控股的分公司，龙口矿业集团有限公司是“世界500强企业”山东能源集团旗下的权属企业之一，是以煤炭生产为基础，集热电联产、油页岩综合利用、煤炭储备配送、机械加工、建工建材、物流服务为一体的大型企业集团，是全国唯一的海滨矿区、唯一的实施海下采煤的企业，是山东省第一个省级煤炭战略储备基地、唯一的油页岩综合利用企业。

龙口矿业集团热电有限公司是被龙口矿业集团有限公司100%控股的分公司，其主要业务范围：发电，供热，粉煤灰、炉渣的综合利用，电力、机电设备安装及维修，管线安装、机械加工、铆焊，设备租赁，蒸馏水的销售，固体废料处理（不含危险化学品），电力技术咨询及服务，煤制品加工、销售，煤质、油质、水质检测，温度、压力检定校准等。

7.5.2.3 案件分析

该案件为同区域内企业内部发生的专利转让，专利权转让系属于企业内部的知识产权成果转让。

这种企业内部转让属于集中式专利策略，由于有些集团公司希望通过专利数量和专利质量等信息体现自己的技术研发水平，或者需要专利进行各类项目的申报，因此会要求其子公司和分公司的专利转让给集团公司进行持有，这种集中式专利策略能够进一步扩大集团公司的影响力。

经检索发现山东区域内专利转让都为本省内专利转让，从这一方面可以看出，山东省在该领域内与其他省市的合作交流较少，技术流通性差。应该加大与外省的企业技术交流，以此增加技术的互动性，从而也有利于整个行业技术的发展。

企 业 篇

第 8 章

国家能源集团

8.1　企业知识产权创新成果概述

8.1.1　专利申请情况

8.1.1.1　子公司的专利申请量

图 8-1-1 展示了国家能源投资集团有限责任公司（以下简称“国家能源集团”）专利布局主体分布图。将国家能源集团内部各个单位按照常务理事单位、理事单位和非会员单位三个主体类型进行标引，得到国家能源集团专利布局主体的分布图。申请量最大的在常务理事单位中，其申请量为 347 件。说明国家能源集团常务理事单位对于专利申请的重视程度非常高。申请量排名第二的是非会员单位，申请量为 69 件，申请量排名第三的是理事单位，申请量为 29 件。

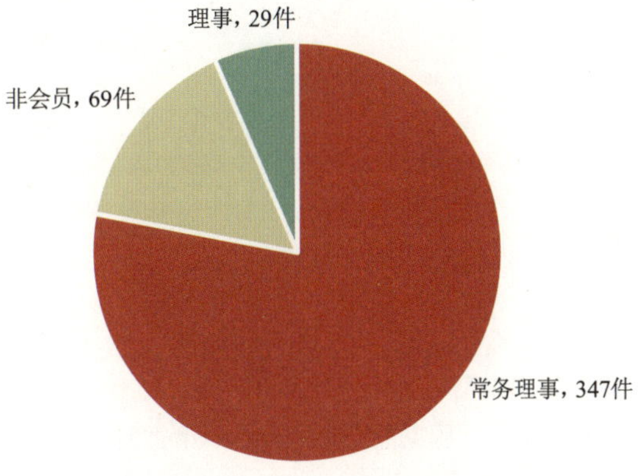

图 8-1-1　国家能源集团不同类型子公司的专利申请量

图 8-1-2 展示了国家能源集团主要申请人申请阶段专利申请量排名。国家能源投资集团有限责任公司以 188 件申请排名第一，中国神华能源股份有限公司以 124 件申请排

名第二，神华神东煤炭集团有限责任公司以116件申请排名第三，中国神华煤制油化工有限公司以108件申请排名第四，神华宁夏煤业集团有限责任公司以55件申请排名第五。排名第六至第十的申请人包括：神华国能集团有限公司、神华新疆化工有限公司、神华准格尔能源有限责任公司、中国神华煤制油化工鄂尔多斯煤制油分公司、中国神华煤制油化工有限公司上海研究院、神华榆林能源化工有限公司。

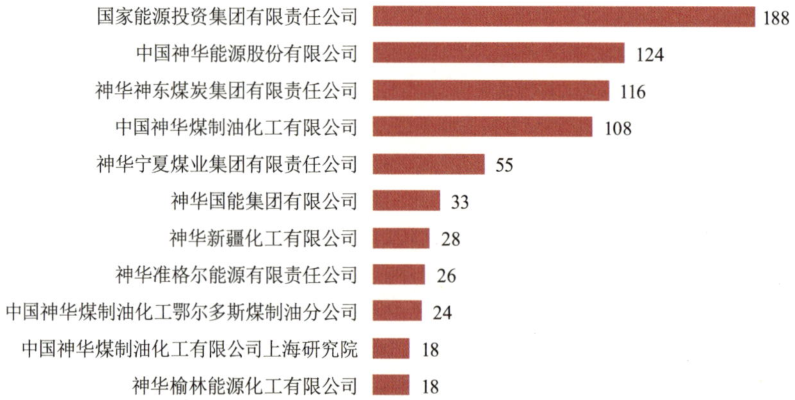

图 8-1-2　国家能源集团子公司的专利申请量排名（单位：件）

8.1.1.2　专利申请类型

图8-1-3展示了国家能源集团申请阶段专利申请类型布局图。从图中可以看出，国家能源集团的发明专利申请量略大于实用新型申请量，由此看出国家能源集团对于发明的重视程度高于实用新型。同时，国家能源集团并没有申请外观设计专利。

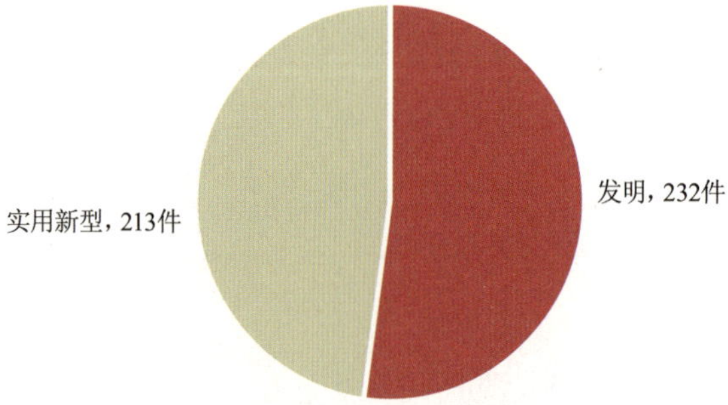

图 8-1-3　国家能源集团专利申请类型布局

8.1.1.3　专利申请的技术布局

图8-1-4展示了国家能源集团申请阶段专利技术主题排名。其中，煤化工与综合利用以161件申请排名第一，煤矿机电与智能信控以82件申请排名第二，煤矿机械与装

备以 56 件申请排名第三，节能与环保以 38 件申请排名第四，煤矿安全与应急保障以 30 件申请排名第五。技术主题排名第六至第十的技术主题为：资源勘查与地质保障、煤炭加工利用、矿建支护与工程、煤炭绿色开发、创新管理与经济。

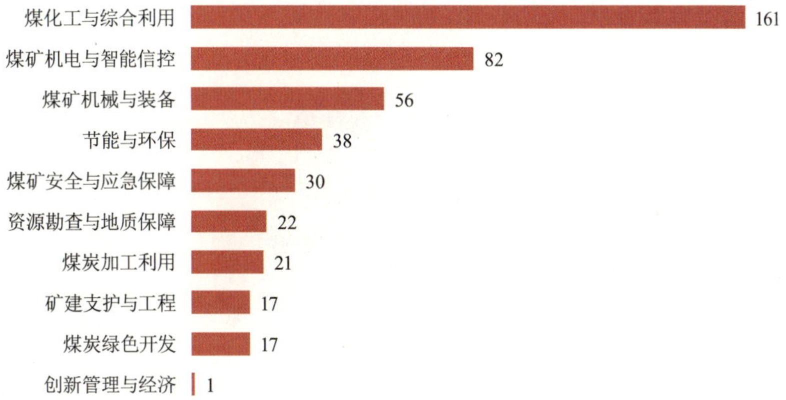

图 8-1-4　国家能源集团专利申请技术布局（单位：件）

8.1.2　专利授权情况

8.1.2.1　子公司的专利授权量

图 8-1-5 展示了国家能源集团已授权专利布局主体分布图。将国家能源集团内部各个单位按照常务理事单位、理事单位和非会员单位三个主体类型进行标引，得到国家能源集团专利布局主体的分布图。授权量最大的在常务理事单位中，其授权量为 553 件。说明国家能源集团常务理事单位对于专利申请的重视程度非常高。授权量排名第二的是非会员单位，授权量为 66 件，授权量排名第三的是理事单位，授权量为 39 件。

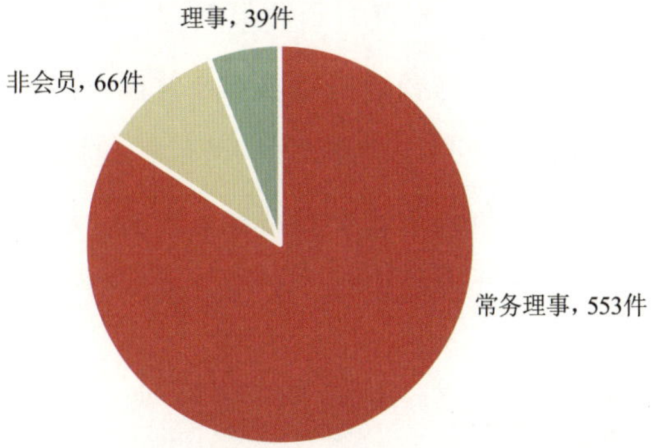

图 8-1-5　国家能源集团不同类型子公司的授权专利量

8.1.2.2 授权专利类型

图 8-1-6 展示了国家能源集团已授权专利申请类型分布图。从图中可以看出，国家能源集团的发明专利授权量为 216 件，实用新型的授权量为 442 件。同时，国家能源集团并没有授权外观设计专利，系因为煤炭行业的外观专利相对较少。

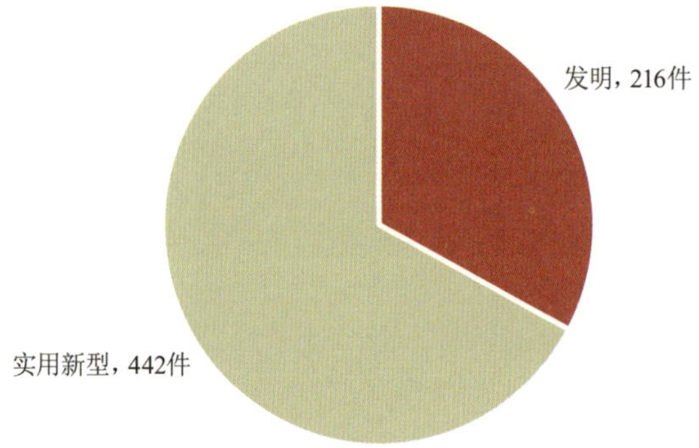

图 8-1-6　国家能源集团授权专利类型分布

8.1.2.3 授权专利的地域分布

图 8-1-7 展示了神华集团国内外专利布局授权量排名。其中，国家能源集团在海外布局的专利共计 3 件，布局地域为印度。

图 8-1-7　国家能源集团授权专利的地域分布（单位：件）

8.1.2.4 授权专利的技术分布

图 8-1-8 展示了国家能源集团已授权专利技术主题排名。其中，煤化工与综合利用以 188 件授权排名第一，煤矿机电与智能信控以 138 件授权排名第二，煤矿机械与装备以 100 件授权排名第三，煤矿安全与应急保障以 67 件授权排名第四，节能与环保以 57 件授权排名第五。技术主题排名第六至第十的技术主题为：矿建支护与工程、煤炭加工利用、煤炭绿色开发、资源勘查与地质保障、创新管理与经济。

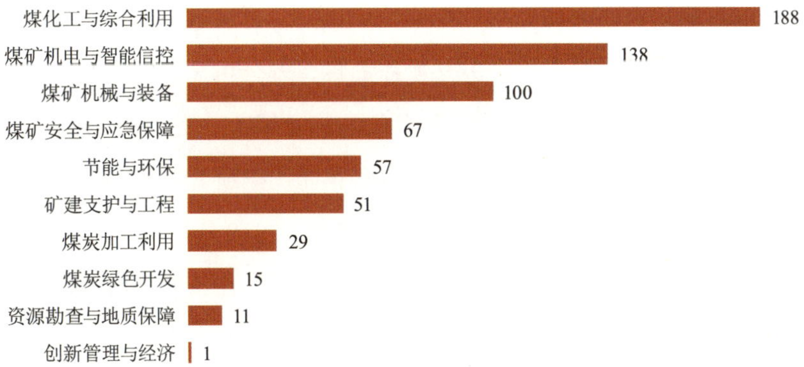

图 8-1-8　国家能源集团授权专利的技术分布（单位：件）

8.2　知识产权成果转化典型案例

8.2.1　案例 1：井上下联合区域性注浆方法技术引进

8.2.1.1　基本信息

专利名称：一种井上下联合区域性注浆方法

公开号：CN105401971B

第一转让人：煤科集团沈阳研究院有限公司

第一受让人：中国神华能源股份有限公司、煤科集团沈阳研究院有限公司、神华神东煤炭集团有限责任公司

登记生效日：2019 年 1 月 2 日

8.2.1.2　案情回顾

2015 年 9 月 2 日，煤科集团沈阳研究院有限公司申请了一件名为“一种井上下联合区域性注浆方法”的发明专利，该件专利主要应用于从地面向上覆采空区开切眼注浆，在打注浆孔时弯曲下沉带和进入裂隙带处出现塌孔的问题，在浅埋深、近水平、近距离煤层群开采超大采空区时结合本煤层开切眼等注浆区注浆，消除了上覆采空区发火及本

煤层发火，影响本煤层及下层煤开采的隐患，用该技术方法达到了预防采空区遗煤自然发火的目标，注浆量得到有效控制，方法操作简单、安全可靠，效果好。

长期以来神华集团和中国煤炭科工集团有限公司（以下简称“中国煤科”）都有长期合作关系，神华集团的总部位于沈阳，而煤科集团沈阳研究院有限公司的地理位置也在沈阳，这就使得两家公司之间的关联合作比较多。2018 年，神华集团出现了井下管道安全风险的问题，在这一问题上，神华集团十分关注。在该公司内部现有技术无法解决的情况下，神华集团向兄弟企业中国煤科请求帮助，在双方进行洽谈的基础上，中国煤科从其专利池中选取了此件专利转让给神华集团，让其使用该专利解决技术问题。

2019 年 1 月 2 日，煤科集团沈阳研究院有限公司将其专利的专利权人进行了增加，将中国神华能源股份有限公司和神华神东煤炭集团有限责任公司增加至专利权人中。神华集团进一步解决了井下作业过程中存在的注浆作业和管控安全隐患的问题。

8.2.1.3 案件分析

神华集团和中国煤科两家公司一直以来保持着长期合作的关系。对于煤炭行业来说，这两家公司都是体量非常大的公司，而这两家公司之所以合作非常融洽，其实质上也与两家公司的创立背景相关。较好的合作基础也决定了技术转让的流畅程度。

在该次专利转让过程中，神华集团发现井下安全隐患的时间是 2018 年 10 月左右，而在 2019 年 1 月初，该件专利已经做了转让变更。这种专利转让速度可以看出，神华集团在内部技术总结之后第一时间就找到了兄弟企业中国煤科进行技术讨论，在讨论之后中国煤科也在第一时间就答应了进行专利转让的相关事宜。这些细节中都可以看出，神华集团和中国煤科两家公司对于技术成果转化的问题上存在的很强的关联性，两家公司对于对方都是非常信任的，这也让神华集团在遇到技术问题时多了更多的解决方案。

8.2.2 案例 2：矿井气体束管管路监测系统、矿井气体束管管路监测系统的监测方法技术转化

8.2.2.1 基本信息

专利名称：矿井气体束管管路监测系统、矿井气体束管管路监测系统的监测方法

公开号：CN105401971B、CN103590856B

第一转让人：煤科集团沈阳研究院有限公司、抚顺中煤科工安全仪器有限公司

第一受让人：中国神华能源股份有限公司、煤科集团沈阳研究院有限公司、抚顺中煤科工安全仪器有限公司

登记生效日：2019 年 1 月 2 日

8.2.2.2 案情回顾

2013 年 11 月 20 日，煤科集团沈阳研究院有限公司和抚顺中煤科工安全仪器有限公司共同申请了两件专利，这两件专利的名称为“矿井气体束管管路监测系统的监测方法”和“矿井气体束管管路监测系统”的发明专利，该件专利通过更新的矿井气体束管管路监测系统，结合监测方法，确保束管管路故障及时有效排除，提高了矿井气体束管监测系统可用性及可靠性，实现了两个分路箱间的故障确定，同时确定了故障性质，极大地缩小了束管管路故障排查范围，维修人员根据声音报警器报警、在实时数据显示窗口及实时工作状态窗口显示的实时数据及工作状态，可准确地确定管路故障范围，有利于煤矿井下预报自然发火，更好地进行矿井可燃气体爆炸危险性、火灾危险程度识别，提供瓦斯防治依据，确保了煤矿安全生产。

长期以来神华集团和中国煤科都有长期合作关系。2018 年，神华集团出现了井下管道安全风险的问题，在这一问题上，神华集团十分关注。在该公司内部现有技术无法解决的情况下，神华集团向兄弟企业中国煤科请求帮助，在双方进行洽谈的基础上，中国煤科从其专利池中选取了此件专利转让给神华集团，让其使用该专利解决技术问题。

2019 年 1 月 2 日，煤科集团沈阳研究院有限公司对其专利的专利权人进行了增加，将中国神华能源股份有限公司和神华神东煤炭集团有限责任公司增加至专利权人中。神华集团进一步解决了井下作业过程中存在的注浆作业和管控安全隐患的问题。

8.2.2.3 案件分析

神华集团和中国煤科两家公司一直以来保持着长期合作的关系。对于煤炭行业来说，这两家公司都是体量非常大的公司，而这两家公司之所以合作非常融洽，其实质上也与两家公司的创立背景相关。较好的合作基础也决定了技术转让的流畅程度。

在这次专利转让过程中，神华集团发现井下安全隐患的时间是 2018 年 10 月左右，

而在 2019 年 1 月初，该件专利已经做了转让变更。神华集团其实在该次专利转让过程中一共进行了三件专利的转让。对于任何一家企业来说，一件专利的价值已经非常高了，能够一次性转让三件专利，说明两家公司之间的合作关系非常密切。这种转让模式也指导其他煤炭矿业公司在公司发展过程中，要与更多的单位进行合作，进而为公司的发展谋求更多出路。

8.3 技术合作情况

8.3.1 合作申请类型

图 8-3-1 展示了国家能源集团合作申请专利类型布局图。从图中可以看出，国家能源集团的合作发明专利申请量为 179 件，合作实用新型的申请量为 194 件。同时，国家能源集团并没有合作申请外观设计专利。

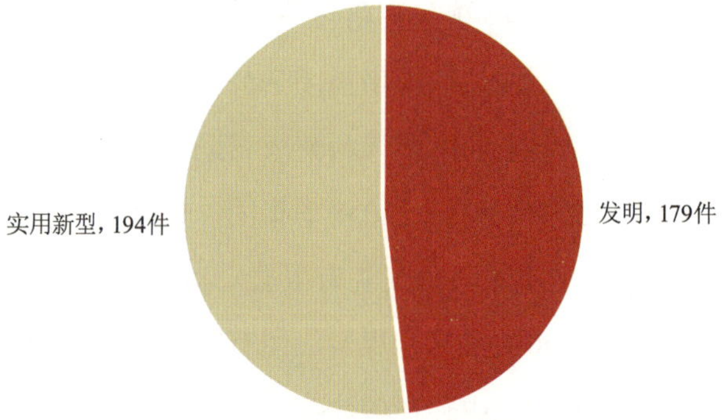

图 8-3-1 国家能源集团合作专利申请的类型布局

8.3.2 合作申请技术主题

图 8-3-2 展示了国家能源集团合作申请专利技术主题排名。其中，煤化工与综合利用以 151 件申请排名第一，煤矿机电与智能信控以 65 件申请排名第二，煤矿机械与装备以 47 件申请排名第三，节能与环保以 33 件申请排名第四，煤矿安全与应急保障以

22 件申请排名第五。技术主题排名第六至第九的技术主题为：资源勘查与地质保障、煤炭加工利用、矿建支护与工程、煤炭绿色开发。

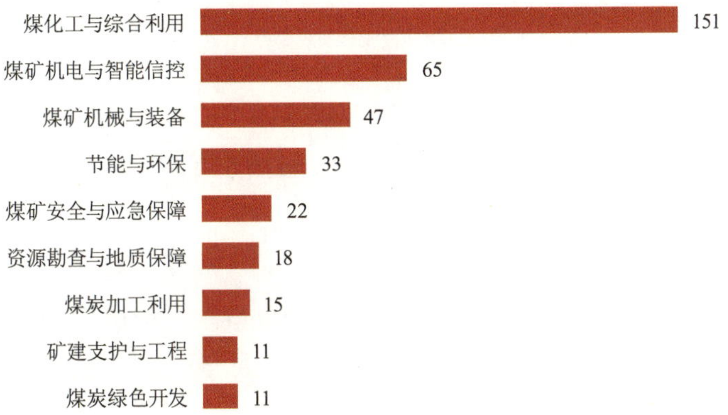

图 8-3-2 国家能源集团合作专利申请的技术构成（单位：件）

8.3.3 合作关系

图 8-3-3 是国家能源集团专利申请的申请人合作关系图，气泡越大合作申请授权的次数越多，气泡之间距离越近代表发明人之间的研发合作越紧密，从图中可以看出国家能源集团专利申请阶段中，申请人之间的合作关系还是比较密集的，其中主要申请人有国家能源投资集团有限责任公司、中国神华煤制油化工有限公司、中国神华能源股份有限公司、神华神东集团有限责任公司等。

其中合作较为密切的申请人为：国家能源投资集团有限责任公司与神华国能集团有限公司、神华宁夏煤业集团有限责任公司、国网能源和丰煤电有限责任公司、中国神华煤制油化工有限公司上海研究院；中国神华煤制油化工有限公司与神华新疆化工有限公司、神华榆林能源化工有限公司、神华工程技术有限公司等；中国神华能源股份有限公司与神华神东煤炭集团有限责任公司、神华准格尔能源有限责任公司、天津美腾科技有限公司等。各个团队之间通过合作申请，从而实现信息共享，是有利于该行业的发展进步的。

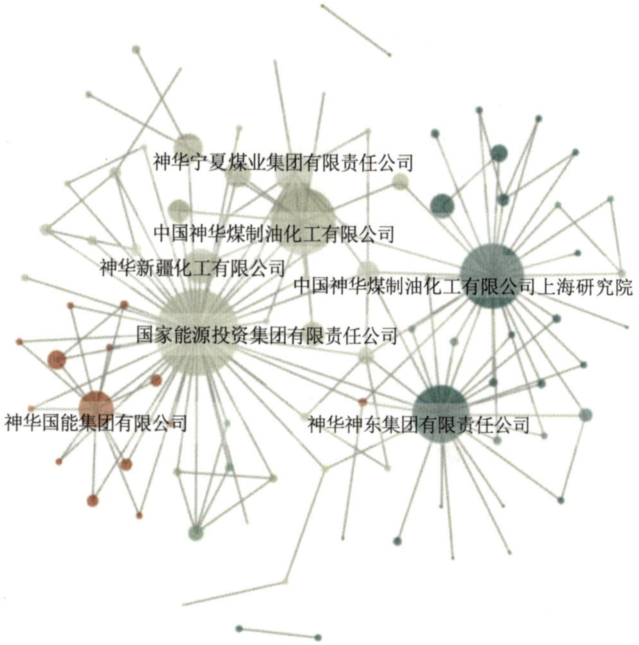

图 8-3-3　国家能源集团专利申请的合作网络

图 8-3-4 是国家能源集团授权专利申请人合作关系图，气泡越大合作申请授权的次数越多，气泡之间距离越近代表发明人之间的研发合作越紧密，从图中可以看出国家能源集团授权专利中，申请人之间的合作关系较为密集。其中主要申请人有中国神华能源股份有限公司、国家能源投资集团有限责任公司、神华神东煤炭集团有限责任公司、神华集团有限责任公司、北京低碳清洁能源研究所等。

其中合作较为密切的申请人为：中国神华能源股份有限公司与神华准格尔能源有限公司、神华准能资源综合开发有限公司、北京低碳清洁能源研究所；国家能源投资集团有限责任公司与神华宁夏煤业集团有限公司、神华国能集团有限公司、中国节能减排邮箱公司、中国神华煤制油化工有限公司鄂尔多斯煤制油公司等；神华神东煤炭集团有限责任公司与北京低碳清洁能源研究所、神华集团有限责任公司、莱州亚通重型装备有限公司等。各个团队之间通过合作申请，从而实现信息共享，是有利于该行业的发展进步的。

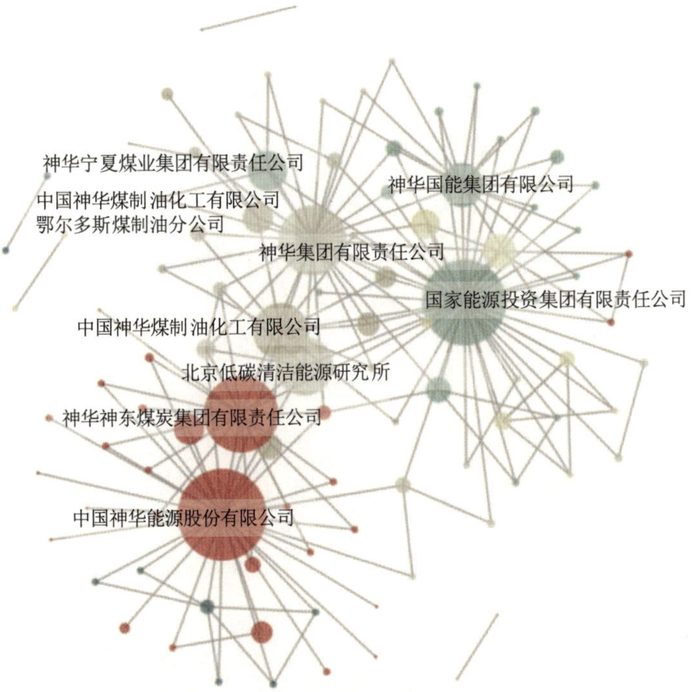

图 8-3-4　国家能源集团授权专利的合作网络

8.4　知识产权人才建设

图 8-4-1 是国家能源集团专利申请的发明人合作关系图，气泡越大合作申请授权的次数越多，气泡之间距离越近代表发明人之间的研发合作越紧密，从图中可以看出国家能源集团申请阶段专利中，发明人之间的合作关系比较密集。其中主要发明人有杨俊哲、王海军、贺安民、罗春桃、郭中山等。合作较为密切的发明人为：杨俊哲与贺安民、郭爱军、关炳火等；王海军与贺飞、吴军祥、李玉林、王海军等；贺安民与杨俊哲、康健、王振荣、郭爱军等。各个团队之间通过合作申请，从而实现信息共享，是有利于该行业的发展进步的。

图 8-4-1　国家能源集团专利申请的发明人合作关系网络

图 8-4-2 是国家能源集团授权专利发明人合作关系图，气泡越大合作申请授权的次数越多，气泡之间距离越近代表发明人之间的研发合作越紧密，从图中可以看出国家能源集团授权专利中，发明人之间的合作关系比较密集。其中主要发明人有李鹏、杨俊哲、王海军、许联航等。其中合作较为密切的发明人为：李鹏与付萍杰、方杰、顾大钊、曹志国、杨俊哲与贺安民、郭爱军、许联航、原常锁、赵剑与王虎、张波、杨超玉、陈强、马利群等。各个团队之间通过合作申请，从而实现信息共享，是有利于该行业的发展进步的。

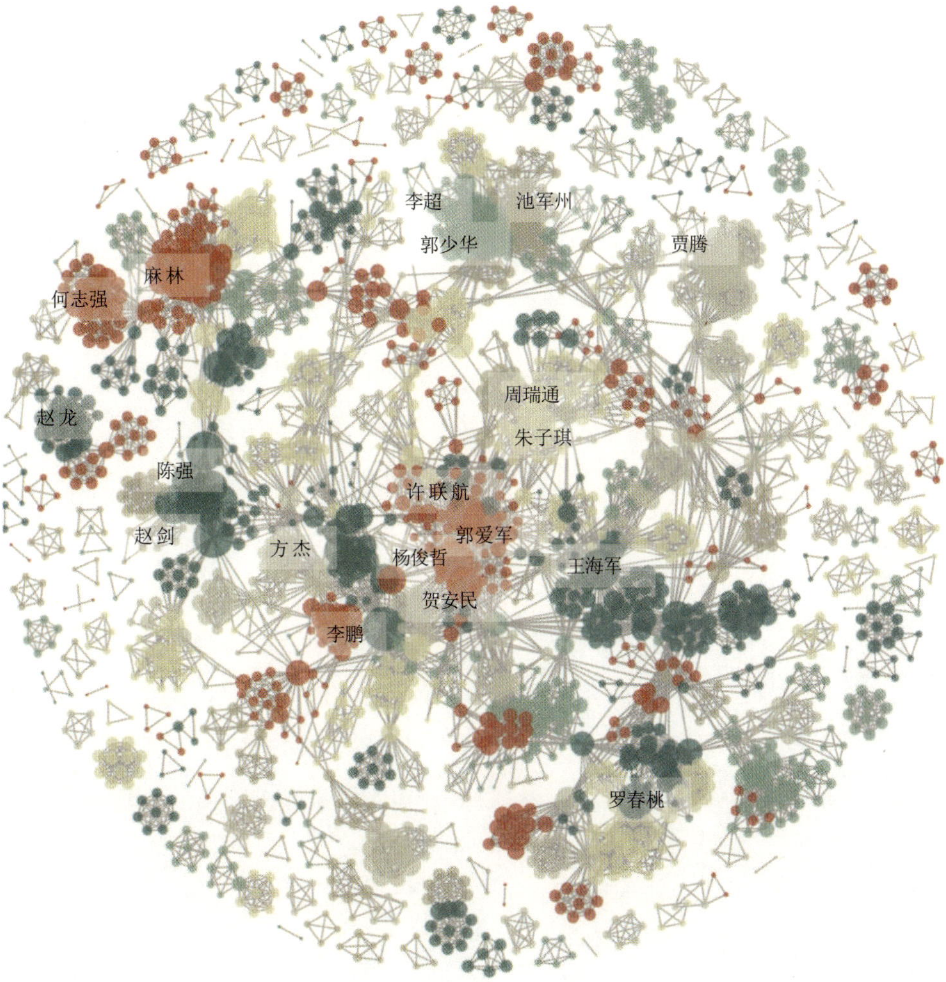

图8-4-2 国家能源集团授权专利的发明人合作关系网络

第 9 章

中煤集团

9.1 企业知识产权创新成果概述

9.1.1 专利申请情况

9.1.1.1 子公司的专利申请量

图 9-1-1 展示了中国中煤能源集团有限公司（以下简称“中煤集团”）申请阶段专利布局主体分布图。将中煤集团内部各个单位按照常务理事单位、理事单位和非会员单位三个主体类型进行标引，得到中煤集团专利布局主体的分布图。常务理事单位和理事单位分别以 72 件专利申请量并列第一。说明中煤集团的常务理事单位和理事单位对于专利申请都较为重视。申请量排名第三的是非会员单位，申请量为 55 件。

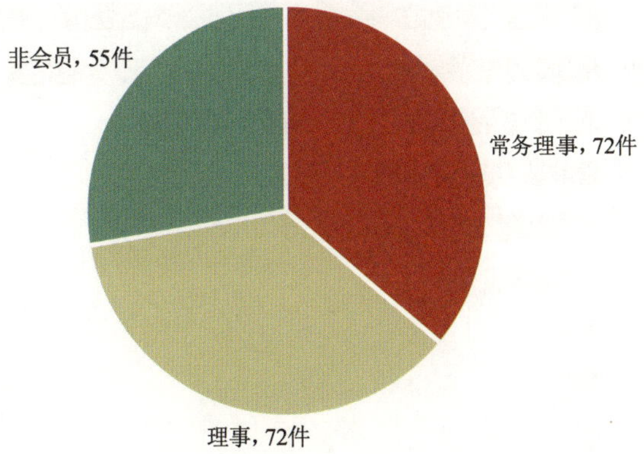

图 9-1-1　中煤集团不同类型子公司的专利申请量

9.1.1.2 专利申请类型

图 9-1-2 展示了中煤集团申请阶段专利申请类型布局图。从图中可以看出中煤集团

的发明专利申请量略大于实用新型申请量，中煤集团的发明专利申请量为110件，实用新型申请量为88件，外观设计专利申请量为1件。

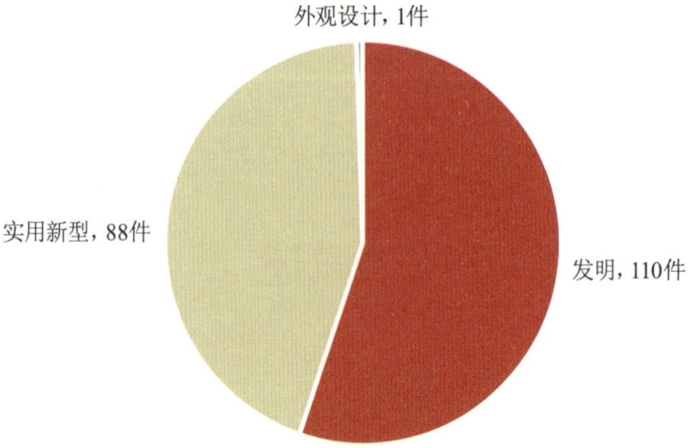

图 9-1-2　中煤集团专利申请类型布局

9.1.1.3　专利申请的技术布局

图9-1-3展示了中煤集团申请阶段专利技术主题排名。其中，煤矿机电与智能信控以54件申请排名第一，资源勘查与地质保障以44件申请排名第二，矿建支护与工程以34件申请排名第三，煤矿机械与装备以24件申请排名第四，煤化工与综合利用以21件专利排名第五。技术主题排名第六至第十的技术主题为：煤矿安全与应急保障、煤炭加工利用、煤炭绿色开发、节能与环保、创新管理与经济。

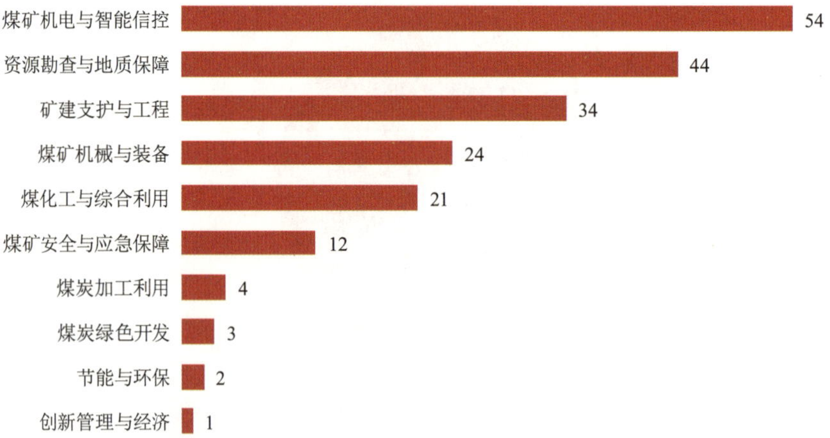

图 9-1-3　中煤集团专利申请技术布局（单位：件）

9.1.2 专利授权情况

9.1.2.1 子公司的专利授权量

图 9-1-4 展示了中煤集团已授权专利布局主体分布图。将中煤集团内部各个单位按照常务理事单位、理事单位和非会员单位三个主体类型进行标引，得到中煤集团专利布局主体的分布图。常务理事单位和理事单位分别以 72 件授权量并列第一。申请量排名第三的是非会员单位，授权量为 55 件。

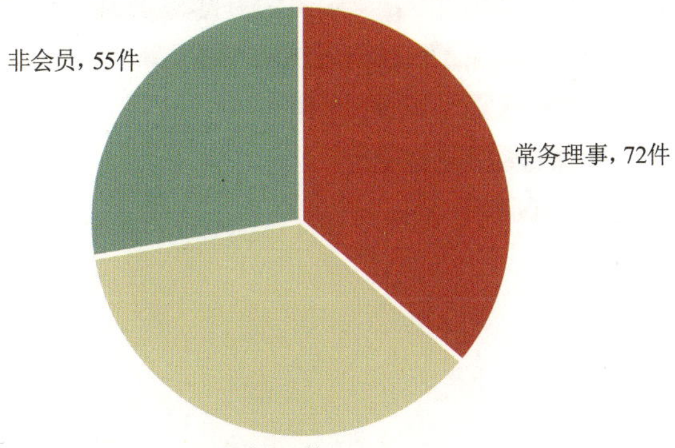

图 9-1-4 中煤集团不同类型子公司的授权专利量

9.1.2.2 授权专利类型

图 9-1-5 展示了中煤集团已授权专利授权类型分布图。从图中可以看出，中煤集团的发明专利授权量为 110 件，实用新型的授权量为 88 件，外观设计专利 1 件。结合中煤集团申请阶段专利申请类型和已授权专利申请类型可知，中煤集团在 2019 年发明专利申请量占比明显增加，对于公司内部技术的重视程度正在不断提高。

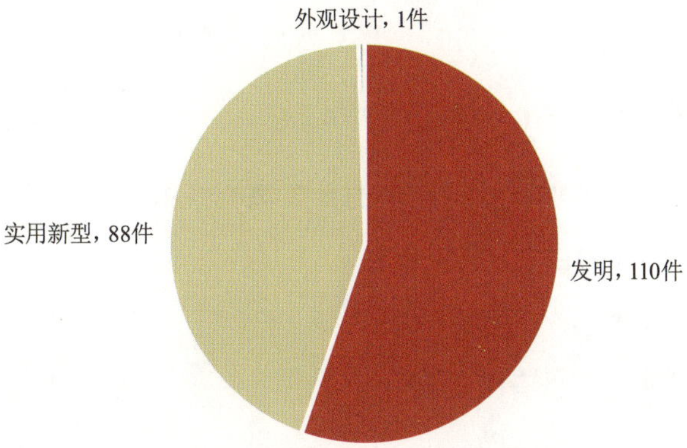

图 9-1-5 中煤集团授权专利类型分布

9.1.2.3 授权专利的技术布局

图 9-1-6 展示了中煤集团已授权专利技术主题排名。其中，煤矿机电与智能信控以 54 件授权排名第一，资源勘查与地质保障以 44 件授权排名第二，矿建支护与工程以 34 件授权排名第三，煤矿机械与装备以 24 件授权排名第四，煤化工与综合利用以 21 件专利排名第五。技术主题排名第六至第十的技术主题为：煤矿安全与应急保障、煤炭加工利用、煤炭绿色开发、节能与环保、创新管理与经济。

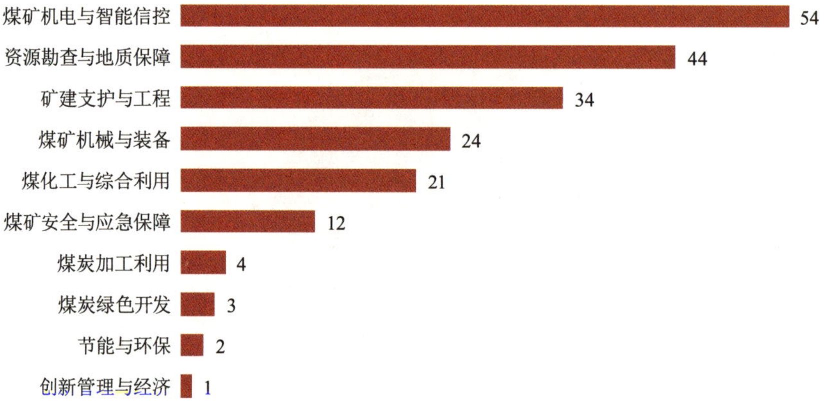

图 9-1-6　中煤集团授权专利的技术分布（单位：件）

9.2 知识产权成果转化典型案例

9.2.1 案例 1：碎石桩加固软土路基的土工离心模拟试验方法技术引进

9.2.1.1 基本信息

专利名称：一种碎石桩加固软土路基的土工离心模拟试验方法

公开号：CN104060637B

许可人：中国矿业大学

被许可人：中煤隧道工程有限公司

许可时间：20190305

9.2.1.2 案情回顾

2014 年 4 月 14 日，中国矿业大学的崔振东教授团队申请了一件名为“一种碎石桩加固软土路基的土工离心模拟试验方法”的发明专利，这件专利提供的碎石桩加固软土路基的土工离心模拟试验方法，可以用于研究路堤荷载作用下碎石桩桩顶和桩周软土之间的差异沉降、碎石桩和桩周土之间的应力分担规律、不同路堤高度对土拱效应的影响以及路基中应力（土应力和孔隙水压力）的变化规律。

中煤隧道工程有限公司隶属于中煤集团，由中煤第五建设有限公司全资控股。其经营范围主要包括：市政公用工程、隧道工程、城市轨道交通工程、铁路工程、公路工程、桥梁工程、市政管线工程、土木工程、矿山工程、地基基础工程、钻探冷冻工程、土石方工程、设备安装工程；建筑构配件生产（限分支机构经营）；钢材、建筑五金销售；机电设备租赁；仓储服务。

2018 年中煤隧道工程有限公司在进行作业过程中，出现了施工过程中的碎石桩需要加固的情况，面对这种情况，中煤隧道工程有限公司按照既往修复方式进行了修复。发现修复效果并不理想，这使得整个工程路段需要重新整修。在这一问题存在的基础上，中煤隧道工程有限公司试图通过专利转让的方式来解决这一问题。他们联系了中国矿业大学土木工程学院的崔成强副教授，崔成强教授多年来一直致力于隧道挖掘方面的相关技术研究，自 2014 年以来其研究团队申请了超过 10 件以上的专利。在碎石桩修复工作上，其持有一件专利名为“一种碎石桩加固软土路基的土工离心模拟试验方法”，这件技术能够从一定程度上解决中煤隧道工程有限公司所面临的问题。

由于该件专利的专利权人是中国矿业大学，而中国矿业大学对于转让的要求比较严格。中煤隧道工程有限公司在衡量之后，选择许可合同的方式进行专利权的使用。

9.2.1.3 案件分析

在面临专利转让比较困难的情况下，专利许可也是一种非常好的渠道。在该次专利许可过程中，中煤隧道工程有限公司在确认过专利转让比较困难的情况下，其改变策略通过专利许可进行专利的使用。

中煤隧道工程有限公司之所以能够接受专利许可，也与其工程路段有关。在其他工程路段中，碎石桩可能发生的情况较少，在这一背景下，中煤隧道工程有限公司没必要执着于专利权的转让，其只需要通过使用专利技术来解决目前面临的问题，既可以完成相应工作。

这一专利许可也体现出一种专利运营案例中的典型运营模式，即通过专利许可解决目前公司中面临的较为困难的问题，从而花费较少的资源解决比较棘手的问题。

9.2.2 案例 2：由高层建筑荷载和地下水抽灌引起土体分层沉降模型试验装置及试验方法技术引进

9.2.2.1 基本信息

专利名称：一种由高层建筑荷载和地下水抽灌引起土体分层沉降模型试验装置及试验方法

公开号：CN105242028B

许可人：中国矿业大学

被许可人：中煤隧道工程有限公司

许可时间：20190305

9.2.2.2 案情回顾

2014 年 11 月 11 日，中国矿业大学的崔振东教授团队申请了一件名为“一种由高层建筑荷载和地下水抽灌引起土体分层沉降模型试验装置及试验方法”的发明专利，这件专利提供的由高层建筑荷载和地下水抽灌引起土体分层沉降模型试验装置及试验方法，可以研究建筑物施工顺序以及分层开采和回灌地下水对地面沉降分布特征的影响，并结合颗粒图像测速技术、土压力盒和孔隙水压力计分析各土层压缩变形特性以及相应的土孔压变化规律，从而研究各因素共同作用下的地基土层变形机理。

中煤隧道工程有限公司隶属于中煤集团，由中煤第五建设有限公司全资控股。其经营范围主要包括：市政公用工程、隧道工程、城市轨道交通工程、铁路工程、公路工程、桥梁工程、市政管线工程、土木工程、矿山工程、地基基础工程、钻探冷冻工程、土石方工程、设备安装工程；建筑构配件生产（限分支机构经营）；钢材、建筑五金销售；机电设备租赁；仓储服务。

2018 年中煤隧道工程有限公司在进行作业过程中，出现了施工过程中的地下水沉降难以解决的情况，面对这种情况，中煤隧道工程有限公司按照既往修复方式进行了修复，发现修复效果并不理想，这使得整个工程需要重新整修。在这一问题存在的基础上，中煤隧道工程有限公司试图通过专利转让的方式来解决这一问题。他们联系了中国矿业大学土木工程学院的崔成强副教授，崔成强教授多年来一直致力于建筑地面模拟试验的相关技术研究，自 2014 年以来其研究团队申请了超过 10 件以上的专利。在地下水沉降上，其持有一件专利名为“一种由高层建筑荷载和地下水抽灌引起土体分层沉降模型试验装置及试验方法”，这件技术能够从一定程度上解决中煤隧道工程有限公司所面临的问题。

由于该件专利的专利权人是中国矿业大学，而中国矿业大学对于转让的要求比较严格。中煤隧道工程有限公司在衡量之后，选择许可合同的方式进行专利权的使用。

9.2.2.3 案件分析

在面临专利转让比较困难的情况下，专利许可也是一种非常好的渠道。在这次专利许可过程中，中煤隧道工程有限公司在确认过专利转让比较困难的情况下，其改变策略通过专利许可进行专利的使用。

专利许可与专利转让相比，其在专利使用上并无太大差异，但是针对其他实施专利的情况有所不同。如果公司面临的问题比较复杂难以快速解决，同时又难以通过专利转让实现技术转移的，专利许可相对来说是一种可选择的路径。

9.3 技术合作情况

9.3.1 合作申请类型

图 9-3-1 展示了中煤集团合作申请专利类型布局图。从图中可以看出，中煤集团的合作发明专利申请量为 44 件，合作实用新型的申请量为 13 件。同时，中煤集团并没有合作申请外观设计专利。

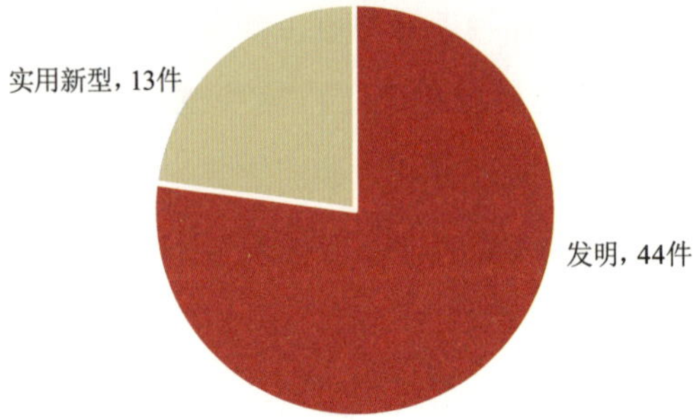

图 9-3-1　中煤集团合作专利申请的类型布局

9.3.2　合作申请技术主题

图 9-3-2 展示了中煤集团合作申请专利技术主题排名。其中，资源勘查与地质保障以 18 件申请排名第一，煤矿机电与智能信控以 15 件申请排名第二，矿建支护与工程以 11 件申请排名第三，煤矿机械与装备以 6 件申请排名第四，煤化工与综合利用以 4 件申请排名第五。技术主题排名第六至第八的技术主题为：煤炭绿色开发、煤炭加工利用、创新管理与经济。

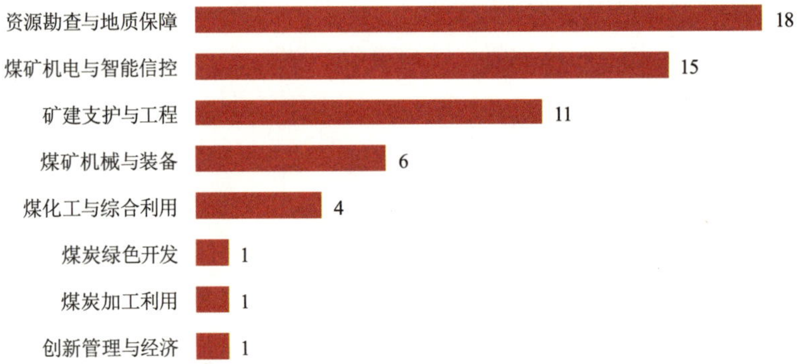

图 9-3-2　中煤集团合作专利申请的技术构成（单位：件）

9.3.3　合作关系

图 9-3-3 是中煤集团专利申请的申请人合作关系图，气泡越大合作申请授权的次数越多，气泡之间距离越近代表发明人之间的研发合作越紧密。从图 9-3-3 中可以看出中煤集团专利申请阶段中，申请人之间的合作关系还是比较密集的，其中主要申请人有中煤航测遥感集团有限公司、中煤第三建设（集团）有限责任公司、中煤（西安）地下空

间科技发展有限公司、西安煤航遥感信息有限公司。

其中合作较为密切的申请人为：中煤航测遥感集团有限公司与中煤（西安）地下空间科技发展有限公司、西安煤航遥感信息有限公司、中煤西安地图制印有限公司、青岛市勘查测绘研究院等；中煤第三建设（集团）有限责任公司与中国矿业大学（北京）、中煤矿山建设集团有限责任公司、常山威通矿山装备有限公司、安徽开源路桥有限责任公司等；中煤（西安）地下空间科技发展有限公司与青岛市勘查测绘研究院、中煤航测遥感集团有限公司等。各个团队之间通过合作申请，从而实现信息共享，是有利于该行业的发展进步的。

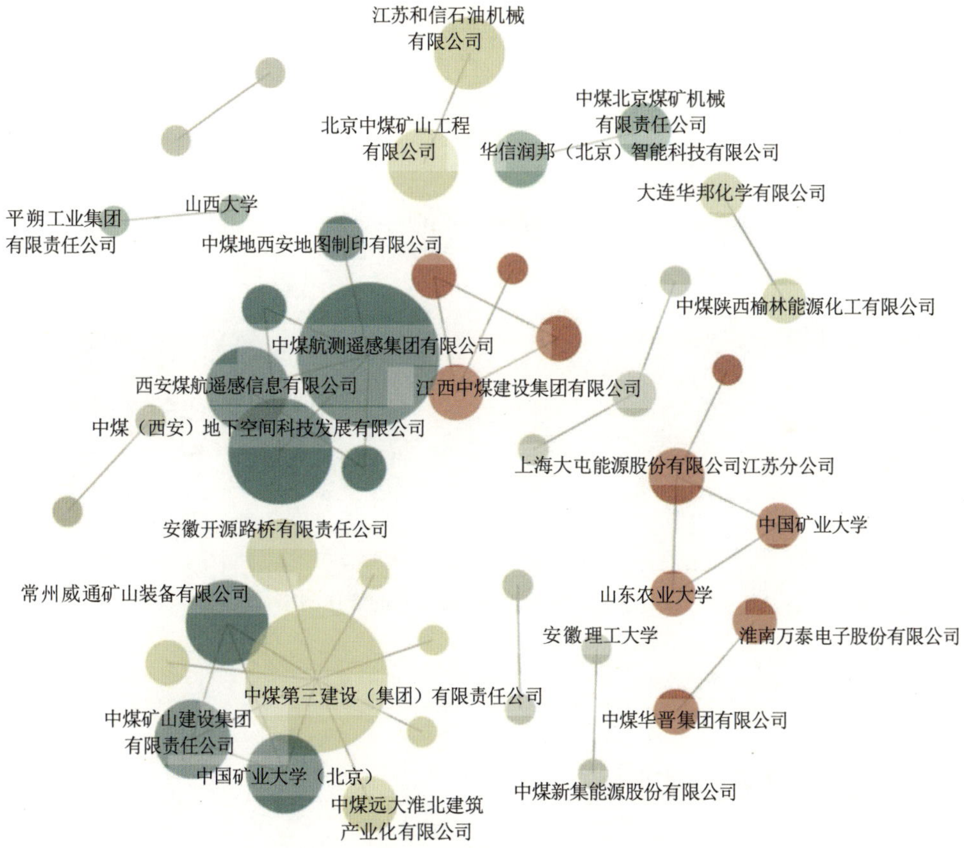

图 9-3-3　中煤集团专利申请的合作网络

图 9-3-4 是中煤集团授权专利申请人合作关系图，气泡越大合作申请授权的次数越多，气泡之间距离越近代表发明人之间的研发合作越紧密，从图中可以看出中煤集团授权专利中，申请人之间的合作关系较为密集。其中主要申请人有中煤第三建设（集团）有限责任公司、中煤第七十一工程处有限责任公司、中国中煤能源集团有限公司、中煤

特殊凿井有限责任公司。

其中合作较为密切的申请人为：中煤第三建设（集团）有限责任公司与徐州华业矿山科技有限公司、中煤第七十一工程处有限责任公司、中煤特殊凿井有限责任公司等；中煤第七十一工程处有限责任公司与中煤第三建设（集团）有限责任公司。各个团队之间通过合作申请，从而实现信息共享，是有利于该行业的发展进步的。

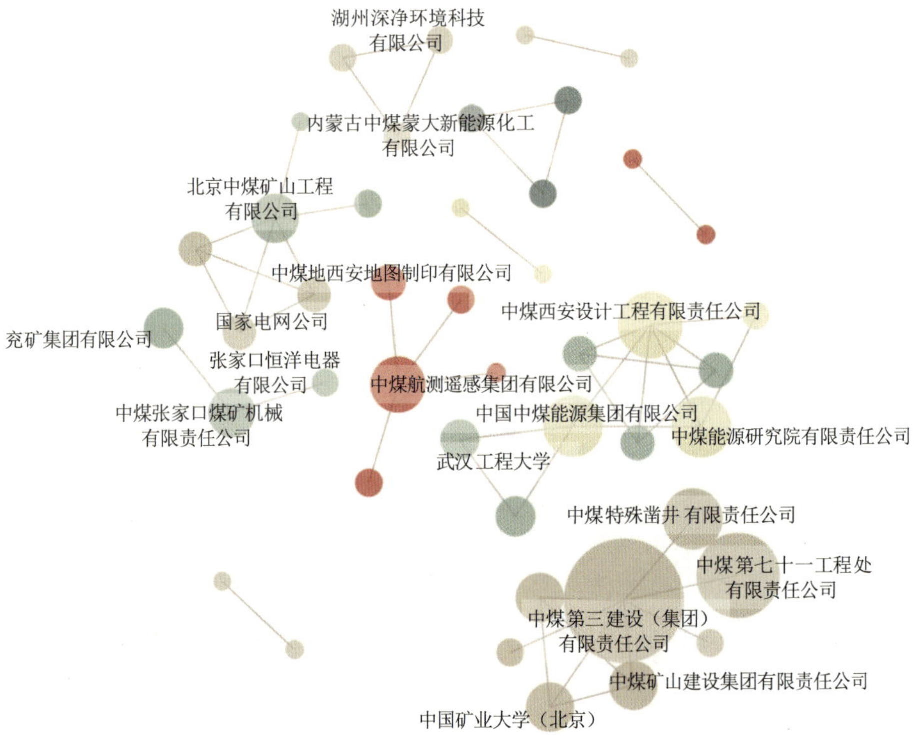

图 9-3-4　中煤集团授权专利的合作网络

9.4　知识产权人才建设

图 9-4-1 是中煤集团专利申请的发明人合作关系图，气泡越大合作申请授权的次数越多，气泡之间距离越近代表发明人之间的研发合作越紧密。从图 9-4-1 中可以看出中煤集团申请阶段专利中，发明人之间的合作关系比较密集。其中主要发明人有孙宗理、王陪补、郝雷、程升、周树清等。合作较为密切的发明人为：孙宗理与程升、周永涛、

姜殿臣、杜鹏翔、佟黎明等；王陪补与顾文、刘伟军、郑帅帅、蔡欣等；郝雷与赵亚东、宣永祥、吴义强、张裕智等。各个团队之间通过合作申请，从而实现信息共享，是有利于该行业的发展进步的。

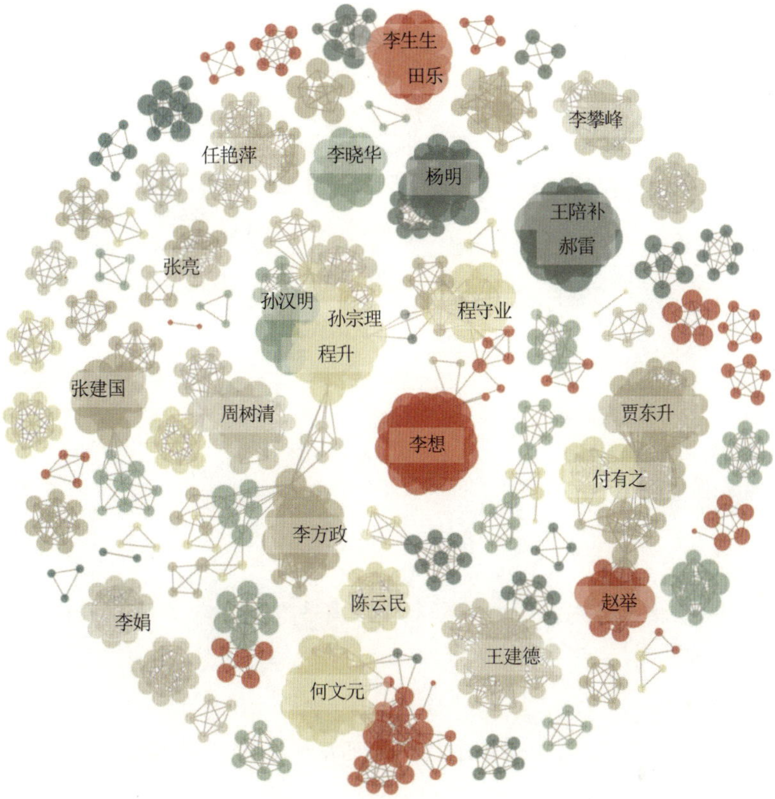

图 9-4-1　中煤集团专利申请的发明人合作关系网络

图 9-4-2 是中煤集团授权专利发明人合作关系图，气泡越大合作申请授权的次数越多，气泡之间距离越近代表发明人之间的研发合作越紧密，从图中可以看出中煤集团授权专利中，发明人之间的合作关系比较密集。其中主要发明人有刘建、付二军、任艳萍、郝雷等。其中合作较为密切的发明人为：刘建与裴婷婷、杨树义、齐艳红、左海军等；付二军与赵淑慧、李艳春、郭志伟、李自雄等；程雷与戈广、亓燕秋、宣永祥、高菁菁等。各个团队之间通过合作申请，从而实现信息共享，是有利于该行业的发展进步的。

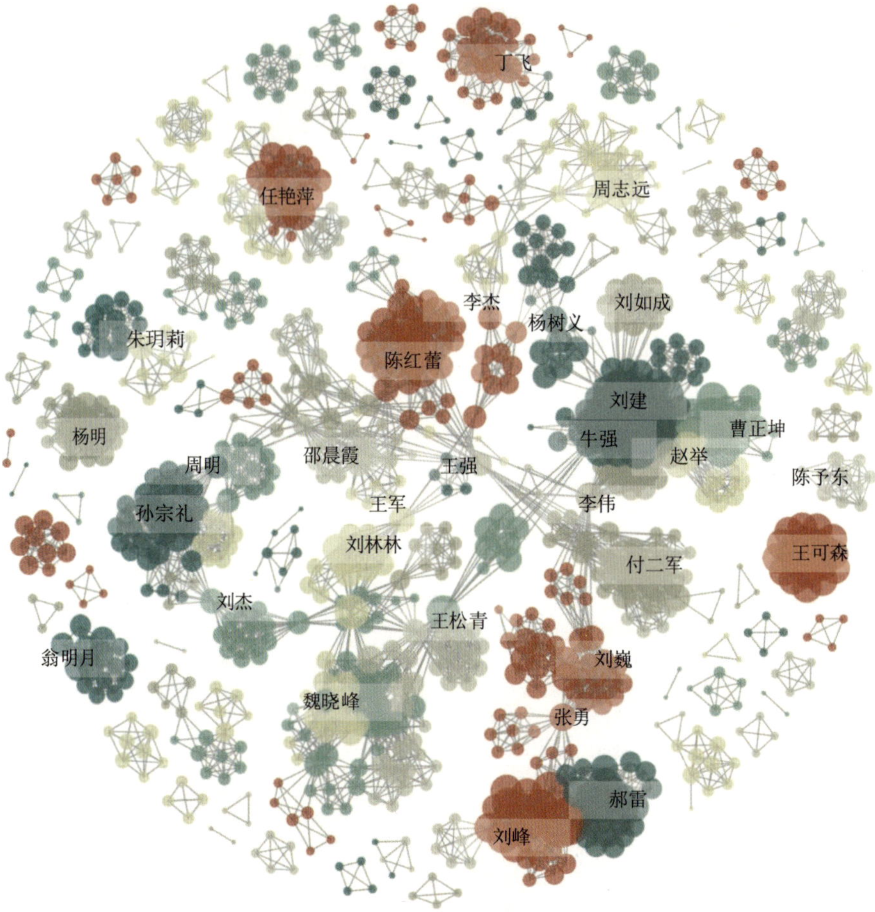

图 9-4-2　中煤集团授权专利的发明人合作关系网络

第 10 章

中国煤科

10.1　企业知识产权创新成果概述

10.1.1　专利申请情况

10.1.1.1　子公司的专利申请量

图 10-1-1 展示了中国煤炭科工集团有限公司（以下简称“中国煤科”）申请阶段专利布局主体布局图。将中国煤科内部各个单位按照常务理事单位、理事单位和非会员单位三个主体类型进行标引，得到中国煤科专利布局主体的分布图。理事单位以 551 件专利申请量位列第一。申请量排名第二的是非会员单位，申请量为 87 件。申请量排名第三的是常务理事单位，申请量为 65 件。说明中国煤科的理事单位对于专利申请的重视程度较常务理事单位高。

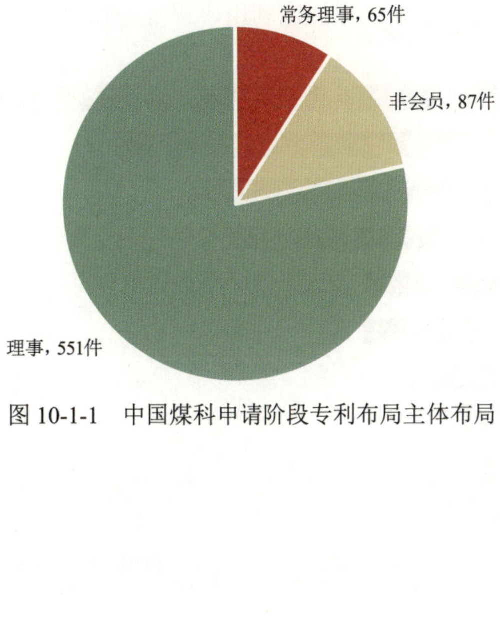

图 10-1-1　中国煤科申请阶段专利布局主体布局

10.1.1.2 专利申请类型

图 10-1-2 展示了中国煤科申请阶段专利申请类型布局图。从图中可以看出，中国煤科的发明专利申请量为 608 件，实用新型申请量为 93 件，外观专利申请量为 2 件。其中，中国煤科的发明专利申请量占总申请量的 86.5%。

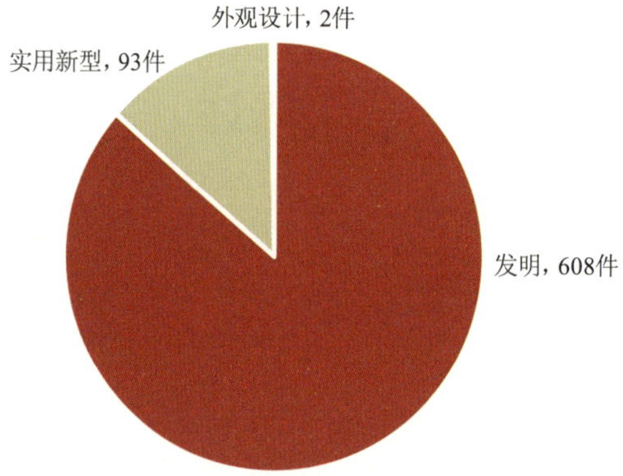

图 10-1-2 中国煤科专利申请类型布局

10.1.1.3 专利申请的技术布局

图 10-1-3 展示了中国煤科申请阶段专利技术主题排名。其中，煤矿机械与装备以 225 件申请排名第一，资源勘查与地质保障以 135 件申请排名第二，煤矿安全与应急保障以 105 件申请排名第三，煤矿机电与智能信控以 96 件申请排名第四，矿建支护与工程与煤炭绿色开发以 48 件专利并列第五。技术主题排名第七至第十的技术主题为：节能与环保、煤化工与综合利用、煤炭加工利用、标准与试验装置。

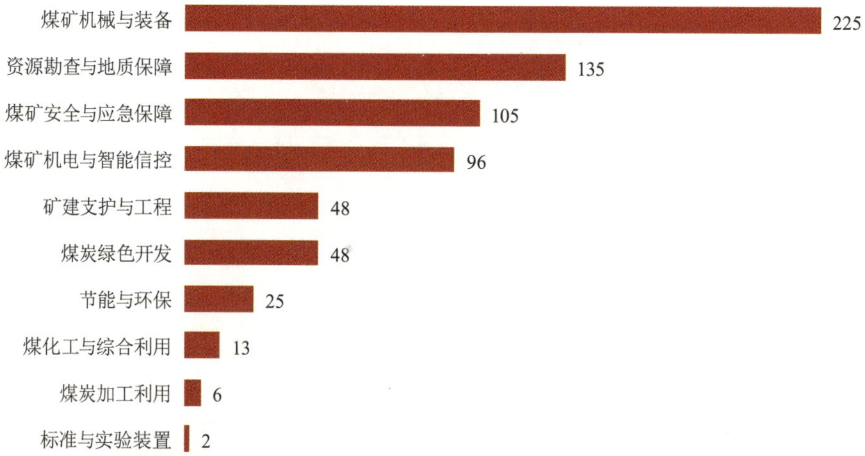

图 10-1-3 中国煤科专利申请技术布局（单位：件）

10.1.2 专利授权情况

10.1.2.1 子公司的专利授权量

图 10-1-4 展示了中国煤科已授权专利布局主体分布图。将中国煤科内部各个单位按照常务理事单位、理事单位和非会员单位三个主体类型进行标引，得到中国煤科专利布局主体的分布图。理事单位以 394 件专利授权量位列第一。授权量排名第二的是非会员单位，授权量为 88 件。授权量排名第三的是常务理事单位，授权量为 31 件。

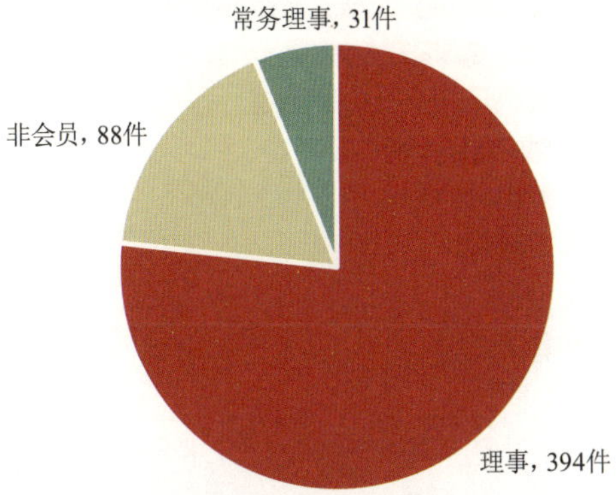

图 10-1-4 中国煤科已授权专利布局主体分布

10.1.2.2 授权专利类型

图 10-1-5 展示了中国煤科已授权专利申请类型分布图。从图中可以看出，中国煤科的发明专利授权量为 263 件，实用新型的授权量为 246 件，外观专利 4 件。对比中国煤科申请阶段专利申请类型和已授权专利申请类型可知，中国煤科更侧重于通过发明专利保护自身技术，对于发明专利的重视程度较之前有所提升。

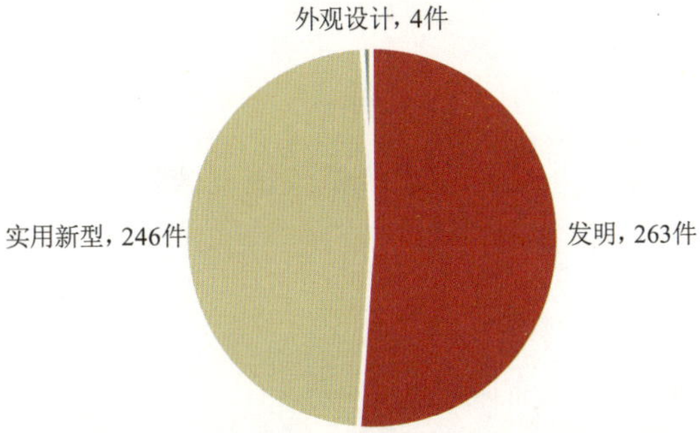

图 10-1-5 中国煤科授权专利类型分布

10.1.2.3 授权专利的技术分布

图 10-1-6 展示了中国煤科已授权专利技术主题排名。其中，煤矿机电与智能信控以 169 件授权排名第一，煤矿机械与装备以 91 件授权排名第二，煤矿安全与应急保障以 86 件授权排名第三，矿建支护与工程以 76 件授权排名第四，资源勘查与地质保障以 35 件专利排名第五。技术主题排名第六至第十的技术主题为：煤炭绿色开发、节能与环保、煤化工与综合利用、煤炭加工利用、标准与试验装置。

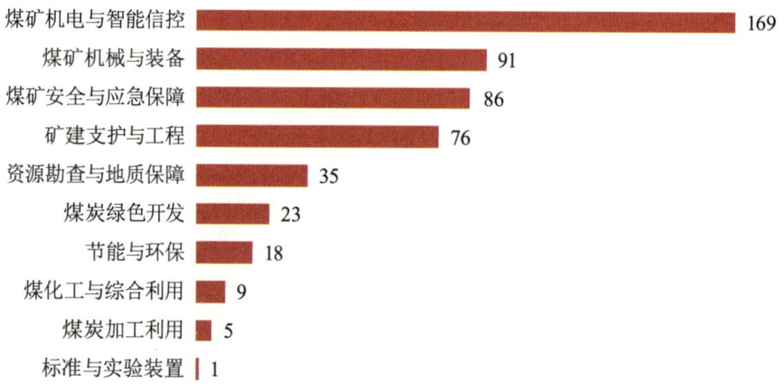

图 10-1-6 中国煤科授权专利的技术分布（单位：件）

10.2 知识产权成果转化典型案例

10.2.1 案例 1：矿用装备电缆拖曳曲绕试验机及试验方法技术转化

10.2.1.1 基本信息

专利名称：一种矿用装备电缆拖曳曲绕试验机及试验方法

公开号：CN106053227B

转让人：中煤科工集团上海有限公司

受让人：上海煤科检测技术有限公司

转让时间：20190214

10.2.1.2 案情回顾

2016 年 7 月 8 日，中煤科工集团上海有限公司的技术团队申请了一件名为“一种矿用装备电缆拖曳曲绕试验机及试验方法”，这件专利提供的矿用装备电缆拖曳曲绕试验机，其整体结构紧凑、设计合理，集拖曳和曲绕双重作用，有效模拟矿用装备电缆拖曳曲绕环境，在线检测电缆短路和断路故障，使用方便。

中国煤科在该件专利上投入 8 名研究人员进行研究，最终也申请了这件发明专利。上海煤科检测技术有限公司成立于 2006 年，是中煤科工集团上海有限公司全资注册的子公司。自成立以来，上海煤科检测技术有限公司一直致力于机电、化工、防爆电气、非金属制品的产品检测与相关专业的技术服务。2018 年以来，该公司逐渐开始进行服务产品转型，在其公司经营范围中新增了技术开发、技术咨询、技术转让，专检设备的技术开发、技术服务、技术咨询、技术转让等。

在这一背景下，中煤科工集团上海有限公司开始将其涉及检测相关的技术转让给上海煤科检测技术有限公司，从 2018 年至今共计转让了 15 件专利。而该公司在技术研发中也取得了比较多的进步，2019 年至今共计申请了 21 件专利。

10.2.1.3 案件分析

在集团公司进行扩张的时候，针对资产分配问题一直是最为重要的问题。针对这一问题，中国煤科的解决方案是按照子公司的营业范围进行专利权的分配，但是在分配过程中并非是直接转让给子公司进行专利的实施，而是通过增加专利权人的方式，将专利权交由子公司进行运营。

在这种情况下，一方面子公司通过研究在先申请能够更好地研发下一代技术，另一方面子公司通过少量持有专业性强的专利，能够从一定程度上提升自己对于专利的使用率，发挥每件专利的价值。

10.2.2 案例 2：防渗截流地下帷幕墙粉煤灰基防渗材料及施工方法技术引进

10.2.2.1 基本信息

专利名称：防渗截流地下帷幕墙粉煤灰基防渗材料及施工方法

公开号：CN110054455A

转让人：内蒙古大雁矿业集团有限责任公司

受让人：中煤科工集团西安研究院有限公司

转让时间：20190910

10.2.2.2 案情回顾

2019年4月24日，内蒙古大雁矿业集团有限责任公司技术团队申请了一件名为“防渗截流地下帷幕墙粉煤灰基防渗材料及施工方法”的发明专利。该件专利提供的防渗截流地下帷幕墙粉煤灰基防渗材料可替代传统的防渗混凝土或塑性混凝土，具有低成本、高防渗的特点，实现粉煤灰的绿色、环保利用，减轻砂、石采掘的环保压力，降低防渗截流地下帷幕墙工程造价，提高施工效率，实现防渗截流地下帷幕墙连续、有效防渗，提高防渗效果，充分节约水资源，实现露天矿山的绿色保水开采。

内蒙古大雁矿业集团有限责任公司隶属于神华集团，是神华国能集团有限公司注册的子公司。其主要在内蒙古自治区内进行煤矿开采和煤矿加工等。2019年，中煤科工集团西安研究院有限公司拟定与2019年10月中旬召开2019年煤炭安全高效绿色开采地质保障技术研讨会。

在此背景下，中国煤科需要一部分设计绿色开发的专利来为此次研讨会扩充专利池。此件专利是由内蒙古大雁矿业集团有限责任公司于2019年4月份申请的新专利，这件专利对于内蒙古大雁矿业集团有限责任公司来说属于主营业务范围内的专利。在得到中国煤科求助的第一时间，内蒙古大雁矿业集团有限责任公司就将其专利转让给了中国煤科，中国煤科也在此次研讨会上进行了专利成果的宣传。

10.2.2.3 案件分析

从该件专利转让中主要可以得到两个运营模式的启发，第一就是神华集团和中国煤科之间合作关系非常密切。在专利开发的过程中，全部由神华集团旗下的内蒙古大雁矿业集团有限责任公司的发明团队进行研发的。但是在专利申请之后，神华集团能够在第一时间就将专利转让给中国煤科，足以看出两家公司之间的密切合作关系。

第二种运营模式就是在公司需要进行技术研讨会或者技术宣传的时候，可以通过专利运营方式扩充自身的专利池，加快技术成果的转化过程。

10.3 技术合作情况

10.3.1 合作申请类型

图 10-3-1 展示了中国煤科合作申请专利类型布局图。从图中可以看出，中国煤科的合作发明专利申请量为 236 件，合作实用新型的申请量为 49 件。由此可知，中国煤科在合作申请过程中，更侧重于针对发明专利进行申请。

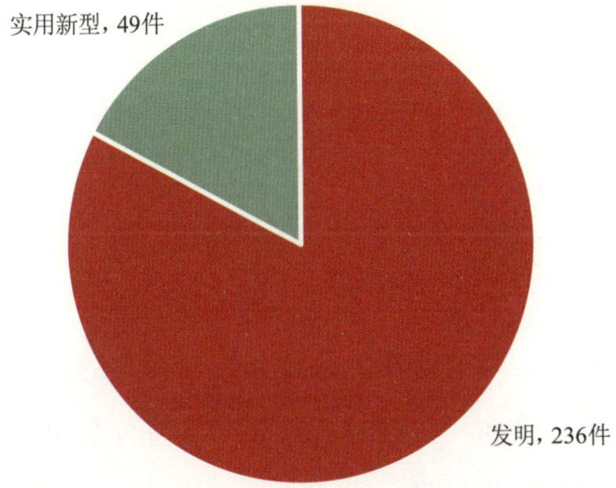

图 10-3-1 中国煤科合作专利申请的类型布局

10.3.2 合作申请技术主题

图 10-3-2 展示了中国煤科合作申请专利技术主题排名。其中，煤矿机械与装备以 146 件申请排名第一，煤矿机电与智能信控以 49 件申请排名第二，煤炭绿色开发以 26 件申请排名第三，资源勘查与地质保障以 23 件申请排名第四，煤矿安全与应急保障以 19 件专利位列第五。技术主题排名第六至第九的技术主题为：矿建支护与工程、节能与环保、煤炭加工利用、煤化工与综合利用。

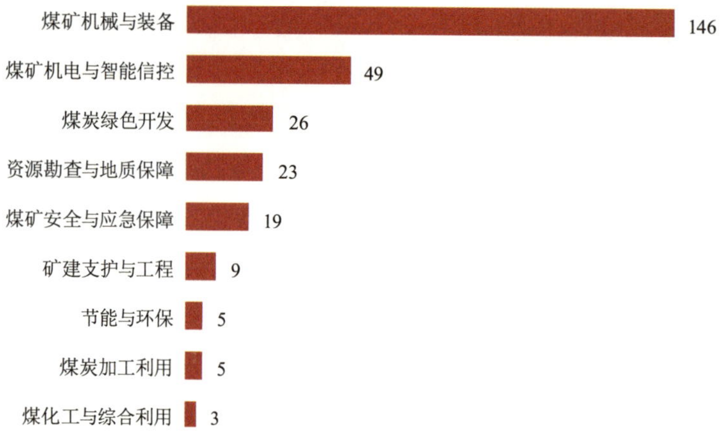

图 10-3-2　中国煤科合作专利申请的技术构成（单位：件）

10.3.3　合作关系

图 10-3-3 是中国煤科专利申请的申请人合作关系图，气泡越大合作申请授权的次数越多，气泡之间距离越近代表发明人之间的研发合作越紧密。从图中可以看出中国煤科专利申请阶段中，申请人之间的合作关系还是比较密集的，其中主要申请人有天地上海采掘装备科技有限公司、天地科技股份有限公司上海分公司、陕西天地煤机装备有限公司、中国煤炭科工集团有限公司等。

其中合作较为密切的申请人为：天地上海采掘装备科技有限公司、中国煤炭科工集团有限公司、天地科技股份有限公司上海分公司等；天地科技股份有限公司上海分公司与国家电投集团贵州遵义产业发展有限公司、中国煤炭科工集团有限公司、天地上海采掘装备科技有限公司等；陕西天地煤机装备有限公司与中国煤炭科工集团太原研究院有限公司、神华神东煤炭集团有限责任公司、中国神华能源股份有限公司等。各个团队之间通过合作申请，从而实现信息共享，是有利于该行业的发展进步的。

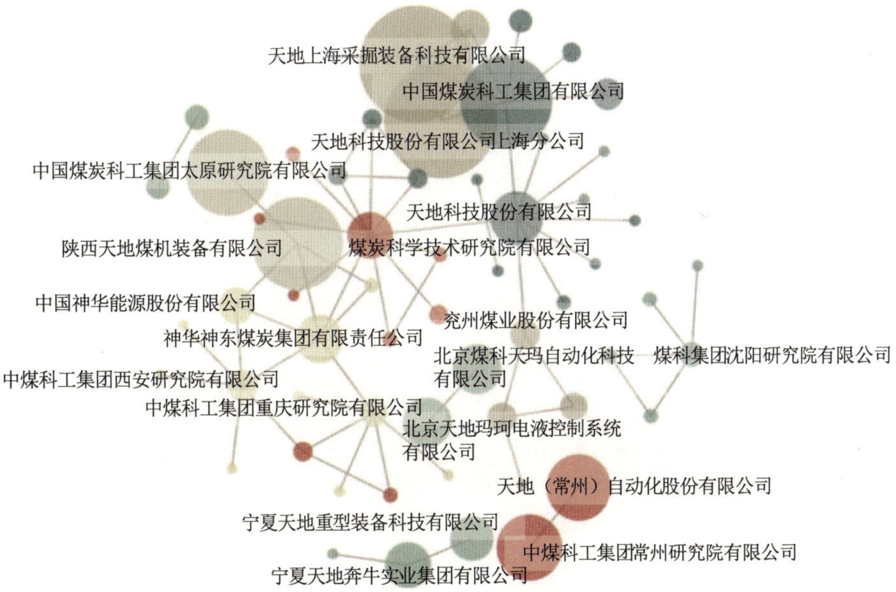

图 10-3-3　中国煤科专利申请的合作网络

图 10-3-4 是中国煤科授权专利申请人合作关系图，气泡越大合作申请授权的次数越多，气泡之间距离越近代表发明人之间的研发合作越紧密，从图中可以看出中国煤科授权专利中，申请人之间的合作关系较为密集。其中主要申请人有天地上海采掘装备科技有限公司、天地科技股份有限公司上海分公司、陕西天地煤机装备有限公司、中国煤炭科工集团太原研究院有限公司。

其中合作较为密切的申请人为：陕西天地煤机装备有限公司与神华神东煤炭集团有限责任公司、中国煤炭科工集团太原研究院有限公司、中国神华能源股份有限公司、陕煤集团神木红柳林矿业有限公司等；中国煤炭科工集团太原研究院有限公司与神华神东煤炭集团有限责任公司、中国煤炭科工集团太原研究院有限公司等；天地上海采掘装备科技有限公司与天地科技股份有限公司上海分公司、中国煤炭科工集团有限公司、中国煤炭科工集团西安研究院有限公司等。各个团队之间通过合作申请，从而实现信息共享，是有利于该行业的发展进步的。

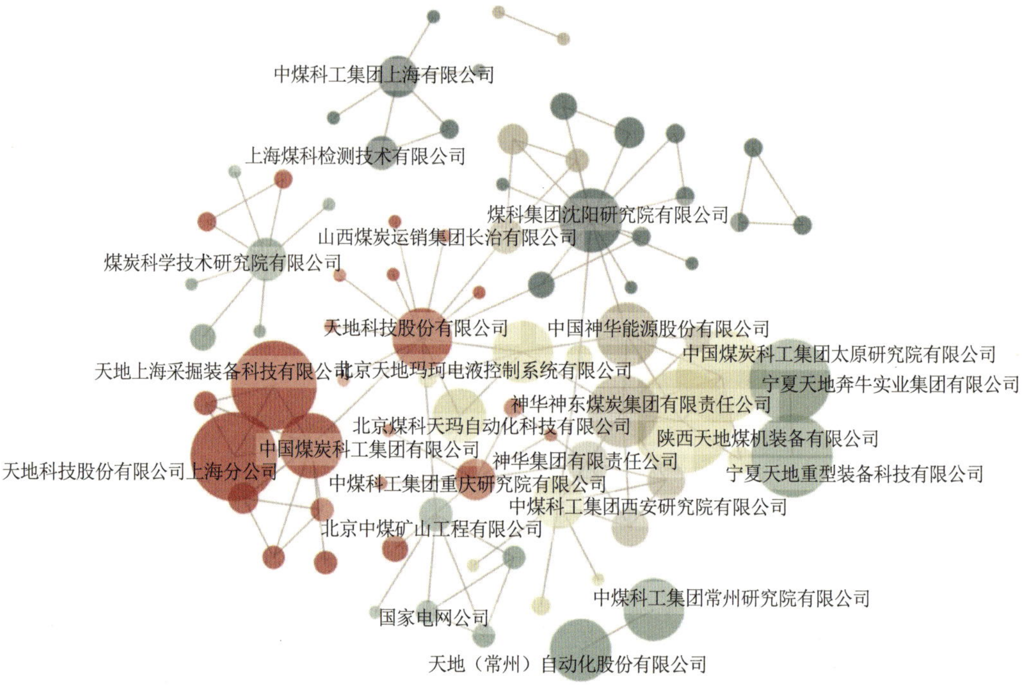

图 10-3-4 中国煤科授权专利的合作网络

10.4 知识产权人才建设

图 10-4-1 是中国煤科专利申请的发明人合作关系图，气泡越大合作申请授权的次数越多，气泡之间距离越近代表发明人之间的研发合作越紧密。从图中可以看出中国煤科申请阶段专利中，发明人之间的合作关系比较密集。其中合作较为密切的发明人为：郭岱与许寄桥、高占峰、乐南庚、徐卫鹏等；宋振与章立强、胡滔、王振强、林汪洋等；林汪洋与宋振、章立强、胡滔、王振强、林汪洋等。各个团队之间通过合作申请，从而实现信息共享，是有利于该行业的发展进步的。

图 10-4-2 是中国煤科授权专利发明人合作关系图，气泡越大合作申请授权的次数越多，气泡之间距离越近代表发明人之间的研发合作越紧密，从图中可以看出中国煤科授权专利中，发明人之间的合作关系比较密集。其中主要发明人有赵旭生、孙海涛、丁永成、邹银辉等。其中合作较为密切的发明人为：赵旭生与孙海涛、熊伟、周厚全等；

孙海涛与许立峰、李日富、马正恒；丁永成与康鹏、张君、马福文。各个团队之间通过合作申请，从而实现信息共享，是有利于该行业的发展进步的。

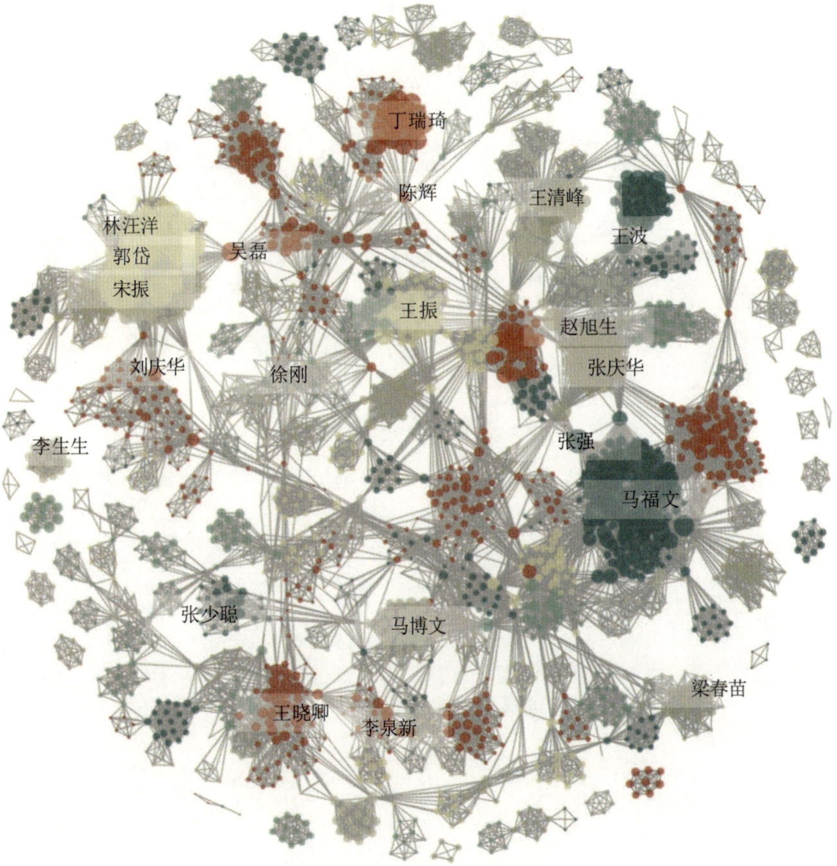

图 10-4-1　中国煤科专利申请的发明人合作关系网络

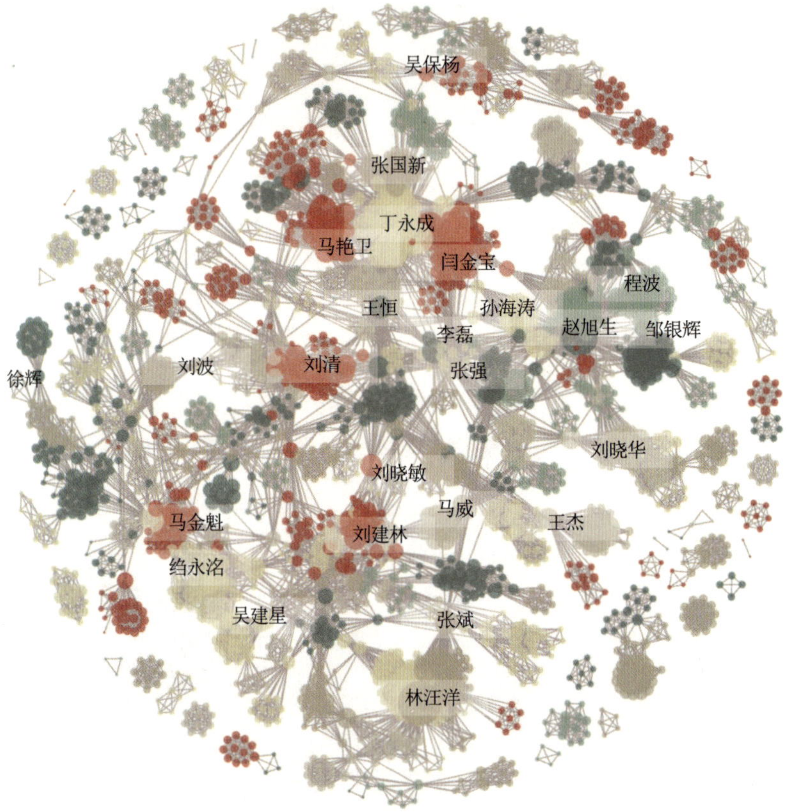

图 10-4-2　中国煤科授权专利的发明人合作关系网络

第 11 章

兖矿集团

11.1　企业知识产权创新成果概述

11.1.1　专利申请情况

11.1.1.1　子公司的专利申请量

图 11-1-1 展示了兖矿集团有限公司（以下简称“兖矿集团”）申请阶段专利主体布局。将兖矿集团内部各个单位按照常务理事单位、理事单位和非会员单位三个主体类型进行标引，得到兖矿集团专利主体布局图。理事单位以 54 件专利申请量位列第一。申请量排名第二的是常务理事单位，申请量为 38 件。申请量排名第三的是非会员单位，申请量为 5 件。

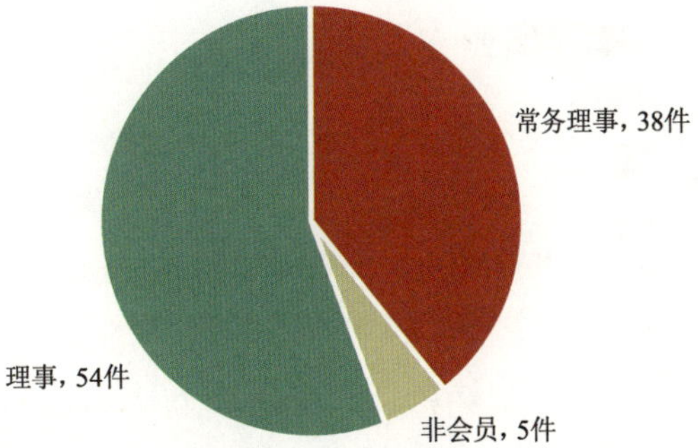

图 11-1-1　兖矿集团不同类型子公司的专利申请量

11.1.1.2　专利申请类型

图 11-1-2 展示了兖矿集团申请阶段专利申请类型布局图。从图中可以看出，兖矿集团的发明专利申请量为 58 件，实用新型申请量为 39 件。其中，兖矿集团的发明专利申请量占总申请量的 59.79%。

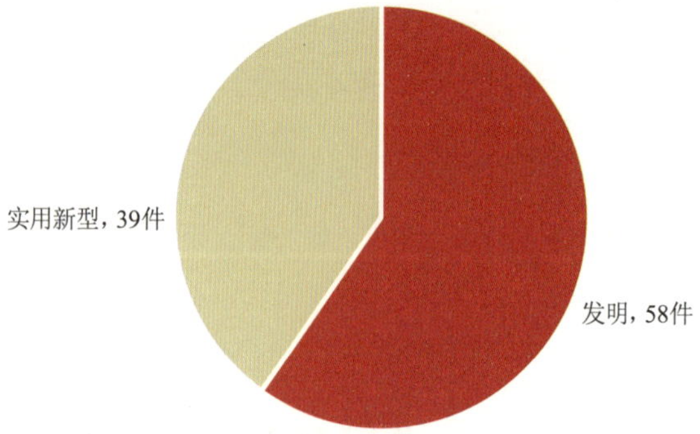

图 11-1-2　兖矿集团专利申请类型布局

11.1.1.3　专利申请的技术布局

图 11-1-3 展示了兖矿集团申请阶段专利技术主题排名。其中，煤矿机械与装备以 45 件申请排名第一，煤化工与综合利用以 16 件申请排名第二，煤矿机电与智能信控以 10 件申请排名第三，节能与环保以 9 件申请排名第四，煤矿安全与应急保障以 8 件专利位列第五。技术主题排名第六至第十的技术主题为：资源勘查与地质保障、矿建支护与工程、煤炭加工利用、标准与试验装置、煤炭绿色开发。

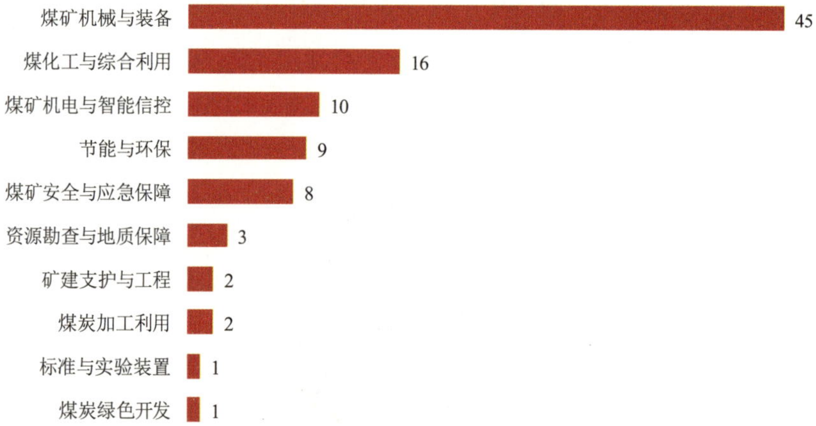

图 11-1-3　兖矿集团专利申请技术布局（单位：件）

11.1.2　专利授权情况

11.1.2.1　子公司的专利授权量

图 11-1-4 展示了兖矿集团已授权专利布局主体分布图。将兖矿集团内部各个单位

按照常务理事单位、理事单位和非会员三个主体类型进行标引，得到兖矿集团专利布局主体的分布图。理事单位以 71 件专利授权量位列第一。授权量排名第二的是常务理事单位，授权量为 27 件。授权量排名第三的是非会员单位，授权量为 8 件。

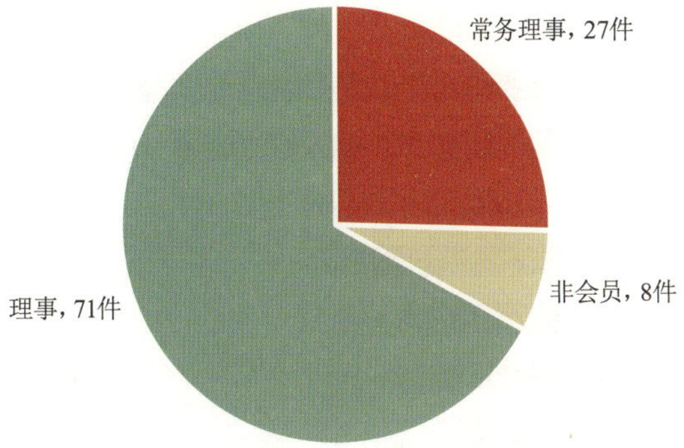

图 11-1-4　兖矿集团不同类型子公司的授权专利量

11.1.2.2　授权专利类型

图 11-1-5 展示了兖矿集团已授权专利类型分布图。从图中可以看出，兖矿集团的发明专利授权量为 13 件，实用新型的授权量为 93 件。对比兖矿集团申请阶段专利申请类型和已授权专利申请类型可知，兖矿集团之前的授权专利更侧重于通过实用新型保护自身技术，而 2019 年更重视发明专利的申请。

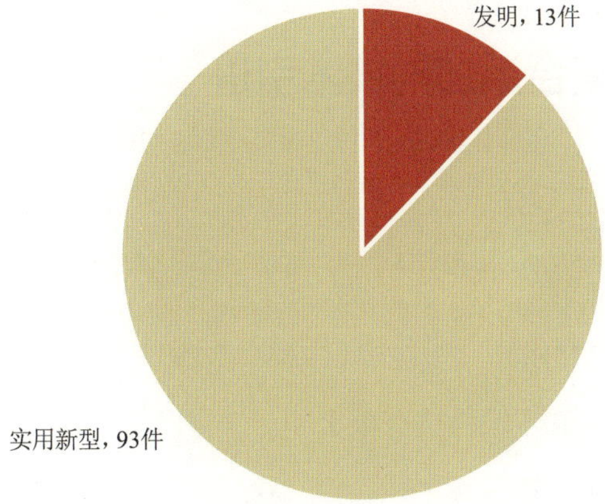

图 11-1-5　兖矿集团授权专利类型分布

11.1.2.3　授权专利的技术布局

图 11-1-6 展示了兖矿集团已授权专利技术主题排名。其中，煤矿机电与智能信控

以 31 件授权排名第一，煤矿机械与装备以 19 件授权排名第二，煤矿安全与应急保障以 16 件授权排名第三，煤化工与综合利用以 12 件授权排名第四，矿建支护与工程以 11 件专利位列第五。技术主题排名第六至第九的技术主题为：煤炭加工利用、节能与环保、源勘查与地质保障、煤炭绿色开发。

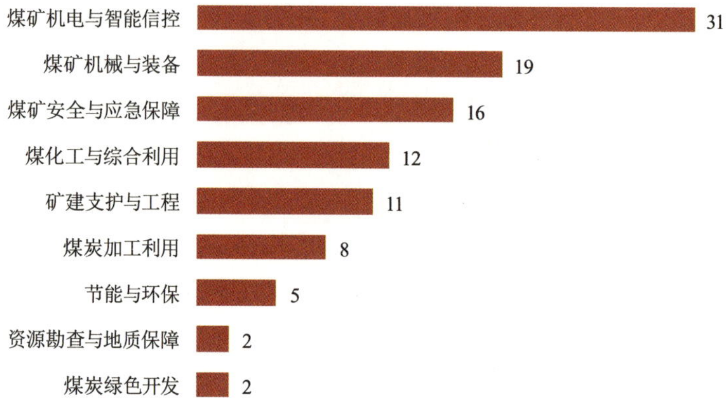

图 11-1-6　兖矿集团授权专利的技术布局（单位：件）

11.2　知识产权成果转化典型案例

11.2.1　案例 1：复合添加剂技术引进

11.2.1.1　基本信息

专利名称：复合添加剂

公开号：CN105567375B

转让人：无锡荣博能源环保科技有限公司

受让人：兖矿科技有限公司

转让时间：20190910

11.2.1.2　案情回顾

2014 年 10 月 9 日，无锡荣博能源环保科技有限公司技术团队申请了一件名为“复合添加剂”的发明专利。该件专利通过钙基添加剂和钠基添加剂的混合使用，避免了在单纯使用钙基添加剂时在高温时容易产生烧结，在低温时由于热分解缓慢和不完全现象而导致添加剂活性降低的问题；同时钠基添加剂在通过改造钙基添加的表面形态，增大钙基添加剂有效面积，增强钙基添加剂的活性，能有效地脱除煤炭中的 SO_2、SO_3，避免了对大气的污染，也避免了由于硫氧化物导致燃烧炉的高温和低温腐蚀的问题。

无锡荣博能源环保科技有限公司是于 2014 年成立的大型能源环保科技有限公司。自成立以来，无锡荣博能源环保科技有限公司在新能源、环保技术、垃圾清洁燃料利用处理技术的技术开发、技术转让、技术咨询及技术服务等领域内都有所涉及。

兖矿集团长期以来面临着能源清洁的问题。针对这一问题，兖矿集团并不是通过传统的扩充研发团队人员的方式去解决问题，而是通过外包给其他公司来解决这一问题。针对这种运营方式，兖矿集团长期以来与无锡荣博能源环保科技有限公司开展合作，由无锡荣博能源环保科技有限公司进行能源清洁方面的工作，同时，兖矿集团也从无锡荣博能源环保科技有限公司处购买多件专利。其中就包括该件专利。

11.2.1.3 案件分析

在煤炭行业内，可能存在着各种潜在的问题，有些技术问题是煤炭公司必须要亲力亲为去解决的问题。而有些问题，则可以进行外包处理。在这种模式下，兖矿集团认为能源清洁问题处理起来相对比较复杂，如果通过雇佣专门的研究团队解决这一问题的话，势必需要投入大量的人力物力。因此，兖矿集团通过外包的方式将能源清洁部分的工作交由无锡荣博能源环保科技有限公司进行处理，从一定程度上加快了技术开发，也减少了投资。

11.2.2 案例 2：燃烧器底置的立式煤粉锅炉技术引进

11.2.2.1 基本信息

专利名称：燃烧器底置的立式煤粉锅炉

公开号：CN104791775B

转让人 1：中国科学院工程热物理研究所

受让人 1：中国科学院工程热物理研究所、兖矿集团有限公司

转让时间：20181010

转让人 2：中国科学院工程热物理研究所、兖矿集团有限公司

受让人 2：兖矿中科清洁能源科技有限公司

转让时间：20190226

11.2.2.2 案情回顾

2015 年 4 月 10 日，中国科学院工程热物理研究所朱建国副教授团队参与研发的一件名为“燃烧器底置的立式煤粉锅炉”的发明专利，这件专利在锅炉膛下部锥段或侧壁设置二次风口。如此，二次风从炉膛侧墙或底部供入炉膛，不经过燃烧器，从而二次风与燃烧器完全分离、直接供入炉膛，大大简化了燃烧器的配风，降低了燃烧器的设计难度与运行操控难度。

朱建国副教授是中国科学院工程热物理研究所的项目研究员，预热燃烧技术方向负责人。针对燃烧器技术领域，朱建国副教授经过多年的技术研究不断设计改机燃烧器，在此项技术上取得了长足的进步。

朱建国技术团队与兖矿集团密切合作，共同进行研发，在专利申请阶段，并未将兖矿集团添加至专利权人内。因此，在第一次专利转让过程中，增加了兖矿集团作为专利权人。

2019 年 2 月 26 日，中国科学院工程热物理研究所和兖矿集团有限公司希望能够共同持有该件专利，在现有的专利权人的情况下，两位申请人都无法做到完全的使用。因此，两位专利权人在现有情况下共同出资设立了一家名为兖矿中科清洁能源科技有限公司。其中，兖矿集团有限公司出资 46%、兖矿科技集团出资 10%、中国科学院工程热物理研究所出资 22%，这三家公司连同舟山科睿西企业管理合伙企业（有限合伙）共同设立了该家公司，进而进行共同持有。

11.2.2.3 案件分析

在煤炭行业内，一件价值度极高的专利很难被转让给其他公司进行使用。通过这件专利的转让过程可以发现，这件专利经过了企业内部转让，企业之间的转让，以及最终的共同持有式转让，这中间的利益角逐十分激烈。

第一次转让主要是由中国科学院工程热物理研究所转让给兖矿集团，这种转让的方式其实是两位申请人之间的角逐，双方之间对于专利都十分看重。第二次转让主要是两

家公司共同出资设立公司之后，将专利转让给共同设立的公司进行运营，进而达到共同持有。

11.3 技术合作情况

11.3.1 合作申请类型

图 11-3-1 展示了兖矿集团合作申请专利类型布局图。从图中可以看出，兖矿集团的合作发明专利申请量为 38 件，合作实用新型的申请量为 5 件。由此可知，兖矿集团在合作申请过程中，更侧重于针对发明专利进行申请。

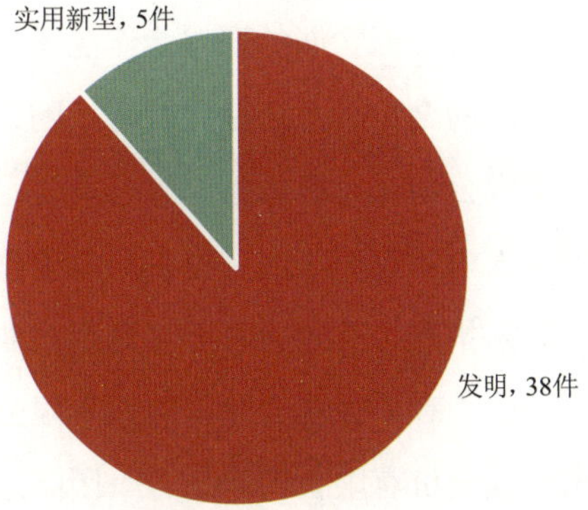

图 11-3-1　兖矿集团合作专利申请的类型布局

11.3.2 合作申请技术主题

图 11-3-2 展示了兖矿集团合作申请专利技术主题排名。其中，煤化工与综合利用以 12 件申请排名第一，煤矿机械与装备以 10 件申请排名第二，节能与环保、煤矿机电与智能信控以 7 件申请并列第三，煤矿安全与应急保障以 3 件专利排名第五。技术主题排名第六至第九的技术主题为：标准与实验装置、矿建支护与工程、煤炭绿色开发、煤炭加工利用。

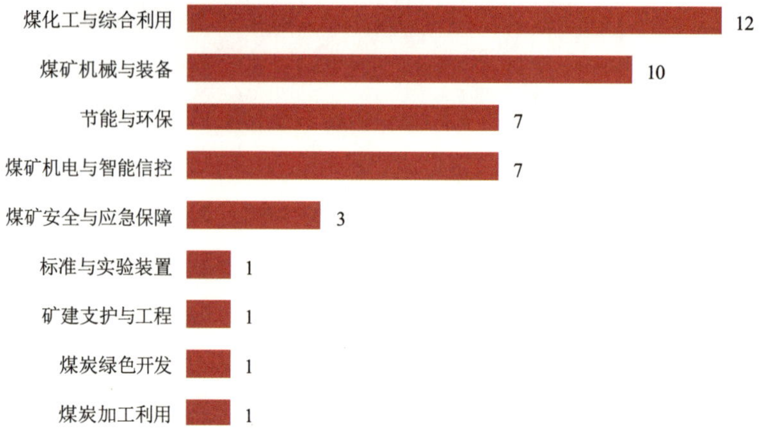

图 11-3-2　兖矿集团合作专利申请的技术构成（单位：件）

11.3.3　合作关系

图 11-3-3 是兖矿集团专利申请的申请人合作关系图，气泡越大合作申请授权的次数越多，气泡之间距离越近代表发明人之间的研发合作越紧密。从图中可以看出兖矿集团专利申请阶段中，申请人之间的合作关系还是比较密集的，其中主要申请人有兖矿集团有限公司、兖州煤业股份有限公司、兖矿科技有限公司等。

其中合作较为密切的申请人为：兖矿集团有限公司与兖州煤业鄂尔多斯能化有限公司、兖矿科技有限公司、兖矿东华重工有限公司等；兖州煤业股份有限公司与兖矿水煤浆气化及煤化工国家工程研究中心有限公司、兖矿科技有限公司等；兖矿科技有限公司与兖矿集团有限公司、兖州煤业股份有限公司等。各个团队之间通过合作申请，从而实现信息共享，是有利于该行业的发展进步的。

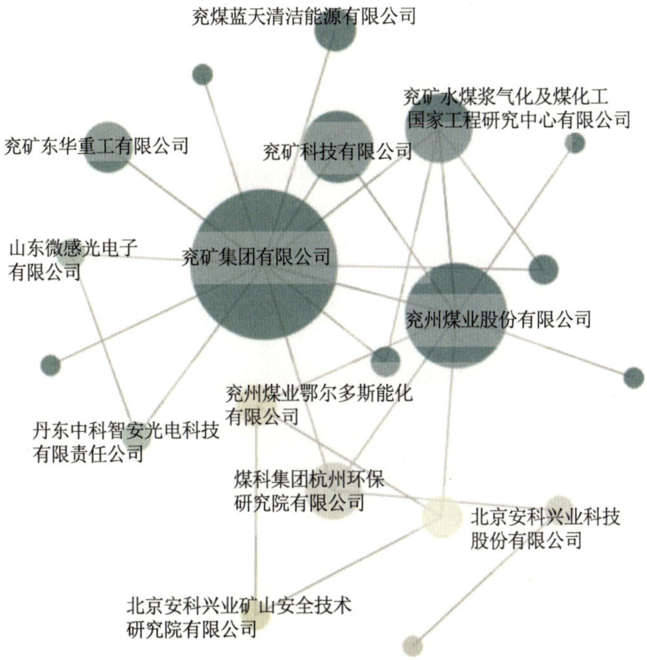

图 11-3-3　兖矿集团专利申请的合作网络

图 11-3-4 是兖矿集团授权专利申请人合作关系图，气泡越大合作申请授权的次数越多，气泡之间距离越近代表发明人之间的研发合作越紧密，从图中可以看出兖矿集团授权专利中，申请人之间的合作关系较为密集。其中主要申请人有兖矿集团有限公司、兖州煤业股份有限公司、兖矿科技有限公司等。

其中合作较为密切的申请人为：兖矿集团有限公司与兖矿科技有限公司、兖矿集团有限公司山东煤炭技术研究所、北斗天地股份有限公司山东分公司等；兖州煤业股份有限公司与中国矿业大学、山东科技大学、天地科技股份有限公司、兖州煤业股份有限公司济南煤炭科技研究院分公司等；兖矿科技有限公司与无锡荣博能源环保科技有限公司、北京双泰启动设备有限公司、兖矿集团有限公司山东煤炭技术研究所、兖矿集团有限公司等。各个团队之间通过合作申请，从而实现信息共享，是有利于该行业的发展进步的。

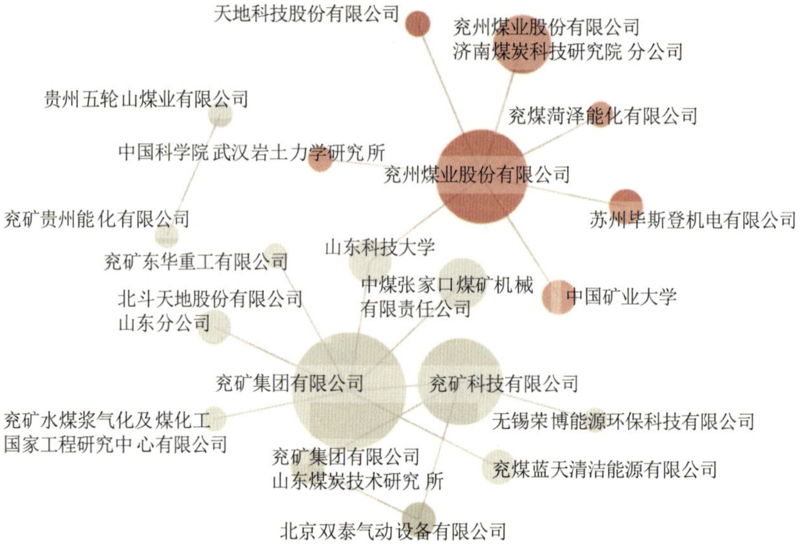

图 11-3-4　兖矿集团授权专利的合作网络

11.4　知识产权人才建设

图 11-4-1 是兖矿集团专利申请的发明人合作关系图，气泡越大合作申请授权的次数越多，气泡之间距离越近代表发明人之间的研发合作越紧密，从图中可以看出兖矿集团申请阶段专利中，发明人之间的合作关系比较密集。其中主要发明人有赵慧杰、王振华、高姚阳、李政、孙延良等。其中合作较为密切的发明人为：赵慧杰与王富奇、孙祖斌、李磊、刘海燕等；王振华与路文学、吴永国、郭宝贵、赵梅梅等；李政与赵峰、亓玉浩、刘明磊、闫叶俊等。各个团队之间通过合作申请，从而实现信息共享，是有利于该行业的发展进步的。

图 11-4-2 是兖矿集团授权专利发明人合作关系图，气泡越大合作申请授权的次数越多，气泡之间距离越近代表发明人之间的研发合作越紧密，从图中可以看出兖矿集团授权专利中，发明人之间的合作关系比较密集。其中主要发明人有张传昌、曹福龙、张强、魏训涛、邢海天等。其中合作较为密切的发明人为：张传昌与刘建、魏训涛、刘化立、孟祥军等；曹福龙与魏永启、孟广付、李朋朋、李运江、王兴利等；张强与幸奠

军、王庆路、朱绍文等。各个团队之间通过合作申请，从而实现信息共享，是有利于该行业的发展进步的。

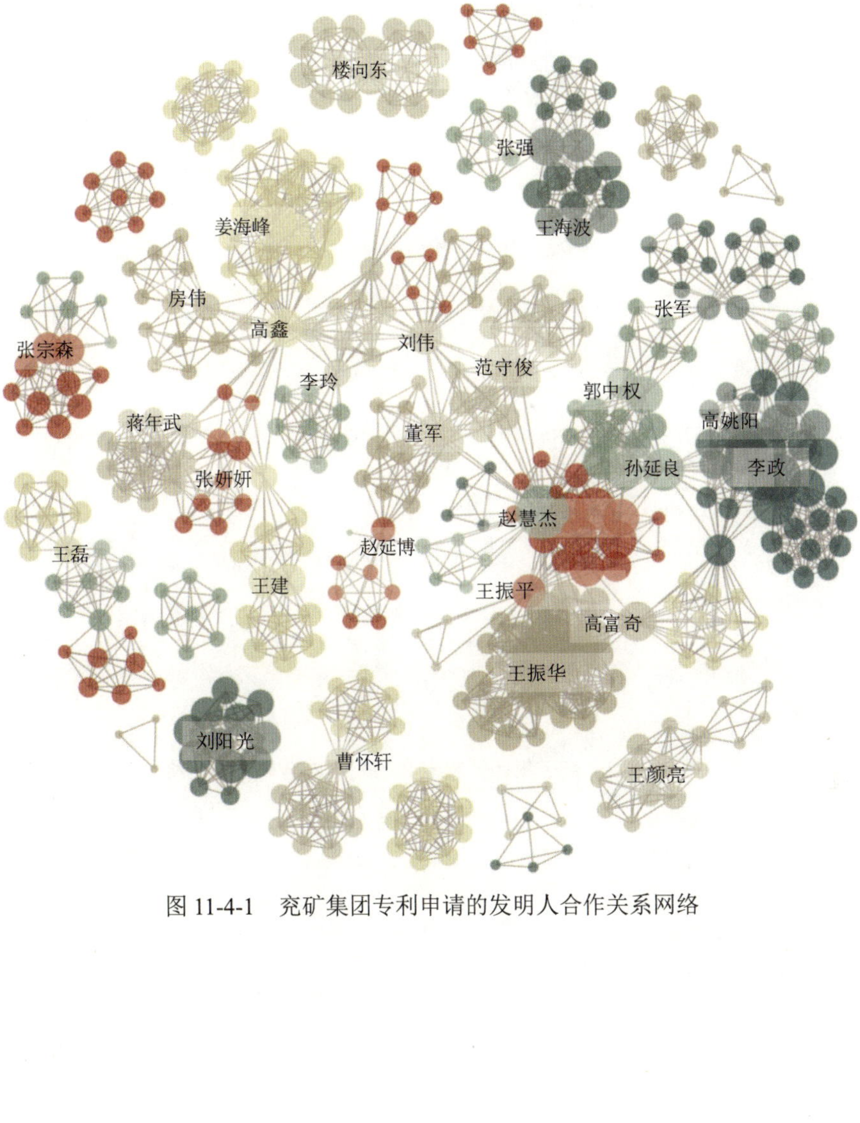

图 11-4-1　兖矿集团专利申请的发明人合作关系网络

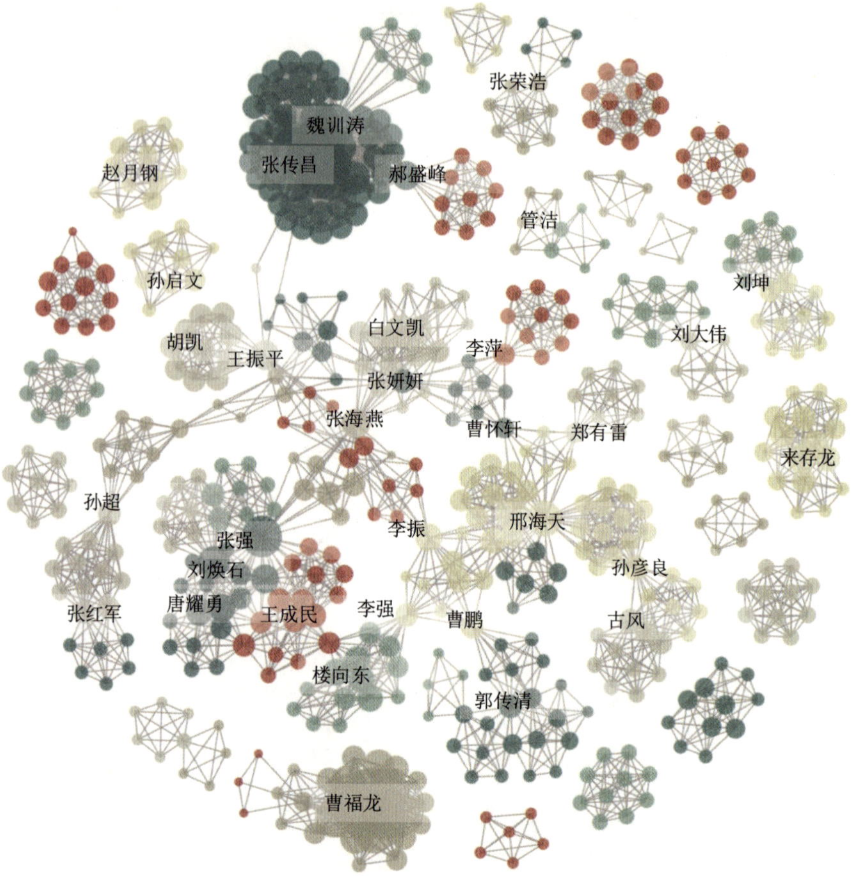

图 11-4-2　兖矿集团授权专利的发明人合作关系网络

第 12 章 阳煤集团

12.1 企业知识产权创新成果概述

12.1.1 专利申请情况

12.1.1.1 子公司的专利申请量

图 12-1-1 展示了阳泉煤业（集团）有限责任公司（以下简称“阳煤集团”）申请阶段专利主体布局图。将阳煤集团内部各个单位按照常务理事单位、理事单位和非会员单位三个主体类型进行标引，得到阳煤集团专利布局主体的分布图。非会员单位以 43 件专利申请量位列第一。申请量排名第二的是常务理事单位，申请量为 22 件。申请量排名第三的是理事单位，申请量为 7 件。从阳煤集团的整体申请情况来看，其申请量相对较少。非会员单位虽然以 43 件专利申请量位列第一，但其与排名第二的常务理事单位申请量相差并不大。

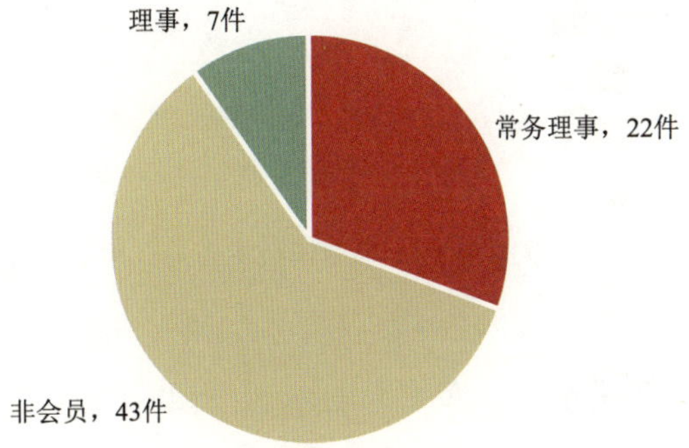

图 12-1-1　阳煤集团申请阶段专利主体布局

12.1.1.2 专利申请类型

图 12-1-2 展示了阳煤集团申请阶段专利申请类型布局图。从图中可以看出，阳煤

集团的发明专利申请量为 29 件，实用新型申请量为 43 件。其中，阳煤集团的发明专利申请量占总申请量的 40.28%。

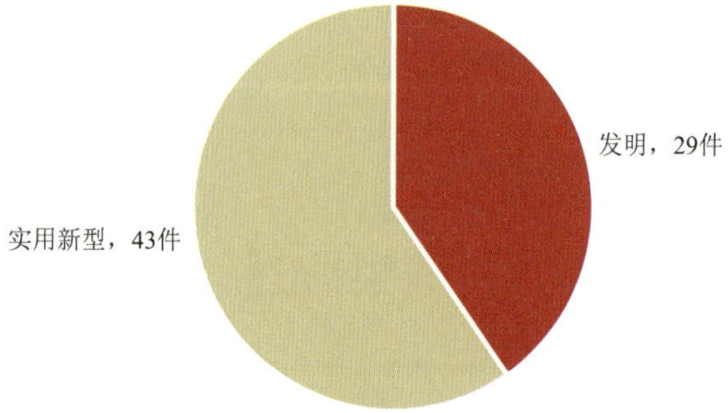

图 12-1-2　阳煤集团专利申请类型布局

12.1.1.3　专利申请的技术布局

图 12-1-3 展示了阳煤集团申请阶段专利技术主题排名。其中，煤化工与综合利用以 41 件申请排名第一，煤矿安全与应急保障、煤矿机械与装备、煤矿机电与智能信控以 6 件申请并列第二，资源勘查与地质保障、节能与环保以 4 件申请并列第五。排名第七至第九的技术主题为矿建支护与工程、煤炭绿色开发、矿区职业健康。

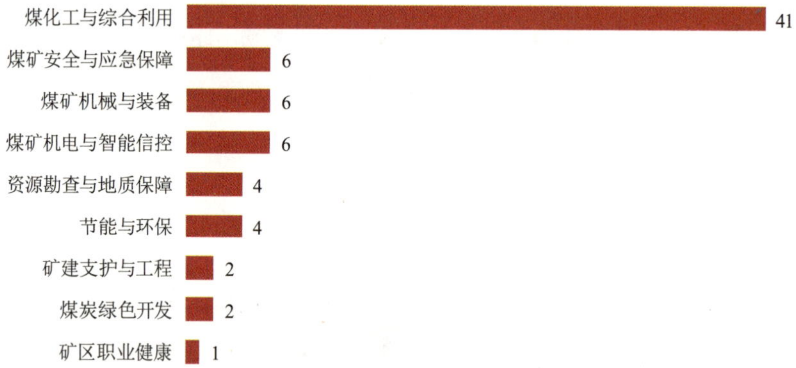

图 12-1-3　阳煤集团专利申请技术布局（单位：件）

12.1.2　专利授权情况

12.1.2.1　子公司的专利授权量

图 12-1-4 展示了阳煤集团已授权专利布局主体分布图。将阳煤集团内部各个单位

按照常务理事单位、理事单位和非会员单位三个主体类型进行标引，得到阳煤集团专利布局主体的分布图。非会员单位以 47 件专利授权量位列第一。授权量排名第二的是常务理事单位，授权量为 24 件。授权量排名第三的是理事单位，授权量为 14 件。

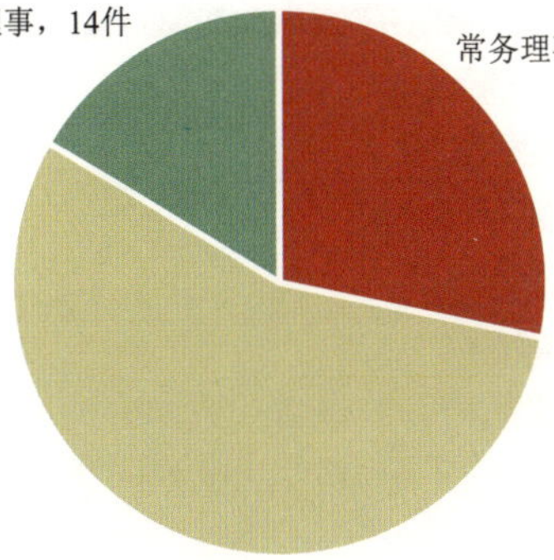

图 12-1-4 阳煤集团不同类型子公司的授权专利量

12.1.2.2 授权专利类型

图 12-1-5 展示了阳煤集团已授权专利技术类型。从图中可以看出，阳煤集团的发明专利授权量为 73 件，实用新型授权量为 10 件，外观设计授权量为 2 件。其中，阳煤集团的发明专利授权量占总申请量的 85.88%。

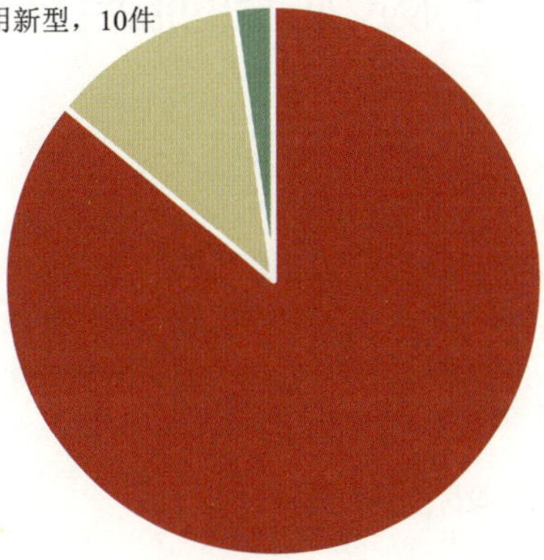

图 12-1-5 阳煤集团授权专利类型分布

12.1.2.3 授权专利的技术布局

图 12-1-6 展示了阳煤集团已授权专利技术主题排名。其中，煤化工与综合利用以

41件授权专利排名第一，煤矿安全、煤矿采掘机械、煤矿机电与智能信控以9件授权专利并列第二，节能减排与环保以5件授权专利排名第五。排名第六至第十的技术主题为煤矿建设（设计）、矿区职业健康、地测、煤炭开采、煤炭洗选加工。

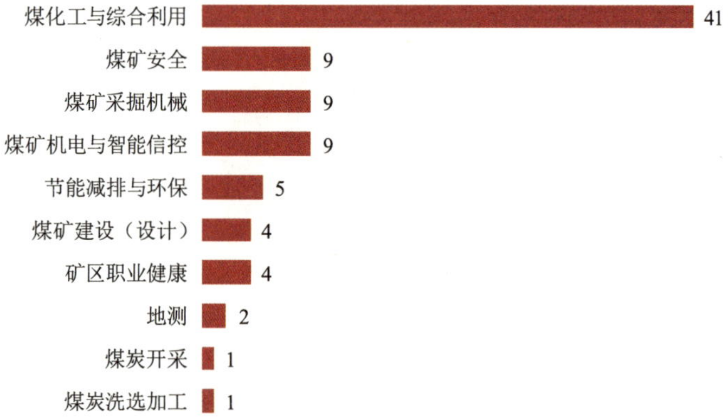

图 12-1-6　阳煤集团授权专利的技术分布（单位：件）

12.2　知识产权成果转化典型案例

12.2.1　案例1：醇类溶液反应釜的混合叶片技术引进

12.2.1.1　基本信息

专利名称：一种醇类溶液反应釜的混合叶片

公开号：CN106622072B

第一转让人：江苏洛尧智慧通信科技有限公司

第一受让人：阳煤集团寿阳化工有限责任公司

转让时间：2018年8月24日

12.2.1.2　案情回顾

2016年11月25日，江苏洛尧智慧通信科技有限公司技术团队参与研发了一件名为“一种醇类溶液反应釜的混合叶片”的发明专利，这件专利公开了一种醇类溶液反应釜的混合叶片，提高叶片的强度，分层工作，显著提高了混合叶片对溶液的搅混扰动，结构合理，工作效率高。

江苏洛尧智慧通信科技有限公司主要进行物联网技术开发。其针对叶片强度进行了比较深入的研究，目前已经取得了长足的进步。

阳煤集团长期以来面临着催化剂开发的问题。阳煤集团在通过传统方式自行研发的同时，通过研发外包的方式解决这一问题。针对这种运营方式，阳煤集团与江苏洛尧智慧通信科技有限公司开展合作，由江苏洛尧智慧通信科技有限公司进行能源清洁方面的工作，同时，阳煤集团也从江苏洛尧智慧通信科技有限公司处购买多件专利。其中就包括该件专利。

12.2.1.3 案件分析

在煤炭行业内，一件价值度极高的专利很难被转让给其他公司进行使用。通过这件专利的转让过程可以发现，这件专利经过了企业内部转让、企业之间的转让，以及最终的共同持有式转让，这中间的利益角逐十分激烈。

本次转让主要是由江苏洛尧智慧通信科技有限公司转让给阳煤集团，这种转让的方式其实是两位申请人之间的角逐，双方之间对于专利都十分看重。但是从另外一种角度来说，通过购买专利的方式能够尽快解决阳煤集团面临的技术问题。

12.2.2 案例2：高瓦斯煤矿综采工作面采煤机速度动态控制系统技术引进

12.2.2.1 基本信息

专利名称：一种高瓦斯煤矿综采工作面采煤机速度动态控制系统

公开号：CN103244120B

第一转让人：北京天地玛珂电液控制系统有限公司

第一受让人：阳煤集团新元煤矿

转让时间：2017年7月4日

12.2.2.2 案情回顾

2013年5月23日，北京天地玛珂电液控制系统有限公司技术团队参与研发了一件名为“一种高瓦斯煤矿综采工作面采煤机速度动态控制系统”的发明专利，这件专利公开了一种高瓦斯煤矿综采工作面采煤机速度动态控制系统，通过液压支架电液控制系统获取工作面顶板压力、瓦斯浓度数据与采煤机控制系统进行关联控制，实现了高瓦斯矿井的采煤机速度依据瓦斯浓度自动调节的控制系统，同时依据工作面顶板压力的大小，可以在工作面顶板压力不同区域采煤机采用不同的运行速度，以均衡地控制瓦斯涌出量，实现以瓦斯和顶板压力为控制依据的采煤机动态自动控制系统。使用该方法，极大地提高了煤矿生产的安全系数，可以控制工作面瓦斯的总体浓度，最大限度地提高煤矿生产产量，同时提高了高瓦斯矿井的自动化生产水平。

北京天地玛珂电液控制系统有限公司是隶属于中国煤科的子公司，其主要针对电液控制技术进行开发。在该发明中，针对采煤机速度动态控制系统叶片强度进行了比较深入的研究，目前已经取得了长足的进步。

2017 年 7 月 4 日，阳煤集团新元煤矿与北京天地玛珂电液控制系统有限公司签订了技术转让合同，北京天地玛珂电液控制系统有限公司将专利转让给阳煤集团，进而从一定程度上解决了采煤机速度控制的问题。

12.2.2.3 案件分析

在煤炭行业内，一件价值度极高的专利很难被转让给其他公司进行使用。通过这件专利的转让过程可以发现，这件专利经过了企业内部转让、企业之间的转让，以及最终的共同持有式转让，这中间的利益角逐十分激烈。

本次转让主要是由北京天地玛珂电液控制系统有限公司转让给阳煤集团，这种转让的方式其实是两位申请人之间的角逐，双方之间对于专利都十分看重。但是从另外一种角度来说，通过购买专利的方式能够尽快解决阳煤集团面临的技术问题。

12.3 技术合作情况

12.3.1 合作申请类型

图 12-3-1 展示了阳煤集团合作申请专利类型分布图。从图中可以看出，阳煤集团

的合作发明专利申请量为 29 件，合作实用新型的申请量为 43 件。由此可知，阳煤集团在合作申请过程中，更侧重于针对实用新型专利进行申请。

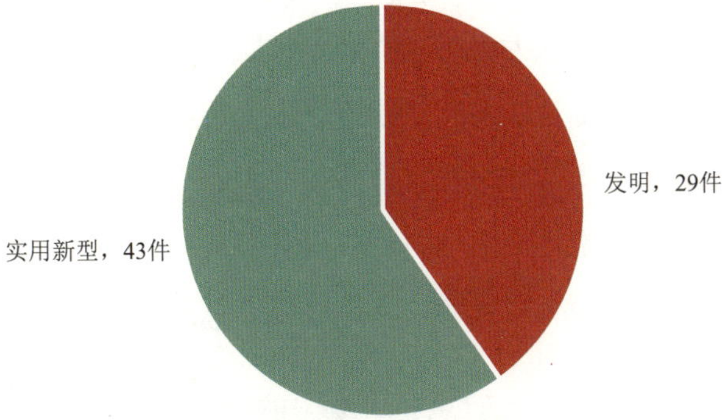

图 12-3-1　阳煤集团合作专利申请的类型分布

12.3.2　合作申请技术主题

图 12-3-2 展示了阳煤集团合作申请专利技术主题排名。其中，煤化工与综合利用以 41 件申请排名第一，煤矿安全与应急保障、煤矿机械与设备、煤矿机电与智能信控以 6 件申请并列第二，资源勘查与地质保障、节能与环保以 4 件申请并列第五。排名第七至第九的技术主题为矿建支护与工程、煤炭绿色开发、矿区职业健康。

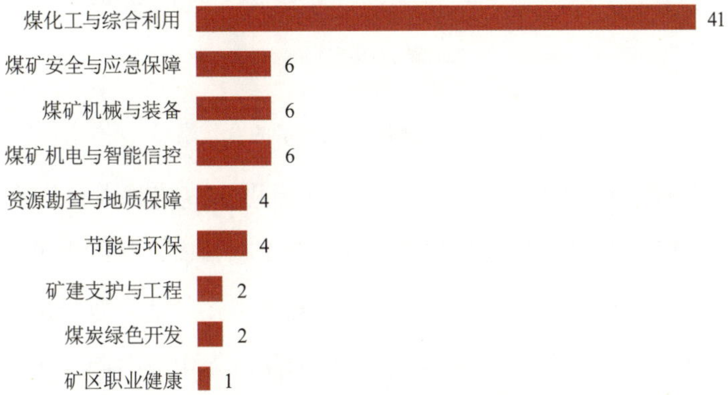

图 12-3-2　阳煤集团合作专利申请的技术构成（单位：件）

12.3.3　合作关系

图 12-3-3 是阳煤集团专利申请的申请人合作关系图，气泡越大合作申请授权的次

数越多，气泡之间距离越近代表发明人之间的研发合作越紧密，从图中可以看出阳煤集团专利申请阶段中，申请人之间的合作关系还是比较密集的。其中主要申请人有阳泉煤业（集团）有限责任公司、阳泉煤业（集团）股份有限公司、天地科技股份有限公司等。

其中合作较为密切的申请人为：阳泉煤业（集团）有限责任公司与太原市博世通机电液工程有限公司、河南铁福来装备制造股份有限公司、太原理工大学、天地科技股份有限公司等；阳泉煤业（集团）股份有限公司与北京龙田华远科技有限公司、天地科技股份有限公司、中国矿业大学等；天地科技股份有限公司与阳泉煤业（集团）有限责任公司、阳泉煤业（集团）股份有限公司。

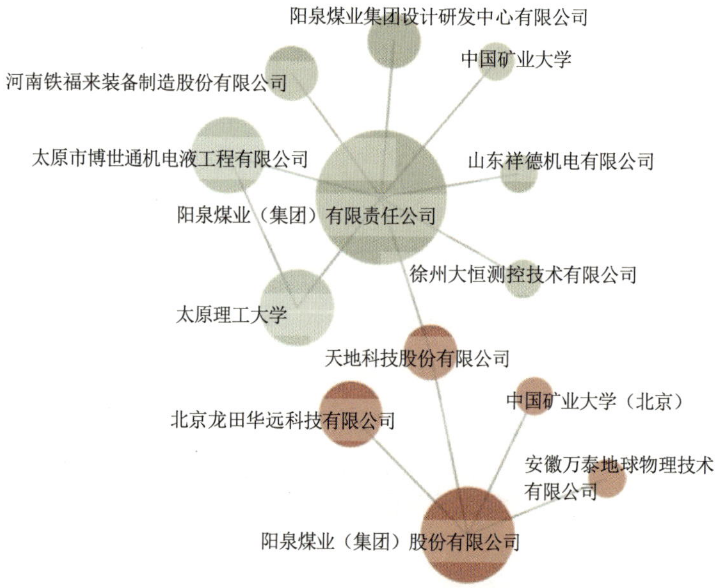

图 12-3-3　阳煤集团专利申请的合作网络

图 12-3-4 是阳煤集团授权专利申请人合作关系图，气泡越大合作申请授权的次数越多，气泡之间距离越近代表发明人之间的研发合作越紧密，从图中可以看出阳煤集团授权专利中，申请人之间的合作关系较为密集。其中主要申请人有阳泉煤业（集团）有限责任公司、阳泉煤业（集团）股份有限公司、阳泉八方电气有限公司等。

其中合作较为密切的申请人为：阳泉煤业（集团）有限责任公司与辽宁中盾矿山工程技术股份有限公司、太原理工大学、重庆市能源投资集团科技有限责任公司等；阳泉煤业（集团）股份有限公司与阳泉八方电气有限公司、太原理工大学、安徽万泰地球物理技术有限公司、北京唐柏通讯技术有限公司等。各个团队之间通过合作申请，从而实现信息共享，是有利于该行业的发展进步的。

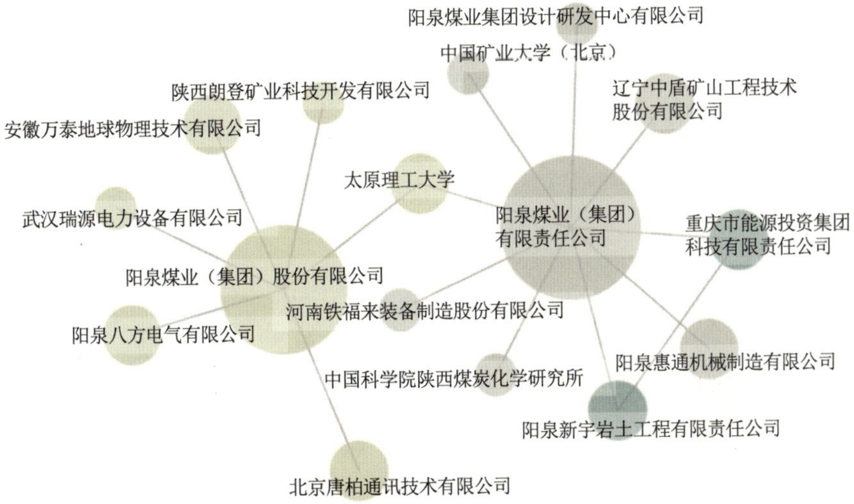

图 12-3-4　阳煤集团授权专利的合作网络

12.4　知识产权人才建设

图 12-4-1 是阳煤集团专利申请的发明人合作关系图，气泡越大合作申请授权的次数越多，气泡之间距离越近代表发明人之间的研发合作越紧密，从图中可以看出阳煤集团申请阶段专利中，发明人之间的合作关系比较密集。其中主要发明人有刘斌、申立新、苗海、张伟、袁秋华等。其中合作较为密切的发明人为：刘斌与申立新、苗海、刘文伟、薛卫平、贾惠清等；袁秋华与李伟斌、胡慧敏、赵广、龚文昭等。各个团队之间通过合作申请，从而实现信息共享，是有利于该行业的发展进步的。

图 12-4-2 是阳煤集团授权专利发明人合作关系图，气泡越大合作申请授权的次数越多，气泡之间距离越近代表发明人之间的研发合作越紧密，从图中可以看出阳煤集团授权专利中，发明人之间的合作关系比较密集。其中合作较为密切的发明人为：徐勤宝与毕利君、赵波涛、杨秀斌等；毕利君与赵波涛、徐勤宝、杨秀斌等；袁秋华与潘蓉、冯志武、郝瑞源、杨仁俊等。各个团队之间通过合作申请，从而实现信息共享，是有利于该行业的发展进步的。

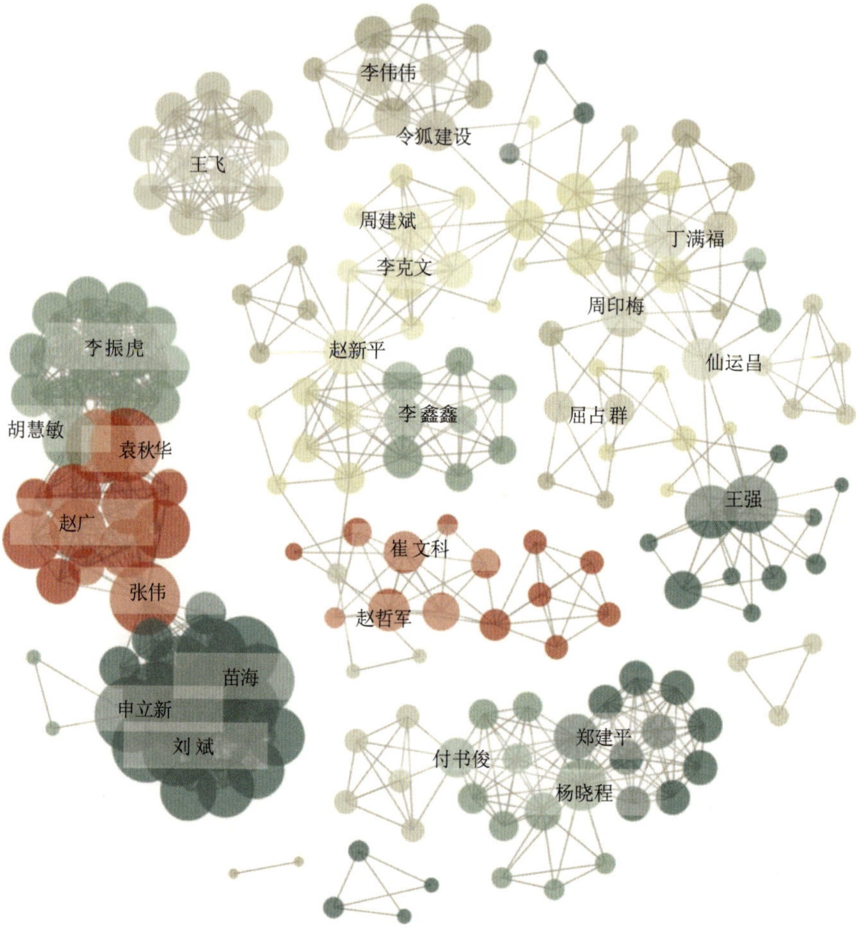

图 12-4-1　阳煤集团专利申请的发明人合作关系网络

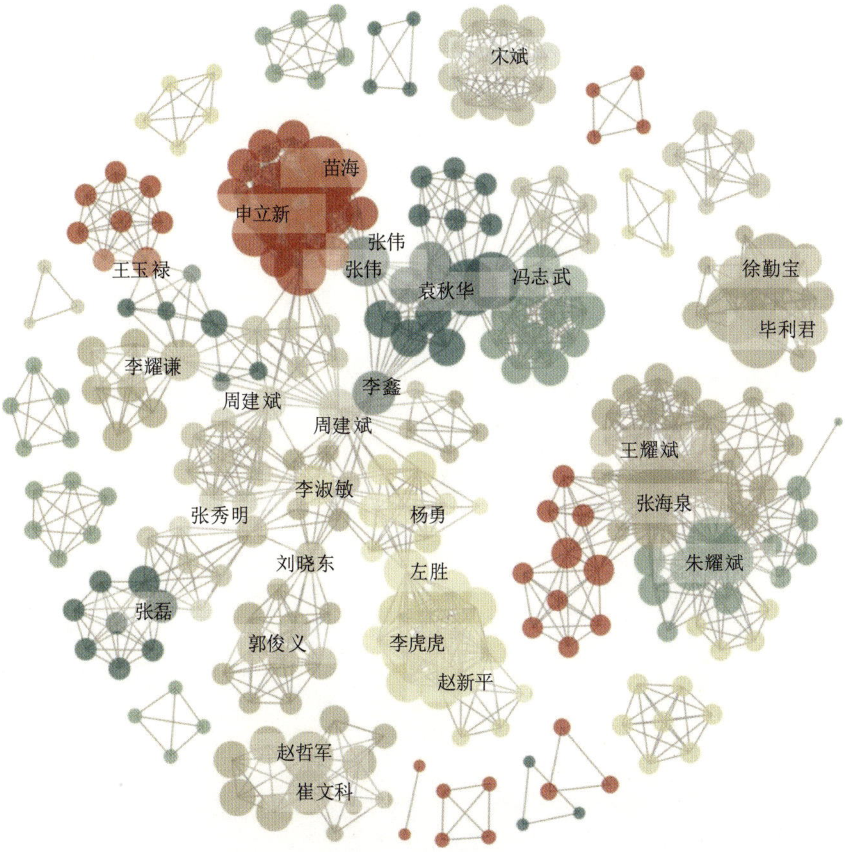

图 12-4-2　阳煤集团授权专利的发明人合作关系网络

第 13 章

陕煤化集团

13.1 企业知识产权创新成果概述

13.1.1 专利申请情况

13.1.1.1 子公司的专利申请量

图 13-1-1 展示了陕西煤业化工集团有限责任公司（以下简称“陕煤化集团”）申请阶段专利布局主体分布图。将陕煤化集团内部各个单位按照常务理事单位、理事单位和非会员单位三个主体类型进行标引，得到陕煤化集团专利布局主体的分布图。非会员单位以 37 件专利申请量位列第一。申请量排名第二的是理事单位，申请量为 30 件。从陕煤化集团的整体申请情况来看，其申请量相对较少。非会员单位虽然以 37 件专利申请量位列第一，但其与排名第二的理事单位申请量相差并不大。

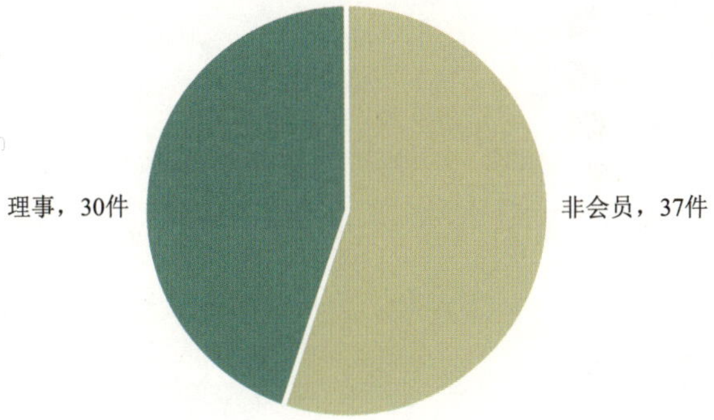

图 13-1-1　陕煤化集团不同类型子公司的专利申请量

13.1.1.2 专利申请类型

图 13-1-2 展示了陕煤化集团申请阶段专利申请类型分布图。从图中可以看出，陕

煤化集团的发明专利申请量为46件，实用新型申请量为21件。其中，陕煤化集团的发明专利申请量占总申请量的68.66%。

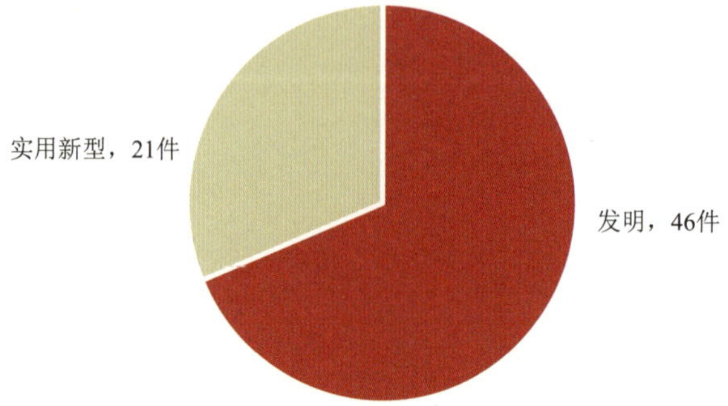

图 13-1-2　陕煤化集团专利申请类型布局

13.1.1.3　专利申请的技术布局

图13-2-3展示了陕煤化集团申请阶段专利技术主题排名。其中，煤化工与综合利用以35件申请排名第一，煤矿机械与装备以18件申请排名第二，矿建支护与工程以4件申请排名第三，资源勘查与地质保障以3件申请排名第四，节能与环保、煤矿安全与应急保障、煤炭加工利用以2件申请并列第五，煤矿机电与智能信控以1件申请排名第八。

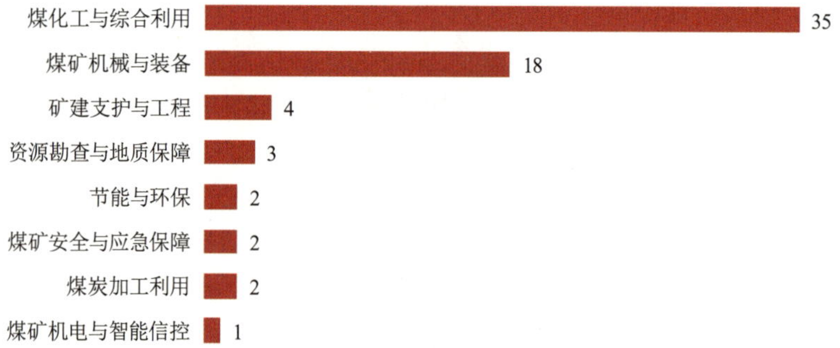

图 13-1-3　陕煤化集团专利申请技术布局（单位：件）

13.1.2　专利授权情况

13.1.2.1　子公司的专利授权量

图13-1-4展示了陕煤化集团已授权专利主体布局图。将陕煤化集团内部各个单位按照常务理事单位、理事单位和非会员单位三个主体类型进行标引，得到陕煤化集团专

利布局主体的分布图。理事单位以 28 件专利授权量位列第一。授权量排名第二的是非会员单位，授权量为 12 件。授权量排名第三的是常务理事单位，授权量为 1 件。

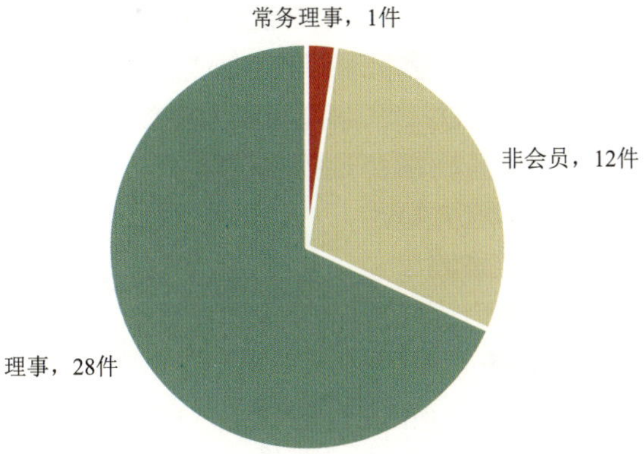

图 13-1-4　陕煤化集团已授权专利主体布局

13.1.2.2　授权专利类型

图 13-1-5 展示了陕煤化集团已授权专利申请类型分布图。从图中可以看出，陕煤化集团的发明专利授权量为 4 件，实用新型授权量为 37 件。其中，陕煤化集团的发明专利授权量占总授权量的 9.8%。

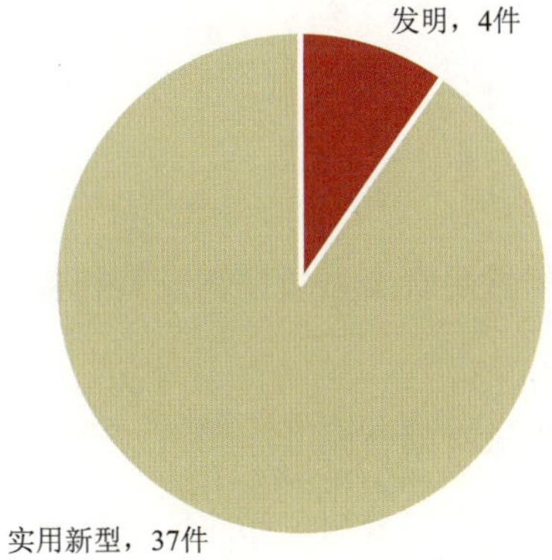

图 13-1-5　陕煤化集团授权专利类型分布

13.1.2.3　授权专利的技术分布

图 13-1-6 展示了陕煤化集团已授权专利技术主题排名。其中，煤化工与综合利用以 11 件授权排名第一，矿建支护与工程以 9 件授权排名第二，矿煤机电与智能信控以 7 件授权排名第三，矿煤机械与装备以 6 件授权排名第四，煤矿安全与应急保障以 3 件

授权排名第五。排名第六至第八的技术主题为资源勘查与地质保障、创新管理与经济、矿区职业健康。

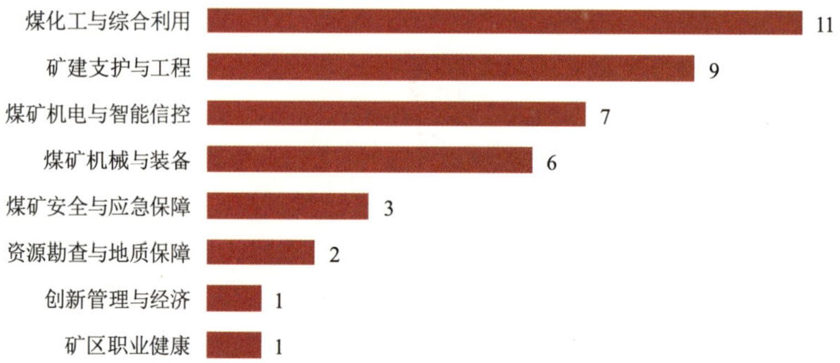

图 13-1-6　陕煤化集团授权专利的技术分布（单位：件）

13.2　知识产权成果转化典型案例

13.2.1　案例 1：采煤机摇臂用合金调质铸钢及其制备方法的技术转化

13.2.1.1　基本信息

专利名称：一种采煤机摇臂用合金调质铸钢及其制备方法

公开号：CN104120364A

第一转让人：西安煤矿机械有限公司

第一受让人：西安煤矿机械有限公司；湖州中联机械制造有限公司

登记生效日：2017 年 5 月 24 日

13.2.1.2　案情回顾

2017 年 5 月 24 日，西安煤矿机械有限公司（陕煤化集团下属单位）申请了一件名为“一种采煤机摇臂用合金调质铸钢及其制备方法”的发明专利，该件专利根据高产、高效、大采高采煤机的性能要求进行自主创新优化设计，以保证各项机械性能及焊接性能达到或超过国外同类采煤机的水平。根据高产、高效、大采高和大功率采煤机的使用要求，该铸钢应具有较高的强度、硬度、良好的冲击韧性和塑性及良好的焊接性能。因此，其设计的原则是在 0.22% ～ 0.28%（质量分数）的碳含量条件下，通过多元素合金化和最佳热处理，发挥固溶强化、马氏体组织强化、从马氏体析出弥散分布的微合金碳氮化合物时效强化、晶粒细化等优势，在保证强硬度及韧性塑性的前提下，还保证良好的焊接性能和加工性能。由于碳含量相对较低，因而可以保证铸钢优良的冲击韧性和塑性及良好的焊接性能。适量的硅钼含量有助于产生固溶强化，含量过低将降低固溶强化的效果，更会极大影响其他微量合金元素的综合强化作用；含量过高则会降低冲击韧性和塑性及良好的焊接性能。铬（Cr）在铸钢中能显著提高强度、硬度和耐磨性，但同时降低塑性和韧性。镍（Ni）能提高钢的强度，而又保持良好的塑性和韧性。钼（Mo）能使铸钢的晶粒细化，能提高机械性能。同时铬（Cr）和钼（Mo）又能与铸钢中的碳、氮原子形成弥散分布的微合金碳氮化合物，起到良好的时效强化作用。稀土元素铈（Ce）能够起到微合金和减轻钢中磷、砷、锡、锑、铋、铅等低熔点有害元素相的作用，并且能够发挥脱硫、脱氧和变性夹杂、弥散硬化作用。在铸钢中同时加入少量铬、镍、钼和稀土元素，其综合作用远远大于单独作用之和。铝（Al）和钒（V）能阻止晶粒长大，起到细化晶粒的作用。

西安煤矿机械有限公司与湖州中联机械制造有限公司长期以来保持着密切的合作关系，这就使得两家公司之间的关联合作比较多。2017 年，西安煤矿机械有限公司出现了矿产筛选的问题，在此基础上西安煤矿机械有限公司向兄弟企业湖州中联机械制造有限公司请求帮助，在双方进行洽谈的基础上，陕煤化集团从其专利池中选取了此件专利转让给湖州中联机械制造有限公司，让其使用该专利解决技术问题。

13.2.1.3 案件分析

陕煤化集团和湖州中联机械制造有限公司一直以来保持着长期合作的关系。对于煤炭行业来说，这两家公司都是体量非常大的公司，这两家公司之所以合作非常融洽，其实质上也与两家公司的创立背景相关。较好的合作基础也决定了技术转让的流畅程度。

在本次专利转让过程中，陕煤化集团发现矿产筛选过程中的问题，针对这一问题，双方经过协商之后针对此件专利已经做了转让变更。从这些细节中可以看出，陕煤化集团和湖州中联机械制造有限公司对于技术成果转化的问题存在着很强的关联性，两家公司彼此都是非常信任的，这也让陕煤化集团在遇到技术问题时多了更多的解决方案。

13.2.2 案例 2：制取丙烯的方法技术引进

13.2.2.1 基本信息

专利名称：一种制取丙烯的方法

公开号：CN101362668B

第一转让人：中国科学院大连化学物理研究所

第一受让人：陕西煤化工技术工程中心有限公司

登记生效日：2009 年 6 月 19 日

13.2.2.2 案情回顾

2007 年 11 月 15 日，中国科学院大连化学物理研究所齐越教授团队参与研发了一件名为“一种制取丙烯的方法”的发明专利，这件专利将以丙烯为目的产物的两个不同转化过程，即高碳数烃类催化裂解制丙烯及乙烯与甲醇（或 / 和二甲醚）共进料制丙烯结合起来，将每个过程得到的副产物中至少一部分用作另一过程的原料，充分利用这两个过程中得到的副产物，最终高选择性地得到丙烯产物。这一方法的另一个优势在于，两个过程可以共用某些设备，特别是两个反应区使用同一催化剂并采用流化床反应器，可以将不同反应区失活的催化剂在同一再生器进行再生；同时产物分离可以在同一套分离系统中进行，可大大节省投资、降低能耗、提高整个过程的经济性。

齐越教授是中国科学院大连化学物理研究所材料制备技术方向负责人。针对丙烯制备技术领域，齐越教授经过多年的技术研究不断设计制备方式，在此项技术上取得了长足的进步。

在专利申请阶段，齐越教授与陕煤化集团密切合作，共同进行后续专利技术的研发。2009 年 6 月 19 日，陕煤化集团希望中国科学院大连化学物理研究所能够将该件专利转让给其持有，在现有的专利权人的情况下，两位申请人都无法做到完全使用。

13.2.2.3 案件分析

在煤炭行业内，一件价值度极高的专利很难被转让给其他公司进行使用。通过这件专利的转让过程可以发现，这件专利经过了企业内部转让、企业之间的转让，以及最终的共同持有式转让，这中间的利益角逐十分激烈。

该次转让过程中，中国科学院大连化学物理研究所的齐越教授通过和陕煤化集团的多次技术合作，建立了一定的合作关系。通过后续的合作，齐越教授也能够接受将专利转让给陕煤化集团的情况。在此基础上，陕煤化集团通过资金购入的方式将该件专利转让到自己公司名下进行使用。

13.3 技术合作情况

13.3.1 合作申请类型

图13-3-1展示了陕煤化集团合作申请专利类型分布图。从图中可以看出，陕煤化集团的合作发明专利申请量为4件，合作实用新型的申请量为2件。

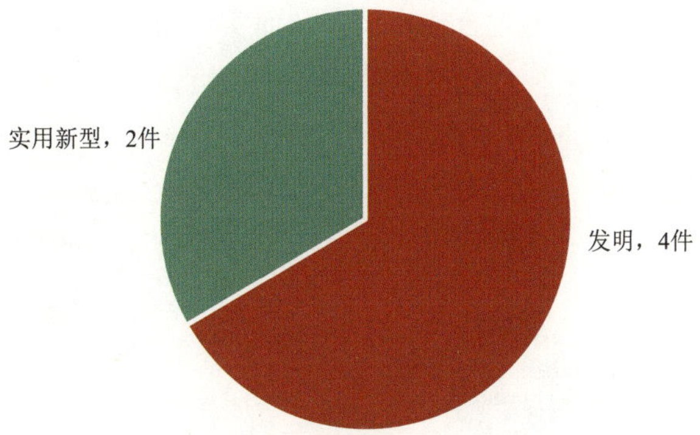

图13-3-1 陕煤化集团合作专利申请的类型分布

13.3.2 合作申请技术主题

图13-3-2展示了陕煤化集团合作申请专利技术主题排名。其中，煤化工与综合利用、煤矿安全与应急保障以2件申请并列第一，煤矿机械与装备、矿建支护与工程以1件申请并列第三。

图 13-3-2　陕煤化集团合作专利申请的技术构成（单位：件）

13.3.3　合作关系

图 13-3-3 是陕煤化集团专利申请的申请人合作关系图，气泡越大合作申请授权的次数越多，气泡之间距离越近代表发明人之间的研发合作越紧密。从图中可以看出陕煤化集团专利申请阶段中，申请人之间的合作关系还是比较稀疏的，其中主要申请人有陕西陕煤韩城矿业有限公司、陕西省煤层气开发利用有限公司、西安重装韩城煤矿机械有限公司、陕西浩兴坤达新能源科技有限公司等。

其中合作较为密切的申请人为：陕西陕煤韩城矿业有限公司与西安重装韩城煤矿机械有限公司、西安科技大学等；陕西省煤层气开发利用有限公司与陕西浩兴坤达新能源科技有限公司。各个团队之间通过合作申请，从而实现信息共享，是有利于该行业的发展进步的。

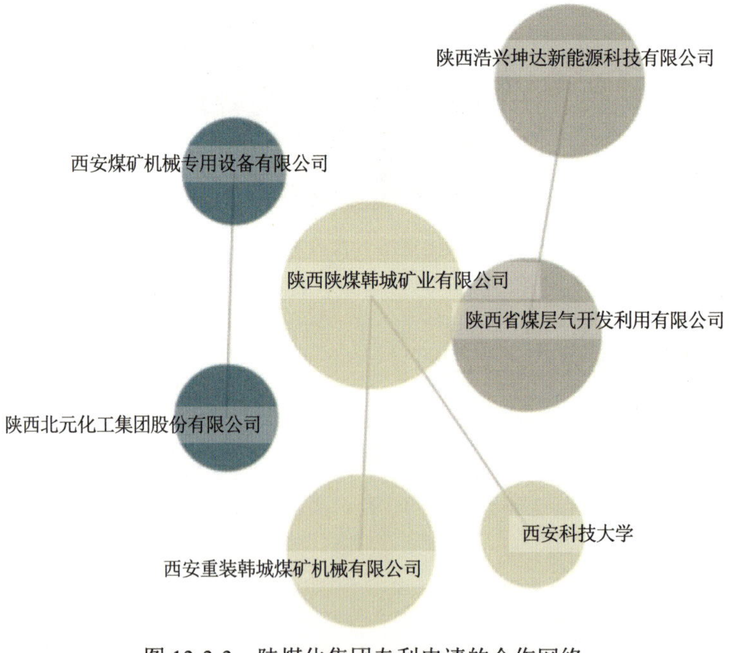

图 13-3-3　陕煤化集团专利申请的合作网络

图 13-3-4 是陕煤化集团授权专利申请人合作关系图，气泡越大合作申请授权的次数越多，气泡之间距离越近代表发明人之间的研发合作越紧密，从图中可以看出陕煤化集团授权专利中，申请人之间的合作关系较为密集。其中主要申请人有陕西陕煤韩城矿业有限公司、陕西煤业化工集团有限责任公司、陕西陕北乾元能源化工有限公司等。

其中合作较为密切的申请人为：陕西陕煤韩城矿业有限公司与上海润圣智能科技有限公司、徐州中安科技股份有限公司、西安重装韩城煤矿机械有限公司等；陕西煤业化工集团有限责任公司与北京国电富通科技发展有限责任公司。各个团队之间通过合作申请，从而实现信息共享，是有利于该行业的发展进步的。

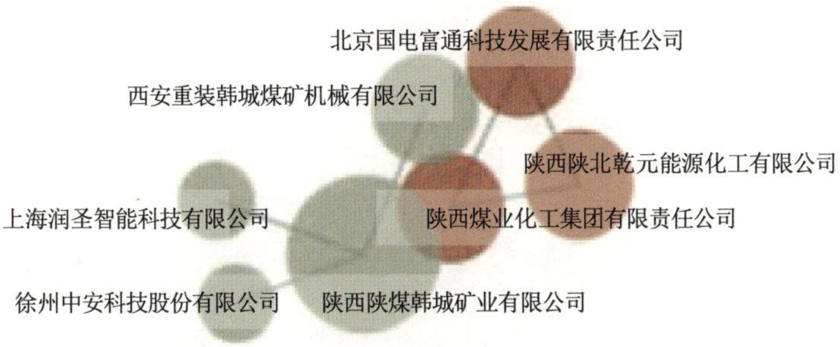

图 13-3-4　陕煤化集团授权专利的合作网络

13.4　知识产权人才建设

图 13-4-1 是陕煤化集团专利申请的发明人合作关系图，气泡越大合作申请授权的次数越多，气泡之间距离越近代表发明人之间的研发合作越紧密，从图中可以看出陕煤化集团申请阶段专利中，发明人之间的合作关系比较密集。其中主要发明人有张明、宁小刚、王奋中、李鹏智、刘建平等。其中合作较为密切的发明人为：张明与宁小刚、刘延财、慕毅、张宇等；宁小刚与熊磊、陈鹏、韩慧珏、张明等；王奋中与梁虎伟、梁立平、刘成伟、李鹏智等。各个团队之间通过合作申请，从而实现信息共享，是有利于该行业的发展进步的。

图 13-4-2 是陕煤化集团授权专利发明人合作关系图，气泡越大合作申请授权的次数越多，气泡之间距离越近代表发明人之间的研发合作越紧密，从图中可以看出陕煤化

集团授权专利中，发明人之间的合作关系比较密集。其中主要发明人有刘效贤、白伟、刘强、刘建平等。其中合作较为密切的发明人为：刘效贤与白伟、宋金全、王磊、陈永民等；白伟与刘效贤、孙志全、陈永民等；刘强与火瑞钦、刘建平、王大伟、党保轮等。各个团队之间通过合作申请，从而实现信息共享，是有利于该行业的发展进步的。

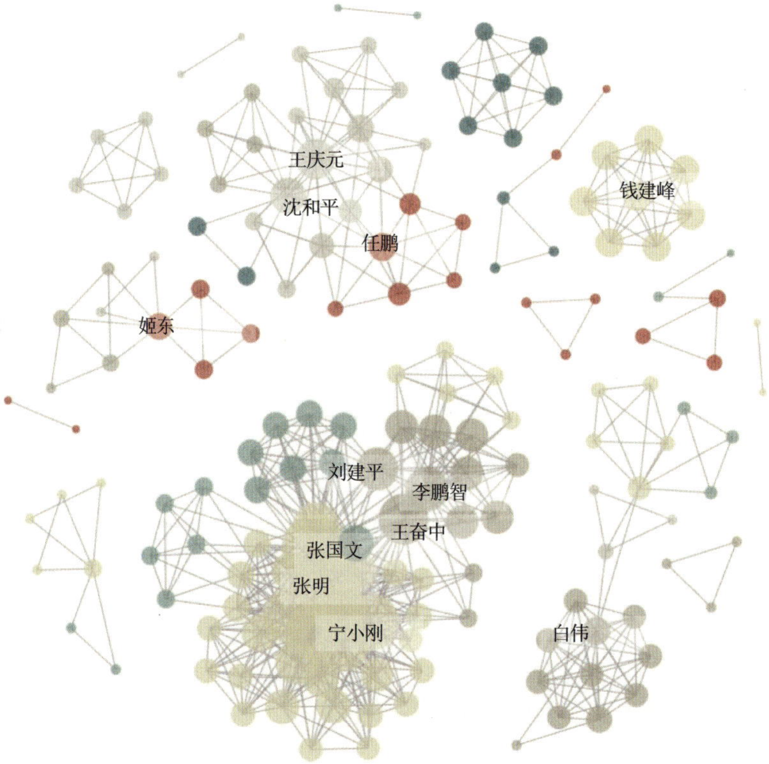

图 13-4-1　陕煤化集团专利申请的发明人合作关系网络

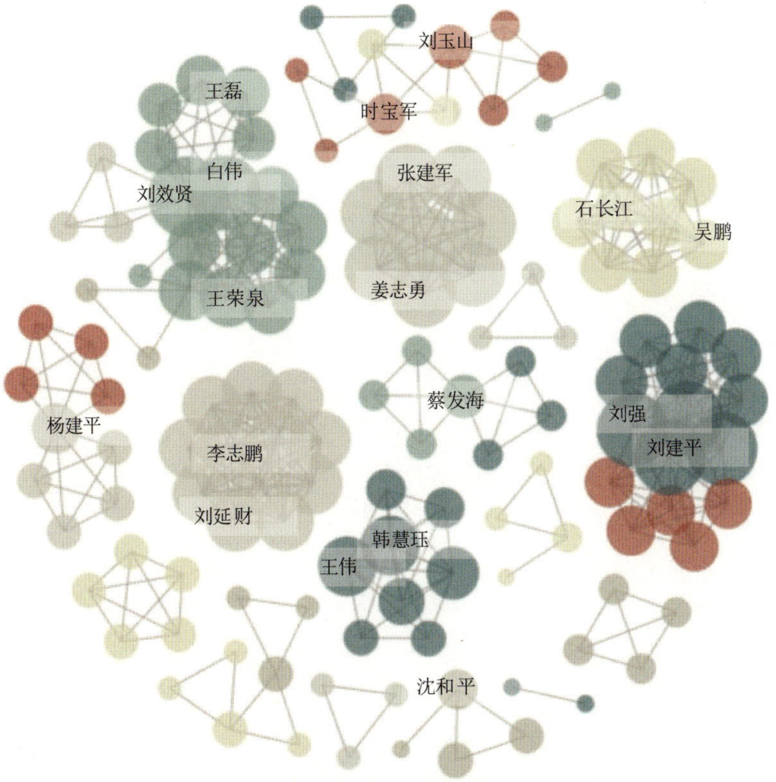

图 13-4-2 陕煤化集团授权专利的发明人合作关系网络

第 14 章

平煤神马

14.1 企业知识产权创新成果概述

14.1.1 专利申请情况

14.1.1.1 子公司的专利申请量

图 14-1-1 展示了中国平煤神马能源化工集团有限公司（以下简称“平煤神马”）申请阶段专利布局主体分布图。将平煤神马内部各个单位按照常务理事单位、理事单位和非会员单位三个主体类型进行标引，得到平煤神马专利布局主体的分布图。常务理事单位以 45 件专利申请量位列第一。申请量排名第二的是非会员单位，申请量为 12 件。理事单位以 8 件专利申请量排名第三。从平煤神马的整体申请情况来看，其申请量相对较少。

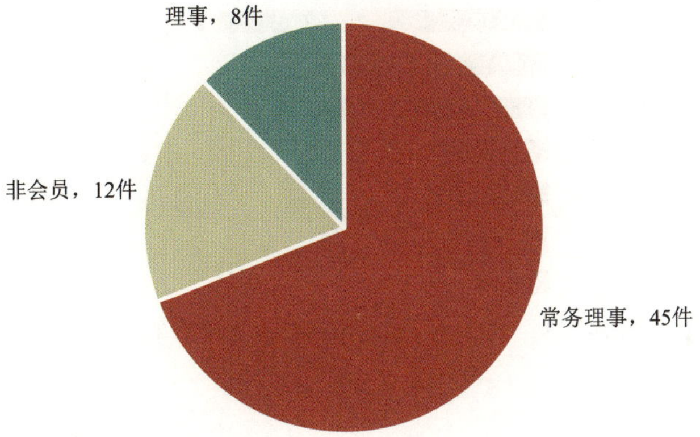

图 14-1-1　平煤神马不同类型子公司的专利申请量

14.1.1.2 专利申请类型

图 14-1-2 展示了平煤神马申请阶段专利申请类型分布图。从图中可以看出，平煤

神马的发明专利申请量为44件，实用新型申请量为21件。其中，平煤神马的发明专利申请量占总申请量的67.69%。

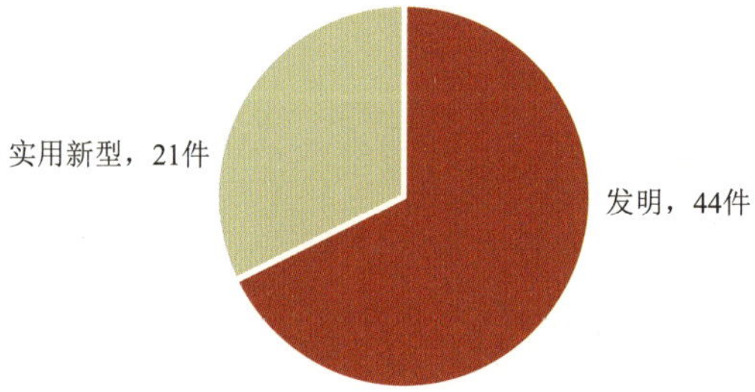

图 14-1-2　平煤神马专利申请类型分布

14.1.1.3　专利申请的技术布局

图14-1-3展示了平煤神马申请阶段专利技术主题排名。其中，煤化工与综合利用以14件申请排名第一，矿建支护与工程以12件申请排名第二，煤矿机械与装备以10件申请排名第三，煤矿机电与智能信控以8件申请排名第四，节能与环保以7件申请排名第五。排名第六至第十的技术主题为资源勘查与地质保障、煤矿安全与应急保障、煤炭绿色开发、标准与试验装置、煤炭加工利用。

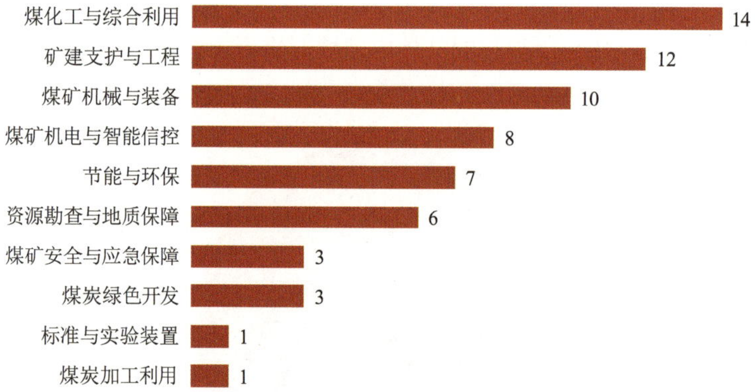

图 14-1-3　平煤神马专利申请技术布局（单位：件）

14.1.2　专利授权情况

14.1.2.1　子公司的专利授权量

图14-1-4展示了平煤神马已授权专利布局主体分布图。将平煤神马内部各个单位

按照常务理事单位、理事单位和非会员单位三个主体类型进行标引，得到平煤神马专利布局主体的分布图。常务理事单位以 30 件专利授权量位列第一。授权量排名第二的是非会员单位，授权量为 21 件。授权量排名第三的是理事单位，授权量为 17 件。

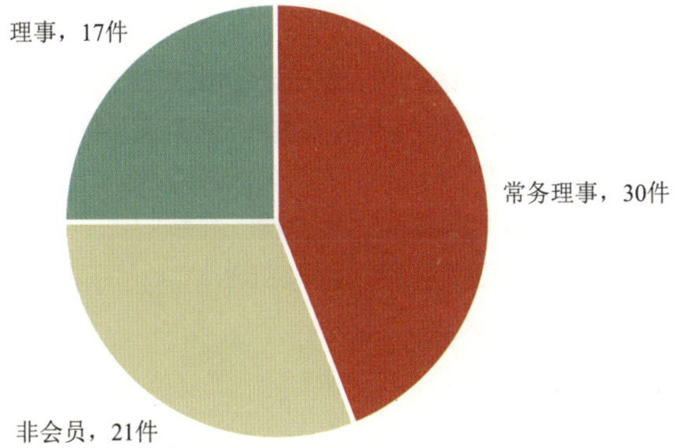

图 14-1-4　平煤神马不同类型子公司的授权专利量

14.1.2.2　授权专利类型

图 14-1-5 展示了平煤神马已授权专利申请类型分布图。从图中可以看出，平煤神马的发明专利授权量为 10 件，实用新型的授权量为 58 件。对比平煤神马申请阶段专利申请类型和已授权专利申请类型可知，平煤神马之前的授权专利更侧重于通过实用新型保护自身技术，而 2019 年更重视发明专利的申请。

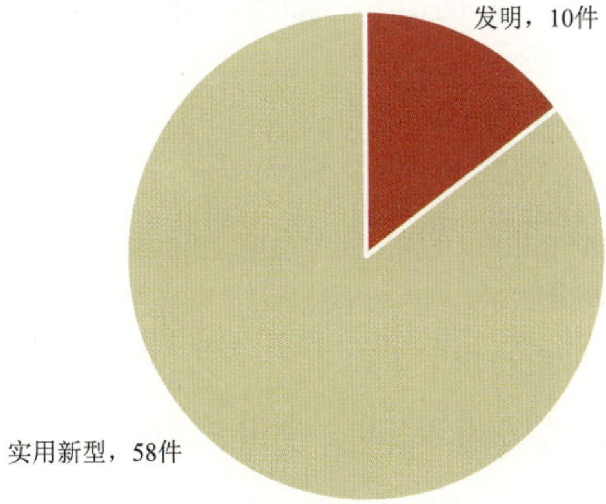

图 14-1-5　平煤神马授权专利类型分布

14.1.2.3　授权专利的技术布局

图 14-1-6 展示了平煤神马已授权专利技术主题排名。其中，煤化工与综合利用以

17 件授权排名第一，煤矿机电与智能信控以 13 件授权排名第二，矿建支护与工程以 12 件授权排名第三，节能与环保以 11 件授权排名第四，煤矿机械与装备以 9 件授权排名第五。排名第六至第九的技术主题为资源勘查与地质保障、煤炭加工利用、煤矿安全与应急保障、煤炭绿色开发。

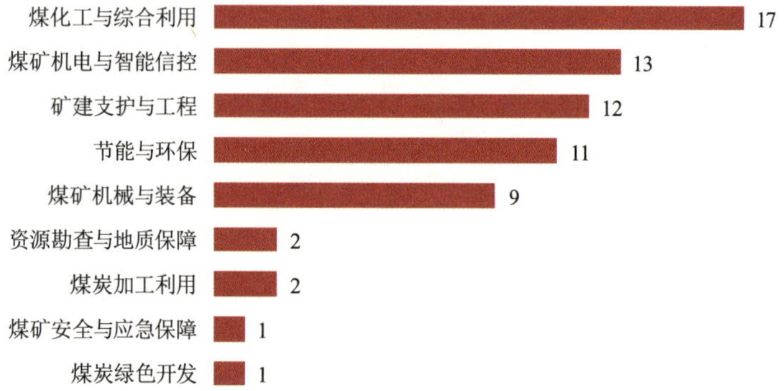

图 14-1-6　平煤神马授权专利的技术布局（单位：件）

14.2　知识产权成果转化典型案例

14.2.1　案例 1：用于精制己内酰胺的加氢反应装置的技术转化

14.2.1.1　基本信息

专利名称：一种用于精制己内酰胺的加氢反应装置

公开号：CN103551086B

第一转让人：神马实业股份有限公司

第一受让人：神马实业股份有限公司；中国平煤神马集团尼龙科技有限公司

登记生效日：2014 年 8 月 26 日

14.2.1.2　案情回顾

2014 年 8 月 26 日，神马实业股份有限公司申请了一件名为“一种用于精制己内酰胺的加氢反应装置”的发明专利，该件专利用于精制己内酰胺的加氢反应装置，通过反应釜底部设置的气相分布器和液相分布器，有效地提高加氢效率；反应釜搅拌器设有的多级搅拌叶片，使得催化剂、已内酰胺水溶液和氢气在搅拌下混合均匀，实现固、液、气的均匀混合；催化剂在沉降釜中挡板的作用下，易于沉降，沉降的催化剂经浆液泵送至反应釜，重新利用，节约成本。

神马实业股份有限公司在工业用布、化学纤维及制品的制造、加工制造领域可以说是首屈一指，在神马实业股份有限公司发展的过程中，其采用扩充子公司的方式进行商业发展。因此，神马实业股份有限公司于 2014 年设立了中国平煤神马集团尼龙科技有限公司，并且于当年将多件设计尼龙制造领域的专利转让给该子公司。

14.2.1.3 案件分析

专利转让的过程往往跟公司的商业发展模式呈现出正相关的关系模式。在该次转让过程中，其实际专利持有人神马实业股份有限公司在扩充其公司经营范围的时候，选择建立中国平煤神马集团尼龙科技有限公司，让该公司专注于尼龙科技制造技术。同时，神马实业股份有限公司也将其名下设计尼龙制造的技术多半转让给中国平煤神马集团尼龙科技有限公司，这种企业内部之间的转让是比较常见的商业运营模式。

14.2.2 案例 2：大型焦炉结焦过程炭化室压力调节控制装置及方法的技术转化

14.2.2.1 基本信息

专利名称：一种大型焦炉结焦过程炭化室压力调节控制装置及方法

公开号：CN105316012B

第一转让人：中国平煤神马集团许昌首山焦化有限公司；中国平煤神马能源化工集团有限责任公司技术中心

第一受让人：中国平煤神马集团许昌首山焦化有限公司；中国平煤神马能源化工集团有限责任公司

登记生效日：2017 年 1 月 3 日

14.2.2.2 案情回顾

2017 年 1 月 3 日，中国平煤神马集团许昌首山焦化有限公司和中国平煤神马能源化工集团有限责任公司技术中心共同申请了一件名为“一种大型焦炉结焦过程炭化室压力调节控制装置及方法”的发明专利，该件专利焦炉炭化室压力控制为独立调节，各炭化室压力均衡，且不会受到其他炭化室装煤、推焦影响；装煤时，因炭化室为独立负压装煤，装煤孔冒烟着火逸尘现象几乎消除；推焦时，上升管与集气管采用水封隔断，杜绝空气窜入荒煤气系统造成的含氧量高；结焦时，各炭化室压力为独立调节，各炭化室压力均衡，且压力调节为自动分段调节，生产的焦炭质量较稳定，且荒煤气回收率提高，结焦过程中杜绝了冒烟冒火；生产自动化程度高，大大提高生产效率，同时大幅降低人工成本。

中国平煤神马集团许昌首山焦化有限公司和中国平煤神马能源化工集团有限责任公司技术中心共同研发了相关技术之后，集团公司在经过讨论之后认为技术中心持有专利权相对来说很难发挥出专利的应有价值。因此经过集团公司的一致决定将该件专利转让给中国平煤神马能源化工集团有限责任公司。

14.2.2.3 案件分析

专利转让的过程往往跟公司的商业发展模式呈现出正相关的关系模式。在该次转让过程中，其实际专利持有人中国平煤神马集团许昌首山焦化有限公司、中国平煤神马能源化工集团有限责任公司技术中心在进行技术研发的过程中并没有集团公司的人员进行参与。但是在取得了技术成果之后，该成果对于技术中心来说便没有了价值，集团公司更能够发挥出该件专利的其他潜在价值。出于此种考量，该件专利由中国平煤神马集团许昌首山焦化有限公司、中国平煤神马能源化工集团有限责任公司技术中心转让给中国平煤神马能源化工集团有限责任公司，这种企业内部之间的转让是比较常见的商业运营模式。

14.3 技术合作情况

14.3.1 合作申请类型

图 14-3-1 展示了平煤神马合作申请专利类型分布图。从图中可以看出，平煤神马

的合作发明专利申请量为 8 件，合作实用新型的申请量为 22 件。由此可知，平煤神马在合作申请过程中，更侧重于针对实用新型专利进行申请。

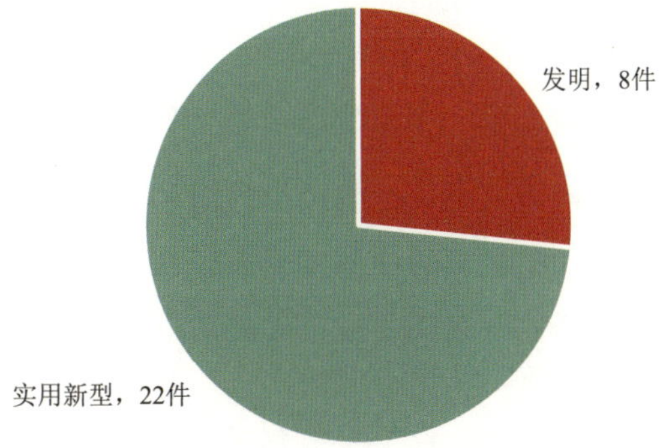

图 14-3-1　平煤神马合作专利申请的类型分布

14.3.2　合作申请技术主题

图 14-3-2 展示了平煤神马合作申请专利技术主题排名。其中，节能与环保以 9 件申请排名第一，煤化工与综合利用以 6 件申请排名第二，矿建支护与工程以 5 件申请排名第三，煤矿机械与装备以 4 件申请排名第四，煤矿机电与智能信控以 3 件申请排名第五。并列排名第六的技术主题为资源勘查与地质保障、煤炭绿色开发、煤炭加工利用。

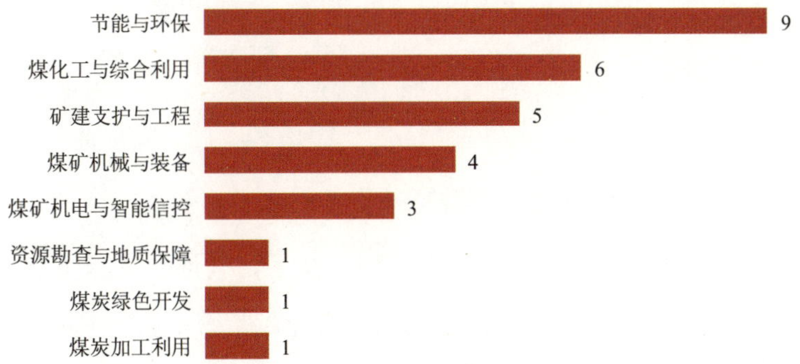

图 14-3-2　平煤神马合作专利申请的技术构成（单位：件）

14.3.3　合作关系

图 14-3-3 是平煤神马专利申请的申请人合作关系图，气泡越大合作申请授权的次

数越多，气泡之间距离越近代表发明人之间的研发合作越紧密，从图中可以看出平煤神马专利申请阶段中，申请人之间的合作关系还是比较稀疏的。其中主要申请人有中国平煤神马能源化工集团有限责任公司、平顶山天安煤业股份有限公司、河南乾明矿山设备制造有限责任公司等。

其中合作较为密切的申请人为：中国平煤神马能源化工集团有限责任公司与平顶山天安煤业股份有限公司、中国矿业大学、圣德光科技发展（北京）有限公司等；平顶山天安煤业股份有限公司与中国平煤神马能源化工集团有限责任公司、重庆大学、中平信息技术有限责任公司等。各个团队之间通过合作申请，从而实现信息共享，是有利于该行业的发展进步的。

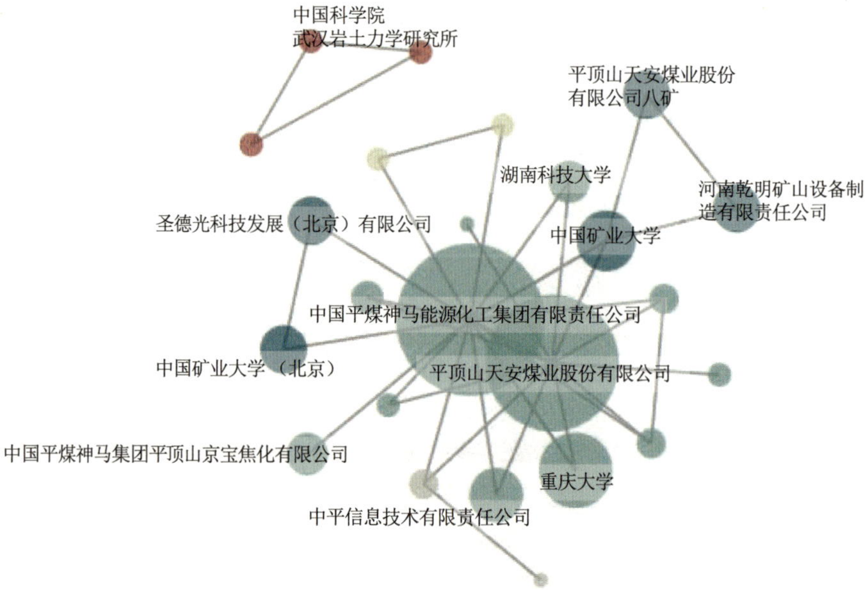

图 14-3-3　平煤神马专利申请的合作网络

图 14-3-4 是平煤神马授权专利申请人合作关系图，气泡越大合作申请授权的次数越多，气泡之间距离越近代表发明人之间的研发合作越紧密，从图中可以看出平煤神马授权专利中，申请人之间的合作关系较为密集。其中主要申请人有中国平煤神马能源化工集团有限责任公司、平顶山天安煤业股份有限公司等。

其中合作较为密切的申请人为：中国平煤神马能源化工集团有限责任公司与中国平煤神马集团平顶山京宝焦化有限公司、山东安科矿山支护技术有限公司、中平信息技术有限责任公司等；平顶山天安煤业股份有限公司与陕西东辉智能仪器有限公司、中国矿业大学、中国平煤神马集团开封东大化工有限责任公司等。各个团队之间通过合作申请，从而实现信息共享，是有利于该行业的发展进步的。

图 14-3-4　平煤神马授权专利的合作网络

14.4　知识产权人才建设

图 14-4-1 是平煤神马专利申请的发明人合作关系图，气泡越大合作申请授权的次数越多，气泡之间距离越近代表发明人之间的研发合作越紧密，从图中可以看出平煤神马申请阶段专利中，发明人之间的合作关系比较密集。其中主要发明人有张建国、吕有厂、郭建伟、王满等。其中合作较为密切的发明人为：张建国与李新凯、张佩、齐消寒、贾新雷等；吕有厂与李新凯、张晋京、邓凯等；郭建伟与李桂云、段守德、陈光林、赵万里等。各个团队之间通过合作申请，从而实现信息共享，是有利于该行业的发展进步的。

图 14-4-2 是平煤神马授权专利发明人合作关系图，气泡越大合作申请授权的次数越多，气泡之间距离越近代表发明人之间的研发合作越紧密，从图中可以看出平煤神马

授权专利中，发明人之间的合作关系比较密集。其中主要发明人有张建国、吕有厂、周云辉、张乾坤。其中合作较为密切的发明人为：张建国与陈喜恩、董嘉欣、吕有厂、苏伟伟等；吕有厂与张建国、周云辉、王二平、仝艳军等；周云辉与张登越、姚仁婷、刘国凯等。各个团队之间通过合作申请，从而实现信息共享，是有利于该行业的发展进步的。

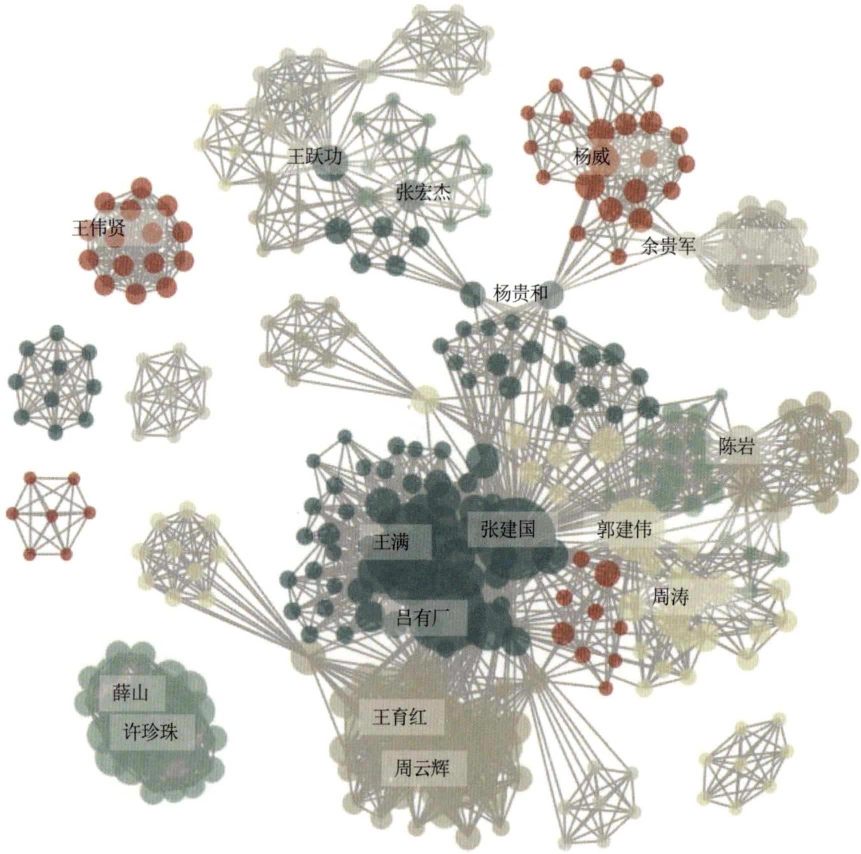

图 14-4-1　平煤神马专利申请的发明人合作关系网络

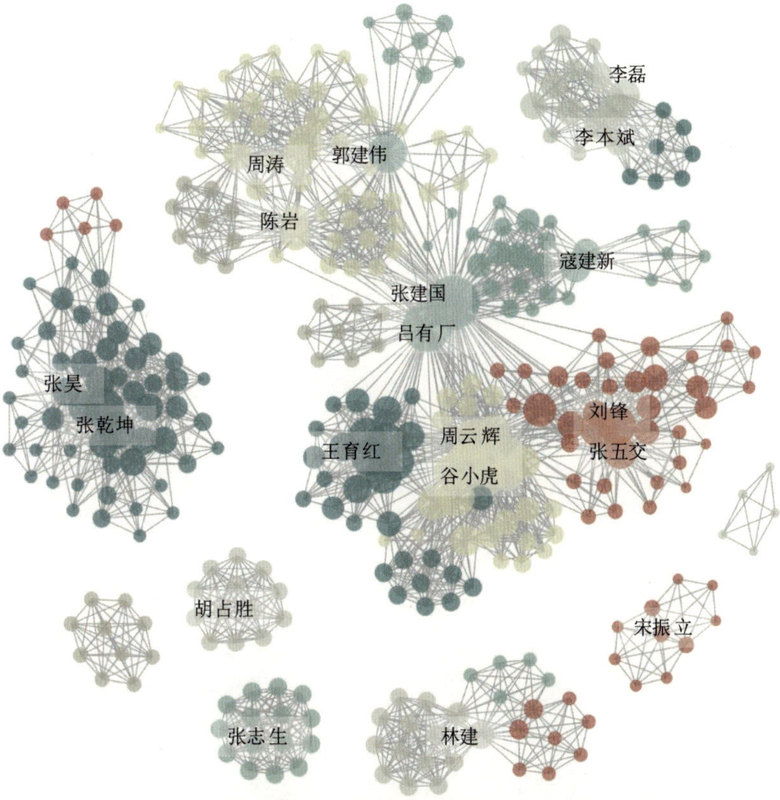

图 14-4-2　平煤神马授权专利的发明人合作关系网络

第 15 章
潞安矿业

15.1 企业知识产权创新成果概述

15.1.1 专利申请情况

15.1.1.1 子公司的专利申请量

图 15-1-1 展示了山西潞安矿业（集团）有限责任公司（以下简称“潞安矿业”）申请阶段专利布局主体分布图。将潞安矿业内部各个单位按照常务理事单位、理事单位和非会员单位三个主体类型进行标引，得到潞安矿业专利布局主体的分布图。理事单位以 64 件专利申请量位列第一。申请量排名第二的是常务理事单位，申请量为 44 件。非会员单位以 17 件专利申请量排名第三。从潞安矿业的整体申请情况来看，其申请量相对较少。

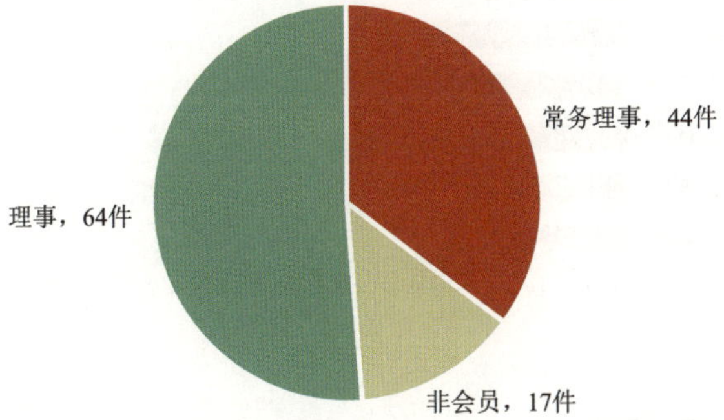

图 15-1-1 潞安矿业不同类型子公司的专利申请量

15.1.1.2 专利申请类型

图 15-1-2 展示了潞安矿业申请阶段专利申请类型分布图。从图中可以看出，潞安矿业集团的发明专利申请量为 40 件，实用新型申请量为 85 件。其中，潞安矿业的发明专利申请量占总申请量的 32.00%。

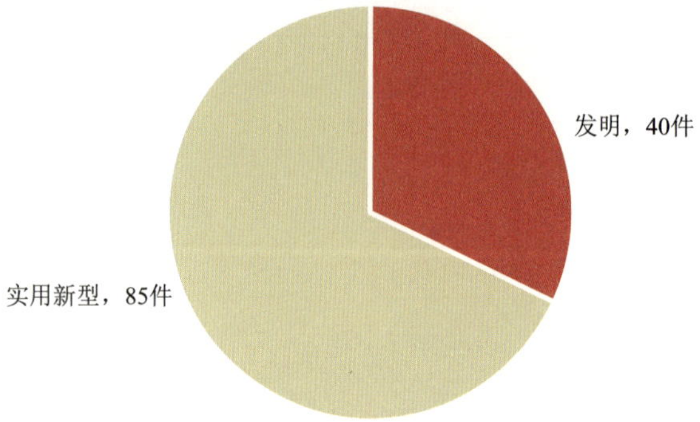

图 15-1-2　潞安矿业专利申请类型分布

15.1.1.3　专利申请的技术布局

图 15-1-3 展示了潞安矿业申请阶段专利技术主题排名。其中，煤矿机械与装备以 33 件申请排名第一，煤化工与综合利用以 30 件申请排名第二，煤矿安全与应急保障以 19 件申请排名第三，资源勘查与地质保障以 12 件申请排名第四，煤矿机电与智能信控以 11 件申请排名第五。排名第六至第九的技术主题为矿建支护与工程、节能与环保、煤炭绿色开发、煤炭加工利用。

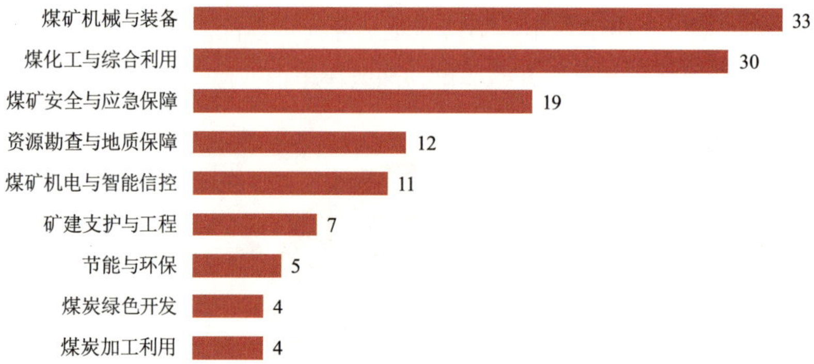

图 15-1-3　潞安矿业专利申请技术布局（单位：件）

15.1.2　专利授权情况

15.1.2.1　子公司的专利授权量

图 15-1-4 展示了潞安矿业已授权专利布局主体分布图。将潞安矿业内部各个单位按照常务理事单位、理事单位和非会员单位三个主体类型进行标引，得到潞安矿业专利

布局主体的分布图。理事单位以 34 件专利授权量位列第一。授权量排名第二的是常务理事单位，授权量为 4 件。授权量排名第三的是非会员单位，授权量为 3 件。

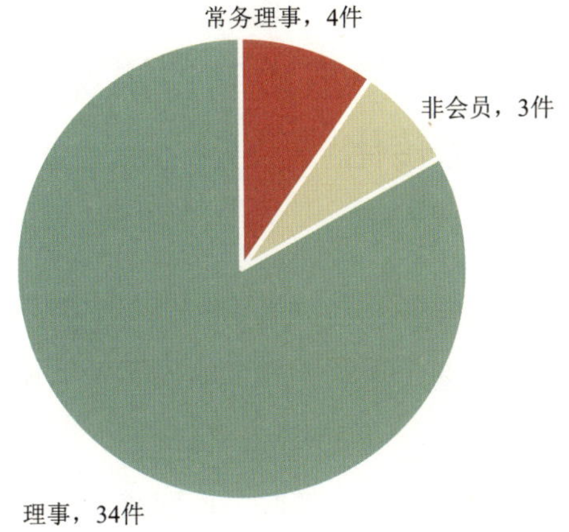

图 15-1-4　潞安矿业不同类型子公司的授权专利量

15.1.2.2　授权专利类型

潞安矿业已授权的专利包括 41 件实用新型。

15.1.2.3　授权专利的技术布局

图 15-1-5 展示了潞安矿业已授权专利技术主题排名。其中，煤矿机电与智能信控以 13 件授权排名第一，煤矿机械与装备以 8 件授权排名第二，煤矿安全与应急保障以 7 件授权排名第三，矿建支护与工程以 5 件授权排名第四，资源勘查与地质保障以 4 件授权排名第五。并列排名第六的技术主题为节能与环保、煤炭加工利用。

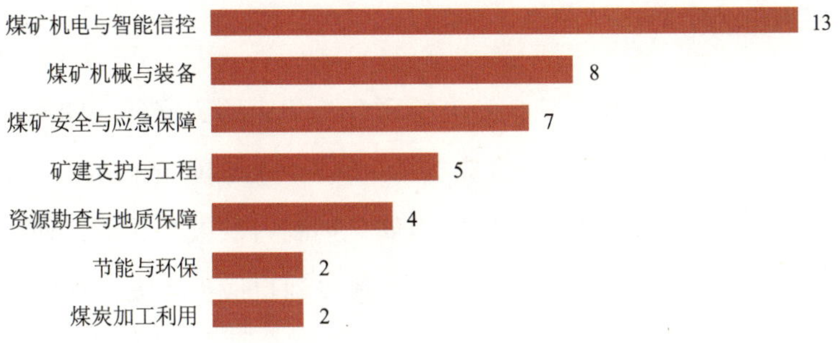

图 15-1-5　潞安矿业授权专利的技术布局（单位：件）

15.2 知识产权成果转化典型案例

15.2.1 案例 1：用于合成气直接制备烯烃的碳化钴基催化剂及其制备方法和应用的技术转化

15.2.1.1 基本信息

专利名称：一种用于合成气直接制备烯烃的碳化钴基催化剂及其制备方法和应用

公开号：CN105772049B

第一转让人：中国科学院上海高等研究院；山西潞安环保能源开发股份有限公司

第一受让人：中国科学院上海高等研究院；山西潞安矿业（集团）有限责任公司

登记生效日：2017 年 10 月 27 日

第二转让人：中国科学院上海高等研究院；山西潞安矿业（集团）有限责任公司

第二受让人：中国科学院上海高等研究院；山西潞安矿业（集团）有限责任公司；上海飒锐低碳能源合伙企业（有限合伙）

登记生效日：2019 年 5 月 17 日

第三转让人：中国科学院上海高等研究院；山西潞安矿业（集团）有限责任公司；上海飒锐低碳能源合伙企业（有限合伙）

第三受让人：上海睿碳能源科技有限公司

登记生效日：2019 年 6 月 25 日

15.2.1.2 案情回顾

2016 年 4 月 6 日，中国科学院上海高等研究院和山西潞安环保能源开发股份有限公司合作申请了一件名为“一种用于合成气直接制备烯烃的碳化钴基催化剂及其制备方法和应用”的发明专利。该专利主要应用于催化剂制备的技术领域，使用该催化剂选择性好，转化率高，制备方法更加简单。因此该专利也成为潞安矿业的重要专利成果之一。

钟良枢、孙予罕、齐行振等人当时系中国科学院上海高等研究院的主要研究人员，其主要隶属于低碳转化科学与工程中心。2016 年，中国全球二氧化碳监测科学实验卫星发射升空，中国科学院上海高等研究院与中国科学院微小卫星创新研究院、上海科技大学共建上海碳数据与碳评估研究中心，承担碳卫星的数据开发、碳排放天地一体化监测及低碳发展战略研究。作为研究碳排放的重要环节，催化剂的制备及转化率成为重点研究方向。经过山西潞安环保能源开发股份有限公司和中国科学院上海高等研究院的共同研发，最终得到了一件重要的发明专利。

2017 年 10 月 27 日，山西潞安环保能源开发股份有限公司第一次提出专利转让的请求，请求将其专利权转让给山西潞安矿业（集团）有限责任公司。原始权利人山西潞安环保能源开发股份有限公司是一家煤炭开采商，公司现有五阳煤矿、漳村煤矿、王庄煤矿、常村煤矿四对生产矿井及五座洗煤厂。猜测专利权转让系属于企业内部的知识产权成果转让，由于山西潞安环保能源开发股份有限公司主要经营目的在于煤炭开采，对于知识产权的需求度不高，因此将其转让给山西潞安矿业（集团）有限责任公司的集团公司名下进行使用。

2019 年 5 月 17 日，中国科学院上海高等研究院提出第二次专利转让，在前两位申请人不变动的前提下，将专利权转让给上海飒锐低碳能源合伙企业（有限合伙）。上海飒锐低碳能源合伙企业（有限合伙）系中国科学院上海高等研究院研究员孙予罕所开设的公司，这家公司主要以能源、化工和新材料科技领域内的技术开发为主要经营范围。这家公司虽然是由孙予罕设立的，但是注册资本仅有五万元，相对来说规模较小，但是其股东中也有一位是这件专利的主要发明人：钟良枢。钟良枢也是中国科学院上海高等研究院的研究员，他对于这件专利的技术贡献也是相当高的。由于这件专利仍旧存在着三位权利人，在使用及成果转化过程中仍旧存在着一些问题。

2019 年 6 月 25 日，三位专利权人共同将专利权转让给上海睿碳能源科技有限公司。这家公司的股东不仅包括上海飒锐低碳能源合伙企业（有限合伙），还包括中国科学院上海高等研究院、山西潞安矿业（集团）有限责任公司及东华工程科技股份有限公司。彼时孙予罕仍旧是东华工程科技股份有限公司的董事，从这一专利转让流程也可以看出，此件发明专利十分重要，各家公司都不愿意进行割舍，而是转化为另外一种方式进行共同持有。

15.2.1.3 案件分析

在煤炭行业内，一件价值度极高的专利很难被转让给其他公司进行使用。通过这件专利的转让过程可以发现，这件专利经过了企业内部转让、企业之间的转让，以及最终的共同持有式转让，这中间的利益角逐十分激烈。

第一次转让主要是由山西潞安环保能源开发股份有限公司转让给潞安矿业，这种企业内部转让属于集中式专利策略，由于有些集团公司希望通过专利数量和专利质量等信息体现自己的技术研发水平或者需要专利进行各类项目的申报，因此会要求其子公司和分公司的专利转让给集团公司进行持有，这种集中式专利策略能够进一步扩大集团公司的影响力。

第二次转让和第三次转让仅间隔了一个月，猜测此件专利的主要发明人孙予罕在其中作出了比较重要的决定。由于上海睿碳能源科技有限公司和上海飒锐低碳能源合伙企业（有限合伙）的法定代表人和执行事务合伙人都是孙予罕，说明其在专利权的转让问题上拥有比较大的影响力。从这件专利的多次转让经历也可以看出这件专利的重要性。

15.2.2 案例2：分选不同粒度精煤的装置的技术引进

15.2.2.1 基本信息

专利名称：一种分选不同粒度精煤的装置

公开号：CN105457889B

第一转让人：榆林学院

第一受让人：重庆诗发科技有限公司

登记生效日：2018年12月25日

第二转让人：重庆诗发科技有限公司

第二受让人：山西协创技术转移中心有限公司

登记生效日：2019年8月6日

第三转让人：山西协创技术转移中心有限公司

第三受让人：山西潞安环保能源开发股份有限公司

登记生效日：2019年9月3日

15.2.2.2 案情回顾

2015年12月9日，榆林学院的研究员张俊霞申请了一件名为“一种分选不同粒度精煤的装置”的发明专利，该专利主要应用于依据不同粒度分选煤矿，利用热泳效应对不同粒度的精煤进行分选，在流化罐的一侧壁上设有蒸汽管，在流化罐底部设有空气进气管，能够分别向流化罐中导入蒸汽和空气，在蒸汽和空气的交叉混合作用下，沿流化罐高度方向形成浓度梯度，由于流化罐不同高度方向上的蒸汽中所含空气量不同，混合气体的温度也不同，不同粒度的煤粒被送入加煤筒中，在沿着流化罐高度方向逐渐下降的温度分布中，煤粒呈现悬浮状态，在浓度梯度作用下实现热泳现象，表现为小粒煤粉分布在下层，大粒煤粉分布在上层，通过设置在流化罐侧壁上的若干取煤板，能够将不同粒度的精煤合理分开。该装置结构设计合理，易实现，且节能环保，能够有效解决现有技术中煤炭洗选过程中煤粒粒径区分粗糙的问题。

2018 年 12 月 25 日，该件专利第一次进行转让，由原始专利权人榆林学院转让给重庆诗发科技有限公司。重庆诗发科技有限公司曾用名为重庆茜冉依电子商务有限公司，该公司主要经营电子软件开发、商务信息咨询等相关工作，其实质上属于专利运营公司，其主要通过检索得到具备一定价值的专利，通过与专利权人协商购买专利之后转让给其他需要该专利的公司。2018 年，重庆诗发科技有限公司经过长时间调查之后发现此件专利具备比较广阔的应用潜力，因此，经过协商之后从榆林学院处购买该件专利，即完成了专利权的转让。

2019 年 8 月 6 日，该件专利经过第二次专利转让，但是转让过程中出现了一些问题。重庆诗发科技有限公司在经过将近 8 个月的沟通之后，锁定了山西潞安环保能源开发股份有限公司作为专利受让人。山西潞安环保能源开发股份有限公司是一家煤炭开采商，公司现有五阳煤矿、漳村煤矿、王庄煤矿、常村煤矿四对生产矿井及五座洗煤厂。他们对于选煤装置的需求相对来说是比较大的，尽管这件专利已经是 2016 年的技术了，但是对于选煤技术领域来说，技术更新迭代较慢，这件专利的价值还是比较大的。此外，山西潞安环保能源开发股份有限公司也需要补充一部分专利来扩充其技术基础。潞安矿业作为山西省大型矿业集团，其在技术成果转化过程中并不能直接从专利运营公司购买专利，需要进一步通过山西省技术转移中心进行专利转让。

2019 年 9 月 3 日，该件专利撤回了第二次转让之后进行了第三次技术转让，由山西协创技术转移中心有限公司作为专利受让人完成了专利转让。山西协创技术转移中心有限公司主要从事的是科技成果转化转移、知识产权代理评估、咨询等服务。在转让之后的一个月内，山西协创技术转移中心有限公司针对该件专利进行了技术评估，经过评估之后将该件专利转让给山西潞安环保能源开发股份有限公司进行使用。

15.2.2.3 案件分析

在科技不断进步的当今社会，对于任何一家企业来说，专利的价值都是非常大的。从一方面说，通过专利权的形式对技术成果进行保护对于企业是非常有利的。从另一方面来说，通过专利运营的方式得到专利权也是一种非常常规的操作手段。

在该件专利的转让过程中，山西潞安环保能源开发股份有限公司需要通过购买专利权的方式来提升自身的技术储备。当然，这种方式相对来说并没有自主开发的贴合性，但是这种转让方式能够比较快速地扩充企业的技术基础。

第一次转让是由原始权利人转让给专利运营公司，专利运营公司通过多方联系之后寻找到了专利受让人山西潞安环保能源开发股份有限公司。在专利转让之前，山西潞安环保能源开发股份有限公司引入了一家专利评估机构对此件专利进行了评估，经过一个月的评估之后最终完成了专利转让。

这种转让模式对于山西潞安环保能源开发股份有限公司来说是更有保障的转让方式，通过引入专利评估机构，从一定程度上保证了专利的质量和有用性。这种转让模式对其他企业也具有一定的借鉴意义。

15.3 技术合作情况

15.3.1 合作申请类型

图 15-3-1 展示了潞安矿业合作申请专利类型分布图。从图中可以看出，潞安矿业的合作发明专利申请量为 20 件，合作实用新型的申请量为 29 件。由此可知，潞安矿业在合作申请过程中，更侧重于针对实用新型专利进行申请。

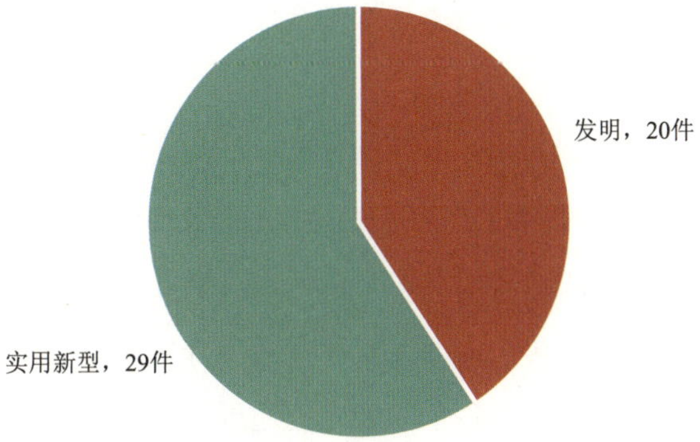

图 15-3-1 潞安矿业合作专利申请的类型分布

15.3.2 合作申请技术主题

图 15-3-2 展示了潞安矿业合作申请专利技术主题排名。其中，节能与环保以 22 件申请排名第一，煤化工与综合利用以 10 件申请排名第二，矿建支护与工程以 7 件申请排名第三，煤矿机械与装备以 3 件申请排名第四，煤矿机电与智能信控、资源勘查与地质保障、煤炭绿色开发以 2 件申请并列第五。煤炭开发利用以 1 件申请排名第八。

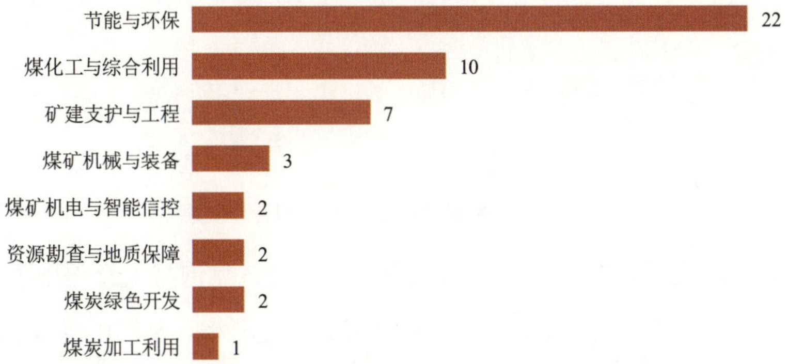

图 15-3-2 潞安矿业合作专利申请的技术构成（单位：件）

15.3.3 合作关系

图 15-3-3 是潞安矿业专利申请的申请人合作关系图，气泡越大合作申请授权的次数越多，气泡之间距离越近代表发明人之间的研发合作越紧密，从图中可以看出潞安矿业专利申请阶段中，申请人之间的合作关系还是比较稀疏的。其中主要申请人有山西潞

安矿业（集团）有限责任公司、山西潞安煤基合成油有限公司、山西潞安环保能源开发股份有限公司等。

其中合作较为密切的申请人为：山西潞安矿业（集团）有限责任公司与山西潞安环保能源开发股份有限公司、山西潞安集团余吾煤业有限责任公司、中国科学院陕西煤炭研究所等；山西潞安煤基合成油有限公司与山西潞安矿业（集团）有限责任公司；山西潞安环保能源开发股份有限公司与山西潞安环保能源开发股份有限公司五阳煤矿、山西潞安集团余吾煤业有限责任公司。各个团队之间通过合作申请，从而实现信息共享，是有利于该行业的发展进步的。

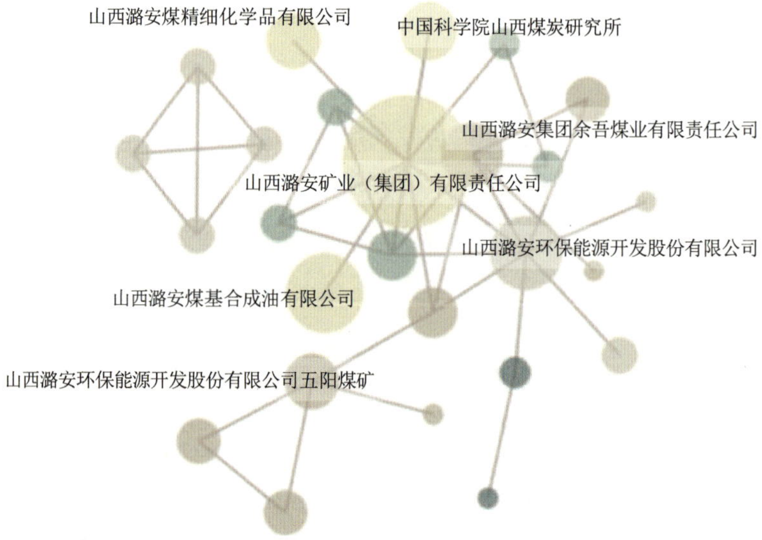

图 15-3-3　潞安矿业专利申请的合作网络

图 15-3-4 是潞安矿业授权专利申请人合作关系图，气泡越大合作申请授权的次数越多，气泡之间距离越近代表发明人之间的研发合作越紧密。从图中可以看出潞安矿业授权专利中，申请人之间的合作关系较为密集。其中主要申请人有山西潞安矿业(集团)有限责任公司、山西潞安环保能源开发股份有限公司等。

其中合作较为密切的申请人为：山西潞安矿业（集团）有限责任公司与中国科学院陕西煤炭化学研究所、中国矿业大学（北京）等；山西潞安环保能源开发股份有限公司与太原矿机电气股份有限公司、河南理工大学、太原理工大学等。各个团队之间通过合作申请，从而实现信息共享，是有利于该行业的发展进步的。

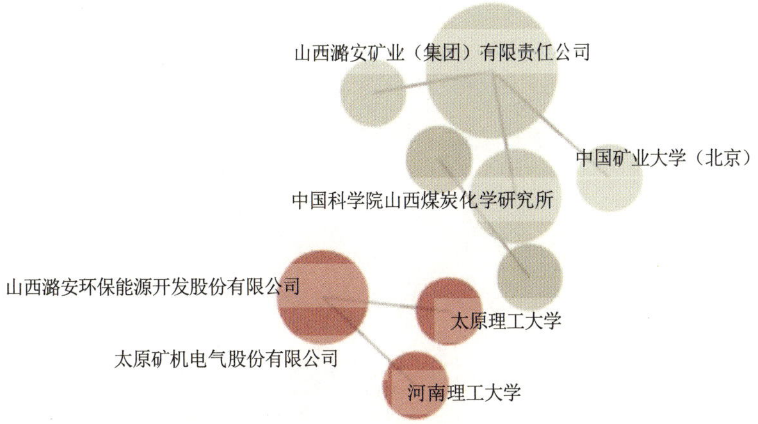

图 15-3-4　潞安矿业授权专利的合作网络

15.4　知识产权人才建设

图 15-4-1 是潞安矿业专利申请的发明人合作关系图，气泡越大合作申请授权的次数越多，气泡之间距离越近代表发明人之间的研发合作越紧密。从图中可以看出潞安矿业申请阶段专利中，发明人之间的合作关系比较密集。其中主要发明人有芦志刚、王伟林、郭超、常青、粟进波等。其中合作较为密切的发明人为：芦志刚与尚忠磊、张志强、郭超、苗小伟等；郭超与芦志刚、韩世勇、方茜、李天龙、李庄等；王伟林与杨计先、游浩、肖亚宁、范跃强等。各个团队之间通过合作申请，从而实现信息共享，是有利于该行业的发展进步的。

图 15-4-2 是潞安矿业授权专利发明人合作关系图，气泡越大合作申请授权的次数越多，气泡之间距离越近代表发明人之间的研发合作越紧密。从图中可以看出潞安矿业授权专利中，发明人之间的合作关系比较密集。其中主要发明人有郭超、芦志刚、尚中磊、韩世勇等。其中合作较为密切的发明人为：郭超与芦志刚、尚中磊、李庄、史世东、吴少鹏等；芦志刚与郭超、尚中磊、张志强等；尚忠磊与韩超、宋晓军、张志强、王亮等。各个团队之间通过合作申请，从而实现信息共享，是有利于该行业的发展进步的。

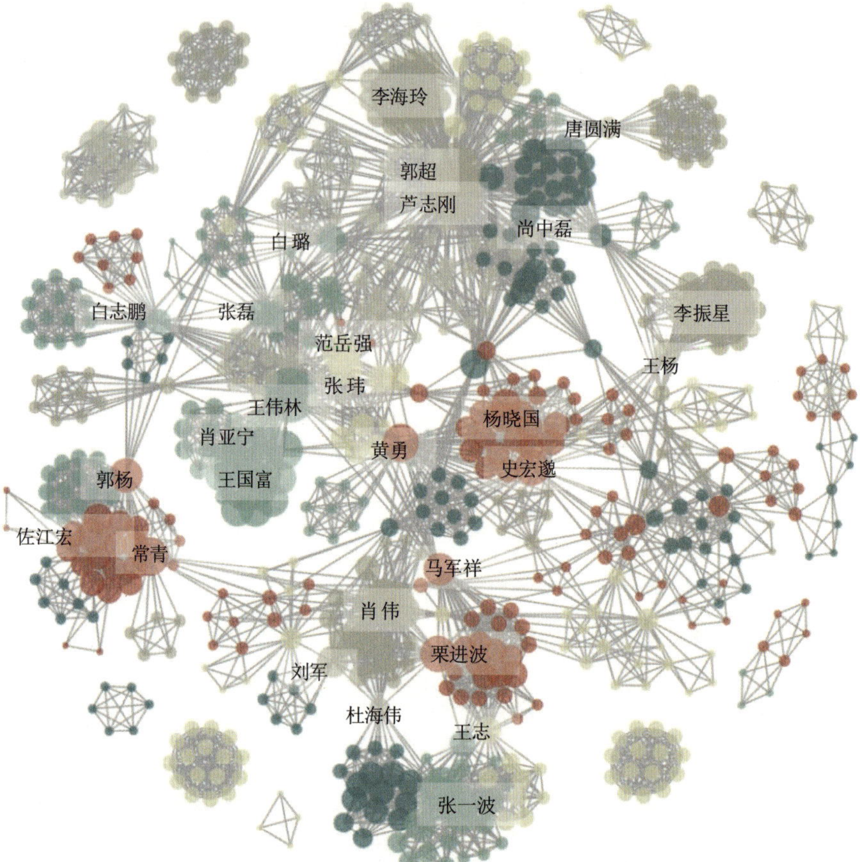

图 15-4-1　潞安矿业专利申请的发明人合作关系网络

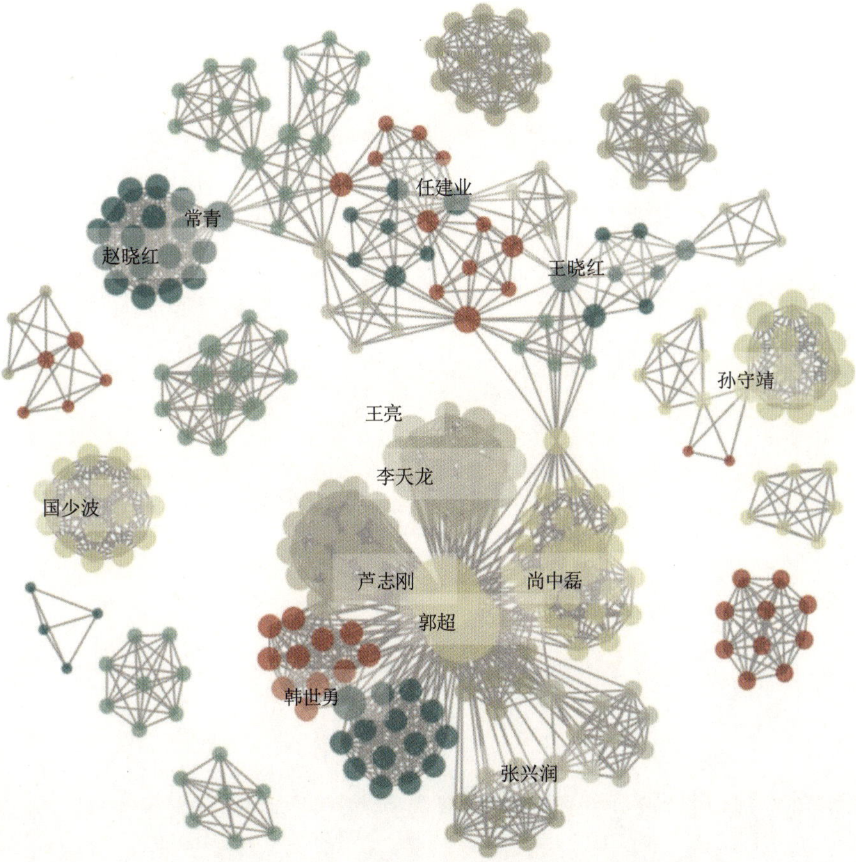

图 15-4-2　潞安矿业授权专利的发明人合作关系网络

案例篇

第16章
案　　例

16.1　案例1：恒阻大变形缆索及其恒阻装置

16.1.1　项目概述

获奖届：21届金奖

专利号：CN102296604B

专利名称：恒阻大变形缆索及其恒阻装置

专利权人：中国矿业大学（北京）

背景技术：20世纪50年代以来，随着预应力技术的提高，锚固加固理论、设计方法、规程规范的逐渐完善，以及锚索防腐手段的不断进步，预应力锚索的发展越来越快。目前，岩体预应力锚索单根预应力承载力已经达到16MN（德国）。预应力锚索结构类型多样、种类繁多，并随着应用水平的提高，不断改进、完善。预应力锚固技术已经广泛应用于岩土加固工程的各个领域，并积累了丰富的工程实践经验。

但是，在软岩边坡和活动性断层监测与预警领域，发现应用传统预应力锚索充当力学传输装置存在缺陷，例如滑动面和断层面上的滑动力超过预应力锚索材料强度时，会发生锚索断裂、力学信号传输系统破坏、整个监测系统失效的事故，无法对滑坡全过程进行连续监测。

16.1.2　相关专利详情

申请日：2011.06.13

授权日：2013.03.20

发明人：何满潮；陶志刚；张斌

摘要：本发明提供一种恒阻大变形缆索及其恒阻装置，该恒阻大变形缆索包括缆索、锚具、承载板和夹片，所述缆索的上端通过夹片固定于所述锚具和承载板，其还包括恒阻装置，所述恒阻装置包括套管和恒阻体，所述套管呈直管结构，所述恒阻体呈锥台结构，且所述恒阻体的下端端面的直径大于其上端端面的直径；所述套管的内径小于所述恒阻体的下端端面的直径，所述套管内壁的下部设有楔形部，所述恒阻体设于所述楔形部；所述恒阻体的强度大于所述套管的强度以使所述恒阻体在所述套管内移动时所述恒阻体形状不变而所述套管发生塑性变形；所述缆索的下端固定于所述恒阻体上。本发明具有恒阻防断的特性，可对滑坡和发震断层活动性全过程进行监测和预警。

独立权利要求：

1. 一种恒阻大变形缆索的恒阻装置，其特征在于，包括套管和用于固定连接缆索的恒阻体，所述套管呈直管结构，所述恒阻体呈锥台结构，且所述恒阻体的下端端面的直径大于其上端端面的直径；所述套管的内径小于所述恒阻体的下端端面的直径，所述套管内壁的下部设有楔形部，所述恒阻体设于所述楔形部；所述恒阻体的强度大于所述套管的强度，以使所述恒阻体在所述套管内移动时所述恒阻体形状不变而所述套管发生塑性变形进而产生恒阻力。

3. 一种恒阻大变形缆索，包括缆索、锚具、承载板、第一夹片和第二夹片，所述缆索的上端通过所述第一夹片固定于所述锚具和承载板，其特征在于，还包括恒阻装置，所述恒阻装置包括套管和恒阻体，所述套管呈直管结构，所述恒阻体呈锥台结构，且所述恒阻体的下端端面的直径大于其上端端面的直径；所述套管的内径小于所述恒阻体的下端端面的直径，所述套管内壁的下部设有楔形部，所述恒阻体设于所述楔形部；所述恒阻体的强度大于所述套管的强度以使所述恒阻体在所述套管内移动时所述恒阻体形状不变而所述套管发生塑性变形进而产生恒阻力；所述缆索的下端固定于所述恒阻体上。

16.1.3 案例分析

该方案提供的应用于软岩边坡和发震断层活动性监测的恒阻大变形缆索，从滑坡灾害监测和发震断层活动性监测的角度来说，在岩体发生滑动过程中不会因为滑动力大于缆索极限强度而被拉断，继而丧失监测的作用，而是通过恒阻体在套管内滑移来抵抗剩余滑动力的拉断效应。整个装置结构设计合理，使用方便，并且具有“抗中有让，让中有抗，恒阻防断”的力学特性，可以对滑坡灾害和发震断层活动全过程进行监测和预警，以解决现有锚索存在的单纯依靠锚索强度导致的当滑动力超过预应力锚索材料强度时锚索失效的问题。

16.2 案例 2：采集时间控制模式下的多线程数据采集系统同步控制方法

16.2.1 项目概述

获奖届：20 届金奖

专利号：CN103336458B

专利名称：采集时间控制模式下的多线程数据采集系统同步控制方法

专利权人：中国矿业大学（北京）；彭苏萍；许献磊；杨峰；杜翠；彭猛

背景技术：探地雷达（GPR）是一种快速、高效、无损探测的物探方法。传统的探地雷达设备的数据采集系统通常采用等效采样方式，这种采样方法采样速度低（每秒发射和接收的脉冲数仅为 50），对硬件要求也比较低，单一线程即可完成采样工作。随着雷达快速探测需求的增加，单一线程已无法满足高采样速率（每秒发射和接收的脉冲数 1×10^5 个以上，采样率可达 8G Samples/ 秒以上）和高数据量存储（每秒要存储数据量达 1G 以上）的要求，所以多线程数据采集系统成为一个发展方向。

若是用多个线程来协同完成探地数据采集中不同的存取任务（任务包括雷达数据采集，头文件数据采集和数据写入），其优点是可以加快数据存取速度，大大提高数据采集系统的整体性能。但对多线程数据采集系统来说，最重要的难题则是如何实现多个相互独立线程间的信息交互和同步控制。

16.2.2 相关专利详情

申请日：2013.05.15

授权日：2014.08.13

发明人：彭苏萍；许献磊；杨峰；杜翠；彭猛

摘要：本发明涉及采集时间控制模式下的多线程数据采集系统同步控制方法，属于探地雷达的探测技术领域，本方法包括：建立三个时间控制变量（时、分、秒）作为预设的采集时间并输入计时器中，计时结果与其他两个控制变量一起作为独立线程间的信息交互载体并进行和布尔运算，其结果作为不同线程的同步控制信号；通过对控制变量的赋值和相应的判据函数则实现了该模式下多线程的同步控制；此外，写入线程预置的判据函数则实现了对所有采集数据的存储。本发明基于计算机控制理论，实现了探地雷达多线程采集系统的控制功能。

独立权利要求：

1. 一种采集时间控制模式下的多线程数据采集系统同步控制方法，其特征在于，采用多个线程来完成探地数据采集中不同的存取任务，存取任务包括雷达数据采集，头文件数据采集和数据写入，多个线程在数据采集和写入过程中各自根据控制信号以循环形式相互独立工作；所述数据采集和写入过程包括以下步骤：

1）在任意一个雷达数据采集线程中设置三个整型变量 A、B、C，分别表示预设的采集时间：时、分、秒，用于控制雷达数据采集的时间；在所有线程中设置一个全局控制变量 D，用于各线程间结束信息的传递；各个线程设置自身的局部控制变量 E_i（i=1，2，…，p）p 为总线程的个数，该局部变量表示其所在线程的运行正确与否；三种控制变量均有两个状态："T""F"，分别表示是与否；

2）对所述雷达数据采集线程的整型变量 A、B、C 单位转化为以秒为单位的变量值 Q，转化方法为：变量 A 乘以 3600，变量 B 乘以 60，变量 A、B 的两个乘积结果与 C 相加得到 Q；另外，在该雷达数据采集线程中设置一个计时器，并将 Q 作为输入参数输入到该计时器中，计时器以数据采集开始时刻点为起始点，并记录采集的时间，如果记录的采集时间小于 Q，则该线程输出控制信号 S_1 为"F"，如果记录的采集时间大于 Q，则该线程输出控制信号 S_1 为"T"；

3）各线程中分别对所述控制信号 S_1、和变量 D、E_i 进行布尔"或"运算（BOO）；所述运算（BOO）规则为：设置采集时间的雷达数据采集线程中，如果输入的 S_1、D 和 E_i 全部为"F"，则该雷达数据采集线程输出控制信号 S_2 为"F"，如果输入的 S_1、D 和 E_i 至少有一个是"T"，则该雷达数据采集线程输出控制信号 S_2 为"T"；其他雷达数据采集线程中，如果输入的 D 和 E_i 全部为"F"，则该雷达数据采集线程输出控制信号 S_{2j}（j=1，2，…，m−1，m 为头文件采集线程的个数）为"F"，如果输入的 D 和 E_i 至少有一个是“T”，则该雷达数据采集线程输出控制信号 S_{2j} 为“T”；各头文件采集线程中，如果输入的 D 和 E_i 全部为“F”，则该头文件采集线程输出控制信号 S_{3q}(q=1，2，…，v，v 为头文件采集线程的个数）为“F”，如果输入的 D 和 E_i 至少有一个是“T”，则该头文件采集线程输出控制信号 S_{3q} 为“T”；各数据写入线程中，如果输入的 D 和 E_i 全部为“F”，则该数据写入线程输出控制信号 S_{4k}（k=1，2，…，r，r 为数据写入线程的个数）为“F”，如果输入的 D 和 E_i 至少有一个是“T”，则该数据写入线程输出控制信号 S_{4k} 为“T”。

16.2.3 案例分析

本方案用多个线程来完成探地数据采集中不同的存取任务，任务包括雷达数据采集，头文件数据采集和数据写入，多个线程在数据采集和写入过程中各自都以循环形式相互独立工作；解决多线程采集系统中的同步控制难题，提出一种基于按键控制模式的多线程数据采集系统同步控制方法，基于计算机控制理论，并利用计算机实现了探地雷达多线程采集系统的同步控制功能。

16.3 案例 3：一种旋流干煤粉气化炉

16.3.1 项目概述

获奖届：19 届金奖

专利号：CN103627440B

专利名称：一种旋流干煤粉气化炉

专利权人：神华集团有限责任公司；神华宁夏煤业集团有限责任公司

背景技术：煤的洁净与高效利用是当今世界能源与环境保护领域中的重大技术课题，也是我国国民经济可持续发展的关键技术之一，煤气化是将一次能源转化成洁净的二次能源的主要途径，大规模高效煤气化技术是发展煤基化学品生产、煤基液体燃料（合成油品、甲醇、二甲醚等）、先进的整体煤气化联合循环（IGCC）发电系统、多联产系统、制氢、燃料电池以及直接还原炼铁等过程工业的基础，是这些行业的公共技术、关键技术和龙头技术。

目前采用干煤粉气化的技术中，有代表性的主要有 Shell、GSP、航天炉等干煤粉气化技术。Shell 干煤粉气化炉采用四个煤粉烧嘴，为废锅流程，投资高，制造难度大，制造周期长；GSP 为单喷嘴煤粉气化炉，但其激冷采用喷嘴喷淋方式，粗煤气中灰含量大；航天炉干煤气化炉在处理煤粉规模上还没有达到 2000 吨 / 天，且排渣口与反应室直径比例较大（1∶2～1∶2.5），碳转化率较低。

16.3.2 相关专利详情

申请日：2013.11.11

授权日：2015.04.29

发明人：姚敏；马银剑；罗春桃；黄斌；井云环；徐才福；张志华；杨巍巍；赵涛

摘要：本发明提供了一种旋流干煤粉气化炉，包括旋流煤粉烧嘴、反应室、排渣口、激冷室、外壳和保护环。旋流煤粉烧嘴的冷却循环水通道在向火端螺旋盘绕，冷却效果出色，排渣口的上部与下部分别与反应室的下部和保护环的上部连通，保护环的下部与激冷室的下降管上部连通，排渣口的直径与反应室的直径的比例为 1∶3～1∶4。激冷室包括激冷环、下降管和破泡板，破泡板设置在下降管与外壳之间，反应室及排渣口的外部设有冷却水盘管。本发明的旋流干煤粉气化炉结构简单，特别适合日处理 2000～3000 吨的大规模煤气化生产工艺，同时碳转化率可达到 98% 以上。

独立权利要求：

1. 一种旋流干煤粉气化炉，其特征在于，所述旋流干煤粉气化炉包括旋流煤粉烧嘴、反应室、排渣口、激冷室、外壳和保护环；所述旋流煤粉烧嘴设置在所述反应室的上部，所述反应室的下部与所述排渣口的上部连通，所述激冷室包括激冷环、下降管和破泡板，所述破泡板设置在所述下降管与所述外壳之间，所述激冷环设置在所述下降管的上端，所述反应室及所述排渣口的外部设有冷却水盘管；所述排渣口的下端和所述下降管的上端分别与所述保护环的上端与下端连通；所述旋流煤粉烧嘴由内到外依次包括点火通道、第一冷却循环水通道、氧气与蒸汽通道、煤粉通道和第二冷却循环水通道，所述第一冷却循环水通道与所述第二冷却循环水通道分别在向火端螺旋盘绕，所述氧气与蒸汽通道内设有旋流叶片，所述旋流叶片与所述旋流煤粉烧嘴的纵轴夹角为

20°～30°；所述排渣口的直径与所述反应室的直径的比例为1∶3～1∶4；所述外壳与所述排渣口之间设有支撑板，所述下降管的下部通过固定杆与所述旋流干煤粉气化炉的外壳固定。

16.3.3 案例分析

本方案采用第一冷却循环水通道与所述第二冷却循环水通道在向火端处分别通过螺旋盘绕的部分使冷却水高速螺旋流动，减薄甚至破坏湍流流动的层流底层，提高了导热系数，提高了冷却件的换热效果，保护了烧嘴端部；相应缩小了排渣口的直径，在保证排渣口不堵塞的前提下延长了干煤粉在反应室内的停留时间，提高了碳转化率；增加的保护环实现了排渣口与下降管的过渡，进一步保护了下降管，同时便于后续的检修。旋流干煤粉气化炉煤粉在炉内弥散充分，停留时间长，碳转化率高，激冷洗涤除尘效果好，设备投资省，特别适合日处理2000～3000吨的大规模煤气化生产工艺。

16.4 案例4：一种矿井地下水的分布式利用方法

16.4.1 项目概述

获奖届：17届金奖

专利号：CN102865103B

专利名称：一种矿井地下水的分布式利用方法

专利权人：中国神华能源股份有限公司；中国矿业大学（北京）

背景技术：中国是缺水国家，水资源短缺现象对国民经济发展和人民生活的改善构成了严重威胁。在煤炭开采过程中不可避免地会产生矿井地下水，仅国有重点煤矿每年排放的矿井地下水就高达22亿吨，平均每开采一吨煤就需要排放2吨废水。这样，不仅浪费了大量宝贵的水资源，而且矿井地下水一旦外排，对周边环境极易构成严重的环境污染。

在中国西部地区赋存着丰富的煤炭资源，但水资源匮乏，矿区用水及周边区域用水紧张的情况进一步恶化，已经严重制约了矿区的正常生产，也不利于资源与环境的协调发展。目前，对矿井地下水的处理仍以抽排到地表为主。由于水资源利用的季节性等因素，造成水资源的极大浪费，加剧了当地水资源供给的失衡。同时，对矿井地下水悬浮物及水质的处理方法大多仍是将矿井水由井下排放在地表进行处理，也容易造成二次污染。

对于地下水资源的保护国内已有一些尝试，比如峰峰集团梧桐庄矿出于对深部水害的防治及地下水的保护，对矿井水进行井下收集、处理并回灌至奥灰含水层。另外，“矿井水处理工艺及矿井水一体化处理装置”（CN1884145）、“利用矿井地下巷道空间处理矿井水技术”（CN101012091）、“煤矿矿井水井下净化处理装置及方法”（CN102336484A）、“矿井水综合处理利用技术”（CN101975087A）、“煤矿井下采空区水的净化方法”（CN1482078）等专利文献中，分别提出了通过采空区过滤净化水、巷道空间利用净水设备处理矿井水，以及对矿井水的收集与利用实现对矿井水的处理及保护。

上述方法中，矿井水的利用主要是先通过井下水泵及管道将矿井水收集到水仓，再通过排水管将水输送到地表进行利用。其中有两种方式：一是在井下进行收集后处理，然后直接在井下复用到生产中；二是将水收集后输送到地表进行处理及利用。不管是收集后井下处理还是地表处理，这两种方法都是将矿井水从地层空间中抽走，实际造成了地下水的流失，导致水位不断下降，影响生态环境的生长及恢复。

16.4.2 相关专利详情

申请日：2012.04.28

授权日：2014.02.26

发明人：顾大钊；张凯；陈苏社；魏文玉；杨峰

摘要：本发明公开了一种矿井地下水的分布式利用方法，包括：A、对采区地下空间进行勘查，获得地层的基础地质数据；B、对矿井地下水进行观测，获得地下水的流场分布情况、水质数据以及水压数据；C、根据获得的地层基础地质数据，和地下水的流场分布情况、水质数据以及水压数据，将采煤后一个或多个地下水无法穿透的采空区空间确定为分布式地下水库的储水空间；D、当确定的储水空间形成后，其相邻工作面采煤时产生的地下水，自然渗流到所述储水空间；E、每个储水空间有连通到地表的抽水孔，当需要用水时，将地下水抽出到地表进行利用；当需要增加存水时，将外部水回灌到储水空间。本发明能够减少地下水的流失及对生态环境的生长及恢复的影响。

独立权利要求：

1. 一种矿井地下水的分布式利用方法，其特征在于，包括如下步骤：

A、对采区地下空间进行勘查，获得地层的基础地质数据；

B、对矿井地下水进行观测，获得地下水的流场分布情况、水质数据以及水压数据；

C、根据步骤A获得的地层基础地质数据，和步骤B获得的地下水的流场分布情况、水质数据以及水压数据，将采煤后一个或多个地下水无法穿透的采空区空间确定为分布式地下水库的储水空间；

D、在采煤过程中，当确定的储水空间形成后，其相邻工作面采煤时产生的地下水，自然渗流到所述储水空间；

E、所述每个储水空间设置有连通到地表的抽水孔，当需要用水时，通过抽水孔将地下水抽出到地表进行利用；当需要增加存水时，通过抽水孔将外部水回灌到储水空间。

16.4.3 案例分析

将矿井地下水存储到能够防止透水的采空区，当需要用水时，通过抽水孔将地下水抽出到地表进行利用；当需要增加存水时，通过抽水孔将外部水回灌到储水空间，这种方式减少了地下水的流失及对生态环境的生长和恢复的影响。这种矿井地下水的分布式利用方法，改变了以往矿井地下水先抽采再处理利用的传统思维，通过采区地下空间实现矿井地下水的分布式存储，并对地下水进行净化、利用与回灌，将地下水尽可能地保存在地层空间进行科学利用，减少地下水的流失，同时也有利于地区生态环境的保护与修复。

16.5 案例 5：沿空留巷 Y 型通风采空区顶板卸压瓦斯抽采的方法

16.5.1 项目概述

获奖届：15 届金奖

专利号：CN100462523C

专利名称：沿空留巷 Y 型通风采空区顶板卸压瓦斯抽采的方法

专利权人：淮南矿业（集团）有限责任公司；安徽建筑工业学院；煤矿瓦斯治理国家工程研究中心

背景技术：安徽淮南矿区地处华东腹地，是我国重要的煤能源基地。已探明的煤层均为松软低透气性高瓦斯煤层，瓦斯蕴藏量达 5928 亿 m^3。矿区内煤炭资源丰富，可采煤层层数多，煤层富含瓦斯、煤层透气性差；随着向深部开采，瓦斯治理的难度越来越大。据统计，采空区瓦斯涌出量占工作面瓦斯涌出量的 60% 以上。为了解决工作面回采时风排瓦斯量，1998 年以来淮南矿区研究并实施了走向顶板高位抽放技术，大大降低了采煤工作面瓦斯威胁，但走向高抽巷或长钻孔工程量大，成本高，前期准备工作量大；走向高位抽放有效区域受顶板覆岩结构和关键层位置影响大，合理抽放的区域变化大，层位难以控制，抽放瓦斯效果难以得到充分的保证。同时，传统的 U 型通风方式，由于采空区漏风携带采空区高浓度瓦斯汇集至工作面上隅角并由风流排出，无论采用高位钻孔、埋管抽放，还是利用高抽巷，都不能从根本上解决上隅角瓦斯超限和瓦斯积聚问题，影响采煤工作面的安全和高效生产。

16.5.2 相关专利详情

申请日：2007.06.29

授权日：2009.02.18

发明人：袁亮；程桦；李平；张士环；卢平；郑群；周德昶；廖斌琛；柏发松；汪经业；夏抗生；姚尚文

摘要：沿空留巷Y型通风采空区顶板卸压瓦斯抽采的方法，其特征是在高瓦斯采煤工作面沿空留巷采空区顶板卸压区，对于来自开采层和卸压层通过采空区上覆岩层受采动影响形成的裂隙通道汇集到采空区上部及环形裂隙圈内的解吸游离瓦斯，在沿空留巷内由布置在卸压环形裂隙圈中的倾向抽采瓦斯钻孔进行抽采，卸压环形裂隙圈位于Y型通风工作面沿空留巷的采空区顶板冒落带以上的离层裂隙带内。本发明从根本上解决采煤工作面上隅角和回风巷风流瓦斯超限问题，实现高浓度瓦斯抽采利用，提高资源利用率；同时实现高瓦斯煤层无煤柱开采，提高矿井资源回采率，保证采煤工作面的高效、安全开采。

独立权利要求：

1. 沿空留巷Y型通风采空区顶板卸压瓦斯抽采的方法，其特征是：

在沿空留巷采空区顶板卸压区，对于来自开采层和卸压层通过采空区（9）的上覆岩层受采动影响形成的裂隙通道汇集到采空区上部及环形裂隙圈内的解吸游离瓦斯，在沿空留巷内由布置在卸压环形裂隙圈区中的倾向抽采瓦斯钻孔（6）进行抽采，卸压环形裂隙圈位于Y型通风工作面回风沿空留巷的采空区顶板冒落带以上的离层裂隙带内；在煤层开采后，将工作面（4）的上巷采空区侧通过支护（3）形成沿空留巷（7），作为采煤工作面回风巷，以工作面机巷（1）和材料巷（2）作为进风巷，并以工作面机巷（1）作为主进风巷，以材料巷（2）作为辅助进风巷，工作面回风由沿空留巷（7）经边界回风巷（8）或回风石门流出，建立沿空留巷Y型工作面通风系统；在材料巷（2）和沿空留巷（7）中设置抽采瓦斯管道（5），各倾向抽采瓦斯钻孔（6）与抽采瓦斯管道（5）形成连通，所述汇集在采空区上部及环形裂隙圈内的解吸游离瓦斯通过倾向抽采瓦斯钻孔（6），并通过抽采瓦斯管（5）进入瓦斯抽采系统。

16.5.3 案例分析

通过沿空留巷Y型通风在采空区内形成高浓度瓦斯源，倾向抽采瓦斯钻孔布置在沿空留巷形成的聚集瓦斯的采动裂隙“带状裂隙区”，在瓦斯抽采泵负压的作用下，大量的覆岩卸压瓦斯和采空区高浓度瓦斯被抽出，根本上解决上隅角瓦斯超限和瓦斯积聚问题，有效地解决回风流瓦斯超限问题，实现采空区高浓度瓦斯抽采利用，保证了矿井的安全生产。本方案的方法，可抽采的瓦斯浓度达40%～90%。

此外，抽采瓦斯钻孔为倾向抽采瓦斯钻孔，钻孔依次贯穿采动覆岩冒落带、裂隙带至弯曲沉降带，解决顶板走向抽采瓦斯钻孔布置层位受煤系地层覆岩结构影响需准确研究确定和有效抽采长度短的问题，抽放瓦斯效果得到保证。倾向抽采瓦斯钻孔抽采瓦斯较顶板走向高位钻孔或高抽巷抽采工程量小。

此外，沿空留巷Y型通风瓦斯抽采方法，实现无煤柱开采，没有煤柱影响区的应力集中，消除被保护突出煤层应力集中区煤与瓦斯突出危险威胁。在留巷回风巷内优化布置近距离被保护突出煤层卸压瓦斯钻孔，可替代高、底抽巷，工程量大大降低。通过沿空留巷Y型通风瓦斯抽采方法，机电设备和机械等产生的热量，通过进风流带入沿空巷道进入专用回风巷，采空区内的热量通过沿空巷道直接进入专用回风巷，工作人员全部位于进风流，作业环境显著改善。

最后，该方法工艺简单，存在明显的技术优势和推广应用前景。

16.6 案例6：一种煤炭直接液化的方法

16.6.1 项目概述

获奖届：14届金奖

专利号：CN1257252C

专利名称：一种煤炭直接液化的方法

专利权人：神华集团有限责任公司；中国神华煤制油化工有限公司

背景技术：1913年，德国的柏吉乌斯（Bergius）进行了从煤或煤焦油通过高温高压加氢生产液体燃料研究并获得世界上第一个煤直接液化专利，从而为煤的直接液化奠定了基础。1927年，德国I.G.Farbenindustrie（燃料公司）在洛伊纳建立了世界上第一个煤直接液化厂。第二次世界大战期间，德国一共有12套直接液化装置建成投产，生产能力达到423×10^4吨/年，为发动第二次世界大战的德国提供了2/3的航空燃料和50%的汽车与装甲车用油。当时德国采用的液化工艺为鼓泡床反应器，固液分离采用加压过滤或离心分离工艺，采用含铁天然矿物催化剂，由于加压过滤和离心分离的循环溶剂含有难反应的沥青，加上液化催化剂活性低，所以液化条件十分苛刻，反应压力为

70MPa，反应条件为480℃。

第二次世界大战结束后，德国煤直接液化工厂全部关闭。20世纪70年代初石油危机后，寻找石油替代品引起了各工业发达国家的高度重视，研究开发了许多煤炭直接液化新工艺。

美国于20世纪80年代初开发了H-COAL工艺。H-COAL工艺采用强制循环悬浮床反应器，反应压力20MPa，反应温度455℃，液化催化剂为镍-钼或钴-钼/氧化铝载体的石油系加氢催化剂，采用旋液分离和减压蒸馏分离循环溶剂。该工艺由于采用强制循环悬浮床反应器和石油系加氢催化剂，反应温度控制容易，产品性质稳定。但由于石油系加氢催化剂在煤液化反应体系中失活严重，催化剂更新周期短，液化油生产成本高。

德国在20世纪80年代末开发了IGOR+工艺。IGOR+工艺采用鼓泡床反应器，减压蒸馏分离循环溶剂，并采用在线固定床加氢反应器对循环溶剂和产品进行不同深度的加氢，液化催化剂采用赤泥。该工艺由于全部采用加氢后的供氢性循环溶剂，煤浆性质稳定，煤浆浓度高，预热容易，而且可以与高温分离器气相进行换热，热利用率高。但由于赤泥催化剂活性低，反应条件苛刻，典型操作条件为反应压力30MPa，反应温度470℃；在线固定床加氢反应器存在催化剂结焦失活操作周期短的风险；鼓泡床反应器对高钙煤有矿物质沉积现象。

日本在20世纪90年代末开发完成了NEDOL工艺。NEDOL工艺采用鼓泡床反应器，减压蒸馏分离循环溶剂，并采用离线的固定床加氢反应器对循环溶剂进行加氢，液化催化剂采用超细粉碎的天然黄铁矿（0.7μ）。该工艺由于全部采用加氢后的供氢性循环溶剂，煤浆性质稳定，煤浆浓度高，预热容易，而且可以与高温分离器气相进行换热，热利用率高，反应条件缓和，典型的操作条件为反应压力17MPa，反应温度450℃。但天然黄铁矿硬度大，超细粉碎困难，成本高；鼓泡床反应器气体滞留系数大，利用率低；鼓泡床反应器液速低，有矿物质沉积；固定床加氢反应器存在操作周期短的风险。

16.6.2　相关专利详情

申请日：2004.07.30

授权日：2006.05.24

发明人：张玉卓；舒歌平；金嘉璐；崔民利；吴秀章；任相坤；徐耀武；梁仕普；

黄剑薇；袁明；高聚忠；朱豫飞

摘要：本发明公开了一种煤炭直接液化方法。包括以下步骤：（1）将原料煤制备成一种煤浆；（2）将所述煤浆经过预处理后送入一个反应系统中进行液化反应；（3）将反应产物在分离器中进行气液分离，其中的液相部分通过一个蒸馏塔进行分离，形成轻质油分和塔底物料；（4）将所述塔底物料送入另一个蒸馏塔分离为馏出油和残渣；（5）将所述的轻质油分和馏出油进行混合，将混合产物送入一个强化循环悬浮床加氢反应器进行催化加氢；（6）将加氢产物通过一个分馏塔分离出产品油和其他供氢性循环溶剂。本发明方法能长期稳定运转、反应器利用率和处理量大、防止矿物质沉积、反应条件缓和、最大限度提高液体收率，并同时为液化产品进一步加工提供优质原料。

独立权利要求：

1. 一种煤炭直接液化的方法，其特征在于，包括以下步骤：

（1）将原料煤制备成一种煤浆；

（2）将所述煤浆经过预处理后送入一个反应系统中进行液化反应；

（3）将反应产物在分离器（9，10）中进行气液分离，其中的液相部分通过一常压蒸馏塔（11）进行分离，形成轻质油分和塔底物料；

（4）将所述塔底物料送入一个减压蒸馏塔（12）分离为馏出油和残渣；

（5）将所述的轻质油分和馏出油进行混合，将混合产物送入一个强化循环悬浮床加氢反应器（13）进行催化加氢；

（6）将加氢产物通过一个分馏塔（15）分离出产品油和其他供氢性循环溶剂。

16.6.3 案例分析

本方案采用高活性液化催化剂、供氢性循环溶剂、强制循环悬浮床反应器、减压蒸馏分离沥青和固体，强制循环悬浮床加氢反应器，能长期稳定运转，反应器利用率高，防止矿物质沉积，反应条件缓和，最大限度地提高液体收率，并同时为液化产品进一步加工提供优质原料。

16.7 案例 7：一种脱硝催化剂的再生方法和一种再生脱硝催化剂及其应用

16.7.1 项目概述

获奖届：21 届银奖

专利号：CN106807401B

专利名称：一种脱硝催化剂的再生方法和一种再生脱硝催化剂及其应用

专利权人：国家能源投资集团有限责任公司；北京低碳清洁能源研究院

背景技术：氮氧化物（NO*x*）是目前我国大气污染的主要来源之一，是形成酸雨、光化学烟雾、区域超细颗粒 PM2.5 和雾霾的主要原因，给生态环境和人类生活带来了严重的危害。燃煤电厂是 NO*x* 排放的最主要来源，占总排放量的 70%。

我国氮氧化物排放量中近 70% 来自煤炭的直接燃煤，而火电燃煤又占煤炭直接燃烧比例的 50% 以上。《国家环境保护“十二五”规划》明确要求到 2015 年我国 NO*x* 的排放总量要在 2010 年排放量 2273.6 万吨的基础上降低 10%。2012 年 1 月 1 日实施的《火电厂大气污染物排放标准》中规定新建火电机组 NO*x* 排放量要达到 100 毫克 / 标米 ^{3} 以下。2014 年 8 月 23 日，国家发改委、环保部、国家能源局三部委联合下发《煤电节能减排升级与改造行动计划（2014—2020 年）》，对燃煤机组排放达到燃机标准提出新要求，要求范围内的机组 NO*x* 排放量低于 50 毫克 / 标米 ^{3}。环保新政策的出台，促使火电厂烟气脱硝技术大规模推广。

SCR 脱硝催化剂主要用于脱除火电厂烟气中的氮氧化物，我国火电装机容量大，需要大量这种催化剂。SCR 脱硝催化剂一般寿命为 3 ～ 5 年，每年都有大量的废催化剂产生，如果不加以适当的处理，不仅造成巨大的浪费，还会严重污染环境。

SCR 脱硝催化剂中主要含有脱硝钛白粉、三氧化钨、五氧化二钒等，其中脱硝钛白粉占催化剂总量的 80% ～ 90%，三氧化钨占总量的 5% ～ 10%，五氧化二钒占总量的 0.5% ～ 1.0%，这些物质中的金属元素地球含量相对稀少，如果能把这些金属提取出来重新利用，具有很大的经济和社会意义。而且五氧化二钒是一种有毒物质，如果用其他方式处理，必然造成污染，甚至更严重事件。

目前，对废 SCR 脱硝催化剂的处理，一般采用以下方式：①废催化剂中有价金属回收；②直接填埋；③用作水泥或混凝料；④返还给催化剂厂家。其中回收利用是一种科学环保的方式，不仅能提取有价金属材料，创造经济效益，还能减少对环境的污染，产生很好的社会效益。

我国的废催化剂的回收利用研究起步比较晚，缺乏对废催化剂系统的研究和相应的回收处理法规。目前还未对废旧 SCR 催化剂进行规模化回收利用，对废旧 SCR 催化剂回收的研究工作也仅处于起步阶段。SCR 废脱硝催化剂的回收难度比较大，目前尚没有专门的回收单位，在国内属新领域。因此，进行 SCR 废催化剂的回收很有必要。

16.7.2 相关专利详情

申请日：2015.11.30

授权日：2018.04.13

发明人：王宝冬；何发泉；林德海；马少丹；马子然；马静；孙琦

摘要：本发明涉及脱硝领域，具体提供了一种脱硝催化剂的再生方法，包括：a）制备再生液：将废脱硝催化剂进行焙烧、浸出、萃取和反萃取得到含有可溶性钒盐、可溶性钨盐的混合液；依据需要调整混合液中可溶性钒盐、可溶性钨盐的含量使得得到的再生液中可溶性钒盐以 V_2O_5 计的含量为 0.1% ～ 10.0%（质量分数），可溶性钨盐以 WO_3 计的含量为 0.1% ～ 5.0%（质量分数）；b）脱硝催化剂再生：使用所述再生液浸渍待生脱硝催化剂，将浸渍后的固体干燥或不干燥后进行焙烧。本发明提供了本发明所述的再生方法得到的再生脱硝催化剂及其应用。本发明的再生方法，无须使用价格昂贵的原料进行再生，能够利用废脱硝催化剂制备的再生液进行再生，有效利用了废脱硝催化剂，大大节约了生产成本，且再生效果好。

独立权利要求：

1. 一种脱硝催化剂的再生方法，其特征在于，该方法包括：使用再生液浸渍待生脱硝催化剂，将浸渍后的固体干燥或不干燥后进行焙烧，其中，所述再生液中含有可溶性钒盐、可溶性钨盐，可溶性钒盐以 V_2O_5 计的含量为 0.1% ～ 10.0%（质量分数），可溶性钨盐以 WO_3 计的含量为 0.1% ～ 5.0%（质量分数），所述再生液中还含有助剂，所述助剂包括助剂 A 和助剂 B，所述助剂 A 为硅源和 / 或铝源，所述助剂 B 为偏钛酸和 / 或硫酸氧钛。

8. 一种脱硝催化剂的再生方法，其特征在于，该方法包括：

a）制备再生液

将废脱硝催化剂进行焙烧、浸出、萃取和反萃取得到含有可溶性钒盐、可溶性钨盐的混合液；依据需要调整混合液中可溶性钒盐、可溶性钨盐的含量使得得到的再生液中可溶性钒盐以 V_2O_5 计的含量为 0.1% ～ 10.0%（质量分数），可溶性钨盐以 WO_3 计的含量为 0.1% ～ 5.0%（质量分数）；

b）脱硝催化剂再生

使用所述再生液浸渍待生脱硝催化剂，将浸渍后的固体干燥或不干燥后进行焙烧；步骤 a）中，制备再生液的方法还包括：在调整混合液中可溶性钒盐、可溶性钨盐的含量之前、之后或同时，将所述混合液与助剂混合，所述助剂包括助剂 A 和助剂 B，所述助剂 A 为硅源和 / 或铝源，所述助剂 B 为偏钛酸和 / 或硫酸氧钛。

16.7.3 案例分析

本方案的再生方法再生效果好，能够使再生得到的脱硝催化剂活性基本完全恢复至新鲜催化剂水平甚至超过新鲜催化剂水平。此外，无须使用价格昂贵的原料进行再生，能够利用废脱硝催化剂制备的再生液进行再生，不仅有效利用了废脱硝催化剂，而且大大节约了生产成本，且再生效果好。

16.8 案例 8：一种连续操作的气液固三相浆态床工业反应器

16.8.1 项目概述

获奖届：20 届银奖

专利号：CN1233451C

专利名称：一种连续操作的气液固三相浆态床工业反应器

专利权人：上海兖矿能源科技研发有限公司

背景技术：三相（气-液-固）浆态床反应器在化工过程中得到了广泛应用，在现有的文献和专利中多有报道。如中国专利 99127184.X 提供了一种气液固三相循环式反应器；中国专利 99813677.8 和 97227653.X 提供了一种射流式的三相反应器；中国专利 02117348.6 叙述的为不涉及催化过程的喷动床反应器；中国专利 93236114.5 和 94241250.8 为沉降式反应器；中国专利 94222395.0 和 97227653.X 为机械搅拌釜式反应器。

在中国专利 98124535.8 中提供了一种气流鼓泡悬浮的三相反应器，该反应器由以下五部分组成：一个带入口喷嘴的底部塔头，一个或多个浸没在合成段中的换热段，一排排出悬浮液的出口喷嘴，一个排出未反应气体的出口喷嘴和一组横向倾斜的隔膜以除尘除沫。

以上专利中所述反应器若用于工业反应过程，可能有以下问题：①循环式、射流式或喷动床式反应器能耗较大，且易于造成催化剂的磨损（喷动床不适于催化反应过程）；②沉降式反应器，适于间歇过程，一般更多用于废水处理的过程，不宜作连续生产；③机械搅拌釜式反应器，由于能耗大对催化剂磨损高，常用作实验室反应器。

而对于中国专利 98124535.8 所述气流鼓泡悬浮反应器，存在以下不足：①气体入口喷嘴设置在反应器底部，气体自下而上经过气体分布器，在出现故障断气时容易造成堵塞或逆流；②固体悬浮液排出进行处理，如果需要将催化剂返回，需要较大的能耗和造成机械磨损。这些不足将不利于连续的工业生产。

16.8.2 相关专利详情

申请日：2003.09.22

授权日：2005.12.28

发明人：朱继承；耿加怀；王信；韩晖

摘要：本发明涉及一种可以连续操作的气液固三相浆态床工业反应器，该反应器包括由入口气体分布管组成的进行气体均布的入口气体分布部件，一层或多层对床层进行加热/冷却的换热管部件，一层或多层可以自动清洗的液固分离器部件，除去液沫和固体夹带的出口除尘除沫器部件；与现有技术相比，本发明能耗低，解决了堵塞或逆流问题，温度和液位控制良好，实现了反应器的平稳连续操作。

独立权利要求：

1. 一种连续操作的气液固三相浆态床工业反应器，其特征在于，该反应器至少包括以下四部分部件：入口气体分布部件、换热管部件、液固分离器部件、出口除尘除沫器部件；所述的入口气体分布部件为设置在反应器底部的一组气体分布管（1），该气体分布管（1）上开孔并配置喷嘴（2），该喷嘴（2）在反应器截面上均匀分布，且为向下或侧向开口，喷嘴（2）内径的大小应确保气体通过分布管每个喷嘴所产生的压降在 0.01 ～ 0.1MPa 之间；所述的换热管部件为一层或多层换热管，换热管采取两种形式：一种是螺旋盘管式的换热管（4），是多圈与反应器同心的盘管，换热介质在盘管内自上而下螺旋式流动；另一种是迂回式多程换热管（4′），多根垂直的换热管通过上下连接弯头组合在一起，每组换热管内液体上下迂回流动，这种形式的换热管在同一截面上设置多组换热管；所述的液固分离器部件为置于反应器内的一层或多层液固分离装置(7)，该装置将液体产品或需要置换的液体与固体颗粒进行分离；每层液固分离装置包括一组或多组液固分离元件，每组液固分离元件又由一根或多根并列的液固分离元件组成，并列的液固分离元件通过上下两个连通管件组合在一起，再连接到反应器外的总管上；为了防止液固分离装置的堵塞，设置了专门的反冲控制程序来定期进行液固分离元件的反冲清洗，同时，为了控制液位，通过反冲控制程序投用的液固分离元件数量是可调的，反冲介质为液体或气体；所述的出口除尘除沫器部分为设置于顶部一个折流板式的除尘除沫器（11），它与出口管相连，该除尘除沫器（11）内置在线冲洗装置，用氮气或反应气体进行冲洗。

16.8.3 案例分析

该方案提供一种连续操作的气液固三相浆态床工业反应器，该反应器通过有效的结构设置，解决了堵塞或逆流问题，温度和液位控制良好，实现了反应器的平稳连续操作。

16.9 案例 9：一种超大采高液压支架

16.9.1 项目概述

专利号：CN101457652B

专利名称：一种超大采高液压支架

专利权人：天地科技股份有限公司

背景技术：大采高一次采全高采煤用于厚煤层开采是一种经济合理的开采方法，不仅可以减少巷道掘进和工作面铺网工作量，而且还可以提高煤炭资源回收率，提高采煤机单刀割煤量，降低含矸率，为提高工作面生产能力创造条件。近年来，我国对大采高一次采全高技术进行了大规模的技术攻关，已解决了 6 米以下厚煤层开采的关键问题，矿井所使用液压支架最大高度已达 6.3 米。目前，国内有多个矿井使用大采高一次采全高采煤方法开采 6 米以下厚煤层，并且已取得了前所未有的效果，有多个大采高一次采全高煤井实现年产量千万吨以上的水平，为厚煤层矿井开采提供了可以借鉴的依据，也使大采高一次采全高方法成为具有类似条件矿井的首选。

对于 4 ～ 6 米稳定厚煤层，大采高一次采全高是最合理的采煤方法。而 6 ～ 7.3 米的特厚中硬煤层的开采目前一般采用放顶煤工艺，而我国内蒙古、陕西、山西和宁夏等矿区，6 ～ 7.3 米的特厚硬煤层储量巨大，其开采方法是重大技术难题，目前，这些地区普遍采用 6 米以下一次采高采煤方法，造成巨大资源浪费。随着采煤高度的不断增加，工作面片帮和冒顶现象加剧，特别是采高大于 6.3 米以上时，用于支护煤矿顶板和维护综采工作面安全的大采液压支架高度需达到 6.5 米以上，这种超大采高液压支架的稳定性和防护装置已成为该类液压支架设计所需考虑的关键因素，也成为制约超大采高采煤工艺发展的关键因素之一。

16.9.2 相关专利详情

申请日：2008.05.13

授权日：2010.12.08

发明人：王国法；曾明胜；马端志；袁晓东；张银亮；宋智鹰；牛艳奇；孟传明

摘要：一种超大采高液压支架，包括开裆式刚性整体底座，在底座上布置两根双伸缩液压立柱，立柱上端与顶梁相接；所述顶梁后部与掩护梁相接；护帮装置与伸缩梁相连；伸缩梁与顶梁为内伸式连接方式；所述顶梁和掩护梁之间设有平衡千斤顶；掩护梁和底座分别与前、后连杆连接；所述底座上设有推移千斤顶，推移千斤顶与推杆连接；所述的顶梁前部设有伸缩梁，腹部设有支架防倒装置，底座上设有抬底、防滑、调架装置；推杆前端十字连接头上设有调平装置；该支架采用 2 米中心距，最大高度为 7.5 米，伸缩梁前端设有不小于1/2采高的三级护帮装置。本发明控制超厚煤层煤壁片帮、顶板冒顶和控制液压支架稳定性效果明显。

独立权利要求：

1.一种超大采高液压支架，包括开裆式刚性整体底座，在底座上对称布置的两根双伸缩液压立柱，液压立柱上端与顶梁的柱窝相接；所述顶梁为整体顶梁，后部通过销轴与掩护梁相接；护帮装置与伸缩梁相连；伸缩梁与顶梁为内伸式连接方式；所述顶梁和掩护梁之间设有一根或两根平衡千斤顶；掩护梁和底座分别与前、后连杆连接，形成控制液压支架稳定性的四连杆运动机构；所述底座上设置有抬底千斤顶，抬底千斤顶活塞杆端连接抬底滑靴，形成能够完成支架底座抬起的抬底装置；所述底座上设置推移千斤顶，推移千斤顶与推杆连接，形成能够完成支架推进的推移装置；所述推杆通过十字连接头与工作面刮板输送机相连，十字连接头上与工作面刮板运输机之间设置调平装置；所述伸缩梁前端设置有三级护帮装置；其特征在于：所述的顶梁前部设有伸缩梁，所述的顶梁腹部设有支架防倒装置，底座上设有防滑、调架装置，所述的护帮装置为三级护帮装置，该支架采用2米中心距，最大高度为7.5米，伸缩梁前端设有不小于1/2采高的三级护帮装置，所述的三级护帮装置结构为，一级护帮板与伸缩梁前端铰接，一级护帮板和托梁之间连接两根一级护帮千斤顶，一级护帮板前端与二级护帮板铰接，一级护帮板和二级护帮板之间通过两组小四连杆结构连接两根二级护帮千斤顶，所述小四连杆机构由长杆和短杆组成，所述二级护帮板腹部通过滑移轨道设置有三级护帮板，二级护帮板与三级护帮板之间连接有三级护帮千斤顶；所述的三级护帮装置中，一级护帮板展开后能够与顶梁成45°夹角，收回后能够与顶梁成180°夹角，紧贴顶梁，二级护帮板采用四连杆结构与二级护帮千斤顶连接，展开后能够与一级护帮板平行，收回时二级护帮板可折180°与一级护帮板重叠，三级护帮板是一种伸缩式结构，伸出后增加护帮装置的有效护帮高度，收回后能够收回到二级护帮板内。

16.9.3 案例分析

该方案是一种两柱掩护式超大采高液压支架，其防护装置是针对特厚煤层一次采全高采煤工艺而设计的，其稳定装置是考虑到超大采高液压支架高度大于6.3米后的稳定隐患而设计的，其突出特点是：能够满足6～7.3米特厚煤层一次采全高采煤工作面支护需求。还具有如下的优点：

（1）三级护帮装置，能够及时有力地护住足够高的煤壁，防止煤壁片帮；

（2）伸缩前梁，能够在采煤机割煤后，及时支护暴露顶板，防止冒顶；

（3）顶梁上装有支架防倒装置，防止超大采高液压支架倒架；

（4）底座上装有调架装置，用于调整支架位置，防止支架咬架；

（5）底座上装有抬底装置，在支架推移时将底座前端抬起，加快支架推进速度；

（6）调平装置，能够控制液压支架与采煤机的夹角，防止采煤机在截割过程中截割支架。

16.10　案例 10：一种高瓦斯煤层冲割压抽一体化的卸压增透瓦斯抽采方法

16.10.1　项目概述

专利号：CN104131832B

专利名称：一种高瓦斯煤层冲割压抽一体化的卸压增透瓦斯抽采方法

专利权人：中国矿业大学

背景技术：矿井瓦斯灾害（瓦斯涌出、瓦斯爆炸、煤与瓦斯突出等）是制约煤矿高效集约化开采的主要因素。瓦斯抽采是降低瓦斯事故发生，提高瓦斯能源利用和减少温室气体排放的根本措施。近年来，煤层内水力化增透技术以其效果显著、实用性强的特点，在我国高瓦斯低透气性煤层瓦斯抽采中得到普遍应用，如水力冲孔技术、水力割缝技术和水力压裂技术等。工程实践表明，采用单一的水力化措施存在很大局限性：水力冲孔通过高压水冲击、破碎并排出部分煤体形成一定卸压空间，然而针对软硬分布不均的煤层，冲孔孔洞往往呈现出不规则的形状，从而导致局部应力集中；水力割缝通过反复切割煤体形成扁平缝槽，部分煤体在割缝后发生变形、垮落，应力场重新分布，煤体裂隙逐渐发育，然而，单独采用水力割缝操作难度高、工程量大，尤其对于松软煤层，煤体蠕变严重，缝槽难于成形，裂隙闭合较快，瓦斯抽采难以持续、高效进行；水力压裂能够实现煤层大范围卸压，然而，压裂方向难以控制，裂隙分布极不均匀，针对坚硬煤体，水力压裂压力较高，操作有一定危险性。综上，采用单一的水力化措施虽然能在一定程度上实现煤层卸压增透，却难以实现煤层整体、均匀卸压，卸压增透效果有限，局部应力集中严重威胁着后续掘进与回采作业。

16.10.2 相关专利详情

申请日：2014.07.14

授权日：2016.08.17

发明人：林柏泉；杨威；李贺

摘要：一种高瓦斯煤层冲割压抽一体化的卸压增透瓦斯抽采方法，首先向煤层内施工一个底板穿层钻孔，然后退钻，在钻孔内换上水力冲孔专用钻杆与钻头。向钻杆内通入 5 ～ 35MPa 的高压水，旋转并往复移动钻头，对煤层实施水力冲孔，在钻孔周围形成直径为 0.3 ～ 1m 的冲孔孔洞。退钻时，将钻头移动至冲孔出煤较少的煤层段，原地旋转钻头，通过高压水切割煤层，形成扁平的割缝缝槽。退出水力冲孔专用钻杆与钻头，接入专用水力压裂设备，按照常规方法对钻孔实施水力压裂；压裂后，按照常规方法对钻孔进行密封并抽采瓦斯。本发明打破了单一水力化措施的局限性，通过冲孔、割缝、压裂和抽采一体化作业，实现了煤层整体、均匀卸压，使单孔卸压范围提高 50% 以上，单孔瓦斯纯流量提高 40% 以上，单孔瓦斯抽采率提高 30% 以上，具有显著的经济效益与广泛的应用前景。

独立权利要求：

1. 一种高瓦斯煤层冲割压抽一体化的卸压增透瓦斯抽采方法，其特征在于，包括依次在煤层钻孔内实施水力冲孔、水力割缝、水力压裂和瓦斯抽采，具体步骤如下：

a、从底板（1）向煤层（3）内施工一个钻孔（4），钻孔（4）穿过全煤段并进入顶板（2）约 0.5m，钻孔（4）施工完成后退钻；

b、向钻孔(4) 内送入水力冲孔专用钻杆与钻头，钻杆尾部与钻机相连，启动钻机，将专用钻杆与钻头推入煤层（3）内，然后向钻杆内通入高压水，操作钻机控制专用钻杆往复移动并带动钻头旋转，对煤层（3）实施水力冲孔，在钻孔（4）周围形成直径为 0.3~1m 的冲孔孔洞（5），在冲孔过程中实时记录冲孔路径中的出煤量；根据钻孔出煤情况调节水压，水压调节范围控制在 5 ～ 35MPa；

c、当冲孔达到顶板（2）位置后实施退钻，根据记录的冲孔出煤量，每退钻至出煤量较小的煤层段时，原地旋转钻头 5 ～ 15 分钟，在高压水的作用下，对煤层（3）进行切割，间隔形成一个个扁平的割缝缝槽（6），以增大卸压空间，消除应力集中；

d、割缝结束后，退出水力冲孔专用钻杆与钻头，向钻孔（4）内接入专用水力压裂设备，按常规方法对钻孔（4）实施水力压裂；

e、煤层(3）起裂后，注水压力明显降低，此时重新升高注水压力，如此反复多次，直到注水压力最终稳定不再变化时，压裂结束，停止注水；退出钻孔（4）内的压裂设备，按照常规方法对钻孔（4）进行密封并抽采瓦斯。

16.10.3 案例分析

该方案通过水力冲孔实现了煤层的初步卸压，在坚硬煤段，冲孔孔径缩小，出现应力集中，通过对该段煤体进行定点水力割缝实现煤层整体、均匀卸压，消除应力集中；同时，扩大了钻孔卸压影响范围，扩展了煤体运移空间。在水力冲孔与水力割缝的基础上实施水力压裂，高压水沿冲孔孔洞和割缝缝槽流动，实现可控导向致裂；同时，煤体经过初步卸压后变得疏松、多孔，降低了注水压力并提高了压裂效果。本发明打破了单一水力化措施的瓶颈问题，通过冲孔、割缝、压裂和抽采一体化作业，实现了由“线”到“面”，由“面”到“体”的煤层整体、均匀卸压，本发明能使单孔卸压范围提高 50% 以上，单孔瓦斯纯流量提高 40% 以上，单孔瓦斯抽采率提高 30% 以上，具有显著的经济效益与广泛的应用前景。

借鉴篇

第 17 章

知识产权纠纷及应对

常见的知识产权纠纷如下：

侵权纠纷，是指知识产权人与不特定第三人因侵权行为发生的争议，如未经知识产权人许可，擅自使用其知识产权导致双方发生的纠纷。

合同纠纷，是指知识产权转让、许可使用等合同中各方当事人因合同而引起的争议，如受让方超越合同授权导致双方发生的纠纷。

权属纠纷，是指主体之间就谁是真正的知识产权人、谁应该具有知识产权所发生的争议，如是单方知识产权人还是共同知识产权人等纠纷。

行政纠纷，是指当事人对知识产权行政管理机关所作出的决定不服而引起的争议，如对有关行政机关的处理决定不服而产生的纠纷。

解决知识产权纠纷的主要方法有协商、调解、行政处理、仲裁和民事诉讼五种。

协商是指双方当事人在知识产权纠纷发生后，在自愿互谅的基础上，按照有关法律的规定，通过直接的协商和谈判，自行达成和解协议，从而使纠纷得到解决的活动。

调解是指知识产权纠纷发生后，经双方当事人申请，由人民法院、仲裁机构或调解人从中协调，使双方当事人在自愿协商的基础上，互作让步，达成协议，从而使纠纷得到解决的活动。

行政处理是指知识产权纠纷有关的当事人或者不特定第三人请求知识产权行政管理机关处理其知识产权纠纷或与知识产权有关的侵权等违法行为的活动。

仲裁是指知识产权纠纷双方当事人在自愿基础上达成协议，将纠纷提交仲裁机构审理，由仲裁机构作出对争议双方均有约束力的裁决的解决纠纷的制度。当事人可以根据仲裁裁决或调解书要求对方承担责任或履行义务，也可请求人民法院强制执行。

民事诉讼是指人民法院在知识产权纠纷双方当事人的参与下审理和解决知识产权纠纷案件的诉讼活动。当事人可以请求人民法院作出要求对方承担责任或履行义务的判决书或调解书，并可请求人民法院强制执行。

17.1 知识产权纠纷案例

17.1.1 瑞迈凯公司 VS 赵某飞、伊泰广联公司[1]

17.1.1.1 基本信息

上诉人：山东瑞迈凯机电股份有限公司

被上诉人：赵某飞、内蒙古伊泰广联煤化有限责任公司

法院名称（一审）：内蒙古自治区包头市中级人民法院

法院名称（二审）：中华人民共和国最高人民法院

涉案专利的名称：采煤巷道电缆支架车

涉案专利公开号：CN102913684B

起诉时间：2018 年 11 月 7 日

结案时间：2019 年 10 月 25 日

17.1.1.2 案情回顾

图 17-1-1 示出了山东瑞迈凯机电股份有限公司（以下简称“瑞迈凯公司”）、赵某飞侵害专利权纠纷案件时间线的情况，其中 2012 年 9 月 24 日，赵某飞、李某存向国家知识产权局提出名称为“采煤巷道电缆支架车”的发明专利申请；2015 年 2 月 25 日，国家知识产权局公告授予“采煤巷道电缆支架车”发明专利的专利权，专利公开号为 CN102913684B，专利权人为赵某飞和李某存。

2017 年 7 月 27 日，鄂尔多斯市天骄公证处作出（2017）鄂天证内民字第 918 号公证书。该公证书记载：2017 年 7 月 27 日，赵某飞向鄂尔多斯市天骄公证处申请对涉案产品矿道行进列车进行保全证据公证。2017 年 7 月 27 日，公证处的公证员武小丽、助理人员仇苗随赵某飞来到伊旗红庆河煤矿，在公证员的监督下，对矿井内的矿道行进列车进行了现场摄像。其后，赵某飞针对其与瑞迈凯公司及其与内蒙古伊泰广联煤化有限

[1] 内蒙古自治区包头市中级人民法院．赵某飞与山东瑞迈凯机电股份有限公司、内蒙古伊泰广联煤化有限责任公司侵害发明专利权纠纷一审民事判决书 [EB/OL].[2018-11-07].https://wenshu.court.gov.cn/website/wenshu/181107ANFZ0BXSK4/index.html?docId=da4fd6e6c9a44d718b8aabea00e6d8f5.

责任公司（以下简称“伊泰广联公司”）的专利侵权纠纷先后向济宁市知识产权局提出处理请求。

2017 年 9 月 20 日，专利权人由赵某飞、李某存变更为赵某飞。

2018 年 5 月 4 日，国家知识产权局专利复审委员会作出审查决定，宣告涉案专利权部分无效，在权利要求 1-8 的基础上维持专利权继续有效。该专利法律状态为有效。

2018 年 7 月 13 日，济宁市知识产权局作出济知法处字〔2017〕3 号和济知法处字〔2017〕4 号《专利侵权纠纷案件处理决定书》，决定瑞迈凯公司立即停止制造、销售侵犯赵某飞“采煤巷道电缆支架车”（专利号：CN201210382197.0）专利权的行为，伊泰广联公司立即停止使用赵某飞“采煤巷道电缆支架车”（专利号：CN201210382197.0）专利权的行为。

2018 年 11 月 7 日，赵某飞在内蒙古自治区包头市中级人民法院提起诉讼，法院立案受理，赵某飞起诉请求为：①请求瑞迈凯公司停止制造、销售侵犯赵某飞涉案专利权的产品，伊泰广联公司停止使用侵犯赵某飞涉案专利权的产品；②请求瑞迈凯公司、伊泰广联公司赔偿赵某飞经济损失 20 万元；③请求瑞迈凯公司、伊泰广联公司赔偿赵某飞为制止侵权行为所支出的费用 41734 元(包括律师费 1 万元，专利代理服务费 3 万元，差旅费 1734 元)；④本案诉讼费用由瑞迈凯公司、伊泰广联公司承担。

2019 年 7 月 26 日，瑞迈凯公司因与被上诉人赵某飞、伊泰广联公司侵害发明专利权纠纷一案，不服内蒙古自治区包头市中级人民法院(2018）内 02 民初 492 号民事判决，向中华人民共和国最高人民法院提起上诉。

2019 年 7 月 26 日，中华人民共和国最高人民法院立案后依法组成合议庭。

2019 年 10 月 12 日，中华人民共和国最高人民法院公开开庭进行了审理。

2019 年 10 月 25 日，中华人民共和国最高人民法院认定瑞迈凯公司的上诉请求不能成立，依照《中华人民共和国民事诉讼法》第一百七十条第一款第一项规定，中华人民共和国最高人民法院作出“驳回上诉，维持原判”的判决。

2012-09-24 赵某飞、李某存向国家知识产权局提出发明专利申请

2015-02-25 国家知识产权局公告授予专利权

2017-07-27 赵某飞向鄂尔多斯市天骄公证处申请对涉案产品进行保全证据公证

2017-09-20 专利权人由赵某飞、李某存变更为赵某飞

2018-05-04 国家知识产权局专利复审委员会作出无效决定

2018-07-13 济宁市知识产权局作出《专利侵权纠纷案件处理决定书》

2018-11-07 赵某飞提起诉讼，一审立案

2019-07-26 瑞迈凯公司上诉，二审立案，且法院依法成立合议庭

2019-10-12 法院开庭进行了审理

2019-10-26 二审判决结果：驳回上诉，维持原判

图 17-1-1　瑞迈凯公司诉赵某飞等侵害专利权纠纷案件时间线

17.1.1.3　案件结果

在本案中，原告赵某飞胜诉，具体判决结果如下：

一、瑞迈凯公司停止制造、销售侵犯赵某飞涉案专利权的产品；

二、伊泰广联公司停止使用侵犯赵某飞涉案专利权的产品；

三、瑞迈凯公司于十日内向赵某飞赔偿经济损失及合理支出费用共计人民币 20 万元；

四、驳回赵某飞的其他诉讼请求。

17.1.2　耿某文 VS 火烧铺矿[1]

17.1.2.1　基本信息

上诉人：耿某文

被上诉人：贵州盘江精煤股份有限公司火烧铺矿

法院名称（一审）：贵州省贵阳市中级人民法院

法院名称（二审）：贵州省高级人民法院

涉案专利的名称：三软煤层加长前梁综采、综采放顶煤采煤方法及设备

---

[1] 贵州省高级人民法院．耿某文、贵州盘江精煤股份有限公司火烧铺矿侵害发明专利权纠纷二审民事判决书 [EB/OL].[2017-11-20].https://wenshu.court.gov.cn/website/wenshu/181107ANFZ0BXSK4/index.html?docId=37580d54688f47bcb1bfaae801650419.

涉案专利公开号：CN101666230B

起诉时间：2017 年 3 月 28 日

结案时间：2017 年 11 月 20 日

17.1.2.2 案情回顾

图 17-1-2 展示了耿某文、贵州盘江精煤股份有限公司火烧铺矿（以下简称“火烧铺矿”）侵害专利权纠纷案件时间线的情况。

2003 年 6 月，耿某文是火烧铺矿职工，自 2003 年 6 月起在矿上工作；

2003 年 6 月 24 日，盘江煤电（集团）公司对耿某文进行工作调动，并具有干部介绍信；

2007 年 6 月 17 日，火烧铺矿任命耿某文为采煤一区副区长，并备案入矿发（2007）51 号文件；

2008 年 5 月，火烧铺矿对涉案技术方案开始研发、加工、调试、使用，即火烧铺矿在先使用涉案专利技术；

2008 年 8 月，耿某文提出在开采火烧铺矿 17 号煤层的技术发明方案，该技术方案在火烧铺矿矿上由当时的矿长、副矿长、生产矿长、总工程师以及机修厂等一起研究讨论；

2008 年 8 月 11 日，根据耿某文的建议及绘制的图纸，火烧铺矿的机修厂开始加工、安装耿某文提出的技术方案设备，并在火烧铺矿的 17 号煤层先后投入使用了 100 多套；

2008 年 10 月，火烧铺矿安装调试使用涉案设备；

2009 年 1 月 11 日，耿某文、谢某海、鲁某、刘某全等人作为“三软煤层采煤法及相关技术、装备改进”项目研发的主要完成者，生产技术科作为申报人，向火烧铺矿提出了技术成果申报；

2009 年 5 月 1 日，“三软煤层采煤法及相关技术、装备改进”项目荣获火烧铺矿 2008 年度科学技术进步奖特等奖，并且火烧铺矿对耿某文所带领的涉案技术方案研发小组进行奖励，并备案入矿发（2009）38 号文件；

2009 年 6 月，火烧铺矿使用“三软媒层采煤设备”并生产回收煤矿；

2009 年 10 月 9 日，耿某文向国家知识产权局提出专利申请；

2010 年 4 月 13 日，火烧铺矿任命耿某文为采煤副总工程师；

2010 年 10 月 19 日，火烧铺矿任命耿某文为火烧铺矿副矿长；

2010 年 10 月 25 日，火烧铺矿任命耿某文的干部任免审批；

2011 年 5 月 25 日，国家知识产权局正式授予耿某文该技术的发明专利。发明名称为“三软煤层加长前梁综采、综采放顶煤采煤方法及设备”，发明人为耿某文，公开号为 CN101666230B；

2014 年 12 月 5 日，火烧铺矿任命耿某文为分管采煤、机电副矿长；

2015 年 9 月 23 日，火烧铺矿任命耿某文为分管机电、运输副矿长，之后在火烧铺矿处为耿某文设有劳模工作室；

2016 年 9 月，由于产煤效率不高，火烧铺矿决定停止使用“三软媒层采煤设备”；

2017 年 3 月 28 日，耿某文向贵州省贵阳市中级人民法院提起诉讼请求，请求判令被告停止使用原告的专利技术进行生产，并赔偿原告因专利权被侵害而遭受的损失 7357925 元，贵州省贵阳市中级人民法院受理后，依法组成合议庭；

2017 年 5 月 23 日，贵州省贵阳市中级人民法院公开开庭进行了审理，原告耿某文及其委托诉讼代理人王某，被告委托诉讼代理人汪某松、吴某辰到庭参加诉讼；

2017 年 6 月 15 日，贵州省贵阳市中级人民法院作出判决结果，驳回耿某文的诉讼请求；

2017 年 7 月 7 日，耿某文不服贵州省贵阳市中级人民法院作出的（2017）黔 01 民初 407 号民事判决，向贵州省高级人民法院提起上诉，贵州省高级人民法院受理后，依法组成合议庭对案件进行了审理；

2017 年 11 月 20 日，贵州省高级人民法院驳回耿某文的诉讼请求。

图 17-1-2 耿某文诉火烧铺矿侵害专利权纠纷案件时间线

17.1.2.3 案件结果

在本案中，原告耿某飞败诉，贵州省贵阳市中级人民法院以及贵州省高级人民法院均驳回原告耿某飞的诉讼请求。

17.1.3 兰特公司 VS 安明宏远公司[1]

17.1.3.1 基本信息

上诉人：辽宁兰特科技发展有限公司

被上诉人：山西安明宏远防水材料有限公司

法院名称（一审）：山西省太原市中级人民法院

法院名称（二审）：山西省高级人民法院

涉案专利的名称：使用聚氨酯发泡袋封堵瓦斯抽放孔

涉案专利公开号：CN102052087B

起诉时间：2018 年 5 月 9 日

结案时间：2018 年 12 月 21 日

17.1.3.2 案情回顾

图 17-1-3 示出了辽宁兰特科技发展有限公司（以下简称“兰特公司”）与山西安明宏远防水材料有限公司（以下简称“安明宏远公司”）侵害专利权纠纷案件时间线的情况。

2010 年 6 月 24 日，阜新库乔聚氨酯发展有限公司（以下简称“库乔公司”）向国家知识产权局申请“使用聚氨酯发泡袋封堵瓦斯抽放孔”发明专利。

2012 年 1 月 25 日，库乔公司将专利申请权转让给兰特公司；

2013 年 5 月 29 日，兰特公司获得专利授权，专利号为 CN201010220304.0；

2012—2013 年，山西西山煤电股份有限公司向兰特公司购买聚氨酯发泡袋（矿用合成树脂）产品用于封堵瓦斯抽放孔，后来就不从兰特公司进货；

2014 年 4 月，山西西山煤电股份有限公司开始制造、销售、使用矿用合成树脂产品；

2008 年 9 月至 2016 年 5 月，安明宏远公司制造、销售、许诺销售涉嫌侵权产品；

2016 年 6 月 20 日，兰特公司向阜新市公证处申请对被告互联网的有关信息进行保全证据。由公证处公证员孙宏颖使用公证处的计算机进行操作，公证工作人员张浩对

---

[1] 山西省高级人民法院．辽宁兰特科技发展有限公司与山西安明宏远防水材料有限公司侵害发明专利权纠纷二审民事裁定书 [EB/OL].[2019-12-23]. https://wenshu.court.gov.cn/website/wenshu/181107ANFZ0BXSK4/index.html?docId=0de889ed7be845d7a3fdab2b0189aaaa.

整个操作过程进行了现场录像，并将公证员孙宏颖现场操作取得的打印图与公证书相粘连；

2016年7月1日，阜新市公证处出具了（2016）阜证民字第1221号公证书；

2017年10月13日，兰特公司向阜新市公证处提出保全证据申请。在公证处公证员孙宏颖与公证工作人员张浩的监督下，兰特公司的委托代理人通过电话与短信方式向安明宏远公司购买了2箱共计60袋“封固力封孔袋”；

2017年10月23日，在阜新市公证处的公证员的监督下，兰特公司的委托代理人收取从安明宏远公司购买的货物，密封后存放于阜新市公证处；

2017年10月30日，阜新市公证处出具了（2017）阜证民字第2961号公证书；

2017年11月8日，兰特公司向阜新市公证处申请对从安明宏远公司公证购买的产品进行实验的过程进行保全证据；

2017年11月30日，阜新市公证处出具了（2017）阜证民字第3652号公证书；

2018年5月9日，兰特公司针对与山西西山煤电股份有限公司侵害发明专利权纠纷一案向山西省太原市中级人民法院提起诉讼请求；

2018年8月29日，山西省太原市中级人民法院驳回原告兰特公司的诉讼请求；

2018年9月10日，山西省太原市中级人民法院针对“辽宁兰特科技发展有限公司与山西安明宏远防水材料有限公司侵害发明专利权纠纷”的民事一审案件，进行判决，判决结果为山西省太原市中级人民法院驳回兰特公司的诉讼请求，兰特公司不服山西省太原市中级人民法院作出的（2018）晋01民初298号民事判决，随后向山西省高级人民法院提起民事二审诉讼请求；

2018年12月21日，山西省高级人民法院作出判决，撤销山西省太原市中级人民法院（2018）晋01民初298号民事判决，发回山西省太原市中级人民法院重审。

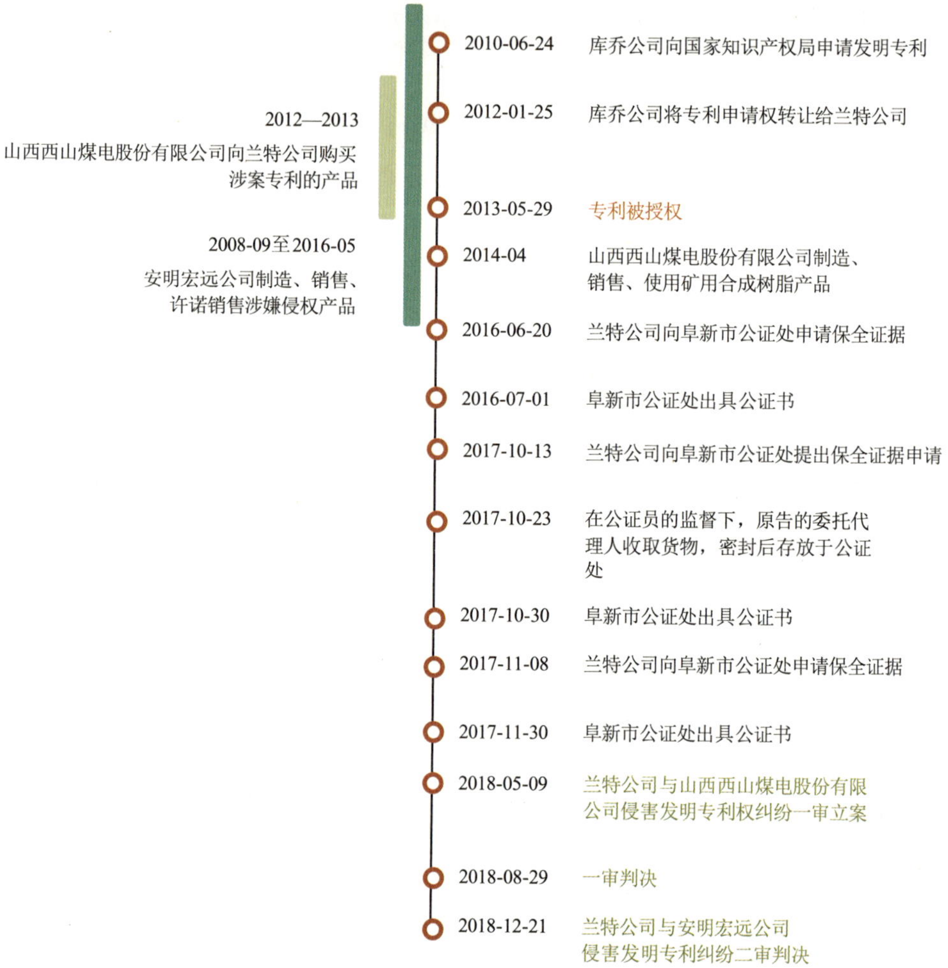

图 17-1-3　兰特公司诉安明宏远公司侵害专利权纠纷案件时间线

17.1.3.3　案件结果

在本案中，原告兰特公司胜诉，山西省高级人民法院具体裁定结果如下：

一、撤销山西省太原市中级人民法院（2018）晋 01 民初 298 号民事判决；

二、发回山西省太原市中级人民法院重审。

17.1.4 崔某明 VS 焦煤能源公司、古汉山矿、九里山矿、龙腾新型钻具公司、平煤神马、平禹煤电公司、晟源电气、许昌新龙矿业、天安煤业公司十三矿、中平能化集团[1]

17.1.4.1 基本信息

上诉人：崔某明

被上诉人：河南焦煤能源有限公司九里山矿、河南焦煤能源有限公司古汉山矿、河南焦煤能源有限公司、河南龙腾新型钻具制造有限公司、中国平煤神马能源化工集团有限责任公司天成实业分公司、中国平煤神马能源化工集团有限责任公司、河南平禹煤电有限责任公司、平顶山市晟源电气有限公司、河南省许昌新龙矿业有限责任公司、平顶山天安煤业股份有限公司、平顶山天安煤业股份有限公司十三矿、平顶山天安煤业股份有限公司六矿、中平能化集团天工机械制造有限公司

法院名称（一审）：河南省洛阳市中级人民法院

法院名称（二审）：河南省高级人民法院

涉案专利的名称：软煤层高瓦斯深孔钻机用钻杆

涉案专利公开号：CN2556353Y

起诉时间：2013 年 4 月 8 日

结案时间：2014 年 10 月 21 日

17.1.4.2 案情回顾

图 17-1-4 示出了崔某明诉讼侵害专利权纠纷案件时间线情况。

2001 年 10 月 27 日，崔某明向国家知识产权局申请名称为“软煤层高瓦斯深孔钻机用钻杆”的实用新型专利；

2003 年 6 月 18 日，国家知识产权局授予“软煤层高瓦斯深孔钻机用钻杆”专利权，专利权人为崔某明；

2008 年 10 月 26 日，国家知识产权局出具检索报告，认定“软煤层高瓦斯深孔钻机用钻杆”权利要求 1-6 具有新颖性和创造性；

---

[1] 河南省高级人民法院 . 崔某明与河南焦煤能源有限公司九里山矿、河南焦煤能源有限公司古汉山矿、河南焦煤能源有限公司、河南龙腾新型钻具制造有限公司侵犯实用新型专利权纠纷民事判决书 [EB/OL].[2014-12-31]. https://wenshu.court.gov.cn/website/wenshu/181107ANFZ0BXSK4/index.html?docId=aa05abf55d3e49ba95e39076b8b722bd.

2009年6月4日，崔某明向国家知识产权局专利复审委员会提出无效宣告请求，请求宣告200720306879.8号专利权无效，该专利名称为“圆弧形凸棱瓦斯抽放钻杆”，专利权人田某伟；

2009年9月30日，专利复审委员会作出第14071号无效宣告请求审查决定，宣告200720306879.8号专利权无效。

2011年4月21日，崔某明申请河南省襄城县公证处至河南平禹煤电有限责任公司（以下简称“平禹煤电公司”）对涉案侵权产品进行证据保全，该公证处出具（2011）襄证民字第109号公证书，公证书记载在平禹煤电公司仓库存放有200根被控侵权产品，所附照片显示的钻杆上贴有“中平能化集团天成实业分公司、合格证、检验员、2011年3月16日”字样；

2011年5月13日，平顶山市晟源电气有限公司（以下简称“晟源电气”）向专利复审委员会提出了针对专利“软煤层高瓦斯深孔钻机用钻杆”的无效宣告请求，其理由是专利“软煤层高瓦斯深孔钻机用钻杆”的权利要求1-5的保护范围不清楚，不符合专利法第26条第4款的规定，请求宣告“软煤层高瓦斯深孔钻机用钻杆”全部无效。

2011年7月27日，崔某明申请河南省襄城县公证处至河南省焦煤能源有限公司古汉山矿（以下简称“古汉山矿”）进行证据保全，该公证处出具的（2011）襄证民字第235号公证书记载：古汉山矿抽放队一室内发现堆放多根钻杆，该钻杆的形状为：杆体三棱形状，一端为内螺纹接头，另一端为外螺纹接头，中心有通孔；

2011年8月11日，崔某明申请河南省襄城县公证处至平顶山天安煤业股份有限公司十三矿（以下简称“天安煤业公司十三矿”）进行证据保全，该公证处出具的（2011）襄证民字第239号公证书记载在天安煤业公司十三矿一院内有几十根旧三棱钻杆；

2011年9月15日，崔某明申请河南省襄城县公证处至河南焦煤能源有限公司九里山矿（以下简称“九里山矿”）进行证据保全，该公证处出具的（2011）襄证民字第281号公证书记载，九里山矿035号院内发现堆放多根钻杆，该钻杆的形状为：杆体三棱形状，一端为内螺纹接头，另一端为外螺纹接头，中心有通孔。钻杆上贴有“产品名称：圆弧形凸棱钻杆，生产厂家：河南龙腾新型钻具制造有限公司。”字样；

2011年10月27日，实用新型“软煤层高瓦斯深孔钻机用钻杆”专利权终止；

2012年6月13日，针对晟源电气提出的无效宣告请求，专利复审委员会作出18836号无效宣告请求审查决定，维持专利“软煤层高瓦斯深孔钻机用钻杆”有效。

2013年4月8日，崔某明向河南省郑州市中级人民法院提起第1件民事一审诉讼，上诉中国平煤神马能源化工集团有限责任公司天成实业分公司（以下简称“天成实业”）、中国平煤神马能源化工集团有限责任公司等侵害其实用新型专利权；同天，崔某明向河南省郑州市中级人民法院提起第 2 件民事一审诉讼，上诉平顶山天安煤业股份有限公司（以下简称“天安煤业股份公司”）、天安煤业公司十三矿等侵害其实用新型专利权；

2013 年 5 月 22 日，崔某明向河南省郑州市中级人民法院提起第 3 件民事一审诉讼，上诉晟源电气、河南省许昌新龙矿业有限责任公司（以下简称“许昌新龙矿业”）侵犯其专利权；

2013 年 5 月 30 日，河南龙腾新型钻具制造有限公司（以下简称“龙腾新型钻具公司”）出具证明一份，内容为：龙腾新型钻具公司于 2011 年 5 月 11 日送往天安煤业公司十三矿圆弧形凸棱钻杆 350 根，2011 年 5 月 28 日送 550 根，进行试验；

2013 年 7 月 23 日，崔某明向河南省洛阳市中级人民法院提起第 4 件民事一审诉讼，上诉九里山矿、古汉山矿等侵害其实用新型专利权；

2013 年 9 月 23 日，龙腾新型钻具公司出具证明一份，内容为：龙腾新型钻具公司生产的圆弧凸棱钻杆由经销商销售至九里山矿和古汉山矿，用于矿区的生产；

2013 年 10 月 26 日，河南省郑州市中级人民法院作出第 1 件到第 3 件民事一审的判决，判决结果均为驳回崔某明的上诉请求；

2013 年 12 月 9 日，河南省洛阳市中级人民法院作出第 4 件民事一审的判决，判决结果为驳回崔某明的上诉请求；

2014 年 3 月 4 日，崔某明不服河南省洛阳市中级人民法院作出第 4 件民事一审的判决结果，向河南省高级人民法院提起第 4 件民事二审诉讼，河南省高级人民法院立案受理；

2014 年 3 月 14 日，崔某明不服河南省洛阳市中级人民法院作出第 1 件到第 3 件民事一审的判决结果，向河南省高级人民法院提起第 1 件到第 3 件民事二审诉讼，河南省高级人民法院立案受理；

2014 年 3 月 28 日，河南省高级人民法院对崔某明提起的第 4 件民事二审诉讼公开开庭审理；

2014 年 5 月 14 日，河南省高级人民法院对崔某明提起的第 1 件到第 3 件民事二审诉讼公开开庭审理；

2014 年 10 月 21 日，河南省高级人民法院对崔某明提起的 4 次民事二审进行判决，判决结果均为驳回崔某明的上诉，维持原判。

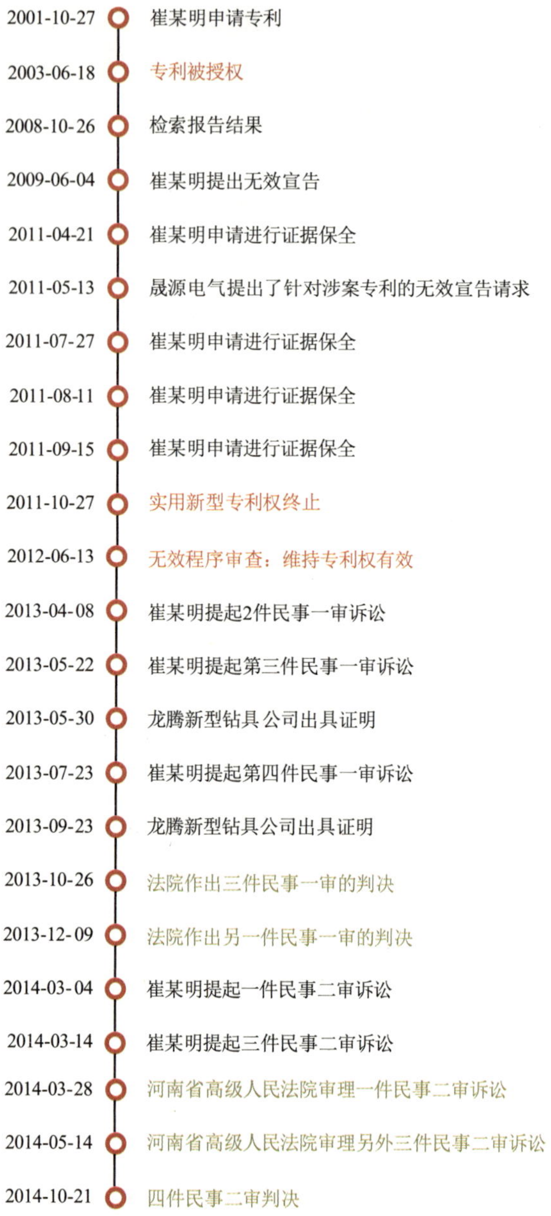

图 17-1-4　崔某明诉九里山矿等侵害专利权纠纷案件时间线

17.1.4.3　案件结果

在本案中，原告分别向不同的公司提起诉讼，总共提起 8 次诉讼请求，其中包括 4 次民事一审诉讼请求，4 次民事二审诉讼请求，在这 8 次诉讼请求中，原告崔某明均败诉，河南省洛阳市中级人民法院以及河南省高级人民法院均驳回原告崔某明的诉讼请求。

17.1.5 北京诚田恒业公司 VS 安徽省矿业机电、山东新煤、郑新福泰[1]

17.1.5.1 基本信息

上诉人：北京诚田恒业煤矿设备有限公司

被上诉人：安徽省矿业机电装备有限责任公司、山东新煤机械装备股份有限公司、郑新福泰（新密）煤业有限公司

法院名称（一审）：安徽省合肥市中级人民法院、河南省郑州市中级人民法院

法院名称（二审）：安徽省高级人民法院

涉案专利的名称：一种煤矿用柔性掩护式液压支架

涉案专利公开号：CN101769159B

起诉时间：2017 年 6 月 8 日

结案时间：2018 年 12 月 20 日

17.1.5.2 案情回顾

图 17-1-5 示出了北京诚田恒业煤矿设备有限公司（以下简称“北京诚田恒业公司”）与安徽省矿业机电装备有限责任公司（以下简称“安徽省矿业机电”）侵害发明专利权纠纷案件时间线的情况。

2010 年 1 月 22 日，北京诚田恒业公司向国家知识产权局申请名称为“一种煤矿用柔性掩护式液压支架”的发明专利；

2012 年 7 月 25 日，国家知识产权局授予北京诚田恒业公司专利权；

2014 年，北京诚田恒业公司向山东新煤机械装备股份有限公司（以下简称“山东新煤”）、郑新福泰（新密）煤业有限公司（以下简称“郑新福泰”）发起侵权诉讼；

2014 年 2 月 17 日，北京诚田恒业公司向河南省郑州市中级人民法院提出撤诉申请，河南省郑州市中级人民法院准许北京诚田恒业公司撤回起诉；

2015 年 9 月 8 日，涉案专利的专利权人由北京诚田恒业公司变更为北京华创矿安科技有限公司；

[1] 安徽省合肥市中级人民法院．北京诚田恒业煤矿设备有限公司与安徽省矿业机电装备有限责任公司侵害发明专利权纠纷一审民事判决书 [EB/OL].[2019-03-18]. https://wenshu.court.gov.cn/website/wenshu/181107ANFZ0BXSK4/index.html?docId=4e3450a6190a44cda32ca9660165e2a3.

2016年6月2日，涉案专利权人由北京华创矿安科技有限公司变更为北京华创矿安科技有限公司、北京诚田恒业公司和河北诚田恒业煤矿设备有限公司，同时北京华创矿安科技有限公司、河北诚田恒业煤矿设备有限公司同意以北京诚田恒业公司名义行使涉案专利权，同日，三方签订协议，约定北京华创矿安科技有限公司、河北诚田恒业煤矿设备有限公司同意以北京诚田恒业公司名义行使涉案专利权，对侵犯该专利权的行为进行维权（包括提起诉讼等），协议期限自2016年6月2日至2018年6月1日；

2017年，北京诚田恒业公司发现安徽省矿业机电私自生产制造并销售侵犯专利权的产品，北京诚田恒业公司并未许可安徽省矿业机电实施上述专利；

2017年4月28日，北京市华夏公证处出具(2017）京华夏内民证字第412号公证书，记载了北京诚田恒业公司的委托代理人在公证处公证员的监督下，对安徽省矿业机电的网站相关内容进行证据保全的过程；

2017年6月8日，安徽省合肥市中级人民法院立案，并依法适用普通程序，公开开庭进行审理；

2018年8月15日，安徽省合肥市中级人民法院作出判决结果，驳回北京诚田恒业公司的诉讼请求，北京诚田恒业公司不服安徽省合肥市中级人民法院（2017）皖01民初280号民事判决，其后向安徽省高级人民法院提起上诉；

2018年12月20日，安徽省高级人民法院作出判决结果，撤销安徽省合肥市中级人民法院（2017）皖01民初280号民事判决，本案发回安徽省合肥市中级人民法院重新审理。

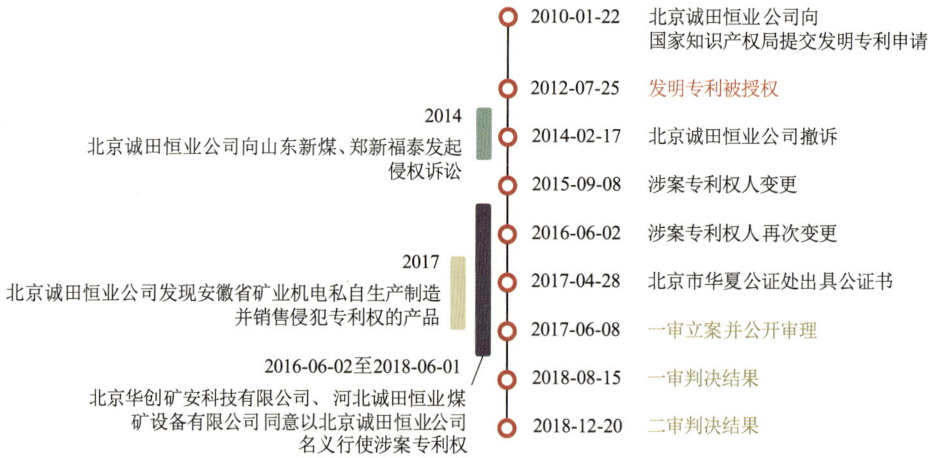

图17-1-5　北京诚田恒业公司诉安徽省矿业机电等侵害发明专利权纠纷案件时间线

17.1.5.3 案件结果

在“原告北京诚田恒业煤矿设备有限公司诉被告山东新煤机械装备股份有限公司、郑新福泰（新密）煤业有限公司侵害实用新型纠纷”案件中，北京诚田恒业公司主动撤诉；

在“北京诚田恒业煤矿设备有限公司与安徽省矿业机电装备有限责任公司侵害发明专利权纠纷”案件中，其中，在民事一审判决中，北京诚田恒业公司败诉，安徽省合肥市中级人民法院驳回北京诚田恒业公司的诉讼请求；在民事二审判决中，北京诚田恒业公司胜诉，安徽省高级人民法院具体裁定结果如下：

一、撤销安徽省合肥市中级人民法院（2017）皖 01 民初 280 号民事判决；

二、本案发回安徽省合肥市中级人民法院重新审理。

17.1.6 抚顺煤科 VS 煤科集团❶

17.1.6.1 基本信息

上诉人：抚顺煤科自救器气密检查仪厂

被上诉人：中国煤炭科工集团有限公司

法院名称（一审）：北京市朝阳区人民法院

法院名称（二审）：北京知识产权法院

涉案商标的名称：“煤科及图”

涉案商标号：第 3955130 号

起诉时间：2018 年

结案时间：2018 年 8 月 28 日

17.1.6.2 案情回顾

图 17-1-6 示出了抚顺煤科自救器气密检查仪厂（以下简称“抚顺煤科”）与中国煤炭科工集团有限公司（以下简称“煤科集团”）侵害商标权纠纷案件时间线的情况，其中：

❶ 北京市朝阳区人民法院．抚顺煤科自救器气密检查仪厂与中国煤炭科工集团有限公司侵害商标权纠纷一审民事判决书 [EB/OL].[2018-09-06].https://wenshu.court.gov.cn/website/wenshu/181107ANFZ0BXSK4/index.html?docId=07430e9bc77e45f9af49a95200134b4d.

1952 年，中煤国际工程设计研究总院（简称“中煤国际”）成立；

1957 年，煤炭科学研究总院（简称“煤科总院”）成立；

2008 年，中煤国际和煤科总院组成煤科集团；

2006 年 4 月 21 日，抚顺煤科成功注册第 3955130 号“煤科集团”商标，且商标注册的有效期限为 2006 年 4 月 21 日至 2016 年 4 月 20 日。

2017 年 10 月 25 日，在国家展览中心举行的《第十七届中国国际煤炭采矿技术交流及设备展览会》上，煤科集团的许多关联公司将带有“煤科”文字的商标使用在相关的广告宣传样本上，因此抚顺煤科在北京市朝阳区人民法院向煤科集团发起侵害商标权诉讼；

2018 年 5 月 31 日，北京市朝阳区人民法院作出判决，驳回抚顺煤科的诉讼请求；

2018 年 7 月 10，抚顺煤科不服北京市朝阳区人民法院作出民事判决，向北京知识产权法院提起上诉，北京知识产权法院立案受理后，依法组成合议庭进行审理；

2018 年 8 月 3 日，上诉人抚顺煤科的法定代表人吴某活，被上诉人煤科集团的委托代理人李某田到北京知识产权法院接受询问；

2018 年 8 月 28 日，北京知识产权法院作出判决结果，驳回抚顺煤科的上诉，维持原判。

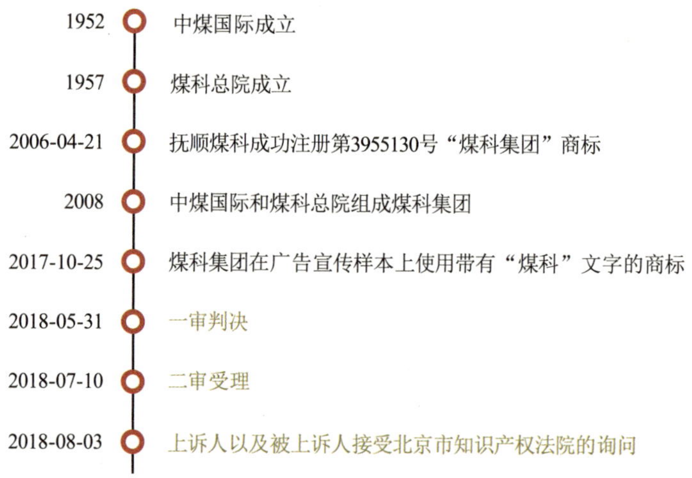

图 17-1-6　抚顺煤科诉煤科集团侵害商标权纠纷案件时间线

17.1.6.3 案件结果

在本案中，原告抚顺煤科败诉，北京市朝阳区人民法院及北京知识产权法院均驳回抚顺煤科的诉讼请求。

17.1.7 张某年 VS 彬煤公司[1]

17.1.7.1 基本信息

上诉人：张某年

被上诉人：彬县煤炭有限责任公司

法院名称（一审）：西安市中级人民法院

法院名称（二审）：陕西省高级人民法院

涉案专利的名称：双轨四吊搬运机

涉案专利公开号：CN101066742A

起诉时间：2014 年

结案时间：2014 年 7 月 21 日

17.1.7.2 案情回顾

图 17-1-7 示出了张某年与彬县煤炭有限责任公司（以下简称“彬煤公司”）专利权权属纠纷案件时间线的情况。

1986 年，张某年进入彬煤公司工作；

2005—2007 年，彬煤公司任命张某年为彬煤公司下沟矿机电科副科长；

2007 年，彬煤公司下沟矿 4401 工作面搬迁过程中，因地面松软导致液压支架回撤困难，彬煤公司领导到场督办搬迁工作，为解决该问题，当时任职机电科副科长的张某年提出在通道顶板上安装双轨道的方案，与科员耿某录、郭某鹏讨论研究后，向时任下沟矿矿长胡某博说明方案，并向彬煤公司总经理张某峰进行了汇报；

2007 年 5 月 30 日，彬煤公司下发（2007）82 号《关于表彰技术创新人员的决定》，该文件载明：为了解决下沟矿 4401 工作面搬家过程中遇到的软底问题，在下沟矿领导

---

[1] 西安市中级人民法院．张某年与彬县煤炭有限责任公司侵犯专利权纠纷一审民事裁定书 [EB/OL].[2014-09-26]. https://wenshu.court.gov.cn/website/wenshu/181107ANFZ0BXSK4/index.html?docId=505f04092d724352ac10f5af41f657f1.

的组织实施下，由工程技术人员自行设计制造出了“双轨吊”设备，彬煤公司对参与“双轨吊”技术创新项目的人员给予奖励，其中包括张某年；

2007 年 6 月 14 日，张某年向国家知识产权局申请“双轨四吊搬运机”发明专利；

2008 年，彬煤公司任张某年为彬煤公司的机电科科长，同年彬煤公司发布实施下沟矿《机电管理制度实施细则》；

2009 年 12 月 9 日，张某年申请的专利被授权；

2010 年，张某年从彬煤公司离职；

2010 年 3 月 18 日，彬县人民政府下发（2010）9 号《关于表彰奖励 2008—2009 年度县级科学技术研究成果的决定》，其中“煤矿双轨四吊搬运机专利技术应用”获得一等奖，完成单位为彬煤公司下沟煤矿，完成人为张某年、胡某博、张某寨、肖某民、周某团、张某学、朱某柏；

2014 年，张某年就发明专利“双轨四吊搬运机”的权属关系，在西安市中级人民法院向彬煤公司发起上诉；

2014 年 2 月 26 日，西安市中级人民法院作出判决，驳回张某年的诉讼请求，明确彬煤公司为“双轨四吊搬运机”发明专利权人，同年，张某年不服西安市中级人民法院作出的判决，向陕西省高级人民法院发起诉讼；

2014 年 7 月 21 日，陕西省高级人民法院作出判决，驳回张某年的上诉，维持原判。

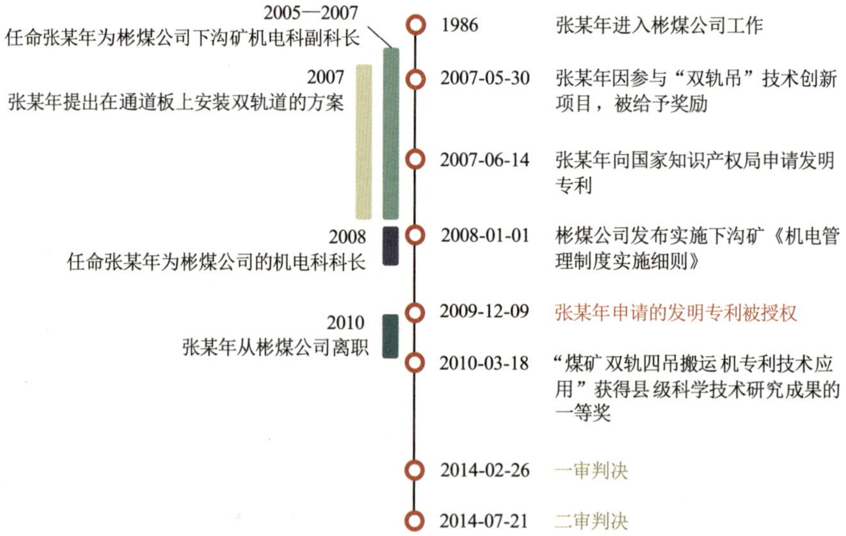

图 17-1-7　张某年诉彬煤公司专利权权属纠纷案件时间线

17.1.7.3 案件结果

在本案民事一审中，原告彬煤公司胜诉，西安市中级人民法院判决结果如下："确认彬县煤炭有限责任公司为'双轨四吊搬运机'发明专利的专利权人。"

在本案民事二审中，上诉人张某年败诉，陕西省高级人民法院驳回张某年的诉讼请求。

17.2 专利无效案例[1]

17.2.1 维持有效 - 神华集团有限责任公司；神华宁夏煤业集团有限责任公司 -CN103627440B[2]

17.2.1.1 基本信息

发明名称：一种旋流干煤粉气化炉

专利申请日：2013 年 11 月 11 日

授权日：2015 年 04 月 29 日

专利权人：神华集团有限责任公司；神华宁夏煤业集团有限责任公司

无效请求人：王某

无效决定日期：2019 年 03 月 04 日

法律状态：有效

17.2.1.2 被无效专利的权利要求

1. 一种旋流干煤粉气化炉，其特征在于，所述旋流干煤粉气化炉包括旋流煤粉烧嘴、反应室、排渣口、激冷室、外壳和保护环；所述旋流煤粉烧嘴设置在所述反应室的

---

[1] 本书受篇幅限制，引用的专利相关信息中提及的附图不影响对专利无效案例的理解，因此本书不提供相关附图，请需要的读者依据涉案专利公开号自行查阅。

[2] 复审和无效审理部 . 一种旋流干煤粉气化炉的审查决定 [EB/OL].[2019-03-14]. http://reexam-app.cnipa.gov.cn/reexam_out2020New/searchdoc/decidedetail.jsp?jdh=39289&lx=wx.

上部，所述反应室的下部与所述排渣口的上部连通，所述激冷室包括激冷环、下降管和破泡板，所述破泡板设置在所述下降管与所述外壳之间，所述激冷环设置在所述下降管的上端，所述反应室及所述排渣口的外部设有冷却水盘管；所述排渣口的下端和所述下降管的上端分别与所述保护环的上端与下端连通；所述旋流煤粉烧嘴由内到外依次包括点火通道、第一冷却循环水通道、氧气与蒸汽通道、煤粉通道和第二冷却循环水通道，所述第一冷却循环水通道与所述第二冷却循环水通道分别在向火端螺旋盘绕，所述氧气与蒸汽通道内设有旋流叶片，所述旋流叶片与所述旋流煤粉烧嘴的纵轴夹角为 20°～30°；所述排渣口的直径与所述反应室的直径的比例为 1∶3～1∶4；所述外壳与所述排渣口之间设有支撑板，所述下降管的下部通过固定杆与所述旋流干煤粉气化炉的外壳固定。

2. 根据权利要求 1 所述的旋流干煤粉气化炉，其特征在于，所述煤粉通道包括 4-6 根煤粉管线，所述煤粉管线沿所述旋流煤粉烧嘴的纵轴均匀分布。

3. 根据权利要求 1 或 2 所述的旋流干煤粉气化炉，其特征在于，所述排渣口的直径与所述反应室的直径的比例为 1∶3.3～1∶3.8。

4. 根据权利要求 2 所述的旋流干煤粉气化炉，其特征在于，在所述氧气与蒸汽通道内设有 12～20 个所述旋流叶片，所述旋流叶片高度为 60～120mm，所述煤粉通道螺旋延伸至距离所述旋流煤粉烧嘴向火端出口 20～40mm 处。

5. 根据权利要求 1 所述的旋流干煤粉气化炉，其特征在于，所述反应室的直径与所述下降管的直径的比例为 2∶0.8～2∶1.2。

6. 根据权利要求 5 所述的旋流干煤粉气化炉，其特征在于，所述反应室的直径与所述下降管的直径的比例为 2∶0.9～2∶1.1。

7. 根据权利要求 1 所述的旋流干煤粉气化炉，其特征在于，所述保护环为独立冷却水盘管，形状为圆筒状或喇叭口形，所述保护环的内表面堆焊有镍基合金材料。

8. 根据权利要求 7 所述的旋流干煤粉气化炉，其特征在于，当所述保护环为圆筒状时，所述排渣口的直径＜所述保护环的直径≤所述下降管的直径；当所述保护环为喇叭口形时，所述保护环的小口端与所述排渣口的下端连通，所述保护环的大口端与所述下降管的上端连通，所述保护环的小口端的直径＞所述排渣口的直径，所述保护环的大口端的直径≤所述下降管的直径。

9. 根据权利要求 1 或 8 所述的旋流干煤粉气化炉，其特征在于，所述下降管内侧壁与所述激冷环之间形成环形的激冷水出口，所述激冷水出口的环宽为 5～15mm。

17.2.1.3 相关证据

对比文件 1：授权公告日为 2013 年 4 月 10 日，授权公告号为 CN202865188U 的中国实用新型专利说明书，共 9 页；

对比文件 2：公开日为 2009 年 6 月 17 日，公开号为 CN101457160A 的中国发明专利申请公布说明书，共 16 页；

对比文件 3：公开日为 2006 年 11 月 29 日，公开号为 CN1869166A 的中国发明专利申请公开说明书，共 12 页；

对比文件 4："水煤浆气化炉的制造",《制造与安装》第 22 卷第 4 期（总第 149 期），第 26-30 页，复印件，共 5 页；

对比文件 5："内壁堆焊式气化炉制造技术研究",《锅炉制造》2010 年 7 月第 4 期（总第 222 期），第 44-46 页，复印件，共 3 页；

对比文件 26：授权公告日为 2013 年 7 月 17 日，授权公告号为 CN203060992U 的中国实用新型专利说明书，共 5 页；

对比文件 27：申请公布日为 2013 年 2 月 27 日，申请公布号为 CN102946989A 的中国发明专利申请公布说明书，共 10 页；

对比文件 28："德士古重油气化炉激冷环的应用及其改进措施",《化工设备设计》1996 年第 33 卷第 3 期，第 31-33 页，复印件，共 3 页；

对比文件 29："德士古重油气化炉的应用与改进",《化工设计》1994 年第 6 期，第 21-27 页，复印件，共 7 页。

17.2.1.4 决定理由

法律依据：专利法第 22 条第 3 款

权利要求 1 请求保护一种旋流干煤粉气化炉。

对比文件 1 公开了一种干粉气化装置，并具体公开了：干粉气化装置内部包括上段的气化室 2 和下段的激冷室 3。气化室 2 的顶部设有位于气化室轴线上的 1 个引燃烧嘴 4 和环绕引燃烧嘴均匀分布的 2 ～ 6 个干粉烧嘴 5，干粉烧嘴 5 与气化室 2 轴线的夹角为向内 10° ～ 30°。每个干粉烧嘴 5 均具有四通道，从内到外依次为氧化剂通道 51、第一冷却介质通道 52、干粉管线通道 53 和第二冷却介质通道 54。氧化剂通道 51 的末端设有旋流器 55，使氧化剂旋转喷出。旋流器 55 设有 6 ～ 24 个叶片，所述叶片与氧化剂通道 51 的轴线的夹角为 10° ～ 35°。气化室 2 可选择本领域常规形状，如圆筒形或正多边形等。优选地，气化室 2 为上部容积大于下部容积，且气化室上部与下部的连接部分为向下收缩的喇叭口状。这样的形状设计使干粉与氧化剂在气化室的停留反应时间增加，提高了转化效率。气化室 2 的上部高度 H_1 与下部高度 H_2 比值 H_1∶H_2 优选为 1.5∶1，上部直径 D_1 与下部直径 D_2 的比值为 D_1∶D_2 优选为 2∶1。经多次试验反复验证，这样的比例关系对于提高干粉的转化效率是十分有利的。气化室 2 呈上大下小的倒梨形，干粉与氧化剂在气化室内的反应停留时间大大增加，极大地增大了干粉处理量和燃烧效率。气化室 2 优选采用水冷壁式，其内表面还设有致密的抓钉（未示出），抓钉上涂有耐火材料。由于在气化室 2 内发生剧烈的部分氧化反应，高温熔融状态的熔渣被甩到水冷壁上，立即被冷却固化，新生成的熔渣再附着其上，直至熔渣层的温度接近熔融温度时，新生成的熔渣在重力作用下沿壁面向下流出排渣口。激冷室 3 可以采用本领域的常规结构，优选地激冷室 3 为包括激冷喷头 6、导气管 7 和破泡板 8 的组合式结构。激冷喷头 6 的下方设置导气管 7，用于将粗合成气、固化熔渣和激冷水导入激冷室底部。导气管 7 与激冷室 3 内壁之间的空腔内设有破泡板 8。优选地，导气管 7 的上部呈向下收缩的喇叭口状，下部为圆筒形，以利于粗煤气、熔渣和激冷水的流出（参见证据 1 权利要求 1-10，说明书第 [0009]-[0020]、[0026]-[0043] 段，附图 1-3）。

对比文件 2 涉及一种适于高灰分高灰熔点煤的采用固态排渣的气流床煤气化方法，该方法包括料浆制备、加压高温气化等六个步骤，并具体公开了：(i) 在加压高温气化步骤中使用一种气化反应器，该气化反应器高度与其直径的比是 3.5 ～ 5.0，以便延长物料停留时间，提高气化效率和碳的转化率，同时可以减少带出物；(ii) 该气化反应器的气化炉膛锥底部与气化炉的竖直壳体的夹角为 25° ～ 40°，气化反应器内径与排渣口直径之比是 1.5 ～ 3.5，以便减轻排出灰渣在炉膛锥底部的积累与对排渣口材料的冲刷腐蚀，同时有利于冷却；(iii) 所述料浆与气化剂在该气化反应器内的反应温度高于 1100℃而低于高灰熔点煤的软化温度，从而使灰渣以固态形式由排渣口排出气化反应器（参见对比文件 2 权利要求 1，说明书第 2 页最后一段～第 4 页第 1 段）。

对比文件 3 涉及一种固态排灰的气流床气化炉，并具体公开了：气化室壳体内直径为 Φ3400mm，气化室直段反应区内直径 $D=\Phi$2200mm，喷嘴室上部直段长度 1.6D，喷嘴室下段直段长度 0.5D，气化室截头锥段长度 4D，气化室下渣口直径 0.5D（参见对比文件 3 说明书第 6 页第 4 段，附图 3）。

对比文件 4 涉及一种水煤浆气化炉的制造，其中在图 1 中示出了气化炉部分结构的具体尺寸，例如燃烧室筒体的反应室的直径为 Φ1676，激冷室筒体的激冷室的直径为 Φ960，但未示出其反应室下部排渣口的具体直径（参见对比文件 4 第 27 页图 1）。

对比文件 5 涉及内壁堆焊式气化炉制造技术研究，其中图 1 示出了气化炉的简图，但未示出其各部位的具体尺寸（参见对比文件 5 第 45 页图 1）。

对比文件 26 涉及一种用于煤气化高温高压飞灰过滤系统的脉冲阀用金属波纹管，并具体公开了：波纹管由三段完全相同的波纹节 3 及两个完全相同的连接环 4 通过中部环焊缝 13 焊接组成（参见对比文件 26 说明书第 [0014] 段以及附图 1 和 2）。

对比文件 27 涉及一种用于微反应器中的端面密封流体连接器，该连接器中具有一种圆筒形周向“加强和 / 或保护环”结构 50，该结构由高强度聚合物形成，处于被连接的易碎的流体模块和连接器的套筒结构之间，可以确保由玻璃、陶瓷等材料加工的流体模块不会被由金属加工的连接器的套筒压碎损坏，并公开了这种“加强和 / 或保护环 50”相对于与其连接接触的其他构件的直径的大小关系（参见对比文件 27 说明书第 [0015]、[0016] 和 [0026] 段，附图 1-3）。

对比文件 28 涉及德士古重油气化炉激冷环的应用，并公开了：气化炉的燃烧室与激冷室由连接管相连，连接管内装有激冷环，下面连接激冷管和导气管、溶于碳黑水之中，激冷环的作用就是引进激冷水激冷反应气，保护连接管免受高温作用。激冷水泵从碳黑洗涤塔底部吸水加压送入激冷环。高温反应气通过连接管进入激冷室被激冷水冷却被蒸汽饱和，其蒸汽量是以满足下游工序一氧化碳变换的需要（参见对比文件 28 第 31 页左栏第 1 部分“激冷系统的结构与功用”）。

对比文件 29 涉及德士古重油气化炉的应用与改进，其中公开了激冷型气化炉的结构简单，燃烧室和激冷室与分离器直接连接为三位一体，由图 1 和图 2（a）可知，其中燃烧室位于上部而激冷部分位于下部（参见对比文件 29 第 24 页左栏倒数第 2 段以及图 1-2）。

经比较，权利要求 1 相对于对比文件 1 至少存在如下区别特征：（1）权利要求 1 限定了排渣口的直径与反应室直径的比例为 1∶3 ～ 1∶4；（2）权利要求 1 还设置有保护环，排渣口的下端和下降管的上端分别与保护环的上端与下端连通。对此，双方当事人均予认可。

请求人认为：上述区别特征（1）属于本领域的公知常识，同时对比文件 2 和 3 分别公开了排渣口与反应室的直径比，对比文件 4 和 5 的图中也分别给出了工业气化炉主要结构的详细尺寸，该领域的技术人员在此基础上经过有限次的设计或实验也容易获得本专利中排渣口和反应室的直径比；上述区别特征（2）属于本领域的公知常识，且对比文件26和27中也分别公开了与本专利中保护环作用相同的部件，由对比文件28结合对比文件29公开的内容可知，其采用连接管的结构可以将上游的排渣口和下游的下降管连接起来，在结合本领域惯用手段的基础上容易想到使连接管在发挥连接作用的同时也起到保护关键结合部位的作用。

合议组经审查后认为：

关于上述区别特征（1），首先，本专利说明书明确记载“由于排渣口和反应室的直径比例合理，既保证了排渣口不会堵塞，又提高干煤粉在反应室中的停留时间，有利于碳的充分转化”（参见本专利说明书第[0024]段），可见本专利是通过调整排渣口和反应室的直径合适比例的方式而进一步提高碳转化率，虽然通过延长煤粉在反应室内的停留时间可以提高碳转化率是本领域已知的，然而能够实现停留时间延长的具体方式有很多，现有技术中通常采用改变反应室结构或长径比的方式，例如对比文件1中限定其反应室呈特定的上大下小的形状，对比文件2限定了其反应器的高度和直径满足特定的比例，请求人并未提供任何证据表明具体采用调整排渣口和反应室的直径比的方式以实现碳转化率的提高属于本领域的公知常识。

其次，对比文件2明确记载了其气化反应器采用高压料浆的方式进料，且灰渣以固态的形式由排渣口排出，而对比文件1的气化装置采用干煤粉进料，熔渣通过液体的形式从排渣口排出，而进料形式的不同将会导致对气化炉的压力、原料以及进料结构的要求不同，而排渣形式的不同将会导致对排渣口尺寸的要求不同，为防止堵塞，固态排渣相对于液态排渣需要更大的排渣口直径；同时，对比文件2明确记载了其将反应器的内径与排渣口直径设置为1.5～3.5的目的是为了“减轻排出灰渣在炉膛锥底部的积累与对排渣口材料的冲刷腐蚀”，而非是用于提高碳的转化率。由此可见，对比文件2与对比文件1在进料方式和出渣形式上明显不同，且其设置反应器的内径与排渣口直径比的目的也与本专利不同，即使其公开了本专利所限定的比例，本领域的技术人员在此基础上也不会想到将其与对比文件1相结合。而对比文件3中公开了“气化室下渣口直径$0.5D$”，即排渣口与反应室的直径的比例为1∶2，并未落入本专利所限定的排渣口与反应室的直径比范围内，且其气化炉同样采取了固态排渣的形式，而对比文件4和5的附图中也均未公开其排渣口直径具体尺寸，进而也没有公开本专利中所限定排渣口与反应室的直径比范围，请求人对此也表示认可，在此基础上，本领域的技术人员也不会想到将证据3、4或5与对比文件1进一步结合。

再者，如本专利说明书中所记载的，本领域中干粉气化炉的排渣口与反应室的直径比通常为1：2～1：2.5，请求人并未提交任何证据表明将其比例进一步调整至1：3～1：4属于本领域的公知常识，且请求人当庭也认可对上述比例调整需要进一步的设计和实验，但未能清楚阐明该比例调整的影响因素和各因素的作用规律，基于上述情况，合议组认为，现有证据不足以证明本领域的技术人员有动机将对比文件的排渣口与反应室的直径比调整至本专利的比例。

由此可见，对比文件2～4以及公知常识中均未给出采用本专利特定的排渣口和反应室的直径比以提高碳转化率的技术启示。

关于区别特征（2），首先，对比文件26涉及用于煤气化高温高压飞灰过滤系统的脉冲阀用金属波纹管，对比文件27涉及用于微反应器中的端面密封流体连接器，对比文件28和29涉及德士古重油气化炉的应用和改进，上述对比文件所涉及的技术领域与本专利所属的干煤粉气化领域明显不同。其次，对比文件26中的连接环是用于连接相邻的波纹节，对比文件27中的“加强和／或保护环”结构50用于确保由玻璃、陶瓷等材料加工的流体模块不会被由金属加工的连接器的套筒压碎损坏，对比文件28和29中的连接环是用于连接燃烧室和激冷室，其所起的作用也与本专利中保护环“实现了排渣口和下降管的过渡，进一步保护了下降管，同时便于后续的检修”的作用明显不同。最后，请求人也没有提供任何证据表明在干煤粉气化炉中设置保护环属于本领域的公知常识，且本专利保护环的设置方式和作用也与请求人所列举的日常生活中“护膝、围脖”等的结构和作用相差甚远，本领域的技术人员基于此也不会想到设置本专利的保护环。由此可见，对比文件26-29以及公知常识中均未给出如本专利中设置保护环的技术启示。

此外，请求人未采用对比文件6-25评价区别特征（1）、（2），且上述证据也均未涉及上述区别特征，因此，即使证据6-25进一步与上述证据结合也无法得到本专利权利要求1的技术方案。

综上所述，请求人以证据1作为最接近的现有技术认为权利要求1不具备创造性的无效理由均不成立。权利要求2-9均为权利要求1的从属权利要求，在权利要求1不具备创造性的理由不能成立的基础上，请求人认为权利要求2-9不具备创造性的理由也不能成立。

17.2.1.5 无效结果

维持第201310556488.1号发明专利权有效。

17.2.2 全部无效-煤科集团沈阳研究院有限公司-CN203879433U[1]

17.2.2.1 基本信息

发明名称：井下压风定点取样装置

专利申请日：2014年04月22日

授权日：2014年10月15日

专利权人：煤科集团沈阳研究院有限公司

无效请求人：中煤科工集团重庆研究院有限公司

无效决定日期：2016年03月10日

法律状态：失效

17.2.2.2 被无效专利的权利要求

1. 一种井下压风定点取样装置，它由样品收集装置管连接带有压风接头的水变，连接水变的双壁钻杆连接钻机，由双壁钻杆连接钻头，特征在于：钻头外壁带有出风斜孔，钻头顶端带有进风口。

2. 根据权利要求1所述的一种井下压风定点取样装置，特征在于：钻头还包括带有引射斜孔的引射管体。

3. 根据权利要求1或2所述的一种井下压风定点取样装置，特征在于：钻头顶端设置有带钻头外牙内侧合金和钻头外牙外侧合金的钻头外牙，带有钻头内牙合金的钻头内牙。

17.2.2.3 相关证据

附件1：授权公告日为2014年05月07日、授权公告号为CN102798548B的发明专利的复印件（下称证据1），共7页；

---

[1] 复审和无效审理部. 井下压风定点取样装置的审查决定[EB/OL].[2016-03-10]. http://reexam-app.cnipa.gov.cn/reexam_out2020New/searchdoc/decidedetail.jsp?jdh=28561&lx=wx.

证据1′：申请公布日为2012年11月28日，申请公布号为CN102798548A的中国发明专利申请的说明书的复印件，共7页。

附件2：授权公告日为2003年06月25日、授权公告号为CN2557526Y的实用新型专利说明书的复印件（下称证据2），共7页；

附件3：授权公告日为2013年07月10日、授权公告号为CN203050511U的实用新型专利的复印件（下称证据3），共7页。

附件4：授权公告日为2012年05月23日、授权公告号为CN101812971B的发明专利的复印件（下称证据4），共7页。

证据5：由国家安全生产监督管理总局于2011年04月12日发布、2011年09月01日实施的中华人民共和国煤炭行业标准MT/T786-2011代替MT/T786-1998《金刚石复合片不取心钻头》的复印件，共11页。

17.2.2.4 决定理由

法律依据：专利法第22条第3款

在本案的审理过程中，专利权人于2015年09月30提交了权利要求书的修改文本，删除授权公告的权利要求1以及引用权利要求1的权利要求3，将授权公告的权利要求2作为新的独立权利要求1，授权公告的引用权利要求2的权利要求3作为新的权利要求2。

经核实，合议组对证据1、证据1′、4、5予以采信。

（1）关于权利要求1。

请求人主张：以证据1作为最接近的现有技术，本专利权利要求1相对于证据1与公知常识的结合不具备创造性。

经查：

证据1公开了一种正负压联合栓流定点取样装置，包括双壁钻杆1、设置在双壁钻杆1前端的钻头2、四通接头3、三通接头4、负压产生器5、气固重力分离器6和样品收集罐7，钻头2和双壁钻杆的外壁固定连接，所述钻头2内设置有与双壁钻杆内壁固定连接的环状喷嘴喷射器8，所述环状喷嘴喷射器8的喷出端设置有将环状喷嘴喷射器外侧气流引入环状喷嘴喷射器内通道、并使气流从环状喷嘴喷射器内通道出口侧喷出的气道8a；所述双壁钻杆1的后端外套有与其单自由度转动配合的双通道龙头9，所述双通道龙头9的第一通道与双壁钻杆内壁和外壁之间的通道1a连通，且双通道龙头9的第一通道通过第一压缩空气切换阀 10 与四通接头 3 的第一接口相连，所述双通道龙头 9 的第二通道与双壁钻杆内壁内管道 1b 连通，且所述双通道龙头 9 的第二通道和三通接头 4 的第一接口连接；所述四通接头 3 的第二接口通过第二压缩空气切换阀 11 和三通接头 4 的第二接口连通；所述四通接头 3 的第三接口通过第三压缩空气切换阀 12 和负压产生器 5 的第一进气口连接；所述三通接头 4 的第三接口通过第四压缩空气切换阀 13 和输样管 14 连接，所述输样管 14 和气固重力分离器 6 的进料口连接，气固重力分离器 6 的固体料出口同样品收集罐 7 连接，气固重力分离器 6 的气体出口同负压产生器 5 的第二进气口连接。本正负压联合栓流定点取样装置的工作原理为：在钻进过程中，将第一压缩空气切换阀 10 和第二压缩空气切换阀 11 打开，并将第三压缩空气切换阀 12 和第四压缩空气切换阀 13 关闭，压缩空气同时进入双壁钻杆的两个通道，将钻头钻进产生的粉末从钻杆和煤层间的间隙排出，可保证钻杆顺利钻进，且粉尘不会进入双壁钻杆内壁内通道中，可保证取样的纯净度。当钻头 2 钻进到取样位置时，将第一压缩空气切换阀 10、第三压缩空气切换阀 12 和第四压缩空气切换阀 13 开启，并将第二压缩空气切换阀 11 关闭，压缩空气分别进入双壁钻杆 1 内壁和外壁之间的通道 1a，以及负压产生器 5，在负压产生器 5 的作用下，双壁钻杆 1 内壁内通道 1b 处于负压状态；取样时通过间断性的关开第一压缩空气切换阀 10，使压缩空气间断性的进入钻头 2，在负压驱动下样品进入环状喷嘴喷射器 8，间断性的压缩空气通过气道 8a 进入环状喷嘴喷射器 8 中将物料分隔成一节样品、一节压缩空气的料栓状态，由于压缩空气流是下从环状喷嘴喷射器 8 内通道出口侧喷出，因此样品不会被压缩空气从钻头方向吹出；由于料栓在双壁钻杆 1 内壁内通道中的运动阻力较小，在负压驱动下样品移动速度较快，样品可快速进入气固重力分离器 6、并被分离进入样品收集罐 7，取样工作效率高。并且在取样过程中样品不会被压缩空气从钻杆和煤层间间隙吹出，因此取样过程不需封堵钻孔，工艺简单；本取样装置可在任意钻进点取样，实现了定点取样。本实施例中，所述负压产生器 5 为多级多喷嘴喷射器，可使压缩空气高速喷出，从而在双壁钻杆内壁内通道 1b 中形成高负压，保证料栓快速移动。当然在不同实施方式中，所述负压产生器 5 还可为真空泵等其他装置。作为对本实施例的改进，所述环状喷嘴喷射器 8 的进口端设置有双层防堵吸料装置 15，所述双层防堵吸料装置 15 的进料口为斜切口，在压缩空气流的作用下，物料不会在斜切口出发生堵塞，保证取样装置稳定个工作（参见证据 1 的说明书第 0008-0012 段及附图 1-2）。

将本专利权利要求 1 所要求保护的技术方案与证据 1 公开的技术内容进行比对，可以获知：

本专利要求保护的是一种井下压风定点取样装置，特别涉及煤矿井下压风取煤样装置；而证据1涉及一种煤层取样装置，特别涉及一种深孔煤样的快速取样装置，因而二者的技术领域相同。

证据1中的“气固重力分离器6和样品收集罐7”对应于本专利的“样品收集装置”，证据1中的“双壁钻杆1”对应于本专利的“双壁钻杆”；证据1中的“钻头2”对应于本专利的“钻头”；证据1中的“双层防堵吸料装置15的进料口”对应于本专利的“进风口”。

对于本专利权利要求1中限定的“水变”的具体含义，合议组认为：首先，“水变”不是本领域专业技术术语；其次，本领域技术人员根据本专利的整个发明构思及说明书上下文的关系，可以确定其作用为连接转动的钻杆和不转动的水尾以向钻杆中通入水或气；最后，在本领域中，现场工人之间将能够实现连接转动的钻杆和不转动的水尾以向钻杆中通入水或气的装置俗称为“水辫”。因而，本领域技术人员可以确定本专利说明书及权利要求书中提及的“水变”应属于明显的打字错误，实际上应当是“水辫”。在此基础上，证据1中的“双通道龙头9”对应于本专利的“水辫”，证据1中的“双通道龙头9上用于与连接第一压缩空气切换阀10的L形管道相连接的连接部”对应于本专利的“压风接头”。

此外，本领域技术人员根据证据1记载的正负压联合栓流定点取样装置的工作原理等技术内容可以直接地、毫无疑义地确定附图2中示出的“钻头2的外壁上设置的斜孔“对应于本专利中的“出风斜孔”。

由此，本专利权利要求1所要求保护的技术方案与证据1公开的技术内容相比，其区别仅在于：本专利中双壁钻杆连接钻机，而证据1中并未公开双壁钻杆的驱动装置。

基于上述区别技术特征，本专利实际要解决的技术问题是：如何实现双壁钻杆的驱动。

然而，对于本领域技术人员而言，钻机是本领域常见的驱动钻螺旋前进的驱动装置，因而为了驱动钻杆，将双壁钻杆连接钻机，这属于本领域技术人员的常用技术手段，不需要付出创造性的劳动，且该技术特征的引入也并未给权利要求1所要求保护的技术方案带来预料不到的技术效果，因此，权利要求1所要求保护的技术方案不具有实质性特点和进步，因而不具备专利法第22条第3款规定的创造性。

（2）关于权利要求 2。

权利要求 2 是对权利要求 1 的进一步限定，其附加技术特征为："钻头还包括带有引射斜孔的引射管体"。

请求人主张：权利要求 2 的附加技术特征被证据 1 公开，因此在其引用的权利要求 1 不具备创造性的情况下，权利要求 2 不具备创造性。

合议组认为：证据 1 中公开了"钻头 2 内设置有与双壁钻杆内壁固定连接的环状喷嘴喷射器 8，所述环状喷嘴喷射器 8 的喷出端设置有将环状喷嘴喷射器外侧气流引入环状喷嘴喷射器内通道、并使气流从环状喷嘴喷射器内通道出口侧喷出的气道 8a"（参见证据 1 的说明书第 0015 段）；即证据 1 中带有气道 8a 的环状喷嘴喷射器 8 的作用为在取样过程中实现钻头前端负压以抽取样品。而根据本专利说明书的记载，钻头带有引射斜孔的引射管体的作用同样为在钻头前端实现负压以抽取粉碎煤样（参见本专利的说明书第 0009 段）。因而，证据 1 中的"环状喷嘴喷射器 8"对应于本专利的"引射管体"，证据 1 中的"气道 8a"对应于本专利的"引射斜孔"，即证据 1 公开了权利要求 2 的附加技术特征。因此，在其引用的权利要求 1 不具备创造性时，从属权利要求 2 也不具备专利法第 22 条第 3 款规定的创造性。

（3）关于权利要求 3。

权利要求 3 是对权利要求 1 或 2 的进一步限定，其附加技术特征为："钻头顶端设置有带钻头外牙内侧合金和钻头外牙外侧合金的钻头外牙，带有钻头内牙合金的钻头内牙"。

证据 4 公开了一种复合钻头，包括杆体 1、由内刀头 21 和内刀把 22 组成的内刀体 2、翼片 3、由外刀头 41 和外刀把 42 组成的外刀体 4；其中，杆体 1 中间设有灌浆通道 11，用来水泥浆的灌注；内刀体 2 固定在杆体 1 的下端部，内刀体 2 有 2 ～ 4 个，杆体 1 的下端部设有法兰 13，内刀体 2 通过内刀把 22 径向对称焊接固定在杆体 1 的法兰 11 的下表面处；翼片 3 有 2 ～ 6 个，以其长度方向垂直杆体 1 的轴向中心线方向均布地固定在杆体 1 下部的外周面上，外刀体 4 固定在翼片 3 上；各翼片 3 的翼面 31 是朝同一方向倾斜的，与杆体 1 的轴向中心线的夹角 $\alpha = 50° \sim 70°$；翼片 3 的下边 32 与杆体 1 的前端法兰 11 平面之间的夹角 $\beta = 0° \sim 15°$，且它们是焊接固定在杆体 1 下部的外周面 12 上；内刀头 21 和外刀头 41 的前端分别具有内切削刃 211 和外切削刃 411；所述的内刀体 2 和外刀体 4 的安装方向是使其内刀头 21 和外刀头 41 安装成向着杆体 1 的旋转方向；内刀体 2 中的内刀头 21 及外刀体 4 中的外刀头 41 分别与内刀把 22 和外刀把 42 焊接成一体，内刀头 21 和外刀头 41 用硬质合金块制成，采用感应钎焊工艺分别焊接固定在内刀把 22 和外刀把 42 的端部，有效增加内刀头 21 与内刀把 22 以及外刀头 41 与外刀把 42 的黏结强度，防止内切削刃 211 和外切削刃 411 在钻掘石块等硬性物质时出现刀头脱落断裂；外刀体 4 通过外刀把 42 焊接固定在翼片 3 的下边 32 上，并且外刀体 4 在每一翼片 3 上安装有 2 ～ 4 个，除了翼片 3 自由端上的外刀体 4 外，每一翼片 3 上的外刀体 4 的位置与另一翼片 3 上外刀体 4 的位置在旋转位置上是交叉排列的，即一排外刀体 4 的位置固定在另一排相邻两个外刀体 4 的空隙中，以保证复合钻头在钻进过程中能全部并均匀地钻掘泥土及沙质土；内刀把 22、外刀把 42 和翼片 3 采用碳钢或低合金钢材质制成，可增加其强度；翼片 3 的自由端为与杆体 1 同轴心的圆弧面，该圆弧面上设有网状耐磨层 33，减缓翼片 3 的磨损情况，有效提高钻孔成桩质量；内刀体 2 和外刀体 4 的安装方向是使其内刀头 21 和外刀头 41 安装成面向杆体 1 的旋转方向，有利于钻孔作业时往上输送泥土浆或沙土浆。本发明复合钻头，通过在杆体的端部和前端外圆上设置内刀体和外刀体二层切削刀体，多轴钻机钻进过程中能实现内刀头和外刀头同步钻掘切削，钻孔作业效率成倍提高；同时刀头与刀把采用感应钎焊工艺焊接，有效提高了刀头和刀把的结合强度，尤其在较硬的沙质土地层钻孔作业时，能避免刀头脱落或崩裂、刀头和翼片磨损快的情况；翼片与杆体同轴心的自由端圆弧面上有网状耐磨层，并保证钻孔成槽后连续墙的表面质量（参见证据 4 的说明书第 0019-0020 段及附图 1-4）。

即证据 4 公开了一种复合钻头，该钻头顶端设置内刀体 2 和外刀体 4，其中内刀体 2 的内刀头 21 和外刀体 4 的外刀头 41 用硬质合金块制成，其中“内刀体 2”“外刀体 4”“外刀头”“内刀头”分别对应于本专利中的“钻头内牙”“钻头外牙”“钻头外牙内侧合金”“钻头内牙合金”。证据 5 作为公知常识性证据公开了适用于煤田地质勘探与煤矿井下回转钻进用金刚石复合片不取心钻头，其图 1 钻头冠部形状的 c）阶梯刮刀形和 e）平底形中均示出了金刚石复合片安装时突出于钻头的侧壁。基于此，本领域技术人员可知当金刚石复合片突出于钻头的侧壁时，其必定能够防止钻头侧壁的磨损。因而，在钻头外牙设置钻头外牙外侧合金以防止钻头外侧壁的磨损属于本领域的公知常识。因此，在其引用的权利要求 1 或 2 不具备创造性时，从属权利要求 3 也不具备专利法第 22 条第 3 款规定的创造性。

17.2.2.5 无效结果

宣告201420211925.6号实用新型专利权全部无效。

17.2.3 全部无效-兖矿集团有限公司-CN204325292U[1]

17.2.3.1 基本信息

发明名称：新型水煤气净化设备

专利申请日：2014年12月09日

授权日：2015年05月13日

专利权人：兖矿集团有限公司

无效请求人：高某芳

无效决定日期：2016年07月05日

法律状态：有效

17.2.3.2 被无效专利的权利要求

1. 一种新型水煤气净化设备，包括旋风分离器（1），洗涤塔（4），其特征在于：在旋风分离器(1）的进料口上设有混合器(2)，旋风分离器(1）的出气口(3）通过管线(5)与洗涤塔（4）的底部连通。

2. 根据权利要求1所述的新型水煤气净化设备，其特征在于：所述的混合器（2）为文丘里管的结构，在其内部设置有旋流器。

3. 根据权利要求1所述的新型水煤气净化设备，其特征在于：所述的洗涤塔（4）为板式塔，自上而下依次为旋流板、塔板及储液槽组成。

17.2.3.3 相关证据

附件1：公开日为2001年12月19日、公开号为CN1327030A（专利申请号为01112700.7）的中国发明专利申请公开说明书，共10页；

附件2：申请公布日为2013年12月25日、申请公布号为CN103468324A（专利

---

[1] 复审和无效审理部．新型水煤气净化设备的审查决定[EB/OL].[2016-07-05]. http://reexam-app.cnipa.gov.cn/reexam_out2020New/searchdoc/decidedetail.jsp?jdh=29557&lx=wx.

申请号为 201310460114.X）的中国发明专利申请，共 10 页；

附件 3：申请公布日为 2011 年 4 月 27 日、申请公布号为 CN102031158A（专利申请号为 201010608202.6）的中国发明专利申请，共 6 页；

附件 4：授权公告日为 2007 年 10 月 24 日、授权公告号为 CN200964404Y（专利申请号为 200620158222.7）的中国实用新型专利说明书，共 6 页。

17.2.3.4 决定理由

法律依据：专利法第 22 条第 3 款

（1）关于权利要求 1。

权利要求 1 要求保护一种新型水煤气净化设备。

附件 1 涉及一种以含碳氢化合物为原料气流床生产煤气的初步净化装置，并公开了（参见说明书第 2-3 页）该装置包括一个由横管和竖管构成的 T 型稀释器，一个通过第一管线使 T 型稀释器与其上部相连通的旋风分离器，一个通过第二管线使旋风分离器顶部的煤气出口与其底部相连通的洗涤塔；T 型稀释器由横管 101 和竖管 102 构成，煤气及其携带的灰渣和水由横管 101 进入稀释器，脱氧水和（或）循环水由竖管 102 进入 T 型稀释器，在 T 型稀释器中稀释混合，使灰渣与稀释水混合，达到水中较低含固量；来自 T 型管稀释器的煤气、含灰渣水混合物切线进入旋风分离器，经旋转，在惯性力的作用下，大部分灰渣水沿旋风分离壁流下，进入下部灰渣水储槽。

请求人认为权利要求 1 相对附件 1 与公知常识的结合不具备创造性。专利权人则辩称：二者相比，本专利的水煤气与附件 1 的水煤气因制得方法而不同；本专利的混合器作用在于使细灰与水混合，使细灰聚集长大，因此混合后的水中固含量增加，而附件 1 的 T 型稀释器是将固体灰渣冲散，达到水中较低固含量，因此二者原理和目的不同；且本专利的混合器直接设置于旋风分离器上，而附件 1 的 T 型稀释器通过管线与旋风分离器相连。综上，权利要求 1 相对附件 1 具备创造性。

对此，合议组认为：

首先，本专利权利要求 1 并未限定水煤气的制得方法，且专利权人也认可附件 1 公开的同样为水煤气，因此其制得方法不同并不构成权利要求 1 与附件 1 的区别；其次，根据附件 1 的上述记载可知，在 T 型稀释器中通过煤气与水混合，使得灰渣与水混合后在旋风除尘器中将灰渣水除去，实现净化煤气的作用，其与本专利都是通过气液混合从而起到在旋风除尘器中将灰分去除的功能，因此附件 1 的 T 型稀释器可认定为权利要求 1 中的混合器。由此权利要求 1 与附件 1 相比，区别仅在于权利要求 1 的混合器未通过管线直接设置于旋风分离器上。

对于该区别而言，本领域技术人员知晓管线主要起输送作用，通过额外管线连接易增加其堵塞可能性及净化效率的降低，因此出于提高效率等目的的考虑，将 T 型稀释器（或混合器）不通过管线直接与旋风分离器相连是本领域技术人员容易想到的常规手段。

综上所述，权利要求 1 相对附件 1 与公知常识的结合不具备创造性。

（2）关于权利要求 2。

权利要求 2 为权利要求 1 的从属权利要求。

附件 2 公开了（参见说明书第 1-3 页、附图 2）一种合成器洗涤器，其欲解决现有文丘里洗涤器难以实现较好颗粒分离等技术问题，其采用的洗涤器包括一个合成气管和一个灰水管，灰水管的喷水口和合成气管相互连通，合成气管内设置有一个套管，灰水管的喷水口与套管的进气口相对，灰水管的近邻喷水口处设置有一个旋流器；该套管沿着气流方向包括依次相连的一个渐缩部、一个喉缩部和一个渐扩部；洗涤水经过该旋流器旋流雾化成小液滴，并经过灰水管的喷水口高速喷出，喷出后的物化液滴在渐缩部被继续撕裂且旋转，以便迅速将合成器中的灰尘颗粒包裹……，经过后续旋风分离器进行惯性分离。

请求人主张附件 2 用以评述权利要求 2 的附加技术特征。专利权人认为，由附件 2 图 2 可以看出，其旋流器位于文丘里管的上方，而本专利权利要求 2 限定了旋流器位于文丘里管内，因此二者设置位置不同，且附件 1、2 间也没有结合启示。

对此，合议组认为：附件 2 已经公开了洗涤器具有文丘里管结构，且其内部具有旋流器，而由权利要求 2 中“所述的混合器为文丘里管的结构，在其内部设置有旋流器”的表述无法得出旋流器位于文丘里管内的含义，由本专利说明书的记载也无法得出该内容；同时附件 2 还公开了其洗涤器的工作方式、作用及后续需连接旋风分离器，其气液混合的工作方式、去除颗粒的作用、及与旋风分离器相连的位置均与附件 1 相同，因此本领域技术人员出于提高分离效果的目的，有动机将附件 2 与附件 1 相结合；并且根据实际工况改变旋流器位置的设置也是本领域的常规设计。因此，权利要求 2 也不具备创造性。

（3）关于权利要求 3。

权利要求 3 为权利要求 1 的从属权利要求。

附件 1 还公开了（参见说明书第 3 页）其洗涤塔可以为板式塔，自上而下由除沫丝网、第一段塔板、第二段塔板和水储槽组成。

附件 3 公开了（参见说明书第 1-2 页，附图 1）一种煤气净化装置，其包含旋风洗涤器、泡沫洗涤器等部件，其中泡沫洗涤器为常规板式塔，分为五段，自上而下由旋流器、三段塔板、储液槽组成。

请求人主张附件 3 用以评述权利要求 3 的附加技术特征。专利权人则认为附件 3 的板式塔包含三段塔板，而权利要求 3 仅包含一段塔板，且附件 1、3 间没有结合启示。

对此，合议组认为：首先，由权利要求 3 的表述无法得出其仅包含一段塔板的技术内容，并且塔板的数量亦是根据实际需求容易做出调整的；其次，附件 3 与附件 1 均属煤气净化装置，因此在附件 1、3 公开的上述内容基础上，为实现更好的洗涤效果，在板式塔中采用旋流板也是本领域技术人员容易得到的。因此，权利要求 3 也不具备创造性。

17.2.3.5　无效结果

宣告第 201420764684.8 号实用新型专利权全部无效。

17.2.4　全部无效 - 西安三瑞实业有限公司 -CN101805625B[1]

17.2.4.1　基本信息

发明名称：外热式卧置回转炭化炉热裂解原煤制备兰炭的方法

专利申请日：2010 年 04 月 22 日

授权日：2013 年 01 月 30 日

专利权人：西安三瑞实业有限公司

无效请求人：陕西煤业化工集团神木天元化工有限公司

无效决定日期：2015 年 07 月 07 日（第一次无效）；2016 年 09 月 30 日（第二次无效）

17.2.4.2　被无效专利的权利要求

1. 一种外热式卧置回转炭化炉热裂解原煤制备兰炭的方法，其特征在于：包括以下

---

[1] 复审和无效审理部 . 外热式卧置回转炭化炉热裂解原煤制备兰炭的方法的审查决定 [EB/OL].[2015-07-07]. http://reexam-app.cnipa.gov.cn/reexam_out2020New/searchdoc/decidedetail.jsp?jdh=26482&lx=wx.

步骤：

（1）将原料煤送入回转炭化炉干燥段，在 100 ～ 300℃对原料煤进行干燥和脱吸 20 ～ 60 分，除去煤中的水分和结合水以及吸附在煤毛孔中的气体；

（2）干燥和脱吸后的煤进入回转炭化炉干馏段，在物料温度 350 ～ 700℃下热裂解 1 ～ 5 个小时，热裂解后得到兰炭、焦油和煤气，回转炭化炉压力控制在 −20 ～ 20mm（H_2O），维持在微负压和微正压之间，其中一部分纯化后的煤气和空气送入燃烧炉燃烧，加热后的热风送入回转炭化炉干馏段夹套内作为热源；

（3）通过裂解后产生的兰炭由回转炭化炉排出送熄焦炉熄焦，再进入筛焦装置筛分处理得到兰炭成品；

（4）通过裂解后产生的高温煤气和焦油混合物由回转炭化炉导气管抽出，进入焦油煤气分离纯化装置，进行吸收和纯化，得到高品质焦油成品和高热值煤气成品。

2. 如权利要求 1 所述的外热式卧置回转炭化炉热裂解原煤制备兰炭的方法，其特征在于：所述的原料煤的粒度为 3～80mm。

3. 如权利要求 1 所述的外热式卧置回转炭化炉热裂解原煤制备兰炭的方法，其特征在于：所述的回转炭化炉安装方式为卧式，回转炭化炉加热方式为夹套外加热形式，炭化炉干馏段出口的热空气返回炭化炉干燥段加热，干燥段和干馏段采用间接加热，达到热量循环利用。

4. 如权利要求 1 所述的外热式卧置回转炭化炉热裂解原煤制备兰炭的方法，其特征在于：兰炭熄焦处理采取干法熄焦工艺，干法熄焦工艺采用如下两种形式之一：A，兰炭在隔绝空气的条件下送入回转冷却机间接冷却，冷却介质为循环水喷淋冷却；B，在回转干熄炉中用惰性气体与赤热红焦换热冷却。

17.2.4.3 第一次无效相关证据

附件 1：徐帮学主编，安徽文化音像出版社出版，《最新干燥技术工艺与干燥设备造型及标准规范实施手册》，封面页、编委名单页、目录页、第 1565 页，复印件，共 4 页；

附件 2：张仁俊、曾福吾编著，当代中国出版社出版，2004 年 6 月第 1 版第 1 次印刷的《煤的低温干馏》，封面页、版权页、目录页、第 10、11 页，复印件，共 6 页；

附件 3：公开日为 1992 年 11 月 25 日，公开号为 CN1066459A，申请号为 92104624.3 的中国发明专利申请公开说明书，共 13 页；

附件 4：郭树才主编，化学工业出版社出版，1992 年 5 月第 1 版、2001 年 12 月北京第 5 次印刷的《煤化工工艺学》，封面页、版权页、第 5、6 页，复印件，共 4 页；

附件 5：中华人民共和国行业标准 HG/T20566-94《化工回转窑设计规定》，1994 年 11 月 28 日发布，复印件，共 5 页；

附件 6：“采用多段回转炉热解工艺综合利用年青煤”，戴秋菊等，《煤炭加工与综合利用》1999 年第 3 期第 22、23 页，复印件，共 2 页；

附件 7：梁宝平主编，北方工业出版社出版，《干燥设备设计选型与应用实用手册》，封面页、第 522 页，复印件，共 2 页；

附件 8：公开日为 2008 年 7 月 9 日、公开号为 CN101214926A 的中国发明专利申请公布说明书，共 14 页；

附件 9：“我国煤炭热解技术研究进展”，刘光启等，《现代化工》2007 年 11 月第 27 卷增刊（2）第 37-43 页，复印件，共 7 页；

附件 10：授权公告日为 2012 年 9 月 5 日，授权公告号为 CN101608125B 的中国发明专利说明书，共 11 页；

附件 11：中华人民共和国国家标准 GB/T17608-2006《煤炭产品品种和等级划分》，2006 年 9 月 12 日发布，复印件，共 2 页；

附件 12：贺永德主编，化学工业出版社出版，2003 年 11 月第 1 版北京第 1 次印刷的《现代煤化工技术手册》，封面页、版权页、第 688 页，复印件，共 3 页；

附件 13：授权公告日为 2010 年 11 月 17 日，授权公告号为 CN201634450U 的中国实用新型专利说明书，共 7 页；

附件 14：昆明理工大学肖振慧，“煤焦油纯化技术进展”，复印件，共 5 页；

附件 15：授权公告日为 2008 年 8 月 20 日，授权公告号为 CN201102930Y 的中国实用新型专利说明书，共 9 页。

17.2.4.4 第一次无效决定理由

法律依据：专利法第 22 条第 3 款、第 4 款，专利法第 26 条第 4 款

（1）关于专利法第 26 条第 4 款。

专利法第 26 条第 4 款规定：权利要求书应当以说明书为依据，清楚、简要地限定要求专利保护的范围。

如果本领域技术人员根据本领域的普通技术知识，可以理解权利要求中某个技术特

征的含义，则该权利要求的技术方案对本领域技术人员来说是清楚的。

本案中，请求人认为：干法熄焦技术是采用惰性气体熄灭赤热焦炭的熄焦方法，可参见附件12，但权利要求4中限定的干法熄焦工艺的A形式为水间接冷却的方式，其并非干法熄焦的形式，因此权利要求4不清楚，不符合专利法第26条第4款的规定。

对此，合议组经审查后认为：本领域公知，熄焦方法主要分为湿法熄焦和干法熄焦两种，湿法熄焦是指高温焦炭在熄焦设备中被水直接喷淋浇洒、与水逆流接触从而为焦炭降温的方法，与之相对应，干法熄焦则是在熄焦过程中高温焦炭不与水直接接触的熄焦方法。虽然在现有技术中常见的干法熄焦技术是利用冷的惰性气体在干熄炉中与赤热红焦接触从而进行热交换为焦炭降温，但本领域技术人员可以理解，随着技术的发展，干法熄焦技术可以出现不同的形式，只要在熄焦过程中焦炭不与水直接接触、熄焦后的产品不含水即可。本专利权利要求4限定了A形式为“兰炭在隔绝空气的条件下送入回转冷却机间接冷却，冷却介质为循环水喷淋冷却”，可见，虽然该方法使用了循环水喷淋，但其中兰炭是在回转冷却机中被循环水间接冷却，即熄焦过程中物料不与循环水直接接触，这种熄焦方式虽然与现有技术中常用的用惰性气体熄灭赤热焦炭的干法熄焦方法不同，但由于其在熄焦过程中焦炭不与水直接接触，因此亦属于干法熄焦的范畴，可称之为干法熄焦的一种形式。综上所述，请求人关于权利要求4不清楚、不符合专利法第26条第4款规定的无效理由不成立。

（2）关于专利法第22条第4款。

专利法第22条第4款规定，实用性，是指该发明或者实用新型能够制造或者使用，并且能够产生积极效果。

请求人认为：权利要求2中限定了所述原料煤的粒度为3～80mm，而本领域使用30mm以下的末煤属于公知常识，依据煤炭粒度分级指标，无法直接购买3～80mm粒度的煤炭，自己掺混增加成本，且30～80mm粒度的块煤在回转炉中干馏，大量产生末煤，生产出大比例的焦粉，低于原料价格，不具有经济效益，因此权利要求2不具备实用性。

对此，合议组经审查后认为：本专利权利要求2要求保护的是一种制备兰炭的方法，根据本专利说明书的记载能够确定，该方法能够在产业上使用，即使用权利要求2限定的原料煤粒度范围可以制备获得兰炭，并能够实现本发明的发明目的，可以产生连续式生产、工艺过程无废气、废水、废渣排放等积极效果。即便如请求人所述该方法由于使用3-80mm的原料粒度而导致成本增加，但首先这并不会导致其无法在产业中被使用和实施，其次该经济效果上的瑕疵也并不会导致其明显无益、脱离社会需要，因此并未达到不具备实用性的程度，因而请求人关于权利要求 2 不具备实用性、不符合专利法第 22 条第 4 款规定的无效理由不能成立。

（3）关于专利法第 22 条第 3 款。

专利法第 22 条第 3 款规定：创造性，是指与现有技术相比，该发明具有突出的实质性特点和显著的进步。

如果一项权利要求与最接近现有技术之间存在区别技术特征，基于该区别技术特征其权利要求解决了一定的技术问题，其他对比文件并未公开该区别技术特征，也没有证据表明采用该区别技术特征解决上述技术问题是本领域的公知常识，则该权利要求对本领域技术人员来说是非显而易见的。

本专利权利要求 1 要求保护一种外热式卧置回转炭化炉热裂解原煤制备兰炭的方法。

附件 3 公开了一种多级回转的煤热解加工工艺（参见其说明书第 2 页第 18 行至第 4 页第 15 行），包含以下步骤：（1）将粒度为 3 ～ 30mm 的原料煤送入干燥回转炉内与温度低于 300℃的热烟道气直接换热脱水，最终干燥温度为 200 ～ 250℃；（2）将干燥后的煤料送入热解回转炉，煤料被由热解加热炉提供的热量间接加热，分解生成粒状半焦、焦油蒸汽和煤气，最终的热解温度为 500 ～ 650℃；（3）将焦油蒸汽和煤气的混合气送到冷凝器中分离，得到粗焦油及煤气；（4）将粒状半焦送入增碳回转炉中，在 800 ～ 850℃的温度下，经内热式加热，得到粒状焦及高温混合气，混合气被导入热解加热炉；（5）将由增碳回转炉排出的粒状焦于振动筛上喷水熄头，制得产品焦。该煤的热解加工工艺采用多级串联回转炉，并采用分段加热方式，其中干燥段为气体内热式，热解段（相当于本专利的干馏段）为气体外热式，增碳段为气体内热式；干燥和增碳段为微负压状态操作，热解段呈微正压操作。

合议组经审查后认为，权利要求 1 与附件 3 相比，至少存在如下区别技术特征：权利要求 1 中干燥段和干馏段在同一回转炉内，且其均是外热式；而附件 3 公开的是多级串联回转炉，包括“干燥回转炉”和“热解回转炉”，即干燥段和热解段分别在不同的回转炉中，且干燥段为内热式，热解段为外热式。基于上述区别技术特征，本专利实际解决的技术问题是采用适宜的回转炉结构以及各工段加热方式，以实现连续式生产、工艺过程无废气、废水、废渣排放等技术效果。

对于该区别技术特征，请求人认为：根据附图无法看出本专利干燥段和干馏段是在同一个炭化炉中，即使是，相较于附件3的干燥段和热解段使用两个窑炉，本专利这种设备上的构思也没有为方法带来显著进步；附件3公开了其热解段为气体外热式，即公开了本专利的“外热式”。

对此，合议组认为：首先，本专利说明书、权利要求书以及图1的工艺流程图中均明确记载了“回转炭化炉干燥段”和“回转炭化炉干馏段”，根据本专利说明书的记载，本专利的生产方法包括干燥、干馏、熄焦、筛分、纯化等步骤，干燥步骤在“回转炭化炉干燥段”进行，干馏步骤在“回转炭化炉干馏段”进行，熄焦步骤在熄焦炉进行，筛分步骤在筛焦装置进行，纯化步骤在分离纯化装置进行，根据说明书记载的整体内容能够确定，本专利的回转炭化炉具有干燥段和干馏段，即干燥段和干馏段是在同一个回转炭化炉内。其次，本专利的“外热式”限定了回转炭化炉整体为外热式，即干燥段和干馏段均为外热式，而附件3仅热解段为外热式，干燥段则为内热式，因此本专利的“外热式”并未被附件3公开。再次，由于本专利采用了将干燥段和干馏段设置在同一回转炉中且均为外热式的技术手段，根据本专利说明书的记载（参见说明书第17-20段），热烟气在炉体外部循环加热，干燥段和干馏段没有大量的惰性气体混入煤气中，提高了煤气的热值，提高了煤气的可利用价值，且带压热烟气不与原煤直接接触，小粒度的煤不会被热烟气带出，因此降低了原料煤的粒度，提高了原料煤的利用率，因此，设备结构上的这种不同为本专利的方法带来了显著进步。综上，请求人的上述主张不能成立。

附件1公开了煤炭干燥器（参见其第1565页第5行至第9行），公开了用于煤干燥的干燥器可分为直接加热式和间接加热式两大类。附件5(参见其第1页第6行至第7行）公开了适用于工作压力为微负压或常压的化工回转窑及回转圆筒设备。附件7（参见其第522页第20行至第26行）公开了回转圆筒干燥器的形式一般按照被干燥物料的加热方式来划分，可分为直接传热干燥器和间接传热干燥器。

可见，附件1、3、5和7均未公开干燥段和干馏段在同一回转炉中且均为外热式的技术内容，即均未公开上述区别技术特征，同时上述附件也没有给出得到上述区别技术特征的技术启示，此外也没有证据表明上述区别技术特征是本领域的公知常识，因此即使将附件3、1、5、7相结合，也难以得到本专利权利要求1的技术方案，请求人关于权利要求1不具备创造性的理由不能成立。

17.2.4.5 第一次无效结果

维持第201010153412.0号发明专利权有效。

17.2.4.6 第二次无效相关证据

证据1：公开日为2005年8月31日，公开号为CN1660964A，申请号为200410100439.8的中国发明专利申请公开说明书，共8页；

证据2：《褐煤利用技术》；戴和武、谢可玉主编；煤炭工业出版社出版；1999年2月第1版第1次印刷；封面页、扉页、版权页、内容提要页、编写人员名单页、序言、前言、目录页、第297-312页，复印件，共26页；

证据3："我国煤炭热解技术研究进展"；刘光启等；《现代化工》第27卷增刊（2）；2007年11月；第37-43页，复印件，共7页；

证据4：公开日为1992年11月25日，公开号为CN1066459A，申请号为92104624.3的中国发明专利申请公开说明书，共12页；

证据5：公开日为2003年4月30日，公开号为CN1415000A，申请号为00818174.8的中国发明专利申请公开说明书，共15页；

证据6：公开日为1983年12月15日，公开号为DE3222118A1的德国专利文献及其权利要求书的中文译文，共7页；

证据7：公开日为1983年2月22日，公开号为US4374704的美国专利文献及其部分中文译文，共7页；

证据8：公开日为2009年12月30日，公开号为CN101614472A，申请号为200910067359.X的中国发明专利申请公布说明书，共11页；

证据9：《现代煤化工技术手册》；贺永德主编；化学工业出版社；2004年3月第1版第1次印刷；扉页、版权页、第7、58、59、657、658、676页，复印件，共8页；

证据10：《现代煤化工生产技术》；付长亮等主编；化学工业出版社；2009年8月第1版第1次印刷；封面页、扉页、版权页、第37、38、43、44、134、135页，复印件，共9页；

证据11：《煤化工工艺学》；郭树才主编；化学工业出版社；1992年5月第1版、2003年10月第6次印刷；版权页、第5-9，15，49-51，84-89页，复印件，共16页；

证据12：陕西省地方标准DB61/T423-2008《兰炭行业清洁生产标准》，复印件，封面页、目录页、前言页、第1-5页，复印件，共8页。

17.2.4.7 第二次无效决定理由

法律依据：专利法第 22 条第 3 款

专利法第 22 条第 3 款规定，创造性，是指与现有技术相比，该发明具有突出的实质性特点和显著的进步，该实用新型具有实质性特点和进步。如果一项发明权利要求相对于最接近现有技术的区别属于本领域的公知常识，则该权利要求不具有突出的实质性特点。

（1）关于权利要求 1。

权利要求 1 要求保护一种外热式卧置回转炭化炉热裂解原煤制备兰炭的方法。

证据 1 涉及一种将无烟煤、烟煤、褐煤加工成半焦过滤材料的设备，具体公开了一种回转式半焦过滤材料加工机组的滚筒（参见说明书技术领域，第 3-4 页具体实施方式，附图 1-2）：滚筒（23）为双筒结构，由内筒和外筒构成，内筒和外筒之间的夹层为燃气加热腔（7）；内筒为煤料焦化室，分为干燥段和干馏段；滚筒（23）倾斜放置，结合附图 1 可知其为卧置滚筒。滚筒（23）的外筒一端与燃烧室（24）相连接，另一端与烟气收集室（29）相连接；滚筒（23）的内筒一端与上密封室（27）相连接，另一端与下密封室（25）相连接；上密封室（27）安装有螺旋给料机（17）、密封加煤箱（18）、储煤仓（19），还安装有旋风分离器（1-1）、煤气净化装置（6）和煤气系统（21）；运行时，煤料由储煤仓、密封加煤箱，通过螺旋加料机加入滚筒的内筒中，煤料的粒径＜10mm，含水率＜15%。煤料进入滚筒后，通过干燥段逐步到达干馏段，干燥段始温为 120～150℃（公开了本专利的干燥温度），干馏段的终温为 510～600℃（公开了该专利的干馏温度）。滚筒内产生的煤气进入上密封室（27），由旋风分离器（1-1）将煤气中的烟尘分离下来，分离下来的烟尘重新送回滚筒（23）中；净化后的煤气通过煤气系统（21）将一部分经油气分离设备（28）（此处必然产生焦油）、煤气加压机（15）后的冷却煤气由下密封室底部中间的管道进入下密封室，作为机组加热所需的燃料，所产生的煤气的其余部分输送到企业的锅炉房作为锅炉的辅助燃料；进入下密封室的煤气，一部分进入滚筒（23），另一部分经旋风分离器（1）净化后，再经过煤气净化装置（6）、喷嘴（11）进入机组的燃烧室（24）燃烧，燃烧后的热烟气进入燃气加热腔（7），对滚筒（23）的内筒进行加热。燃烧室所需的燃烧空气由送风机（10），将风送入下密封室（25）底部夹层结构的空气预热器加热后，进入机组的煤气燃烧室（24）内（结合图 1 以及工艺条件可知，一步纯化后的煤气和空气送入燃烧炉燃烧，加热后的热风送入干馏段夹套内作为热源）；下密封室（25）底部的空气预热器（2）利用炉料的高温加热燃烧空气，在加热燃烧空气过程中将炉料的温度降低到 200 ～ 250℃，并将炉料的部分热量回收利用；下密封室（25）底部安装有水冷却器（3），利用水通过水冷却器（3）将炉料的温度降低到 100 ～ 150℃，利用炉料的高温加热锅炉用水，将炉料的热量回收利用；下密封室（25）底部半焦沉降箱排出的过滤料，经蒸汽冷却系统（5）、淋水冷却系统（4）进一步降温后由出焦车运走。淋水冷却系统（4）的水经沉淀处理后循环使用。

专利权人认为：

①证据 1 的半焦过滤材料与本专利的半焦不同。半焦过滤材料即活性炭，其作为非燃烧材料只有过滤功能，而半焦还有其他功能，例如可以作为燃料。本专利的半焦不需要活化，而证据 1 中将烟尘、煤气返回滚筒就是为了降质、活化，且返回的煤气中含有水分，其进入干燥段后会与之前的干燥产生矛盾，与本专利的制备方法不同，因此两者的主题名称不同，本专利和证据 1 是两种不同的发明构思；

②证据 1 并未得到高品质的焦油成品，本专利的焦油是经过分离纯化的，而证据 1 中的焦油并未经过纯化过程。

对此，合议组经审查后认为：

①首先，半焦本身即具有一定的孔隙度，其既可作为优质的无烟燃料，也可作为优质的过滤吸附材料是本领域公知的（参见证据 9 第 657 页第 1 段），证据 1“半焦吸附材料”的写法并未改变其半焦的本质，其同样可以用作优质燃料；其次，本专利权利要求 1 中并未排除可以将部分烟尘和煤气返回，同时证据 1 中返回的烟尘和煤气本身即为干馏反应的原料和部分产物，且本领域的技术人员公知半焦的活化温度为 900℃左右，而证据 1 的最高干馏温度为 600℃，因此其返回的烟尘和部分煤气并不会导致证据 1 中的半焦进一步活化，从而与本专利中的半焦产生实质性差别。因此证据 1 公开的半焦过滤料即为一种半焦，本专利和证据 1 在主题名称上并无实质性的差别，由此亦不会导致本专利和证据 1 的发明构思不同。

②证据 1 中明确公开了滚筒产生的煤气经过分离除尘后，得到的净化煤气经过油气分离设备、煤气加压机后，部分作为机组加热所需燃料，其余作为锅炉辅助燃料。由此可见，证据 1 中通过油气分离设备从净化煤气中进一步分离出焦油，在分离之前，焦油和煤气的混合物已经过除尘净化处理，即证据 1 的焦油煤气同样经历了分离纯化装置的处理，得到的焦油产品亦属于高品质的焦油。由此可见，本专利权利要求 1 相对于证

据 1 的区别在于：限定了干燥脱吸的时间、干馏热解的压力和时间，并在炭化炉中进一步设置导气管以及采用筛焦装置。证据 2 涉及采用多段回转炉工艺裂解褐煤（参见其第 302-312 页第二节第一部分“多段回转炉工艺”），其中回转热解炉为耐热钢制作的外热式卧置炉体（参见第 302 页第 4 段以及第 303 页图 7-3），并具体公开了工艺采用的原料、具体步骤、工艺参数以及产物性能等：煤料在干燥炉在停留时间为 30 分（参见其第 304 页第 4 段），25mm 煤粒在热解炉的停留时间需要至少在 80 分以上（参见其第 309 页倒数第 2-3 段），热解炉内的压力为 −20Pa（参见其第 305 页表 2）；同时，由图 7-3 的“多段回转炉热解工艺流程”中可以看出，由热解炉 8 产生的气体通过管路导出至除尘器 12 中；此外，证据 2 还公开了多段回转炉工艺所得半焦产物的筛分组成（参见其第 306 页表 7-4），即隐含公开了采用筛焦装置对半焦进行筛分。

专利权人认为：证据 2 中显示热解工艺有多种，其第 302 页公开了工艺选择首先取决于对热解目标的获取，证据 2 未公开本专利的工艺路线，与证据 1 没有结合动机。此外，证据 1 得到半焦过滤材料仅需露天堆放即可，不需要进一步筛分，本领域的技术人员在此基础上不会想到证据 1 的半焦过滤材料进一步筛分。

对于上述区别，合议组认为：

首先，在煤热解领域，根据具体情况选择合适反应条件例如干燥脱吸的时间、干馏热解的压力和时间属于本领域技术人员所掌握的普通技术知识，而在回转炭化炉中设置导气管以利于气体的导出、利用筛焦装置对获得的半焦产品进一步筛分属于本领域常规的技术手段，并且证据 1 中所得的半焦过滤吸附材料最终也需制成成品才能实际应用，本领域的技术人员容易想到根据成品的不同需求对其半焦粒径进一步筛分；

其次，证据 2 的上述公开内容均出自第七章第二节的“多段回转工艺”部分，该部分整体属于一个技术路线，且其与本专利同属于回转炉热解原煤制备半焦领域，并具体公开了干燥脱吸的时间、干馏热解的压力和时间、在炭化炉中进一步设置导气管以及采用筛焦装置对半焦进行筛分。证据 2 与本专利的不同主要在于干燥时采用了内热式而非外热式的回转炉，然而本专利采用外热式回转炉相对于内热式回转炉主要是提高了原料煤的利用率，根据本专利说明书的记载和本领域的普通技术知识，在干燥段采用外热式回转炉替代内热式回转炉对干燥时间没有实质性的改变。在证据 1 已经公开了干燥段和干馏段整体采用外热式卧置回转炉，证据 2 公开了上述区别属于公知常识的基础上，本领域的技术人员在证据 1 的干燥段和干馏段整体采用外热式卧置回转炉时，容易想到参考证据 2 中公开的属于本领域公知的干燥脱吸的时间、干馏热解的压力和时间、在炭化炉中进一步设置导气管以及采用筛焦装置进行筛分。由此，综上所述，权利要求1相对于证据1和公知常识的结合不具备创造性。

（2）关于权利要求2-4。

权利要求2、3均引用权利要求1。

关于权利要求2，证据1已经公开了煤料的粒径＜10mm，与权利要求2限定的粒度为3～80mm存在重合的区间，即权利要求2的附加技术特征已被证据1公开；

关于权利要求3，证据1已经公开了其滚筒的安装方式为卧式，内筒和外筒之间的套管加热方式即为夹套式加热，且内筒的干燥段和干馏段同样是通过燃气加热腔7进行间接的外热，燃烧室提供热空气进热燃气加热腔7对内筒进行加热，结合附图1可知，热空气首先经过干馏段出口再返回干燥段，实现了热量的循环利用，即权利要求3的附加技术特征已被证据1公开。

因此，结合对权利要求1的评述，权利要求2、3均不具备创造性。

（3）关于权利要求4。

权利要求4引用权利要求1，根据干法息焦工艺的不同，其包括两个并列的技术方案A和B。

专利权人认为：证据1中息焦是直接用淋水喷淋系统（4）进行冷却，属于湿法息焦而非干法息焦，同时请求人也未在请求书中表明技术方案B属于本领域的公知常识。

对此，合议组认为：

首先，证据1公开了其得到的半焦过滤料先通过对空气预热器（2）中空气预热以回收部分热量，随后通过与水冷却器（3）或高热加热锅炉中水间接热交换进一步回收部分热量，得到半焦最后通过蒸汽冷却系统（5）、淋水冷却系统（4）进一步降温，由此可见，证据1中的半焦过滤通过水冷却器（3）或高热加热锅炉进行冷却时，同样不与其中的水直接接触，而是通过间接换热的方式，即同样属于干法息焦，而采用回转冷却机和使用水喷淋冷却属于本领域的常规技术手段，在此基础上，本领域的技术人员容易得到权利要求4的技术方案A；

其次，请求人在其无效请求书中明确主张了技术方案B属于本领域的公知常识（参见其请求书倒数第2页倒数2～4行），证据11中亦公开了利用惰性气体将赤热焦炭冷却的干法息焦工艺属于本领域的公知常识（参见其第49页倒数第4段），而回转息焦炉也是本领域常见的息焦装置，在此基础上本领域的技术人员容易得到权利要求4的技术方案B。因此，结合对权利要求1的评述，权利要求4也不具备创造性。

17.2.4.8 第二次无效结果

宣告第201010153412.0号发明专利权全部无效。

17.2.5 部分无效-西峡龙成特种材料有限公司-CN201825920U[1]

17.2.5.1 基本信息

发明名称：内煤外热式煤物质分解设备

专利申请日：2010年10月26日

授权日：2011年05月11日

专利权人：西峡龙成特种材料有限公司

无效请求人：陕西煤业化工集团神木天元化工有限公司

无效决定日期：2018年03月13日

法律状态：有效

17.2.5.2 被无效专利的权利要求

1.一种内煤外热式煤物质分解设备，包括一个密封窑体，其特征在于：所述窑体内设置煤物质推进分解管道，所述煤物质推进分解管道设置进煤口、出煤口和分解气收集管，所述煤物质推进分解管道与窑体内壁之间设置热交换仓，所述热交换仓与高温气体加热机构连通，所述热交换仓设置加热气导出管。

2.如权利要求1所述的内煤外热式煤物质分解设备，其特征在于：所述高温气体加热机构包括燃料供应管、空气供应管和燃烧室。

3.如权利要求1或2所述的内煤外热式煤物质分解设备，其特征在于：所述高温气体加热机构设置在窑体内。

4.如权利要求1或2所述的内煤外热式煤物质分解设备，其特征在于：所述高温气体加热机构设置在窑体外。

5.如权利要求1或2所述的内煤外热式煤物质分解设备，其特征在于：所述煤物质推进分解管道由多根平行密排管道组成，所述多根平行密排管道一端设置分配盘，所述

[1] 复审和无效审理部. 内煤外热式煤物质分解设备的审查决定[EB/OL].[2018-03-13]. http://reexam-app.cnipa.gov.cn/reexam_out2020New/searchdoc/decidedetail.jsp?jdh=35176&lx=wx.

分配盘与所述进煤口连通，另一端设置汇聚盘，所述汇聚盘与出煤口连通。

6. 如权利要求3所述的内煤外热式煤物质分解设备，其特征在于：所述煤物质推进分解管道由多根平行密排管道组成，所述多根平行密排管道一端设置分配盘，所述分配盘与所述进煤口连通，另一端设置汇聚盘，所述汇聚盘与出煤口连通。

7. 如权利要求4所述的内煤外热式煤物质分解设备，其特征在于：所述煤物质推进分解管道由多根平行密排管道组成，所述多根平行密排管道一端设置分配盘，所述分配盘与所述进煤口连通，另一端设置汇聚盘，所述汇聚盘与出煤口连通。所述分解气收集管与设置在窑体外的气体后处理机构连接。

8. 如权利要求4所述的内煤外热式煤物质分解设备，其特征在于：所述高温气体加热机构为电加热机构。

17.2.5.3 相关证据

证据1：申请日为2010年10月26日，授权公告日为2012年8月29日，授权公告号为CN101984018B，申请号为201010527779.4的中国发明专利说明书，共6页；

证据2：授权公告日为1996年8月7日，授权公告号为CN2232444Y，专利号为95223421.1的中国实用新型专利说明书，共19页；

证据3：授权公告日为2008年7月2日，授权公告号为CN201081538Y，专利号为200720102158.5的中国实用新型专利说明书，共14页；

证据4：授权公告日为2010年1月6日，授权公告号为CN100577255C，专利号为200710062831.1的中国发明专利说明书，共18页；

证据5：公开日为2005年8月31日，公开号为CN1660964A，申请号为200410100439.8的中国发明专利申请公开说明书，共8页；

证据6：授权公告日为2010年7月21日，授权公告号为CN201530810U，申请号为200920235334.1的中国实用新型专利说明书，共9页；

证据7：公开日为2007年11月21日，公开号为CN101074384A，申请号为200710126110.2的中国发明专利申请公布说明书，共11页。

17.2.5.4 决定理由

法律依据：专利法第9条第1款、专利法第22条第3款

1. 关于专利法第 9 条第 1 款

专利发第 9 条第 1 款规定：同样的发明创造只能授予一项专利权。

如果两项权利要求存在区别技术特征，且由于该区别技术特征的存在导致该两项权利要求的保护范围不同，则该两项权利要求不属于同样的发明创造。

请求人认为：虽然本专利权利要求 5 和 6 与证据 1 权利要求 1 ～ 3 的主题名称存在区别，本专利为“煤物质”，而证据 1 中为“煤粉”，但该区别仅是表述的不同，本专利的说明书中煤物质均是指煤粉，且本专利和证据 1 均是保护一种“内煤外热式的分解设备”，分解设备处理对象的煤以何种形式存在，并不会造成设备自身结构的变化，两者对应的分解设备实质上完全相同。基于上述理由，本专利的权利要求 5 引用权利要求 1 时，与证据 1 的权利要求 1 属于同样的发明创造；本专利的权利要求 5 引用权利要求 2 时，与证据 1 的权利要求 2 属于同样的发明创造；本专利的权利要求 6 与证据 1 的权利要求 3 属于同样的发明创造，因此，本专利的权利要求 5-6 不符合专利法第 9 条 1 款的规定。

对此，合议组认为：煤物质涵盖了煤的多种种类及存在形态，煤粉通常指粒度小于 0.5 毫米的煤。而不同存在形态的煤所适用的分解设备必然有所不同。例如当煤粉颗粒很细时，单位质量的煤粉具有较大的表面积，表面可以吸附大量的空气，从而具有流动性，这一特性，使煤粉便于气力输送；而当煤为较大粒径存在如煤块时，一般采用螺旋给料机、倾斜滚筒等装置来输送煤料，则无法采用气力进行输送，对管道直径的需求也会不同。具体到本案中，分解设备处理不同形态的煤时，其所适用的推进分解管道等部件将会有所不同，从而导致权利要求的保护范围并不完全相同。因此，本专利权利要求 5 ～ 6 与证据 1 的权利要求 1 ～ 3 不属于同样的发明创造，本专利权利要求 5-6 符合专利法第 9 条第 1 款的规定。

2. 关于专利法第 22 条第 3 款

专利法第 22 条第 3 款规定，创造性，是指与现有技术相比，该实用新型具有实质性特点和进步。

如果一项权利要求与最接近的现有技术存在区别技术特征，现有技术是否给出了将该区别技术特征与最接近现有技术结合的启示，应根据技术方案整体以及区别技术特征在现有技术中所起的作用进行判断。

（1）关于权利要求1。

本专利权利要求1请求保护一种内煤外热式煤物质分解设备。

经查，证据5涉及一种回转式半焦过滤材料加工机组，并具体公开了（参见其说明书具体实施方式及图1-2）该装置为双筒结构，由内筒和外筒构成（对应于本专利的密封窑体）；内筒和外筒之间的夹层为燃气加热腔（对应于本专利的热交换仓），内筒为煤料焦化室（对应于本专利的内煤外热式分解方式），分为干燥段和干馏段；滚筒倾斜放置，坐落在两个托辊总成上，由传动装置通过滚筒上的齿圈驱动；滚筒的外筒一端与燃烧室（所述燃烧室及其相关结构对应于本专利的高温气体加热机构）相连接，另一端与烟气收集室相连接；滚筒的内筒一端与上密封室相连接，另一端与下密封室相连接；烟气排放装置与烟气收集室之间安装有换热器，用于回收由燃气加热腔经烟气收集室排出的烟气中的余热，烟气排放装置、烟气收集室和换热器之间由管道连接（对应于本专利的加热气导出管）；回转式半焦过滤料加工机组的上密封室安装有螺旋给料机，密封加煤箱、储煤仓，还安装有旋风分离器、煤气净化装置和煤气系统；运行时，煤料由储煤仓、密封加煤箱，通过螺旋加料机加入滚筒的内筒（对应于本专利中设有进煤口的煤物质推进分解管道）中，煤料进入滚筒后，通过干燥段逐步到达干馏段；滚筒内产生的煤气进入上密封室，由旋风分离器将煤气中的烟尘分离下来，净化后的煤气通过煤气系统将一部分经油气分离设备、煤气加压机后的冷却煤气由下密封底部中间的管道进入下密封室，作为机组加热所需的燃料，所产生的煤气的其余部分输送到企业的锅炉房作为锅炉的辅助燃料；回转式半焦过滤料加工机组下密封室底部半焦沉降箱排出的过滤料，经蒸汽冷却系统、淋水冷却系统进一步降温后由出焦车运走。结合图1可以看出内筒连通下密封室的开口即对应本专利的出煤口。

请求人认为：本专利的权利要求1与证据5的区别在于煤物质分解管道设置分解气收集管。

专利权人认为：权利要求1与证据5的区别除了上述特征以外，还包括本专利是生产燃气、焦油气和热值较高的煤，而证据5是生产半焦、活性炭的，两者产物不同，所以主题是不同的。

对此，合议组经审查后认为：首先，权利要求1请求保护一种内煤外热式煤物质分解设备，而证据5涉及一种回转式半焦过滤材料加工机组，两者实质上均为煤物质分解设备，主题并无实质区别；其次，本专利权利要求1要求保护的是煤物质分解设备，并非制备方法，其中也未对煤物质分解工艺条件例如热解温度及产物等进行限定，且本领域技术人员知晓煤物质的热分解产物主要受到热解温度等工艺条件的影响，如 200 ～ 350℃开始分解并产生少量焦油煤气，350 ～ 450℃生成胶质体，450 ～ 550℃胶质体固化并形成半焦，550 ～ 650℃半焦收缩并产生燃气，650 ～ 900℃生成焦炭并放出氢气。权利要求 1 限定的技术内容包括“出煤口”的描述并未体现出产物导致其要求保护的设备与证据 5 公开的设备存在结构上的差别。

因此，本专利权利要求 1 相对于证据 5 的区别在于：煤物质推进分解管道设置分解气收集管。基于该区别特征，本专利实际解决的技术问题是选择合适的可替代部件对分解气进行收集。

针对上述区别，专利权人认为：证据 5 没有涉及分解气收集这个专门的功能。

合议组认为：证据 5 已经公开了上密封室还安装有煤气旋风分离器和煤气系统，滚筒内产生的煤气进入上密封室，由旋风分离器将煤气中的烟尘分离下来，净化后的煤气通过煤气系统再循环利用。可见，分解气通过上密封室进行收集，进一步处理、净化、再利用的技术特征已被证据 5 公开了，而气体收集管是本领域常见的连接和收集部件，本领域技术人员容易想到在证据 5 的内筒上设置分解气收集管来收集煤气，以便于煤气的回收利用。

综上所述，权利要求 1 相对于证据 5 和本领域常规技术手段的结合不具备创造性。

（2）关于权利要求 2。

权利要求 2 对权利要求 1 所述分解设备中的高温气体加热机构作了进一步限定。证据 5 公开了（参见说明书第 3 页第 24 ～ 29 行，图 1）煤气经过煤气净化装置、喷嘴进入机组的燃烧室燃烧；燃烧室所需的燃烧空气由送风机，将风送入下密封室底部夹层结构的空气预热器加热后，进入机组的煤气燃烧室内。由此可知，证据 5 中必然设置有将煤气和空气输送入燃烧室的管道。因此，结合对权利要求 1 的评述，权利要求 2 不具备创造性。

（3）关于权利要求 3 ～ 4。

权利要求 3 ～ 4 对权利要求 1 或 2 所述分解设备中高温气体加热机构的设置位置作了进一步限定。证据 5 公开了滚筒的外筒一端与燃烧室相连接，可见燃烧室设置在窑体外的技术特征已经被证据 5 公开了，而将燃烧室设置在窑体内从而减小设备体积也是本领域的常规设置方式。因此，结合对权利要求 1、2 的评述，权利要求 3、4 不具备创造性。

（4）关于权利要求 5 ～ 7。

权利要求 5 ～ 7 分别对煤物质推进分解管道的具体结构作了进一步限定，权利要求

7 还对气体后处理机构的设置连接作了进一步限定。

请求人在所有的创造性评述方式中，均仅使用证据 2、3 评述上述权利要求限定的煤物质推进分解管道的具体结构。

经查，证据 2 公开了一种直立式干馏炉炉体(参见其说明书第 4 ～ 6 页及图 1 ～ 2)，包括干馏管，其中 5 为低温干馏管，5′ 为中温干馏管，5″ 为高温干馏管，6，6′ 为煤气集气腔，其中 6 为低温干馏煤气（第一）集气腔，6′ 为中温、高温干馏煤气（第二）集气腔，干馏管自上而下由两个煤气集气腔 6，6′ 连通。干馏炉炉体具有若干套干馏管，且按直径大小被分为五组，相同管径的为一组。其中处于炉体中线的一套干馏管自身为一组，用于干馏 50 ～ 100mm 直径大小的大煤块，其余分别按其直径大小依次适于干馏 25 ～ 50mm 直径的中块煤，13 ～ 25mm 直径的大小的小块煤，6 ～ 13mm 直径大小的粒煤以及 0-6mm 直径大小的粉煤的四组干馏管分别被设置在圆柱形炉腔的四个扇区。为了将不同粒级的煤分开，以便分别进行有效的干馏并按不同的粒度的焦出焦，在各集气腔 6 中分别按上述四个扇区设置分隔四个扇区的分隔板 7，该分隔隔板在各集气腔中从各集气腔的底部起竖立设置，且其高度小于各集气腔的高度，以便该分隔板对由干馏管从上引入各集气腔的煤按粒级进行分隔，将相同粒级的煤分隔在各集气腔 6 的集气腔壳 14 内的相同的扇区内，同时又便于不同粒级的煤的干馏的共同集气。

证据 3 公开了一种管式炉（参见其说明书第 4 页第 13 ～ 19 行、第 5 页第 9 ～ 10 行及图 1、7)，管式炉内横斜着数层炉管 5，每根炉管 5 由数根短耐火管连接而成，每个炉管都有一个管门 6，打开管门 6 往炉管 5 内补加压块后，立即关闭管门 6，所有管的末端管座连接形成的“炉墙”将炉膛与外界隔离，该炉墙与观察孔 15 所在的外隔热墙 23 围成了一个煤气回收空间 14。

请求人认为：证据 2 中干馏管由多根平行密排管道组成，相当于本专利中的煤物质推进分解管道，第一集气腔 6 同时作为不同粒径煤料的分配腔，与所述低温干馏管 5 上端的进煤口连通，其中设置有分隔板，按照粒径的不同分配煤料至第一集气腔下方的不同的低温干馏管内，且集气腔 6 具有盘状结构，即集气腔 6 相当于本专利的分配盘。同理第二集气腔 6′ 将来自低温干馏管 5 出煤口的煤料汇集后再分配给下方的中温干馏管 5′，具有煤料汇集作用，且集气腔 6′ 同时具有盘状结构，相当于本专利的汇聚盘。证据 3 的多根炉管相当于本专利中有多根平行密排管道组成的煤物质推进分解管道，炉管一端设置有管门 6 阵列，与管道的进煤口连通，管道的另一端设置有煤气回收空间 14，来自管道内的煤料最终排出至其中进行输出汇聚，相当于本专利的汇聚盘，煤气回收空间 14 与炉管管道的出煤口连通，虽然证据 3 没有披露分配盘，但其属于本领域的常规选择。在此基础上，进一步认定权利要求 5 ～ 7 不具备创造性。

合议组认为：证据 2 公开的为一立式干馏炉（参见其说明书第 5 页第 22 ～ 27 行、第 8 页第 5 ～ 10 行），在集气腔 6 中设置分隔四个扇区的分隔板 7，该分隔隔板在各集气腔中从各集气腔的底部起竖立设置，且其高度小于各集气腔的高度，以便于该分隔板对于有干馏管从上引入各集气腔的煤按粒径级进行分隔，即将相同粒级的煤分隔在各集气腔 6 的集气腔壳 14 内的相同的扇区内，同时又便于不同粒级的煤的干馏的共同集气。无水煤连续分别进入低温干馏煤气（第一）集气腔 6，然后进入不同管径的低温干馏管，煤经过低温干馏后，进入中、高温煤气（第二）集气装置 6′，然后进入中温干馏管 5′和高温干馏管 5′完成中温和高温干馏，煤自上而下，自行在炉管中落下，干馏成焦后，排出干馏炉。可见，在干馏管中煤是靠自身重力下落，无须推动力，因此证据 2 中的干馏管并非推进分解管道，此外，集气腔 6、6′主要起到煤干馏产生气体的收集作用，而分配盘通常意义上是指按照一定的标准或比例分配物料的盘状装置，而证据 2 中在集气腔底部竖立设置的分隔板仅起到分隔不同粒径的煤使其分别进入相应的下一级干馏管，并未起到分配的作用，同样，汇聚盘通常是指具有汇集、聚集作用的盘状装置，而证据 2 中的集气腔 6′也仅起到了承接自上而下落入的煤，随后进入下一级干馏管，并未起到汇聚的作用，因此，集气腔 6、6′不能对应本专利中的分配盘和汇聚盘，证据 2 未公开、也未给出得到本专利一端设置分配盘、另一端设置汇聚盘、由多根平行密排管道组成煤物质推进分解管道的技术启示；证据 3 中的煤气回收空间为一空腔，并非汇聚盘，且证据 3 未公开分配盘，也没有给出采用本专利中分配盘和汇聚盘的技术启示；此外也没有任何证据表明在多根平行密排管道一端设置分配盘，另一端设置汇聚盘是本领域的常规技术手段。因此，请求人关于权利要求 5-7 不具备创造性的理由不能成立。

（5）关于权利要求 8。

权利要求 8 对权利要求 4 所述分解设备中的高温气体加热机构作了进一步限定。电加热机构是本领域常见的加热部件，本领域技术人员在证据 5 的基础上容易想到用电加热机构作为高温气体加热机构。因此，结合对权利要求 4 的评述，权利要求 8 不具备创造性。

17.2.5.5 无效结果

宣告第 201020586802.2 号实用新型的权利要求 1 ～ 4、8 无效，在权利要求 5 ～ 7 的基础上继续维持该专利有效。

17.2.6 部分无效 - 山东久泰煤安装备有限公司 -CN208749394U[1]

17.2.6.1 基本信息

发明名称：煤矿井下自动隔爆装置

专利申请日：2018 年 09 月 19 日

授权日：2019 年 04 月 16 日

专利权人：山东久泰煤安装备有限公司

无效请求人：山东德马格重工有限公司

无效决定日期：2019 年 11 月 12 日

法律状态：有效

17.2.6.2 被无效专利的权利要求

1. 一种煤矿井下自动隔爆装置，其特征在于：包括装入箍、喷气管、钢球、活塞、滑动套筒、高压气腔、过渡腔、灭火粉储存罩、三通、充气阀、轴向压力表；所述滑动套筒前端装有装入箍，所述装入箍的前端与隔离灭火装置的冲击波接收系统的推杆末端连接，所述滑动套筒尾端套装在喷气管的外圆周上，滑动配合，所述滑动套筒尾端部内孔直径小，尾端部之前内孔直径大，即后端部之内与喷气管外圆表面之间形成空腔；所述喷气管内装有活塞，滑动配合，活塞前部直径小于后部，所述活塞尾端有凹槽，装有密封圈，所述喷气管中间位置围绕管壁横断面圆周均匀分布有四个径向孔，安装钢球，钢球孔后部，围绕管壁横断面圆周有 8 个斜孔即泄气孔，所述泄气孔外侧通向煤尘瓦斯爆炸灭火装置的过渡腔和外罩内。

2. 根据权利要求 1 所述的煤矿井下自动隔爆装置，其特征在于：所述喷气管外圆周通过螺纹与过渡腔连接，过渡腔尾端通过卡槽与灭火粉储存罩连接。

3. 根据权利要求 1 所述的煤矿井下自动隔爆装置，其特征在于：所述喷气管尾端与高压气腔连接，螺纹连接。

4. 根据权利要求 1 所述的煤矿井下自动隔爆装置，其特征在于：所述高压气腔前端外圆周有凹槽，装有 O 型密封圈，稍后部径向端面装有四氟密封垫。

---

[1] 复审和无效审理部 . 煤矿井下自动隔爆装置的审查决定 [EB/OL].[2 2019-11-28]. http://reexam-app.cnipa.gov.cn/re-exam_out2020New/searchdoc/decidedetail.jsp?jdh=42518&lx=wx.

5. 根据权利要求 1 所述的煤矿井下自动隔爆装置，其特征在于：所述高压气腔尾端轴向有螺纹孔，通过螺纹孔与三通连接，三通轴向接轴向压力表，径向接单项充气止回阀。

17.2.6.3 相关证据

证据 1：授权公告日为 2011 年 08 月 31 日，授权公告号为 CN201953397U 的中国实用新型专利说明书复印件；

证据 2：授权公告日为 2016 年 12 月 21 日，授权公告号为 CN205814785U 的中国实用新型专利说明书复印件。

17.2.6.4 决定理由

专利法第 22 条第 3 款规定：创造性，是指与现有技术相比，该发明具有突出的实质性特点和显著的进步，该实用新型具有实质性特点和进步。

若一项权利要求的技术方案与现有技术相比存在区别技术特征，然而该区别技术特征属于本领域的常见部件，并且该权利要求也并未对该常见部件的位置或连接关系进行具体限定，则该技术特征不能使得该权利要求具有实质性特点和进步。

1. 权利要求 1

请求人主张：本专利权利要求 1 相对于证据 1 结合公知常识不具备创造性。

本专利权利要求 1 请求保护一种煤矿井下自动隔爆装置。

证据 1 公开了一种具备高压储气触发装置的矿井自动隔爆抑爆装置，并具体公开了（参见证据 1 的说明书全文，附图 1-11）：在图 1 中示出本实用新型矿井自动隔爆抑爆装置的总体结构。本装置由冲击波接收装置 1、前悬挂装置 2、后悬挂装置 3 和主体总成 4 四部分组成；设置在煤矿井下有瓦斯突出或瓦斯煤尘爆炸危险的巷道中。冲击波接收装置 1 面向有瓦斯突出或爆炸危险的区域。冲击波接收装置 1 的后端与主体总成 4 连接，二者分别通过前悬挂装置 2、后悬挂装置 3 固定在巷道顶板上，通过锚杆固定。主体总成 4 主要由锁紧装置 5、高压气腔总成 10、过渡腔总成 6、外罩总成 9、压力表组件 8 及充气装置 7 组成。锁紧装置 1 位于主体总成 4 的前部，它的前端与前面的冲击波接收装置 1 连接，它的后部与高压气腔总成 10 紧密连接并连通；过渡腔总成 6 前端套在锁紧装置 1 后部相连接，其后部与储存灭火粉的外罩总成 9 的前部连接并连通；充气装置 7、压力表总成 8 与高压气腔总成 10 连接并连通，且安装固定在过渡腔总成 6 上。锁紧装置 1 与高压气腔总成 10 是本隔爆抑爆装置的核心部分。在图 6 中示出主体总成 4 的结构。它主要由锁紧装置 5、高压气腔总成 10、过渡腔总成 6、外罩总成 9、压力表组件 8 和充气装置七部分组成。在图 6 和图 7 示出锁紧装置 5 的结构。锁紧装置 5 即本隔抑爆装置的触发装置；由滑动套筒 52、喷气管 54、活塞 57、钢球 56 和装入箍 51 等组成。滑动套筒 52 的前端带有外螺纹，通过螺纹连接与装入箍 51 固联。装入箍 51 前端的轴心有丝孔 S，与冲击波接收装置的推杆 I（11）后端的螺纹连接。滑动套筒 52 装配在喷气管 54 前部的外圆周上，可前后滑动。滑动套筒 52 的后端部轴心孔直径小，后端部之前轴心孔直径大，即后端部之内、与喷气管 54 外圆周表面之间形成有空腔。喷气管 54 内装配有活塞 57，滑动配合。活塞 57 前段直径小于后部，活塞 57 后部有密封圈嵌槽，嵌槽内装有密封圈 55。喷气管 54 的中间部位有四个径向孔 Q，围绕管壁横断面圆周均布；径向孔 Q 内放置钢球 56，故称钢球孔 Q。喷气管 54 位于钢球孔 Q 之后、密封圈 55 之前的部位、围绕管壁横断面圆周有八个斜孔，即泄气孔 X。泄气孔 X 的外侧通向过渡腔和外罩内。正常时，滑动套筒 52 的后端部位于钢球孔 Q 处，其后端轴心孔内圆面压在钢球 56 上，钢球 56 内侧受活塞 57 前段的小直径外圆周表面支撑、卡在活塞 57 的变径处，使活塞 57 不能前移。活塞 57 处在喷气管 54 中间部位，即堵住泄气孔 X 的位置，在后部高压气腔压缩空气的作用下有前移的趋势但不能前移。冲击波到来时，在冲击波接收装置推杆的推动下装入箍 51 会带动滑动套筒 52 产生轴向位移，滑动套筒 52 的空腔移至钢球孔 Q 处，钢球 56 内侧由活塞 57 后段大直径的外圆周表面支撑，钢球 56 被部分顶入空腔内，不再对活塞 57 限位，活塞 57 得以前移，移开封住泄气孔 X 位置，高压气腔的压缩空气经泄气孔 X、过渡腔进入外罩，使外罩内的灭火粉在高压下喷射而出。滑动套筒 52 上装有保险螺栓 53。在不需要锁紧装置 5 触发时，旋紧保险螺栓 53，可防止滑动套筒 52 后移，引起误触发动作。喷气管 54 的前端带外螺纹，通过螺纹连接装有堵板 58，以方便装配以及与滑动套筒 52 的配合。压力腔体 60 与其前部的泄气腔体 59、后部的尾柄 61 焊接一体；压力腔体 60 内为空腔，即储存压缩空气的高压气腔。泄气腔体 59 的前部有嵌槽，嵌槽内装有密封圈 62。泄气腔体 59 位于嵌槽之后的一段带外螺纹，装配于锁紧装置 5 的喷气管 54 后端的内螺纹段上，与喷气管 54 后部密封连接。在泄气腔体 59 位于螺纹段之后的一段上，即直径最大的一段上，其上、下两侧各有一丝孔：丝孔 51、丝孔 52。丝孔 51 用于连接压力表组件 8 的锥形连接管 31 下端。丝孔 52 用于连接充气装置 7 的引入接头 46 的上端。尾柄 61 后部的一段带有外螺纹，供安装压紧筛总成38的压紧套筒40用。尾柄61后部有径向通孔，供在喷气管54内安装高压气腔总成10用。泄气腔体59与喷气管54连接时，在喷气管54后端与泄气腔体59前端之间加铜垫49密封。

合议组认为，将权利要求1的技术方案与证据1公开内容相比，证据1的“装入箍51”“喷气管54”“钢球56”“活塞57”“滑动套筒52”“高压气腔总成10”“外罩总成9”分别对应于本专利的“装入箍”“喷气管”“钢球”“活塞”“滑动套筒”“高压气腔”“灭火粉储存罩”，证据1的“过渡腔总成6”“冲击波接收装置1”分别对应于本专利的“过渡腔”“冲击波接收系统”，证据1的“径向孔Q”“泄气孔X”分别对应于本专利的“径向孔”“泄气孔”。

通过对比可知，权利要求1相对于证据1的区别技术特征实质上仅在于：1）权利要求1限定了还包括三通；2）权利要求1具体限定了压力表为轴向压力表，证据1通过附图可以看出压力表为径向压力表。

对于区别技术特征1)，权利要求1仅限定了包括三通，并未对三通的结构、设置位置或者与其他部件的连接关系进行具体限定，而且三通属于所属技术领域的常规部件，在装置中仅仅多包括一个常见的三通，并不能使得权利要求1的技术方案具备实质性特点和进步。

对于区别技术特征2)，轴向压力表即压力表螺纹接头与表盘垂直，径向压力表即压力表螺纹接头和表盘平行。两种的压力表都是常见的压力表形式，本领域技术人员根据实际需要选择其中一种压力表属于常规技术手段，无须付出创造性劳动。因此，上述区别技术特征2）也不能使得权利要求1的技术方案具备实质性特点和进步。

综上，在证据1的基础上结合公知常识而得到本专利权利要求1的技术方案，对于本领域技术人员而言是显而易见的，权利要求1的技术方案不具备实质性特点和进步，不具备专利法第22条第3款规定的创造性。

2. 权利要求2

请求人主张：权利要求2的附加技术特征被证据1公开。

权利要求2的附加技术特征为“所述喷气管外圆周通过螺纹与过渡腔连接，过渡腔尾端通过卡槽与灭火粉储存罩连接”。

对于技术特征“所述喷气管外圆周通过螺纹与过渡腔连接”，证据1说明书第0063段记载了“管箍Ⅰ（63）带内螺纹；锁紧装置5的喷气管54的中部，即钢球孔Q与泄气孔 X 之间的部位外圆周上有外螺纹。管箍 I（63）通过螺纹与喷气管 54 中部连接”，由此可见，证据 1 已经公开了上述技术特征。

对于技术特征“过渡腔尾端通过卡槽与灭火粉储存罩连接”，本专利未限定卡槽连接的具体形式，证据 1 的说明书第 0067 段记载了“对接环 71 通过螺栓 43 与过渡腔总成的管子 65 后端配合连接并加 O 型密封圈 36 密封”，通过附图 4、6 可以确定，过渡腔总成的管子 65 后端开设有环形卡槽，外罩的对接环 71 通过螺栓 43 与卡槽配合实现与过渡腔的连接，因此，证据 1 公开了过渡腔尾端与外罩的一种具体的卡槽连接方式，所以证据 1 公开了上述技术特征。

综上，权利要求 2 的附加技术特征已被证据 1 公开，在引用的权利要求不具有创造性的情况下，权利要求 2 的技术方案也不具备实质性特征和进步，不具备专利法第 22 条第 3 款规定的创造性。

3. 权利要求 3

请求人主张：权利要求 3 的附加技术特征被证据 1 公开。

权利要求 3 的附加技术特征为“所述喷气管尾端与高压气腔连接，螺纹连接”。

证据 1 说明书第 0060 段记载了“泄气腔体 59 位于嵌槽之后的一段带外螺纹，装配于锁紧装置 5 的喷气管 54 后端的内螺纹段上，与喷气管 54 后部密封连接”。因此，权利要求 3 的附加技术特征已被证据 1 公开，在引用的权利要求不具有创造性的情况下，权利要求 3 的技术方案也不具备实质性特征和进步，不具备专利法第 22 条第 3 款规定的创造性。

4. 权利要求 4

请求人主张：权利要求 4 的技术特征被证据 1 结合公知常识公开。

权利要求 4 的附加技术特征为“所述高压气腔前端外圆周有凹槽，装有 O 型密封圈，稍后部径向端面装有四氟密封垫”。

证据 1 说明书第 0060 段记载了“泄气腔体 59 的前部有嵌槽，嵌槽内装有密封圈 62。……泄气腔体 59 与喷气管 54 连接时，在喷气管 54 后端与泄气腔体 59 前端之间加铜垫 49 密封”。

因此，权利要求 4 的附加技术特征相对于证据 1 的区别在于：权利要求 4 限定了密封圈采用 O 型密封圈，密封垫采用四氟密封垫。然而，O 型密封圈是常见的密封圈形式，四氟密封垫也是常见的密封垫形式，将铜垫替换成四氟密封垫属于本领域内人员的常规技术选择，无须付出创造性劳动，相应的技术效果也是本领域技术人员可以预料的。

因此，在引用的权利要求不具有创造性的情况下，权利要求 4 的技术方案也不具备实质性特征和进步，不具备专利法第 22 条第 3 款规定的创造性。

鉴于根据上述证据及理由已得出本专利权利要求 1-4 不具备创造性的结论，故合议组对于涉及权利要求 1-4 的其他证据使用方式不再予以评述。

5. 权利要求 5

请求人主张：从属权利要求 5 的附加技术特征被证据 1 结合公知常识或证据 2 结合公知常识公开，在引用的权利要求不具备创造性的情况下，从属权利要求 5 也不具备创造性。

权利要求 5 的附加技术特征为“所述高压气腔尾端轴向有螺纹孔，通过螺纹孔与三通连接，三通轴向接轴向压力表，径向接单项充气止回阀”。

证据 1 公开内容如前所述。

证据 2 公开了一种简易加压输液袋，并且公开了（参见证据 2 的说明书，附图）：主要由带挂钩的充气袋、外套、连接头、一号三通、二号三通、压力表、气阀和带活门的加压气球组成。

本专利上述附加技术特征所限定的压力表和充气阀的安装位置和设置方式与证据 1 相比有明显的实质性差异，证据 1 并未公开该附加技术特征，本专利基于该特征实际上提供了一种不同的压力表和充气阀的解决方案，并且客观上具有结构简单、加工难度小的技术效果。证据 1 也未给出任何采用相应技术方案的技术启示。证据 2 的技术领域和基础结构与证据 1 存在明显的实质性差异，虽然其中涉及三通的使用，但并未给出应用到证据 1 并得出本专利所采用的上述具体技术特征的技术启示，而且在本专利申请日之前，本领域技术人员也缺乏将技术领域和基础结构具有明显实质性差异的证据 1 与证据 2 进行结合的合理动机。同时，请求人在本案中也未提供证据或充分的理由证明上述区别技术特征属于本领域的公知常识。

因此，相对于请求人主张的所有证据组合方式，也无法显而易见地得到本专利权利要求 5 进一步限定的技术方案，权利要求 5 的技术方案具备实质性特点和进步，具备专利法第 22 条第 3 款规定的创造性。

17.2.6.5 无效结果

宣告 201821538074.0 号实用新型的权利要求 1-4 无效，在权利要求 5 的基础上继续维持该专利有效。

17.2.7 部分无效 - 赵某飞 -CN102913684B[1]

17.2.7.1 基本信息

发明名称：采煤巷道电缆支架车

专利申请日：2012 年 09 月 24 日

授权日：2015 年 02 月 25 日

专利权人：赵某飞

无效请求人：山东瑞迈凯机电股份有限公司

无效决定日期：2018 年 04 月 25 日

法律状态：有效

17.2.7.2 被无效专利的权利要求

1. 一种采煤巷道电缆支架车，其包括至少两辆以上的电缆车；所述电缆车安放在巷道地面上的工字钢轨道上；其特征在于，其还包括折叠槽形电缆桥架，两根立柱或四根立柱，电缆托盘和电缆压板；在每辆所述电缆车上设有等长的所述两根立柱或等长的所述四根立柱，在所述立柱顶端固定设有槽形电缆托盘，在所述电缆托盘顶部固定设有所述电缆压板；相邻的两个电缆车之间设有所述折叠槽形电缆桥架，所述折叠槽形电缆桥架的两端分别与相邻的所述电缆托盘活动铰接，从而形成一个整体连通的电缆桥架。

2. 根据权利要求 1 所述的一种采煤巷道电缆支架车，其特征在于，所述折叠槽形电缆桥架包括两个主桥架和连接桥架，所述连接桥架两端分别与两个所述主桥架内端活动铰接，两个主桥架的外端分别与相邻的所述电缆托盘的活动铰接，形成一个连通的单元电缆桥架。

3. 根据权利要求 2 所述的一种采煤巷道电缆支架车，其特征在于，在所述连接桥架

[1] 复审和无效审理部 . 采煤巷道电缆支架车的审查决定 [EB/OL].[2018-04-25]. http://reexam-app.cnipa.gov.cn/reexam_out2020New/searchdoc/decidedetail.jsp?jdh=35732&lx=wx.

底部的前后两端分别固定设有挡块。

4. 根据权利要求 2 所述的一种采煤巷道电缆支架车，其特征在于，所述立柱为升降立柱，所述升降立柱包括固定立柱、导向套和升降杆，在所述固定立柱顶端设有所述导向套，所述升降杆滑动套装在所述固定立柱和所述导向套内，在所述升降杆上设有定位装置，防止所述升降杆上下滑动，用于所述升降杆升降定位；所述升降杆顶端与所述电缆托盘固定连接。

5. 根据权利要求 4 所述的一种采煤巷道电缆支架车，其特征在于，在相邻的所述固定立柱与所述主桥架之间设有联动连杆，所述联动连杆一端与所述固定立柱活动铰接，所述联动连杆另一端与所述折叠槽形电缆桥架的主桥架活动铰接。

6. 根据权利要求 2 所述的一种采煤巷道电缆支架车，其特征在于，所述立柱为气缸，所述气缸的气缸活塞杆顶端与所述电缆托盘固定连接。

7. 根据权利要求 6 所述的一种采煤巷道电缆支架车，其特征在于，在相邻的所述气缸与所述主桥架之间设有联动连杆，所述联动连杆一端与所述气缸的气缸缸体活动铰接，所述联动连杆另一端与所述折叠槽形电缆桥架的主桥架活动铰接。

8. 根据权利要求 1 所述的一种采煤巷道电缆支架车，其特征在于，所述立柱为液缸，所述液缸的活塞杆顶端与所述电缆托盘固定连接。

9. 根据权利要求 2、3 任一所述的一种采煤巷道电缆支架车，其特征在于在所述主桥架和所述连接桥架的侧壁上固定设有进液管固定卡。

10. 根据权利要求 2、3 任一所述的一种采煤巷道电缆支架车，其特征在于，在所述主桥架和所述连接桥架的侧壁上固定设有线盒。

11. 根据权利要求 9 所述的一种采煤巷道电缆支架车，其特征在于，在所述主桥架和所述连接桥架的侧壁上固定设有线盒。

17.2.7.3 相关证据

证据 1：授权公告日为 2012 年 05 月 02 日，授权公告号为 CN202210668U 的中国实用新型专利复印件。

证据 2：授权公告日为 2008 年 05 月 14 日，授权公告号为 CN201061112Y 的中国实用新型专利说明书复印件。

17.2.7.4 决定理由

1. 关于专利法第 26 条第 4 款

专利法第 26 条第 4 款规定："权利要求书应当以说明书为依据，清楚、简要地限定要求专利保护的范围"。

针对请求人主张的权利要求 1～2、5 和 7 的保护范围不清楚以及其他因为存在引用关系而同样具有不清楚缺陷的从属权利要求，合议组认为：

首先，本专利实施例中的联动连杆的两端虽然分别与升降立柱 10 以及主桥架铰接在一起构成三角形连接结构，但是在上述三角形结构中，升降立柱 10 构成的边的长度是可变的，从而三者不能形成稳定的三角形，即三者形成的三角形的形状可变，桥架可以顺畅地展开或收纳，因此，对于本领域技术人员而言，权利要求 5 的保护范围是清楚的，符合专利法第 26 条第 4 款的规定；基于同样的理由，权利要求 7 的保护范围也是清楚的，符合专利法第 26 条第 4 款的规定。

其次，根据本专利说明书对"折叠槽形电缆桥架"进行了清楚而明确的限定，本领域技术人员根据说明书的记载，能够清楚"折叠槽形电缆桥架"的具体含义，进一步的，本领域技术人员根据其所应当具有的知识，结合本专利说明书记载的内容，能够明确所述"桥架"的折叠方式、"槽形"的具体指代、桥架的总体长度和单元长度的设置，以及该桥架的整体上所能够达到的刚性要求，因此，权利要求 1 的保护范围是清楚的，符合专利法第 26 条第 4 款的规定。

最后，在权利要求 2 已经限定了"所述折叠槽形电缆桥架包括两个主桥架和连接桥架"的情况下，本领域技术人员根据其所应当具有的能力，结合说明书的记载，能够明确主桥架和连接桥架的长度范围，以满足桥架的折叠效果，因此，权利要求 2 的保护范围是清楚的，符合专利法第 26 条第 4 款的规定。

在权利要求 1 和 2 保护范围清楚的基础上，引用权利要求 1 或 2 的权利要求 3-8 也不会因为上述引用的内容导致权利要求的保护范围不清楚，因此，权利要求 3-8 也符合专利法第 26 条第 4 款的规定。

2. 关于专利法第 26 条第 3 款

专利法第 26 条第 3 款规定："说明书应当对发明或者实用新型作出清楚、完整的说明，以所属技术领域的技术人员能够实现为准"。

针对请求人主张的说明书未充分公开权利要求 5 和 7 的技术方案，合议组认为：

如前第 3 节所述，本专利中升降立柱 10 长度可变化，联动连杆的两端分别与升降立柱 10 以及主桥架铰接并不会导致其形成稳定的三角形结构，而使得主桥架无法展开或收纳，本领域技术人员根据说明书记载的内容，能够实施权利要求 5 和 7 请求保护的技术方案，且能够取得相应的技术效果，因此说明书充分公开了权利要求 5 和 7 的技术方案，符合专利法第 26 条第 3 款的规定。

3. 关于专利法第 22 条第 3 款

专利法第 22 条第 3 款规定："创造性，是指与现有技术相比，该发明具有突出的实质性特点和显著的进步，该实用新型具有实质性特点和进步"。

请求人认为：权利要求 1 相对于证据 1 结合公知常识、证据 1 结合证据 2 以及公知常识不具备创造性。

权利要求 1 请求保护一种采煤巷道电缆支架车。经查，证据 1 公开了一种采煤巷道电缆车，包括 3 辆电缆车 1；电缆车 1 安放在巷道地面上的工字钢轨道 2 上；在每辆电缆车 1 上设有两根可调节立柱 3，两根可调节立柱 3 的排列方向与电缆车 1 的行进方向垂直；在每辆电缆车 1 上的两根可调节立柱 3 顶端架设有电缆托架铁链 4；相邻的电缆车 1 使用铁链 5 连接；在相邻电缆车 1 的可调节立柱 3 之间设有立柱连接铁链 6；在电缆托架铁链 4 上架设有电缆 7（参见证据 1 说明书第 11 段、附图 1-2）。

由此可知，证据 1 公开了一种采煤巷道电缆支架车，包括有电缆车，每辆电缆车上设置有立柱。但是，证据 1 没有公开立柱是等长的，以及具有四根立柱的电缆车，进一步的，证据 1 中的铁链 6 为"立柱连接铁链"，根据证据 1 的记载所述铁链 6 用于连接相邻的两辆电缆车，证据 1 并没有公开该立柱连接铁链可用于承托电缆，而且，根据常识，铁链也不能承托与其走向相同的电缆，其不能相当于本专利的"折叠槽形电缆桥架"，且证据 1 也没有给出使用"折叠槽形电缆桥架"的技术启示。因此，将证据 1 公开的内容与权利要求 1 相比较，两者的区别在于：还包括折叠槽形电缆桥架，四根立柱，电缆托盘和电缆压板；在每辆所述电缆车上设有等长的所述两根立柱或等长的所述四根立柱，在所述立柱顶端固定设有槽形电缆托盘，在所述电缆托盘顶部固定设有所述电缆压板；相邻的两个电缆车之间设有所述折叠槽形电缆桥架，所述折叠槽形电缆桥架的两端分别与相邻的所述电缆托盘活动铰接，从而形成一个整体连通的电缆桥架。

又查，证据 2 公开了一种汽车滑门送电装置，包括有具有固定端 21 和活动端 22 的坦克链 2、一端连接在车身上的柔性连 7，以及穿设容置在坦克链 2 和柔性链 7 内腔中的成束的导电线束 3，并且该导电线束 3 的两端分别固定于所述坦克链 2 的一端和柔性链 7 的另一端上。其中，所述汽车滑门 1 上设置有沿滑门移动方向放置的相互平行的导轨 11，导轨 11 上安装有滑动块 4，而所述坦克链 2 的一端安装在导轨 11 上部作为固定端 21，坦克链 2 的另一端转向回行后通过沿导轨 11 移动的滑动块 4 与所述柔性链 7 一端相连接，作为所述坦克链 2 的活动端 22，所述柔性链 7 的另一端则通过中空的安装块固定在车身上，所述坦克链 2 包括有多个相互铰接连接的可活动链节 23，所述的导电线束 3 容置在整条坦克链 2 内（参见证据 2 说明书第 2 页 15-27 行，附图 1-2）。

由此可见，证据 2 公开的是电动滑门装置，没有涉及电缆桥架、立柱、电缆托盘及电缆压板等技术特征，即没有公开本专利权利要求 1 与证据 1 所存在的上述区别技术特征。请求人认为证据 2 中的坦克链相当于本专利权利要求 1 中的折叠桥架，实现了对电缆的支撑。对此，合议组认为：根据本专利说明书的记载和权利要求的限定，本专利中的折叠桥架用于保护和支撑电缆车之间的电缆，需要能够提供足够的刚度，避免电缆车在行走中翻车，因此需要具有较少的桥架组成折叠桥架以保证其具有一定的刚度，而证据 2 中的坦克链用于保护在车门活动过程中的导线线束，需要较多的链节以具有足够的柔性，以便在链条的各个部位均能够弯曲，以适应车门的滑动，两者的结构和构成原理均不相同，本领域技术人员在证据 2 公开了坦克链的基础上，不容易想到将其用到电缆支架车上支撑电缆，而且即使将其应用于电缆支架车上，也不能提供足够的刚度，解决不了本专利所要解决的技术问题，从而证据 2 没有公开本专利的折叠电缆桥架，也没有给出相应的技术启示。

进一步的，本专利通过上述区别技术特征的限定，相对于现有的没有桥架以及电缆托盘及电缆压板的电缆支架车，能够可靠固定和保护电缆等线材，且提高电缆车之间的连接强度刚性以及平衡性能，减少电缆车的翻车事故，取得了有益的技术效果，在没有证据证明的情况下，也不宜认为上述区别技术特征均是本领域的公知常识。

因此，对于本领域技术人员而言，在证据 1 的基础上结合公知常识或者结合证据 2 以及公知常识不能显而易见地得到本专利权利要求 1 的技术方案，权利要求 1 请求保护的技术方案相对于上述现有技术的结合具有突出的实质性特点和显著的进步，具备专利法第 22 条第 3 款规定的创造性。

权利要求 2-8 直接或间接引用权利要求 1，在权利要求 1 具备创造性的基础上，权利要求 2-8 也具备创造性，符合专利法第 22 条第 3 款的规定。

17.2.7.5 无效结果

宣告201210382197.0号发明专利权部分无效，在权利要求1-8的基础上维持专利权继续有效。

17.2.8 维持有效-崔某明-CN2556353Y[1]

17.2.8.1 基本信息

发明名称：软煤层高瓦斯深孔钻机用钻杆

专利申请日：2001年10月27日

授权日：2003年06月18日

专利权人：崔某明

无效请求人：平顶山市晟源电气有限公司（第一次无效）、田某伟（第二次无效）

无效决定日期：2012年06月13日（第一次无效）、2015年07月09日（第二次无效）

法律状态：专利权到期终止

17.2.8.2 无效专利的权利要求

1、一种软煤层高瓦斯深孔钻机用钻杆，包括钻杆（1）、钻杆中压气孔（4），其特征在于：在钻杆（1）的端部有一与钻头连接的盲孔（3），在钻杆另端有销孔（9），钻杆（1）的横截面形状呈矩形（13）。

2、根据权利要求1所述的软煤层高瓦斯深孔钻机用钻杆，其特征在于：钻杆（1）的横截面形状呈三角形（12）。

3、根据权利要求1所述的软煤层高瓦斯深孔钻机用钻杆，其特征在于：钻杆（1）的横截面形状呈四角星形（11）。

4、根据权利要求1所述的软煤层高瓦斯深孔钻机用钻杆，其特征在于：钻杆（1）的横截面形状呈凹弧四角形（10）。

5、根据权利要求1所述的软煤层高瓦斯深孔钻机用钻杆，其特征在于：钻杆（1）的横截面形状呈十字花形（14）。

---

[1] 复审和无效审理部．软煤层高瓦斯深孔钻机用钻杆的审查决定[EB/OL].[2012-06-13]. http://reexam-app.cnipa.gov.cn/reexam_out2020New/searchdoc/decidedetail.jsp?jdh=18836&lx=wx.

6、根据权利要求 1 所述的软煤层高瓦斯深孔钻机用钻杆，其特征在于：钻杆（1）的横截面圆周均布凹槽状（15）。

17.2.8.3 第一次无效相关证据

证据 1：授权公告日为 1986 年 1 月 15 日、公告号为 CN85200953U 的实用新型专利说明书的复印件（共 4 页）；

证据 2：授权公告日为 1996 年 10 月 23 日、公告号为 CN2238314Y 的实用新型专利说明书的复印件（共 6 页）。

证据 3：公告日为 1988 年 6 月 7 日、专利号为 US4749051 的美国专利说明书的复印件及其相关部分的中文译文（共 10 页）；

证据 4：公告日为 1956 年 2 月 7 日、专利号为 US2733943 的美国专利说明书的复印件及其相关部分的中文译文（共 6 页）。

17.2.8.4 第一次无效决定理由

1. 关于专利法实施细则第 20 条第 1 款

专利法实施细则第 20 条第 1 款规定：权利要求书应当说明发明或者实用新型的技术特征，清楚、简要地表述请求保护的范围。

请求人认为：独立权利要求 1 已经限定了截面形状为矩形，然而，从属权利要求 2 至 5 中却分别又将钻杆截面形状限定为三角形、四角星形、凹弧四角形、十字花形，导致权利要求 2 ～ 5 的保护范围是不清楚的。

合议组认为，判断一项权利要求的保护范围是否清楚时，应以本领域技术人员作为判断主体，如果本领域技术人员根据权利要求的文字表述并结合说明书的相关记载，可以明白无误地确定权利要求的含义或技术内容，则该权利要求的保护范围是清楚的。本专利的说明书公开了钻杆截面形状为矩形、三角形、四角星形、凹弧四角形、十字花形的多个实施例，本领域技术人员在面对本专利的权利要求 2 ～ 5 时，可以准确地理解上述权利要求采用了对钻杆截面形状的特征替换，即权利要求 2 ～ 5 实质上是对分别对不同钻杆截面形状进行替换式限定的独立权利要求，上述技术方案对于本领域技术人员来说是清楚的，因而符合专利法实施细则第 20 条第 1 款的规定。

2. 关于权利要求 1-6 是否具有创造性

专利法第 22 条第 3 款规定，创造性，是指同申请日以前已有的技术相比，该发明有突出的实质性特点和显著的进步，该实用新型有实质性特点和进步。

请求人认为：权利要求 1-6 相对于证据 1 和证据 2 及公知常识或者证据 3 和证据 2 及公知常识或者证据 4 和证据 2 及公知常识不具备创造性。

下面合议组针对请求人提出的上述主张进行评述。

如果将某一技术领域的现有技术转用到其他技术领域，并且这种转用能够产生预料不到的技术效果，或者克服了原技术领域中未曾遇到的困难，则这种转用发明具有创造性。

经查：本专利涉及的是一种用于软煤层高瓦斯深孔钻机的钻杆，其工作环境为煤质松软且煤层瓦斯含量高的软煤层，通过钻杆在软煤层内钻出深孔以将煤层下部的高瓦斯气体排出，而现有技术中采用了圆柱形的钻杆，由于钻头的直径几乎与钻杆等径，因此钻孔壁与钻杆之间缝隙很小，容易被软煤所阻塞，存在危险隐患，增加钻机负荷和钻孔效率。本专利为解决上述技术问题，提供了如权利要求 1 ～ 6 所限定的方案，通过将钻杆截面形状设置为矩形 / 三角形 / 四角星形 / 凹弧四角形 / 十字花形 / 均布凹槽状，在保证钻杆与孔壁之间具有供气流通过的间隙的同时，进入气流间隙中的煤块会被转动中的钻杆尖角打碎而被气流冲出，也把孔中的瓦斯气体排放出来（参见本专利的说明书第 1 页背景技术部分、第 2 页第 3 段、3 页第 3 段）。

证据 1 公开了一种湿法采煤用的中空螺纹钻杆，其属于采煤用钻具，其中，钻杆外部带有螺纹．内部是空心的，截面为菱形，并且在钻杆尾部设有垂直于钻杆轴线方向与空心部分相通的圆孔。它与带有水管系统的煤电钻配套使用，与实心钻杆相比，具有消尘、减少硅肺病、效率高等优点（参见证据 1 的说明书第 1 页、说明书附图）。

证据 2 公开了一种煤钻杆，包括连接体、连轴套、螺旋钻杆，连接体与钻机和螺旋钻杆连接，螺旋钻杆两头相撞都一样，都有槽口、内孔及销孔（参见证据 2 的说明书第 1-2 页，说明书附图 1、2）。

证据 3 公开了一种用于冲击钻探的钻刚，包括由钻柄 11 界定的后部以及径向扩展的钻挺 12，钻柄 11 用于插入钻岩机的钻套中，而钻挺 12 用于靠在钻套上并将钻柄与钻钢的前部分开。钻钢 10 带有四个槽 13，槽 13 沿钻钢的前部和后部在纵向上延伸。这些槽在钻钢的圆周方向上以相等距离间隔开。钻探期间所产生的钻屑打算沿槽 13 移除。在一个实施例中，部分 13、14 沿钻钢的纵向平直地延伸。而在图 2 及图 3 中所示实施例中，钻钢被扭曲，由此产生螺旋钻特性。具有这种形状的钻钢被认为可降低钻钢被卡住的风险以及钻钢在钻探松散岩石以及有裂缝的岩层时变弯的风险（参见证据 3 的说明书中文译文第 1-4 页、说明书附图 1-7）。

证据 4 公开了一种凿岩机钻杆，其具有八边形的横截面，包括四个主要的横截面 3 和 4 个次要的侧面 4 组成，其中侧面 4 形成基本上正方形钻杆的倒角。在一个实施例中，钻杆的形状是沿着其长度方向上扭转呈螺旋槽形状，螺杆的倒角边构成粗螺纹，侧面和倒角 4 形成凹槽；钻杆的正常钻杆旋转和钻头到该钻杆转动的阻力导致一个钻头在钻杆上的锁定动作（参见证据 4 的说明书中文译文第 1-2 页、说明书附图 1-7）。

合议组认为，从技术领域和要解决的技术问题来看：

证据 1 涉及一种湿法采煤用的中空螺纹钻杆，通过该钻杆从一定厚度的煤层中采集煤块，并通过钻杆螺旋的转动动作将煤向外输送，由此可见，证据 1 的中空螺纹钻杆在工作过程中，钻杆和壁之间的空间由待输送的煤填充，并将煤块不断地向上运输，即钻杆与孔壁之间并不会留有供气流通过的间隙，由此可见，证据 1 的技术领域及技术方案都与本专利存在差别，如果上述螺旋钻杆用于软煤层高瓦斯深孔钻孔必然容易导致孔壁和钻杆之间缝隙被阻塞，因此本领域技术人员不会想到将该采煤用螺纹钻杆用于软煤层高瓦斯深孔钻孔。

证据 2 涉及一种采煤的螺旋钻杆，其同样是通过螺旋结构将煤块输送出去，并且其没有公开钻杆截面形状。

证据 3 涉及一种用于岩石等材料钻探作业的钻杆，通过钻杆在混凝土、岩石石头中钻出 2 米左右的孔，并将钻粉通过钻杆输送出，虽然证据 3 其中一个实施例公开了截面形状为多边形，然而从证据 3 的整体技术方案来看，其另一个更优选的实施例是将钻杆设置为螺旋结构，显然该螺旋钻杆如果用于软煤层高瓦斯深孔钻孔容易导致孔壁和钻杆之间阻塞，因此证据 3 通过改变横截面形状仅仅为了增加输送待移除钻粉量（参见证据 3 的说明书中文译文第 1 页），其没有给出将上述钻杆用于软煤层高瓦斯深孔钻孔的技术启示。

证据 4 涉及一种凿岩机的钻头和钻杆，其通过将分离的钻头和钻杆组装在一起进行凿岩工作，证据 4 的钻杆的截面形状是为了与待组装钻孔的内孔形状相适配，从而在旋转时使得钻头在钻杆上的锁定，因此证据 4 没有给出将上述钻杆用于解决软煤层高瓦斯深孔钻孔领域易垮孔和阻塞的技术问题的技术启示。

综上所述，软煤层高瓦斯深孔钻孔中容易垮孔造成堵塞的技术问题，在采煤或者凿岩或岩石冲击钻探领域并不存在，而且本专利将异形截面形状的钻杆用于特定的软煤层高瓦斯深孔钻孔领域，能够使得“进入气流间隙中的煤块会被转动中的钻杆尖角打碎而被气流冲出”，该技术效果也不能从证据1-4中得出或得到相应的技术启示，并且也并非本领域的公知常识，因此即使将证据1、3、4分别与证据2及公知常识结合，也不能得到本专利的权利要求1-6的技术方案。

17.2.8.5　第一次无效结果

维持01267191.6号实用新型专利权有效。

17.2.8.6　第二次无效相关证据

证据1：刊载于1999年第2期《矿业安全与环保》的“煤矿安全钻机钻杆断损原因分析”一文，复印件，共4页；

证据2：公开日为1994年03月29日，公开号为US5297640的美国专利说明书及相关部分的中文译文，共9页。

17.2.8.7　第二次无效决定理由

1. 关于权利要求是否清楚

专利法第20条第1款规定：权利要求书应当说明发明或者实用新型的技术特征，清楚、简要地表述请求保护的范围。

请求人主张：本专利权利要求1中记载了：“一种软煤层高瓦斯深孔钻机用钻杆，包括钻杆”，该记载表述不清楚，不清楚“钻杆”如何包括“钻杆”，因而导致权利要求的保护范围不清楚。

对此，合议组认为：权利要求所要求保护的技术方案是否清楚，应以本领域技术人员能否清楚理解其所要求保护的范围为准。本专利权利要求1要求保护一种软煤层高瓦斯深孔钻机用钻杆，包括钻杆、钻杆中压气孔，在钻杆的端部有一与钻头连接的盲孔，在钻杆另端有销孔，钻杆的横截面形状呈矩形；其中“一种软煤层高瓦斯深孔钻机用钻杆，包括钻杆、钻杆中压气孔”的技术特征虽然记载了“钻杆…包括…钻杆”的内容，但是上述技术特征中还明确表达了“压气孔位于钻杆中”的意思，因此，通过完整阅读，本领域技术人员能够了解，权利要求 1 的“钻杆”是包括“钻杆”本体以及位于钻杆中的“压气孔”。上述理解是本领域技术人员基于本专利权利要求 1 的描述能够清楚得出的，因此，上述技术特征所表达的技术内容对于本领域技术人员是清楚明确的。同时上述技术特征也不存在与权利要求 1 其他技术特征相互矛盾之处，因此上述技术特征不影响本领域技术人员对于权利要求 1 所要求保护范围的理解，权利要求 1 所要求保护的范围是清楚的，符合专利法实施细则第 20 条第 1 款的规定。

相应地，权利要求 2-6 也符合专利法实施细则第 20 条第 1 款的规定。

2. 关于创造性

专利法第 22 条第 3 款规定：创造性，是指同申请日以前已有的技术相比，该发明有突出的实质性特点和显著的进步，该实用新型有实质性特点和进步。

本专利权利要求 1 要求保护一种软煤层高瓦斯深孔钻机用钻杆，包括钻杆、钻杆中压气孔，在钻杆的端部有一与钻头连接的盲孔，在钻杆另端有销孔，钻杆的横截面形状呈矩形。

经查，证据 1 公开了一种煤矿安全钻机（参见证据 1 概述部分），该类钻机主要使用 42mm 钻杆，其结构如图 1，钻杆由无缝钢管 2 和两只材质为 45 钢的内、外锥螺纹接头 1、3 焊接而成。又如图 1 所示，证据 1 钻杆 2 以及内、外螺纹接头 1、3 中间具有开孔。

将证据 1 与本专利相比，其钻杆 2 对应于本专利的钻杆，其内、外螺纹接头 1、3 中间具有的开孔对应于本专利的压气孔。

两者相比具有如下区别：1）权利要求 1 中，“在钻杆的端部有一与钻头连接的盲孔，在钻杆另端有销孔”，证据 1 的钻杆两端分别采用内、外螺纹接头；2）权利要求 1 中，“钻杆的横截面形状呈矩形”，证据 1 未公开上述特征。

本专利采用上述“钻杆的横截面形状呈矩形”技术特征的目的在于提供一种“更利于瓦斯的排放的软煤层高瓦斯深孔钻机用钻杆”（参见本专利说明书第 1 页倒数第 1 行 - 说明书第 2 页第 1 行）。

又查，证据 2 公开了一种用于油井或气井用水平钻探的钻铤。该钻铤主要包括一延伸的中间部分，通过数字 10 表示，一第一管具连接部，通过数字 12 指示，一第二管具连接部，通过数字 14 指示。因为比较长，通常大概 31 英尺长，所以切断地显示处所述中间部分 10。如图 2 所示，钻铤的中间部分为三角形横截面结构。

请求人主张：证据 2 的钻铤对应于本专利的钻杆。本领域技术人员依据证据 2 中公开的三角形横截面积的钻铤能够获得采用矩形横截面的钻杆的技术启示。

对此，合议组认为：本专利是一种软煤层钻机用钻杆，证据 2 为油井或气井钻机用钻铤，煤层钻探与油气钻探属于不同的技术领域；钻杆通常用于传递动力，而钻铤通常用于给钻头施加压力，同时减轻钻头的振动，使钻头平稳工作。也就是说，钻杆和钻铤是不同应用领域内具有不同功能的部件。所以，本领域技术人员由证据 2 中公开的钻铤截面结构不能获得将其应用于软煤层钻机用钻杆上以解决上述技术问题的技术启示。即，本领域技术人员不能基于证据 1 和证据 2 公开的内容显而易见地获得本专利权利要求 1 所要求保护的技术方案。同时，由于权利要求 1 采用“钻杆的横截面形状呈矩形”技术特征取得了“更利于瓦斯的排放”的技术效果，因此，本专利权利要求 1 相对于现有技术具有实质性特点和进步，符合专利法第 22 条第 3 款关于创造性的规定。

基于与权利要求 1 具备创造性相同的理由，本专利的权利要求 2 ～ 6 也均符合专利法第 22 条第 3 款关于创造性的规定。

17.2.8.8 第二次无效结果

维持 01267191.6 号实用新型专利权有效。

17.3 纠纷应对技巧

在专利侵权诉讼中，专利权人及其利害关系人对被控侵权人的侵权指控不一定成立。在很多情况下，被指控的侵权行为并不能认定构成侵权。被控侵权人可以针对侵权指控从多个方面进行抗辩，从而得以免除或减轻侵权责任。被控侵权人可以援引的抗辩事由一般包括专利权无效抗辩、主张未落入保护范围、诉讼时效抗辩、非故意行为抗辩、不视为侵权抗辩以及现有技术抗辩等。

17.3.1 专利权无效抗辩

专利侵权诉讼中，被告最为常用的抗辩理由之一是专利权无效。一项专利的授权仅意味着专利局实质审查部门认为其符合授权条件，但如果该专利遭到无效质疑，专利复审委员会将会根据无效请求的内容对其有效性重新进行审理，以确定专利权是否应被维持（部分）有效。

例如，在审查一项发明专利申请是否具备创造性的时候，如果审查员对足以否定申请创造性的时候，如果审查员对足以否定申请创造性的文献出现漏检，而被告查询到该文献并据此提出无效宣告请求，专利将被宣告无效。另外，按照中国专利法的规定，对实用新型和外观设计并不进行实质审查，而只进行形式上的审查，其有效性是待定的。在专利侵权诉讼中，只要能证明原告的专利权无效，就不用承担专利侵权的法律责任。

在运用专利侵权抗辩时，可按照以下操作：首先，确认提起侵权诉讼方使用的专利是哪一项专利，查询该专利权的法律状态，比如在被控实施侵权行为之时该专利是否仍然有效；其次，明确对方所依据的权利要求是哪一项或哪几项，以这些权利要求的无效作为无效宣告请求的最低目标，最好是争取专利权的全部无效；最后，委托专业人员对专利文件以及审查过程进行取证和分析，向专利复审委员会提出无效宣告请求；此外，在提出无效宣告请求的同时，可以依法申请中止相关侵权诉讼。

若专利权被生效的行政决定或司法判决宣告无效，则视为权利自始不存在，权利人主张侵权救济的权利依据丧失，从而侵权之争将不复存在。

17.3.2 主张未落入保护范围

在专利侵权诉讼中，被告经常主张其所实施的技术并未落入原告专利权的保护范围，即被告的行为不构成侵权。这一抗辩理由是否成立，需由人民法院审理确定。主要理由包括被控侵权物没有使用与原告专利必要技术特征相同的特征，或者是被控侵权物没有使用与原告专利必要技术特征等同的特征。严格地说，这种主张是一种否认而不是抗辩。

17.3.3 诉讼时效抗辩

为了督促权利人积极行使权利，维护社会关系稳定，法律规定了诉讼时效制度。根据专利法的规定，侵犯专利权的诉讼时效为两年，自专利权人或利害关系人得知或者应当得知侵权行为之日起计算；如果是连续性的侵权行为，则从侵权行为结束之日起算。其中，“得知”指权利人发现侵权行为的确切事实，包括侵权行为人和侵权行为，两者缺一不可，否则权利人将无法提出侵权诉讼。

例如，专利权人发现某企业未经许可正在生产专利产品。“应当得知”是指按照案件的具体情况，权利人作为一般人应当知道侵权行为存在。应当知道是人民法院处理案件时的推定，要以一定事实为基础。依据该事实，如果一般人都能够知道，则可以推定权利人也应该知道。例如，侵权产品已经在市场上大规模地销售，或者侵权人利用媒体为侵权产品做了广泛宣传，都可以认定权利人应当得知侵权行为发生。如果自侵权人实施侵权行为终了之日起超过两年，专利权人将失去胜诉权。

需要指出的是，专利权与传统民法上的物权一样，是绝对权。对于停止侵权行为这种具有“物上请求权”性质的请求，不受诉讼时效的限制。而损害赔偿请求这种具有债权性质的请求，则要受诉讼时效的限制。因此，被告基于连续并正在实施的专利侵权行为已超过诉讼时效进行抗辩的，人民法院可以根据原告的请求判令被控侵权人停止侵权。

实践中，“知道”或者“应当知道”的确定，关系到诉讼时效的起算，常常成为当事人争议的焦点问题。司法实践中，对于当事人“知道”或“应当知道”的判断主要依赖于证据体现的案件事实具体分析。与“得知”这一标准相比，“应当知道”的确定在一定情况下体现了法官的内心确认和自由裁量权。“应当知道”其实是一种法律上的推定，不论权利人实际是否知道自己的权利受到损害，只要客观上存在使其知道的条件和可能，因权利人主观上的过错、本应知道而没有知道的，也视为“应当知道”。

17.3.4 非故意行为抗辩（合法来源抗辩）

根据专利法规定，为生产经营目的，使用或销售不知道是未经专利权人许可而制造并售出的专利产品，或者依照专利方法直接获得的产品的行为，属于侵犯专利权的行为。但是，使用者和销售者能证明其产品合法来源的，不承担赔偿责任，但应当承担停止侵权行为的法律责任。在运用此抗辩理由时，应注意以下三点：

（1）非故意行为抗辩成立的前提条件是侵权行为确实成立。

（2）应证明相关产品的合法来源，一般需要证明相关产品是在公开市场上合法取得且价格合理，相应证据包括涉及相关产品的购销合同、发票、提货单、送货单等。

（3）要说明主观上“不知道”是未经专利权人许可而制造并售出的专利侵权产品。实践中，“不知道是侵权产品”作为消极事实难以证明；一般由原告举证证明“知道是侵权产品”，例如原告曾经向被告发出过警告函。

17.3.5 不视为侵权抗辩

为了防止专利权的行使妨碍正常的生产、生活秩序，平衡专利权人与社会公众的利益，《专利法》第 69 条规定了四种不视为侵犯专利权的例外行为，作为对专利权行使的限制。在这四种情形下，行为人未经专利权人许可而实施其专利的行为，由于法律的特别规定而不具有违法性。这四种例外情形为专利权用尽、先用权、临时过境、科学研究与实验性使用。

（1）专利权用尽。

根据专利法规定，专利产品或者依照专利方法直接获得的产品，由专利权人或者经其许可的单位、个人售出后，使用、许诺销售、销售、进口该产品的行为，不视为侵犯专利权。这样规定的原因在于，专利权人在经自己同意合法投入市场的专利产品售出后，其专利权已经实现，权利人不应再就同一产品重复获利。同时，这也有利于专利产品的流通和利用。

被控侵权人在主张专利权用尽时需要注意以下两点：

一是相关产品投入市场是经权利人同意的合法行为，未经权利人同意的无权处分行为导致的相关产品进入市场不产生专利权用尽的后果。被控侵权人在主张专利权用尽时，必须证明相关产品的合法来源。

二是在后行为人的行为仅限于使用、许诺销售、销售、进口相关产品，不包括生产、制造。

（2）先用权。

根据专利法的规定，在专利申请日前已经制造相同产品、使用相同方法或者已经做好制造、使用的必要准备，并且在原有范围内继续制造使用的行为，不视为侵犯专利权，这样规定的原因在于，中国专利制度采取“先申请原则”，而不是“先发明原则”或“先使用原则”，因此，在专利权人提出专利申请之前，可能有人已经研究开发出同样的发明创造，并且已经开始实施或准备实施，这样的人被称为“先用者”。在这种情况下，如果在专利权授予后禁止先用者继续实施发明创造，显然有失公平。因此，专利法规定上述在先使用行为产生先用权，可以对抗专利权。

关于先用权，还需要注意：先用权必须限于原有的范围之内，超出这一范围的制造、使用行为，构成侵犯专利权。所谓“原有的范围”，一般是指专利申请日前所准备的专用生产设备的生产能力的范围。先用权的转移是受限制的，它只能随同原企业或实施该专利的原企业的一部分一起转移，而不能单独转移。如果在先的制造、使用已构成专利法意义上的公开，则优选宣告专利权无效而不是主张先用权抗辩。

在行使先用权抗辩时，需要注意以下几点：

①时间条件：必须证明申请人提出专利申请以前，被控侵权人已经制造相同的产品、使用相同的方法或者已经做好制造、使用的必要准备；

②独立性：制造或者使用的技术是先用权人自己独立完成的，而不是抄袭、窃取专利权人的；

③实施限度：先用权的制造或使用行为，只限于原有的范围和规模之内，即制造目的、使用范围、产品数量都不得超出原有的范围；

（3）临时过境。

根据专利法的规定，临时通过中国领陆、领水、领空的外国运输工具，依照其所属国同中国签订的协议或者共同参加的国际公约，或者依照互惠原则，为运输工具自身需要而在其装置和设备中使用有关专利的行为，不视为侵犯专利权。这一例外规定的原因是为了保证国际交通运输的自由和畅通。

（4）科学研究与实验性使用。

根据专利法的规定，以研究、验证、改进专利为目的，在专门针对专利本身进行的科学研究与实验中，制造、使用专利产品或者使用专利方法，以及使用依照专利方法直接获得的产品的，不视为侵犯专利权。这一例外的原因，是为鼓励科学研究与实验，促进科技进步。

17.3.6 现有技术抗辩

现有技术抗辩又称公知技术抗辩，如被控侵权技术属于涉案专利权申请日之前的现技术，则不构成侵犯专利权。《中华人民共和国专利法》第 62 条规定：“在专利侵权纠纷中，被控侵入有证据证明其实施的技术或者设计属于现有技术或者现有设计的，不构成侵犯专利权。”公知技术抗辩是一种法定的抗辩权，现有的规定较为原则，争议颇多，以下仅就司法实践中的较统一作法进行介绍，不作理论探讨。

现有技术辩中，涉及原告专利、被控技术和引证技术（现有技术）三个对象。被告可以直接将被控技术与现有技术进行对比，如果属于现有技术，则抗辩成功。当然，被告也可以先将被控技术与原告专利进行对比，主张未落入保护范围，再进行现有技术抗辩。切忌直接将原告专利与现有技术进行对比以主张原告专利属于现有技术。

关于抗辩成立的标准，也就是在什么情况下被控技术“属于”现有技术，最高人民法院作出了相应的解释：被诉落入专利权保护范围的全部技术特征，与一项现有技术方案中的相应技术特征相同或者无实质性差异的，人民法院应当认定被诉侵权人实施的技术属于《中华人民共和国专利法》第 62 条规定的现有技术。实践中，一般仅能将一份引证技术与被控技术进行对比，不能用多份引证技术组合与被控技术进行对比。

第 18 章

展会知识产权注意事项

18.1 中国

18.1.1 中国展会涉及的常见知识产权纠纷

展览会（以下简称展会）涉及众多知识产权保护对象。如可能存在参展者的展品侵犯他人知识产权的问题（即侵权展品前来参加展示），也可能存在展品的知识产权遭到仿冒侵害的问题（侵权人既可能是其他参展商，也可能是展会外的第三人），展品侵权是展会中最常发生的情形，其纠纷类型主要包括专利权纠纷、商标权纠纷及著作权纠纷等情况。❶

（1）侵犯专利权。如展品是未经专利权人的许可而制造、使用、许诺销售、销售、进口的专利产品或依专利方法直接获得的产品。

（2）侵犯商标权。如有些参展商没有注意到商标的使用时间及地域范围，在展品中使用超过了商标权人授权许可使用的范围的商标。

（3）侵犯著作权。在展会中受著作权法保护的作品包括图书展中的图书、软件展中的软件等，如果参展商未经著作权人许可，又不是法律规定的合理使用或法定许可的情形，擅自利用作品就侵犯了著作权。此外还包括展会名称、展位设计、展具及宣传资料侵权等。

18.1.2 中国展会知识产权纠纷应对技巧

展会知识产权保护的诉求为快速、便捷、经济。遭遇被诉侵权的措施包括私力救

❶ 何赟 . 中国展会知识产权纠纷解决途径 [EB/OL].[2015-01-05].http://www.doc88.com/p-6781895662298.

济、临时禁令或侵权诉讼等。目前越来越多的省市开始重视展会知识产权的保护，会展业发展较成熟的城市，如北京、广州、义乌等，均相继出台展会知识产权保护办法，一些重要的展会也在这方面做出了一些尝试，可采取多种途径以有效解决展会知识产权纠纷，包括行政处理途径、依合同解决纠纷的自律机制、诉前禁令以及仲裁等。

18.1.2.1 行政处理途径

对于举办时间在 3 天以上，由政府主办的展会，或具有重大影响的展会，或可能发生知识产权纠纷较多的展会，知识产权行政管理部门应设立现场办公室或指定联络员，接受知识产权行政处理请求，对符合立案标准的予以处理。针对展会时间短的特点，可设立处理专利侵权纠纷的简易程序。

如《广州市展会知识产权保护办法》中规定按简易程序处理的案件，立案、答辩、处理的时间分别不超过 24 小时。专利行政管理部门可先行调解；调解不成，事实清楚，证据确凿的，专利行政管理部门应在被投诉人答辩期满后 24 小时内作出处理决定。被认定侵权的参展项目应立即采取遮盖、撤展等处理措施。但为确保简易程序处理结果的公平公正，采用简易程序必须以知识产权展前备案和公示制度为启动的前提，并须对提出处理的时间及须提交的证据进行严格要求。

如果参展企业遭遇侵权诉讼的情况，可采取以下四种措施：

（1）针对诉讼程序提出异议。如原告不具备提起诉讼的资格、受理案件的法院无管辖权或者超过诉讼时效等。

（2）进行不构成侵权的抗辩。如根据侵权判定标准，结合展会举办地的相关法律，搜集证据证明被诉侵权产品不构成侵权。

（3）提出权利无效请求。对诉讼涉及的知识产权进行分析评议，如判定权利不稳定，可依据参展地的法律法规提出权利无效或撤销或异议的请求，令对方失去提起诉讼的权利基础。

（4）提起反制性质的诉讼。分析对方产品是否落入己方或关联企业的知识产权保护范围，一旦发现对方产品侵犯己方知识产权，可提起反制性的诉讼，谋求和解。

18.1.2.2 依合同解决纠纷的自律机制

展会主办方设立知识产权工作机构，并依合同的约定对展会知识产权进行保护，该机构独立于知识产权行政管理部门设立的现场办公室。机构可聘请法律专业人员和领域内专业人员参加，发挥行业自律。主办方应在开展前与参展商签订合同约定知识产权保护条款，内容可包括：参展商应承诺所有的参展项目不侵犯他人知识产权；参展项目如涉嫌侵权，又不能提供未侵权的有效证据，参展商应当立即采取遮盖或撤展等措施；参展项目已由人民法院作出侵权判决或由知识产行政管理部门作出侵权处理决定、并已发生法律效力的，参展商若拒绝采取遮盖或撤展等措施时，展会主办方可取消参展商参展资格。

如果参展企业遭遇知识产权纠纷或参展产品被当地海关、法院等机构扣押或没收的情况，可向展会举办方或我国有关部门派驻展会的知识产权工作站等机构寻求维权协助；可积极寻求外部力量的支持，例如行业协会、产业联盟、知识产权维权援助中心等。

企业应建立高效的新闻发布机制，与国内外媒体构建良好的公共关系，可选择适合自己并有一定公信力和影响力的媒体作为固定交流对象。当面临知识产权纠纷时，应引导媒体做出客观公正的报道，及时披露相关信息，先声夺人，减少负面影响。

18.1.2.3 诉前禁令

诉前禁令是指在诉讼开始之前，法院应权利人请求而发出的迫使侵权行为人临时停止侵权行为。通过诉讼程序解决展会知识产权纠纷耗时较长，但我国法律中规定的诉前禁令制度可在一定程度上弥补这一缺陷。如我国的专利法规定，专利权人或者利害关系人有证据证明他人正在实施或者即将实施侵犯专利权的行为，如不及时制止将会使其合法权益受到难以弥补的损害的，可以在起诉前向人民法院申请采取责令停止有关行为的措施。人民法院一般应当自接受申请之时起 48 小时内作出裁定。德国等会展业发达国家的经验表明，针对展会中的专利侵权行为，采取临时措施是一种十分有效的方法。但目前我国展会知识产权司法保护中，诉前禁令很少发挥作用。主要是人民法院对于诉前禁令的态度十分谨慎，审查主要关注诉前禁令和审判结果的一致性，对申请诉前禁令有严格的条件。

如果参展企业遭遇相关执法人员根据临时禁令前来扣押或没收展品的情况，应沉着冷静，积极配合执法人员的工作以及当地司法行政部门的协调处理，并积极寻找一切维权途径，尽力降低企业损失。企业可在律师等专业人员的帮助下寻求解决途径，可依照当地法律向相关部门提出异议、申诉、上诉等，并提交证明未侵权的相关证据。同时，应避免因抵抗或妨碍执法而带来的不必要的麻烦。

18.1.2.4 仲裁

仲裁可较为快速、有效、低成本地解决展会知识产权纠纷。例如2007年深圳举办的第九届中国国际高新技术成果交易会中首创“四位一体”争议解决方式，即由高交会组委办、中国国际经济贸易仲裁委员会华南分会和深圳市知识产权局合作设立高交会权益保障中心，推出展会管理、行政调处、商事调解和商事仲裁“四位一体”争议解决方式。其中，中国国际经济贸易仲裁委员会华南分会的仲裁裁决可在上百个国家获得承认和强制执行，此举加强了高交会维权效力的终局性和国际性。

18.2 德国

18.2.1 德国展会涉及的常见知识产权纠纷

德国展会知识产权纠纷常用的法律手段分为行政法、刑法和民法三种。行政法上的主要形式是海关扣压；刑法上则是对故意侵权嫌疑人的刑事调查程序，按德国法律，故意侵犯知识产权的，不仅要承担民事责任，而且也触犯刑法，而过失侵犯知识产权不触犯刑法，只承担民事责任。而海关扣压和刑事调查程序在大多数情况下都由海关人员来执行，民法上的主要形式包括有警告信（附带保证停止侵权书）、临时禁令以及起诉书等。

18.2.1.1 警告信

警告信在德国是常见的法律手段之一，主要是因为德国《反不正当竞争法》第12条第一款规定，权利所有人在采取有法院介入的法律手段，如申请临时禁令或提起正式起诉之前，应当先给对方一个庭外解决纠纷的机会，如向对方指出对方的行为侵权了，告诉对方被侵权的是哪项具体的商标或专利，并要求对方签订一份带有合同罚金的保证书，保证将来不再侵权。另外德国《民事诉讼法》第93条规定，如果被告人（或被申请人）的行为表明没有使法院介入的必要，并且立即当庭承认对方的请求权的话，那么法院虽然会裁定原告（或申请人）的请求权成立，但是双方的诉讼费用，包括律师费都必须由原告（或申请人）承担。为了避免虽然赢了官司却要承担诉讼费的后果，权利所有人在大多数情况下都会事先给侵权人发一封警告信，给对方一个庭外解决纠纷的机会。同时也为下一步申请临时禁令或正式提起起诉做准备，如果对方拒绝庭外和平解决的话。虽然对于事先警告法律并没有规定具体的形式，原则上口头的警告也是有效的，不过为了日后举证方便，绝大多数企业都是采用书面方式。

18.2.1.2 保证停止侵权书

警告信还往往会附带一份事先草拟好的保证停止侵权书。权利所有人会要求侵权人在保证停止侵权书上签字。这类保证停止侵权书因公司或律师事务所不同格式会有很多差别，但是有一条总是存在，即侵权人保证如果将来再发生同样的侵权行为，那么就支付给权利所有人一笔合同罚金。

18.2.1.3 临时禁令

临时禁令，或称诉前禁令，如果警告信的收件人不肯签署附带合同罚金的停止侵权保证书，那么权利所有人下一步就会去法院申请临时禁令。临时禁令是德国企业在展会上互相攻击的常规武器，而且风险门槛比较低。虽然德国《民事诉讼法》第 945 条也有规定，如果事后打正式官司证明临时禁令是无理的，那么申请人要赔偿被申请人的损失，但不同于中国的诉前禁令，申请的时候就要缴纳担保押金。在德国，按《民事诉讼法》第 945 条，索取损失赔偿时还得单独打一场索赔官司。

在德国申请诉前禁令时，连法庭费都不用预付。申请人只需要提供自己的专利证明的复印件，对方产品的照片或产品目录复印件，或打印出对方网上的广告等，然后“比较可信地”阐述一下对方的产品为什么侵权就行了，如商标或外观设计在什么地方特别相像，所以容易引起消费者的混淆等。只要法院感到侵权的可能性超过百分之五十，那么就会按照申请人的请求颁发诉前禁令。法院裁决时一般是不经庭审直接裁决，被申请人因而没有机会在颁发诉前禁令之前做庭审答辩。这就是为什么中国展商在德国展会上接到诉前禁令常常会大吃一惊，根本不知道有人“上法院告了他们”，法院也“从没通知自己，没发过传票”。诉前禁令还会规定由被申请人（暂时）承担诉前禁令程序的所有费用，即法庭费和对方律师费。这笔费用按照常规的标的计算，往往至少会有两三千欧元。

18.2.2 德国展会知识产权纠纷应对技巧

德国是欧洲的展会大国，参加德国展会是中国企业走向欧洲的重要步骤之一，但展会上也经常会遇到各种的知识产权纠纷，针对德国展会上常见的知识产权纠纷，可以采取相应的措施来应对，例如，针对中国展商收到的警告信、保证停止侵权书及临时禁令的应对技巧等。

18.2.2.1 针对收到警告信的应对技巧

警告信一般由权利所有人自己或他的律师撰写，然后直接送交到侵权人的展台上。大多数情况下是英文或德文。按德国法律，这类民事法律文书没有翻译成收件人母语的必要。所以中国展商在收到警告信的情况下，千万不要以为对方没有用自己能读懂的语言发函就可以置之不理。而是应当先请懂德文或英文的人给自己解释一下信的内容，以便及时考虑应对策略。德国《反不正当竞争法》第 12 条第一款还规定，如果警告信是有理的，也就是说收件人确实有侵权行为，那么警告信的费用，一般是权利所有人委托律师的费用，要由侵权人承担。德国律师一般根据标的按法定标准（公式）收费。如一个商标的侵权案，标的常常在5万～20万欧元，那么律师费在1500～2000欧元。反之，如果警告信是无理的，那么收件人可以自己或委托律师给对方一份“反警告信”，警告对方的行为侵害了自己的正当商业权益。如果委托了律师产生了费用，那么这个费用由对方（即发无理警告信的人）承担。

18.2.2.2 中国参展企业针对保证停止侵权书的对策

如果企业觉得自己没有侵权，那么可以明确告诉对方，对方可以去申请临时禁令，我方将立即对临时禁令提起复议，或者我方将申请法院给对方限期提起正式起诉（一般不会超过 6 个月），否则临时禁令将被法院撤销，申请人承担一切法律费用。

如果觉得侵不侵权不是很保险，而且所涉及的产品对自己的欧洲市场不是很重要，那么可以自己或请自己信任的律师撰写一份保证停止侵权书，保证立即停止在商业领域内生产 / 经销、进口等或出于以上目的占有相关的产品，而且明确指出，这项保证不表明承认自己有法律上的义务（即不承认自己有商标法或外观设计法或专利法等意义上的侵权行为），只是民事合同意义上的许诺。合同罚金在 5000 ～ 6000 欧元，或者由法院裁决。至于对方其他的要求，则明确拒绝。然后把签了字的保证书尽快交给对方代表或对方律师。对方拿到了附带合同罚金的保证书，就没有理由去法院申请临时禁令，中国展商就可以顺利把展会进行到底。对方如果还想主张其他请求权，那么对方需要请律师撰写正式起诉书，预付法庭费，正式提起起诉。对方会不会走这一步，对方也得考虑考虑风险。而中国展商在保证书中已经明确表示不承认自己有法律上的义务，只是民事合同意义上的许诺，所以就是真的打起官司来，中国展商仍然可以主张其产品其实并没有侵权。这样一方面保证了展会的顺利进行，另一方面诉讼的主动权仍然有相当一部分还掌握在中国展商手中。

还有的可能是，对方不去提起正式起诉，而是让他的律师再次和侵权人接洽，就律师费用和损失赔偿等问题进行庭外谈判。因为即使对方认为自己有理，也要考虑打官司的费时费力，还要承担部分输的风险。如对方请求赔偿 10 万，法院只判赔 6.5 万，那么原告自己要承担官司费用的 35%，因为对方只赢了 65%。如果对方来做庭外谈判，中国企业方面就有较大的回旋余地。可以根据具体情况，双方都做些让步，特别是在费用问题上，然后双方签订一份和解合同，把这件具体的争端了结。

18.2.2.3 针对收到临时禁令的应对技巧

如果对方事先没有发过警告信，而中国企业也确实侵权了（即使是无意的），或者相关产品对其德国市场不是很重要，那么可以立即承认对方的请求权，而只对裁决的费用部分提起复议。这样申请人虽然贯彻了自己的专利权，但是得承担诉前禁令程序的费用，包括被申请人的律师费用。法律依据就是德国《民事诉讼法》第 93 条。其逻辑是：如果申请人事先给被申请人发了警告信，那么被申请人马上就会接受申请人的要求，签署停止侵权保证书，因此法庭程序本来是可以避免的。所以虽然被申请人承认申请人的请求权有效，但是法庭程序费用的产生责任在申请人，因此由申请人承担临时禁令程序的费用。但这种方式也有例外，比如对方在诉前禁令中还同时申请了证据保全的话，那么就不能只对费用部分提起复议，而要对证据保全部分也提起复议。

如果对方事先曾经发过警告信，那么就不能应用德国《民事诉讼法》第 93 条。在这种情况下可以和对方谈判采用庭外和解的方式来全面解决纠纷。双方可以签订一份和解合同，被申请人一方表示接受临时禁令的裁决，放弃对临时禁令提起复议的权利。而申请人一方则表示放弃为此项侵权纠纷提起正式起诉，并就临时禁令程序中已经产生的官司费用作出让步，一般是和被申请人共同承担这笔费用，而不是像临时禁令裁决里规定的那样，单纯由被申请人承担费用。和解合同中还可以针对临时禁令程序中尚未涉及的一些细节问题一并提出共同的解决办法，以便长久地把该项争端以庭外协商方式解决。

如果被申请人认为自己没有侵权，有信心和对方打一场正式官司的话，那么最好是根据德国《民事诉讼法》第 926 和 936 条，请法院给申请人规定一个期限正式提起起诉，这个期限一般不会超过 6 个月。如果申请人不按时提起正式起诉，那么法院就会依照被申请人的请求，撤销临时禁令并改判由申请人承担临时禁令程序的所有费用。根据经验，这种应对方式是比较理性，并有较强威慑力的方式，特别适合有一定经济实力、经常参加德国展会、有信心维持在德国的市场份额的中国企业。在申请临时禁令的德国和欧洲企业中，不排除有一部分是利用中国展商对德国法律不太了解，又不愿意在异国他乡惹麻烦的心理，利用临时禁令作为物美价廉的恐吓武器，因为不用预付法庭费。其实申请人的专利是否有效，或者中国展商是否真的侵权还不一定。如果请法院规定申请人限期提起正式起诉，那么申请人就得预付法庭费，并做好打一场详细调查取证的官司的心理准备，甚至二审三审，那么申请人需要估算自己到底有多大把握。如果中国企业采用这种应对方式的话，那么德国和欧洲企业利用临时禁令这来打击中国竞争者的行为也会受到一定遏制。

同时被申请人也可以提起对临时禁令本身的复议，如果参展商已经收到了临时禁令的话，也不必着急，可以从容地召集企业内部会议，考虑是不是要委托律师走法律程序应对临时禁令。另一方面，知识产权的临时禁令大多数以要求被申请人“不作为”为主，也就是说不许使用某商标或专利等，所以临时禁令的效果也可以维持很久。只要被申请人自己不提起复议，法院是不会主动修改甚至撤销临时禁令的，而只要临时禁令还没撤销，禁令中的裁决就一直得遵守下去。所以，虽然原则上被申请人也可以在明年展会上才提起复议，但要是第二年还想展出相关产品的话，就最好及时提起复议。

18.3 美国

18.3.1 美国展会涉及的常见知识产权纠纷[1]

美国没有专门针对展会的知识产权法律规定，对于展会上侵犯知识产权行为的认定

[1] 张岚 . 美国展会知识产权纠纷及应对 [EB/OL] .[2016-01-14].https://wenku.baidu.com/view/269c5009d5bbfd0a78567320.

和执法，适用美国相关法律中的一般性规定。美国法律保护的知识产权类型包括版权、专利（发明专利和外观设计）、商标、反不正当竞争（商业秘密、商业外观）等，这些知识产权都可以在展会上受到保护。未经权利人许可，在展会上展示、使用或销售侵权产品的行为都有可能侵犯知识产权，如展示假冒商品、展品装潢使用了他人的作品、使用盗版软件进行演示等。但美国法律关于专利侵权的认定条件与其他国家不太一致。未经专利权人许可，在美国的展会上展示、销售或使用专利产品，可能构成以许诺销售、销售或使用等形式侵犯美国专利权的行为。但根据美国法院的判例，仅仅在展会上展示、宣传侵权产品或是发放没有价格信息的产品资料册并不足以构成“许诺销售”或“使用”专利的行为，因此不能认定为侵权。不同行业的展会涉及的侵权行为类型会有不同，但主要是有关版权、专利或商标的侵权纠纷。

18.3.2 美国展会知识产权纠纷应对技巧

中国企业在美国展会遭遇知识产权纠纷的主要原因是独立创新能力相对较弱及知识产权意识淡薄，同时也存在知识产权人滥用权利恶意阻挠中国企业公平竞争的情形。因此有效地应对境外展会知识产权纠纷，对参展企业来说，最重要的是提高自身的科技研发能力，加强知识产权意识，用自有知识产权来捍卫自身权益。就每一次境外参展活动而言，企业可以进行适当的准备，以有效地控制侵权风险。针对知识产权纠纷，美国主要采取民事执法措施、刑事执法措施以及行政执法措施等，其中民事执法措施包括临时禁令、申请法院扣押涉案物品或人员以及起诉等。

18.3.2.1 民事执法措施

1. 非司法程序：警告信

对于普通的知识产权侵权行为，权利人只能通过向法院提起民事诉讼来寻求救济。但诉讼过程费时费力费钱，通过协商和解不失为较好的解决办法，所以权利人通常先向涉嫌侵权人发出警告信，要求其停止侵权。如果涉嫌侵权人置之不理，可能会逼迫权利人申请临时禁令甚至提起诉讼。如果未来被法院认定侵权成立，则因故意侵权须承担惩罚性赔偿。参展商收到警告信之后，首先应检查警告信是否符合形式要件

（1）主体是否合格，即发信人是否为知识产权权利人或其代理人。

（2）告知要件是否说明了涉及的知识产权、相关的法律及侵权的事实等。这些内容

都必须齐备才能产生告知效力。如果警告信没有法律效力或无合法理由，收件人无须回应。

如果在展会期间收到有法律效力的警告信，收信方应适当回应，最好先咨询专业律师。如果确信参展商品没有侵权，可以回复对方我方并未侵犯其权利，并附上事先准备好的权利证书、法律意见书等。如果侵权的可能性较大，则应撤下相关侵权物品，避免侵权责任的扩大。

2．临时禁令

临时限制令和初步禁令均是在法院尚未对案件实体问题作出裁决之前的救济措施

（1）临时限制令。

根据联邦民事诉讼程序规则第 65 条，为有效制止即将发生的侵权，权利人可以申请诉前临时限制令。获得临时限制令的条件和初步禁令的一样，申请人必须证明：

①申请人实体胜诉的可能性；

②如果拒绝发布禁令，申请人是否会遭受不可弥补的损害；

③申请人的损害是否大于相对人因发布禁令而遭受的损害；

④是否影响公共利益。

如果对这四项因素评估的结果显示有利于申请人，法官则可能在当天就颁发临时限制令。申请临时限制令时应提交担保，数额由法院核定，大致为相对人可能因临时限制令而遭受的损失或产生的费用等。但法院如果认为相关风险不存在或申请人受损的风险远大于相对人时，可能会放弃担保要求。符合一定条件时，临时限制令可以单方面签发，不必事先通知相对人。一般来说，一方单方提起动议的目的就是避免另一方事先有准备而采取对策。但实践中法院偏向于应事先通知相对人，以避免对相对人造成难以弥补的损害。在单方面签发临时禁止令的情形下，颁发临时限制令 2 天（法院也可以规定更短的期限）后，相对人可以申请撤销或变更临时限制令。法庭对此应尽快进行听证并做出裁决。如果限制令的签发没有事先通知相对人，法庭应尽快对临时禁令申请进行听证。经过听审，法官会决定是撤销临时限制令还是颁发初步禁令。如果在听证时申请人没有继续申请初步禁令或起诉，则法院会撤销临时限制令。

（2）初步禁令。

初步禁令适用于诉讼程序启动后至判决之前，用于阻止被告采取特定的行为。初步禁令必须通知相对人且经过听审程序。申请初步禁令时也必须提供担保。但如果相对人提供了相应的反担保，则可以不实行禁令。对于初步禁令可以提出上诉。相对来说，商标和版权的侵权案件中比较容易取得临时禁令，而专利侵权的临时禁令比较难以取得。因为专利的有效性或侵权构成难以凭借表面证据进行判断，一旦最终判定不侵权，则有可能对相对人造成难以弥补的损失。由于申请临时禁令需满足一定条件，要提供担保，相对人可以事先得到通知或事后在短时间内进行听审，所以美国知识产权人并不能借此轻易地阻挠涉嫌侵权的参展商。

如果参展商在展会上遭遇临时禁令、禁止令、扣押令及搜查令等，应执行命令，清除或交出有关的侵权展品或资料，不可以抗拒执法。即使对该命令有异议，可以在执行后法院审理时提出抗辩。如果经审理查明被执行人不构成侵权，被执行人可以另行起诉要求损失赔偿。

（3）扣押涉案物品或人员。

联邦民事诉讼规则第 64 条规定，在诉讼开始或进行过程中，为了保证在未来的诉讼中证据不会灭失或转移，或申请人胜诉的判决得以顺利执行，法院可以采取相应的措施，如扣押物品、冻结账户、拘留涉案人员等，具体类型由法院所在地的州法律所决定。这类似于中国法律中的证据保全或财产保全措施，但范围更广。州法院审理的案件可以在诉前执行相关措施，但联邦法院审理的案件必须在诉讼提起后才能执行。因此展会上的临时禁令可以结合这些措施对涉嫌侵权的参展商予以规制。

（4）正式起诉。

虽然对于展会上的侵权行为不容易取得临时禁令即时予以制止，但如果该参展商在此前还有其他侵权行为，权利人可以选择在参展商赴展后进行起诉，并在展会上送达传票同时实施临时禁令。这样不仅大大节约送达的成本，而且保证了送达的有效性。如果被告选择在美应诉，势必要面对巨大的诉讼成本。如果被告不应诉，由于无法在法庭上为自己辩解，则可能被缺席判决侵权成立。判决生效后，被告的产品或人员再次进入美国的时候就可以予以强制执行，包括在入境、再次参展以及进口销售等环节，执法机关可以对被告产品予以扣押、没收，要求被告支付相关费用和赔偿等。原告还可以把判决书等法律文件发放给被告在美国的合作伙伴，阻挠其继续和被告合作。

18.3.2.2 刑事执法措施

对于涉嫌犯罪的侵犯知识产权的行为，知识产权人可以向美国司法部下属的联邦调查局（FBI）举报，由其展开调查，调查手段包括执行搜查令和秘密执法等。调查完毕，由美国司法部领导的联邦检察官办公室决定是否提起公诉。实践中，刑事措施很少在展会上采用。

18.3.2.3 行政执法措施

美国对知识产权的保护主要通过司法途径实现，知识产权方面的行政机关如专利商标局、版权局等并无执法职能。涉及对外贸易，美国国际贸易委员会和美国海关负责对侵犯美国知识产权的外国产品的进口和销售进行审查，并采取有效的边境措施。

18.4 展会侵权纠纷案例

目前企业越来越趋向通过参加会展来发布自己的产品，提高知名度，争取客户和订单。然而当这么多的企业在展览主办方的安排下走上同一个舞台同场竞技，接踵而来的是发生在会展中各种各样的知识产权纠纷，发生在展会期间典型的侵权纠纷案例，例如博览会上“浙江某装饰品公司和德国某品牌卫浴公司”之间发生的纠纷案例；德国慕尼黑国际工程机械博览会上“徐工集团与杰西博公司”之间发生的纠纷案例；展览会上“利通公司与国望公司”之间发生的纠纷案例；美容行业展会上发生的纠纷案例；中国进出口商品交易会上发生的有关许诺销售的纠纷案例以及钟表展览会上“瑞士历峰集团与海鸥公司”之间发生的纠纷案例等展会过往侵权纠纷事件的详情如下。

18.4.1 案例 1：中国国际建筑贸易博览会卫浴产品被控侵权事件[1]

18.4.1.1 事件

2003 年第八届中国国际建筑贸易博览会上，在展览会开幕的第一天，会展主办方就收到了浙江某装饰品公司和德国某品牌卫浴公司的公函，两家企业声称有十几家参展企业的产品侵犯了他们的专利权，要求主办方给予妥善处理否则即申请法院进行证据保全，进场扣押被控侵权企业的参展产品。

---

[1] 马绍良 . 展会侵犯知识产权案例分析 [EB/OL].[2010-10-23].http://blog.sina.com.cn/s/blog_6d0895f70100m1mg.

18.4.1.2 界定

首先两家公司出示了他们的专利权属文件，两家公司出示的专利权属文件表明他们的专利均是外观设计专利。按照《中华人民共和国专利法》的规定“外观设计专利权被授予后，任何单位或者个人未经专利权人许可，都不得实施其专利，即不得为生产经营目的制造、销售、进口其外观设计专利产品”。故参展企业单纯的展览商品属于许诺销售行为，是一种销售的要约邀请，并不在专利法明确禁止之列，而参展企业一旦在展会上与客户达成订单则属于销售行为，则构成对专利权人的侵权。

18.4.1.3 处理结果

鉴于此，如果两家企业与其他企业僵持下去，则两家企业暂时并不能控告其他企业侵权，任由其他企业大肆宣传产品，两家企业的利益显然将受到损害，而其他企业也不能在展会上销售其产品，有动辄遭受侵权控诉之虞，处于进退两难之中。因此两家企业邀请上海市知识产权局执法部门出面与其他企业共同协商由其他企业撤除在展会上可能侵权的产品，两家企业不在展会中追究其他企业的责任，最终事情得以妥善解决、展会圆满结束。

18.4.2 案例 2：慕尼黑国际工程机械博览会徐工集团收到临时禁令[1]

18.4.2.1 事件

2010 年 4 月 19 日德国慕尼黑国际工程机械博览会（BAUMA2010）开展的当天，徐州工程机械集团有限公司（以下简称“徐工集团”）即收到杰西博工程机械有限公司（以下简称“JCB”）向德国慕尼黑地方高级法院申请的临时禁令。

18.4.2.2 界定

徐工集团聘请中国及德国的某律师对案件进行研究，认定自己的展品不构成侵权，并采取了相应的应对措施，通过诉讼维护其合法权益。

---

[1] 德马吉．我国企业应如何应对展会知识产权纠纷 [EB/OL].[2015-07-23].http://www.demage.com/news/20150723100039.

18.4.2.3 处理结果

德国慕尼黑地方高级法院经过几次开庭审理，最终于2010年11月24日作出判决，认定徐工集团并未侵犯JCB外形专利权，取消2010年4月19日的临时禁令，诉讼费用（包括法庭费用与双方律师费）由JCB承担，JCB还需向徐工集团交付相当于诉讼费用110%的保证金。

18.4.3 案例3：国望公司印刷装置侵权事件[1]

18.4.3.1 事件

1999年9月15日，利通公司向国家知识产权局提出了“一种切纸机推纸器导向装置”的实用新型专利申请，2000年6月3日该申请被授予专利权。2004年4月，利通公司在广州举办的“第十一届华南地区国际印前设备及印刷工业展览会”上，发现瑞安市国望公司有侵权行为，于是开始收集有关证据。之后，利通公司又分别在2004年第五届四川印刷博览会和第七届四川广告设备器材展览会布展时，再次发现了国望公司的侵权行为。浙江省瑞安市国望印刷机械有限公司未经专利权人德阳市利通印刷机械有限公司的许可，在展览会上展出专利权人的产品广告画册，于是在2004年9月24日，利通公司向四川省知识产权局提出调查处理请求，要求国望公司立即停止侵权。

18.4.3.2 界定

以前的《中华人民共和国专利法》中，只规定有生产、销售、使用和进口这四种行为才构成侵权。而许诺销售侵权，于2001年年底被列入《中华人民共和国专利法》，在中国即使侵权者没有销售行为，只要进行了商业展示同样也构成侵权。

18.4.3.3 处理结果

经过四川省知识产权局的调查，判定国望公司的行为侵犯了利通公司的专利权，最终依法责令国望公司停止侵权行为。

---

[1] 姚朔昂．四川首例博览会许诺销售侵权案尘埃落定[EB/OL].[2015-01-06].http://finance.sina.com.cn/g/20050106/22211276242.shtml.

18.4.4 案例 4：某款面膜包装机侵犯实用新型专利权事件[1]

18.4.4.1 事件

在国内某美容行业展会上，某乙公司收到了专利权人投诉，投诉理由是乙公司展示的某款面膜包装机侵犯了专利权人实用新型专利。

18.4.4.2 界定

一方面，乙公司的面膜包装机，外行人可以看得出是 1∶1 仿造别人专利；另一方面，乙公司无法举证说明这款面膜包装机的来源。

18.4.4.3 处理结果

受理投诉部门认定乙公司涉嫌侵犯专利权，要求乙公司立即将侵权产品撤离展会，并取消了乙公司下一年度的参展资格。

18.4.5 案例 5：在商品交易会上展示、许诺销售和销售的部分产品侵犯专利权事件[2]

18.4.5.1 事件

甲公司在中国进出口商品交易会上发现乙公司展示、许诺销售和销售的部分产品侵犯了其 " 多功能工具 " 发明专利权。在甲公司申请下，公证处对甲公司获得侵权产品的事实进行了公证，并封存了所获得的涉嫌侵权产品样品。甲公司认为乙公司未经甲公司许可许诺销售、销售该产品的行为侵犯了其专利权，故请求北京市知识产权局对被请求人侵犯其专利权行为进行认定，责令其停止侵权行为，并对赔偿进行调解。

18.4.5.2 界定

乙公司在中国进出口商品交易会展示侵权产品的行为，属于表达销售意愿的许诺销售行为，依法构成侵权。当许诺销售专利侵权产品在无法提供合法进货渠道时，需要向

---

❶ 驰锐 . 关于在展会中专利侵权的案例 [EB/OL].[2020-03-12].https://zhuanlan.zhihu.com/p/112641572.

❷ 越岭企服 . 在展会上展示专利侵权产品的行为 [EB/OL].[2018-07-15].https://www.sohu.com/a/241321970_100188511.

专利权人承担赔偿责任。乙公司主张其是销售商，不是生产商，故不承担赔偿责任，并出具了印有某公司不锈钢制品厂销售员的名片及其该厂印有被控侵权产品的宣传册，以及印有某公司五金小刀厂（分厂）印制的被控侵权产品的宣传册，以此证明自己有合法进货来源。但这些证据并不足以证明乙公司许诺销售专利侵权产品有合法进货渠道，因此，乙公司许诺销售专利侵权产品的行为构成专利侵权。

18.4.5.3 处理结果

北京知识产权局立案后，经过调解，乙公司支付甲公司一定数额的赔偿款，甲公司不再追究乙公司侵权责任。

18.4.6 案例 6：双陀飞轮机械表侵犯专利权事件[1]

18.4.6.1 事件

瑞士时间 2008 年 4 月 5 日下午 3 点，世界第一大奢侈品企业瑞士历峰集团旗下独立制表人格勒拜尔·福尔斯投诉海鸥展出的双陀飞轮机械表侵犯其专利权，要求海鸥公司立即交出双陀飞轮机械表展品并由巴塞尔钟表展组委会带走检查。

18.4.6.2 界定

海鸥手表双陀飞轮手表的展团备好了证明自身持有专利和技术自主的证明文件，并迅速由中方翻译、技术骨干和当地律师组成应诉团队与组委会进行沟通。

18.4.6.3 处理结果

4 个小时后出来的鉴定结果，证实巴塞尔钟表展览会展出的海鸥手表没有违反（瑞士联邦）专利法。

18.4.7 小结

（1）中国企业赴欧洲参展，主要存在五大典型侵权风险，包括被陷阱取证、在举办

---

[1] 智南针 . 海外参展应当关注的知识产权问题 [EB/OL].[2015-01-05].https://www.worldip.cn/index.php?m=content&c=index&a=show&catid=69&id=468.

国之外的地域发布他人在举办国注册登记知识产权产品的广告、颜色商标侵权、在广告中使用他人产品宣传自己的产品以及模仿专利保护已过期的技术产品等，其具体情况如下所示：

一是被陷阱取证。竞争对手或其律师伪装成客商身份，先询价，再下订单，诱使展商不经意间提供“侵权”证据。竞争对手会利用中外企业经营理念、营业习惯的区别，进行取证。常见方式如通过电子邮件取证、现场询价取证等。

二是在举办国之外的地域发布他人在举办国注册登记知识产权产品的广告。以德国为例，无论何种形式的广告，纸质、网站、电视等，只要存在向德国销售他人已在德国注册登记知识产权产品的广告的情形，或者主观上有在德国使用的意图，即使不将相关展品、宣传册、宣传画带到展会上，也属侵权。只要网站能够在德国打开，那么该网站上所作的宣传和广告都会受到德国法律的管辖。广告第一次侵权危险，是指存在明确的事实，能够证明权利人的权利将会受到侵害，目前虽然没有侵权，但已有可能导致侵权发生的行为。如果存在第一次侵权危险，权利人就具有预防侵权行为的请求权。

三是颜色商标侵权。颜色商标侵权是指商标本身没有任何具体问题，侵权发生在商标的颜色及颜色组合构成上。中企赴海外参展，往往忽略“颜色商标”侵权这一问题。判定侵权的依据包括通过市场随机调查，确定消费者认知度的高低；评价画面中侵权颜色是否特别显著以及颜色运用手法是否相类似等。

四是在广告中使用他人产品宣传自己的产品。需要注意的是，如果想合法使用他人产品宣传自己的产品，需要满足两个条件：①这种使用是必需的，是为了表示产品的用途而不是产品的来源。比如，使用汽车来为轮毂做广告。②不得违反公序良俗。

五是模仿专利保护已过期的技术产品。这种产品容易被认定为不正当竞争，判断依据是产品的整体造型中最突出的外部形象是不是个性化的，在该产品的主要消费者中是不是具有很高的认知度。如果不具有个性化的特征，则很容易被认定为模仿专利保护已过期的技术产品。

（2）面对展会上许诺销售专利侵权产品而造成的侵权纠纷，解决方式通常包括行政途径、司法途径以及协商途径等，其具体解决措施如下。

一是行政途径。①展会主办方设立知识产权投诉机构，权利人可将涉嫌侵权的行为向展会知识产权投诉机构投诉。②展会主办方未设立知识产权投诉机构或者即使设立了知识产权投诉机构，权利人也可向展会举办地的知识产权行政管理部门直接投诉。投诉人在投诉时应当提交专利证书、涉嫌侵权当事人的基本信息和涉嫌侵权的理由和证据。

③专利权人可向知识产权行政管理部门提出处理申请，要求知识产权行政管理部门作出处理决定。

二是司法途径。权利人可通过公证方式进行证据保全，在诉讼时效期间内向人民法院提起诉讼，要求参展商承担相应的侵权责任。

三是协商途径。被投诉人在获知相关投诉之后，如认可自己的行为构成专利侵权，可以与投诉方协商解决纠纷，也可以在知识产权行政管理部门的主持下达成和解。

附件

煤炭行业获中国专利奖清单

序号	专利号	专利名称	专利权人	发明人	奖项
1	ZL201110157137.4	恒阻大变形缆索及其恒阻装置	中国矿业大学（北京）	何满潮，陶志刚，张斌	金奖（第21届）
2	ZL201510856571.X	一种脱硝催化剂的再生方法和一种再生脱硝催化剂及其应用	国家能源投资集团有限责任公司，北京低碳清洁能源研究所	王宝冬，何发泉，林德海，马少丹，马子然，马静，孙琦	银奖（第21届）
3	ZL201510965171.2	一种气化炉用煤的配煤方法	神华集团有限责任公司，神华宁夏煤业集团有限责任公司	杨磊，井云环，焦洪桥，罗春桃，马乐波，夏支文，杨英	优秀奖（第21届）
4	ZL201510535353.6	一种纯水介质综采工作面支护系统	三一重型装备有限公司，中国神华能源股份有限公司神东煤炭分公司	李东，王海军，李勇，陈锷，刘文东	优秀奖（第21届）
5	ZL201410307419.1	一种用于测试锚杆综合力学性能的试验台及测试方法	天地科技股份有限公司	康红普，杨景贺，林健，吕华文，吴拥政，高富强，邵培森	优秀奖（第21届）

续表

序号	专利号	专利名称	专利权人	发明人	奖项
6	ZL201110026900.X	一种煤层底板注浆加固水平定向钻孔的施工方法	中煤科工集团西安研究院有限公司	董书宁，李泉新，石智军，张壮路，史海岐，张宏钧	优秀奖（第21届）
7	ZL201510178701.9	大坡度顺槽迈步自移设备列车	中国煤炭科工集团太原研究院有限公司，山西天地煤机装备有限公司	李刚，宋涛，宋德军，张银星，闫殿华，周凯，赵建武，赵帅，朱天龙，李莉，杨晓明，郭文孝，郭振兴，陈明程	优秀奖（第21届）
8	ZL201510819633.X	一种煤炭全粒级干法分选洁净工艺及系统	中国矿业大学	赵跃民，张博，段晨龙，骆振福，周恩会，杨旭亮，宋树磊	优秀奖（第21届）
9	ZL201410236421.4	累积变形加载真三轴试验箱	山东科技大学	陈绍杰，王怀远，闵瑞，刘小岩，尹大伟，朱彦	优秀奖（第21届）
10	ZL201510116512.9	一种柱旁双侧部分充填上行复采蹬空煤层的方法	太原理工大学	冯国瑞，白锦文，李振，张玉江，戚庭野，郭军，张钰亭，康立勋	优秀奖（第21届）
11	ZL201710099225.0	一种矿用全断面硬岩掘进机及其循环掘进方法	淮南矿业（集团）有限责任公司	唐永志，曹承平，温福平，张继兵，王传兵，唐彬，陈元新，王要平，王成博，赵先发，张俊卿，程志，侯俊领	优秀奖（第21届）
12	ZL200610048298.9	一种甲醇一步法制取烃类产品的工艺	中国科学院山西煤炭化学研究所，赛鼎工程有限公司，云南煤化工集团有限公司	李文怀，张庆庚，胡津仙，潘国平，程建斌，袁斌，杨挺，张侃，张建得，方勇	优秀奖（第21届）
13	ZL200610068517.X	矿用智能型乳化液泵站	山东名盾防爆装备科技有限公司	冯宝令，李金宝，李柏林，王志涛	优秀奖（第21届）

续表

序号	专利号	专利名称	专利权人	发明人	奖项
14	ZL201310178987.1	采集时间控制模式下的多线程数据采集系统同步控制方法	中国矿业大学（北京），彭苏萍，许献磊，杨峰，杜翠，彭猛	彭苏萍，许献磊，杨峰，杜翠，彭猛	金奖（第20届）
15	ZL03151109.0	一种连续操作的气液固三相浆态床工业反应器	上海兖矿能源科技研发有限公司	孙启文，朱继承，耿加怀，王信，韩晖	银奖（第20届）
16	ZL200810106373.1	一种超大采高液压支架	天地科技股份有限公司	王国法，曾明胜，马端志，袁晓东，张银亮，宋智鹰，牛艳奇，孟传明	优秀奖（第20届）
17	ZL201210096577.8	煤矿巷道卸压水力压裂方法及装置	天地科技股份有限公司	康红普，冯彦军，吴拥政	优秀奖（第20届）
18	ZL201310701594.4	无底柱分段崩落法采矿中段平稳转换方法	中国华冶科工集团有限公司	李海亮，吕保，李振林，杜兴光	优秀奖（第20届）
19	ZL201410051006.1	瓦斯预抽钻孔煤屑回填封孔方法	河南理工大学	李辉，魏建平	优秀奖（第20届）
20	ZL201410334414.8	一种高瓦斯煤层冲割压抽一体化的卸压增透瓦斯抽采方法	中国矿业大学	林柏泉，杨威，李贺	优秀奖（第20届）
21	ZL201410784028.9	一种基于地基合成孔径雷达的边坡安全监测预警方法	中国安全生产科学研究院	王彦平，王云海，马海涛，谭维贤，张兴凯，洪文，于正兴，杨晓琳，岳康，谢旭阳，梅国栋	优秀奖（第20届）
22	ZL201510812138.6	雾化喷嘴及固定床	神华集团有限责任公司，神华宁夏煤业集团有限责任公司，中国船舶重工集团公司第七一一研究所	庄壮，匡建平，雍晓静，梁健，罗春桃，张世程，苏慧，江永军，王峰，张伟	优秀奖（第20届）

续表

序号	专利号	专利名称	专利权人	发明人	奖项
23	ZL201310158624.1	煤层气专用的基于甲醇气态回收的恒温露点控制橇装装置	中国石油天然气股份有限公司，中石油煤层气有限责任公司，北京迪威尔石油天然气技术开发有限公司	王予新，刘世泽，张莹，綦晓东，胡成勇，王亚彬，周岩	优秀奖（第20届）
24	ZL201410252808.9	一种以炼焦用煤镜质组反射率为主要指标	鞍钢股份有限公司	庞克亮，王明国，赵恒波，郑晓蕾，栗红，刘冬杰	优秀奖（第20届）
25	ZL201410294510.4	掘采设备	三一重型装备有限公司	侯宝革，牛建强，吴海岭	优秀奖（第20届）
26	ZL201510124952.9	活性焦/炭烟气脱硫及解吸集成系统	中冶华天工程技术有限公司，中冶华天（安徽）	王浩，詹茂华，陆培兴	优秀奖（第20届）
27	ZL201310556488.1	一种旋流干煤粉气化炉	神华集团有限责任公司，神华宁夏煤业集团有限责任公司	姚敏，马银剑，罗春桃，黄斌，井云环，徐才福，张志华，杨巍巍，赵涛	金奖（第19届）
28	ZL201310598737.3	一种大吨位窄长外动力式曲轨卸载箕斗	徐州煤矿安全设备制造有限公司，中国矿业大学	朱真才，胡长华，周公博，曹国华，李伟，陈国安，彭玉兴，杜庆永	优秀奖（第19届）
29	ZL201310052598.4	煤矿机电设备数据采集解析网关	中国矿业大学	夏士雄，陈朋朋，肖硕	优秀奖（第19届）
30	ZL201410526314.5	一种固体充填与综采混合式工作面开采方法	中国矿业大学，徐州中矿贝壳迈宁矿业科技有限公司	张吉雄，张强，巨峰，李剑，殷伟，赵叙	优秀奖（第19届）
31	ZL201510106828.X	巨厚坚硬顶板高瓦斯厚煤层顶板控制和提高瓦斯抽放效率的方法及钻孔机具	中国矿业大学（北京）	岳中文，许鹏，杨仁树，宋俊生，胡少银，张继兵，魏廷双，李清	优秀奖（第19届）

续表

序号	专利号	专利名称	专利权人	发明人	奖项
32	ZL201010268446.4	地面钻井套管变形破坏安全性分析方法及分析系统	中煤科工集团重庆研究院有限公司	林府进，孙海涛，陈金华，李日富，孙炳兴	优秀奖（第19届）
33	ZL201010234399.1	远程控制的井下瓦斯抽采钻机	中煤科工集团重庆研究院有限公司	刁文庆，王清峰，陈松林，鲁远祥，辛德忠，万军，李文树，肖玉清，黄昌文，陈久福，罗明华，王宇，蒲剑，陶勇，陈小平，杨燕鸽，薛彦波	优秀奖（第19届）
34	ZL201410245594.2	一种在线/离线煤层瓦斯压力监测分析系统	煤炭科学技术研究院有限公司	常未斌，张浪，张辉，汪东，安赛，孙晓军，潘多伟，季文博	优秀奖（第19届）
35	ZL200810157532.0	一种醋酸脱碘精制方法	兖矿鲁南化工有限公司，兖矿集团有限公司	张志伟，李志远，裴学成，孙永奎，李智，吴旭，李涛	优秀奖（第19届）
36	ZL200910187607.4	油页岩干馏回收工艺	抚顺矿业集团有限责任公司	韩放，鲍明福，高健，星大松，陈胜中，许辉，曲羡，李柏，魏永臣，张晶，陈维思	优秀奖（第19届）
37	ZL201210348378.1	深长非线性钻孔孔内远距离封孔分段注浆系统及工艺	山东能源集团有限公司	翟明华，李术才，卜昌森，孙春江，李伟，郭信山，刘人太	优秀奖（第19届）
38	ZL201410531367.6	一种用于气流床气化炉的粉煤燃烧器	科林未来能源技术（北京）有限公司	单育兵，张亚红	优秀奖（第19届）
39	ZL201210518327.9	一种费托合成废水在煤炭间接液化生产中循环利用系统及方法	内蒙古伊泰煤制油有限责任公司	何银宝，毕冬冬，徐延鹏	优秀奖（第19届）

续表

序号	专利号	专利名称	专利权人	发明人	奖项
40	ZL201310429644.8	矿山井下导水构造带的探测定位方法	中国华冶科工集团有限公司	何磊，张连恒，马银	优秀奖（第19届）
41	ZL01135221.3	利用煤矸石制造硅酸铝陶瓷纤维的方法及其应用	山东鲁阳股份有限公司	鹿成洪，鹿成会，任大贵，苗海波，李京友	优秀奖（第18届）
42	ZL03151108.2	一种微球状费托合成铁基催化剂及其制备方法	上海兖矿能源科技研发有限公司	孙启文，耿加怀，王信，张高博，杨文书，周标	优秀奖（第18届）
43	ZL200810230940.4	煤矿井下钻孔水力压裂增透抽采瓦斯工艺	河南理工大学	苏现波，刘晓，倪小明，郭红玉，林晓英，宋金星	优秀奖（第18届）
44	ZL200910033721.1	一种采煤固体物充填方法	中国矿业大学，江苏中矿立兴能源科技有限公司	缪协兴，张吉雄，周楠，巨峰，黄艳利	优秀奖（第18届）
45	ZL201010107217.4	一种磁悬浮陀螺全站仪	长安大学	杨志强，杨建华，石震，杨帅	优秀奖（第18届）
46	ZL201210070767.2	一种巷道超静定防冲四维支护装置及其支护方法	中国矿业大学	马占国，张帆，马云靖	优秀奖（第18届）
47	ZL201210291852.1	正负压联合栓流定点取样装置	中煤科工集团重庆研究院有限公司	胡千庭，文光才，隆清明，王艺树，康建宁，刘胜，李秋林，吴教锟，吕贵春，马代辉，张淑同，刘志伟，黄长国，李建功，张睿	优秀奖（第18届）
48	ZL201310001976.6	二氧化碳开采器	煤炭科学技术研究院有限公司	霍中刚，温良，倪昊，黄圆月，孙小明，尹岚岚	优秀奖（第18届）

续表

序号	专利号	专利名称	专利权人	发明人	奖项
49	ZL201310051688.1	改性 HZSM-5 分子筛催化剂的制备方法及该催化剂	神华集团有限责任公司，神华宁夏煤业集团有限责任公司	姚敏，刘万州，王峰，焦洪桥，罗春桃，张建寿，艾宇廉，雍晓静	优秀奖（第 18 届）
50	ZL201310202102.7	一种矿区分布式煤矿抽采瓦斯热电冷多联产能源系统	中国矿业大学	林柏泉，李庆钊	优秀奖（第 18 届）
51	ZL201210359641.7	深部软岩巷道三维预应力钢绞线壁后充填支架支护体系	山东大学	李术才，王琦，李为腾，王富奇，苗素军，王德超，王洪涛，张波，李智	优秀奖（第 18 届）
52	ZL201210134162.5	一种矿井地下水的分布式利用方法	中国神华能源股份有限公司、中国矿业大学（北京）	顾大钊、张凯、陈苏社、魏文玉、杨峰	金奖（第 17 届）
53	ZL200910185319.5	一种采空区袋式充填方法	冀中能源邯郸矿业集团有限公司、中国矿业大学	孙春东、李风凯、冯光明、胡海江、韩晓东	优秀奖（第 17 届）
54	ZL200910083047.8	一种活性焦及其制备方法和应用	煤炭科学技术研究院有限公司	梁大明、孙仲超、李兰廷、李雪飞、夏景源、董卫果、刘春兰、国晖、王鹏、邓一英、文芳、熊银武、李艳芳、王岭	优秀奖（第 17 届）
55	ZL200710019307.6	双组超静定网梁激振板块式组合承重梁特大型振动筛	中国矿业大学	赵跃民、张成勇	优秀奖（第 17 届）
56	ZL200610135089.8	大坡度掘进机	三一重型装备有限公司	侯宝革、梁坚毅、李恩龙、史成建、陈锷、王志刚	优秀奖（第 17 届）
57	ZL200910182117.5	突出危险煤层石门快速揭煤方法	中国矿业大学	林柏泉、吴海进、杨威、翟成	优秀奖（第 17 届）

续表

序号	专利号	专利名称	专利权人	发明人	奖项
58	ZL201110178442.1	用于矿用液压支架立柱的激光熔覆方法	山东能源重装集团大族再制造有限公司、山东能源重型装备制造集团有限责任公司	李希勇、周峰、杨庆东、张延亮、苏伦昌、董春春、澹台凡亮	优秀奖（第17届）
59	ZL201110180117.9	综放工作面后部输送机交叉侧卸布置配套方式与支架结构	天地科技股份有限公司、兖州煤业股份有限公司	李位民、王国法、金太、李明忠、时成忠、吴立忠、孟祥军、王彪谋、张崇宏、胡万昌、刘健、王春生、刘壮、冯立友、亓玉浩、任怀伟	优秀奖（第17届）
60	ZL201110182517.3	煤基甲醇制丙烯工艺中激冷系统油水分离方法及其装置	神华集团有限责任公司、神华宁夏煤业集团有限责任公司、中国寰球工程公司	袁玉龙、钱效南、王军、许贤文、陈四仿、李云、马文瑞、王勇、张勇、岳国印、关翀	优秀奖（第17届）
61	ZL201110331711.3	用于液压支架自动焊接的双面装卡工件的变位装置	山西晋煤集团金鼎煤机矿业有限责任公司	赵旭东、赵喜增、张成成、卞卫忠、张志鹏	优秀奖（第17届）
62	ZL201120402666.1	一种液压支架试验台	煤炭科学技术研究院有限公司	刘金国、刘欣科、王勇、翟京、沙宝银、孙红波	优秀奖（第17届）
63	ZL201210118072.7	一种煤矿瓦斯抽采管道电液联动快速截止阀	煤炭科学研究总院沈阳研究院	祝钊、孙凡、赵克涛、王国辉、冯智鹏、陈骋、王启明、白雪	优秀奖（第17届）
64	ZL200710188396.7	一种利用低阶煤制备高浓度水煤浆的方法	煤炭科学技术研究院有限公司	何国锋、史明志、段清兵、王国房、贾传凯、梁兴、纪磊、刘解、王秀月、郭志新、张胜局、颜淑娟、莫日根、刘烨炜、杜丽伟、张桂玲、孙海勇、温泉、苏鑫、徐明磊、张静	优秀奖（第16届）

续表

序号	专利号	专利名称	专利权人	发明人	奖项
65	ZL201110184606.1	煤基甲醇制丙烯工艺中失活催化剂的再生方法	神华集团有限责任公司、神华宁夏煤业集团有限责任公司、中国石油大学（北京）	姚敏、焦洪桥、罗春桃、张伟、张堃、王峰、雍晓静、王军、袁玉龙、窦涛、巩雁军、温鹏宇	优秀奖（第16届）
66	ZL200910182752.3	一种区域瓦斯治理钻爆压抽一体化防突方法	中国矿业大学	林柏泉、杨威、郝志勇、翟成	优秀奖（第16届）
67	ZL201110242229.2	一种刨煤机液压支架自动移架方法、装置及系统	三一重型装备有限公司	吴青、李勇、宫富章	优秀奖（第16届）
68	ZL201010534232.7	一种矿井提升机恒减速安全制动系统及制动方法	中信重工机械股份有限公司、	刘大华、张凤林、王继生、孙富强、张伟、张步斌、赵宝法、朱峰、姜海涛、程爱学、吕翔	优秀奖（第16届）
69	ZL200710176062.8	煤基直接还原铁转底炉及其燃烧方法	北京神雾环境能源科技集团股份有限公司	吴道洪、谢善清、王东方、阮立明	优秀奖（第16届）
70	ZL200710113441.2	一种用于醋酸、醋酐合成的催化剂体系及其应用	兖矿鲁南化肥厂	吕运江、吴永国、李胜果、陶美玲、孙清涛、张雷	优秀奖（第16届）
71	ZL200710024859.6	沿空留巷Y型通风采空区顶板卸压瓦斯抽采的方法	淮南矿业（集团）有限责任公司、安徽建筑工业学院、煤矿瓦斯治理国家工程研究中心	袁亮、程桦、李平、张士环、卢平、郑群、周德昶、廖斌琛、柏发松、汪经业、夏抗生、姚尚文	金奖（第15届）
72	ZL03153377.9	一种高分散铁基煤直接液化催化剂及其制备方法	煤炭科学研究总院北京煤化工研究分院	舒歌平、李文博、史士东、李克健、吴春来、周铭、杜淑凤、霍卫东、何平	优秀奖（第15届）

续表

序号	专利号	专利名称	专利权人	发明人	奖项
73	ZL200710061571.6	一种煤矿井下短臂采煤铲车	煤炭科学研究总院太原分院、煤炭科学研究总院山西煤机装备有限公司	张国栋、李春英、赵瑞萍、金江、王德光、石岚、石涛、袁晓明、侯林、王勇、侯胜光、李辉、张学荣、王喜胜、代立明、李宁廷、王花鱼、张雷	优秀奖（第15届）
74	ZL200910182119.4	高压射流钻割一体化卸压防突方法	中国矿业大学	林柏泉、翟成、吴海进、张连军、杨威	优秀奖（第15届）
75	ZL201110279898.7	井下可移动分体式救生舱系统	煤炭科学研究总院沈阳研究院	王建国、李长录、刘景顺、张志强、马丽娟、付文俊、祝海锋、李中求、许健、尹瑞光	优秀奖（第15届）
76	ZL200410043708.1	中高温煤焦油加氢裂化工艺	陕西煤业化工集团神木天元化工有限公司	王守峰、吕子胜	优秀奖（第15届）
77	ZL201230008092.X	采煤机	三一重型装备有限公司	黄向阳、苑雪涛、陈锷、郎国军、成文广、尹力、李占权、严海纲、杨瑞峰、申磊、李庆茹、栾薇薇、陈艳秋、王丹玉、蒋卫卫	外观设计优秀奖（第15届）
78	ZL200410070249.6	一种煤炭直接液化的方法	神华集团有限责任公司、中国神华煤制油化工有限公司	张玉卓、舒歌平、金嘉璐、崔民利、吴秀章、任相坤、徐耀武、梁仕普、黄剑薇、袁明、高聚忠、朱豫飞	金奖（第14届）
79	ZL200510080337.9	一种中小型工业煤粉锅炉系统	煤炭科学研究总院北京煤化工研究分院	王乃继、纪任山、王昕、麻林、何海军、范玮、肖翠微、冀飞、高明山	优秀奖（第14届）
80	ZL200810226662.5	复合护帮液压支架及其应用	中煤北京煤矿机械有限责任公司	包冬生、刘国柱、张守祥、王建、陈宇、钱建钢、仲丛和	优秀奖（第14届）

续表

序号	专利号	专利名称	专利权人	发明人	奖项
81	ZL200710157712.4	智能型全自动联合采煤系统	三一重型装备有限公司	黄向阳、周万春、吴佳梁、梁坚毅、李勇、贾承志、陈锷、尹力、张天然、金全、刘召安、刘文东、丁少华、佟海龙、刘华	优秀奖（第14届）
82	ZL200710193412.1	煤矿低浓度瓦斯安全输送方法及输送系统	淮南矿业（集团）有限责任公司	袁亮、金学玉、范辰东	优秀奖（第14届）
83	ZL200710119756.8	矿山充填设备	中国恩菲工程技术有限公司	于润仓、施士虎、张敬、李浩宇	优秀奖（第14届）
84	ZL200710018440.X	履带式全液压坑道钻机	煤炭科学研究总院西安研究院	殷新胜、田宏亮、姚克、孙保山、郐迪	优秀奖（第14届）
85	ZL200730285323.0	巷道掘进机	三一重型装备有限公司	毛中吾、汪晓光、刘华、陈慧丹	外观设计金奖（第13届）
86	ZL200410036476.7	电液控制放顶煤方法及其液压支架	兖州煤业股份有限公司	杨德玉、金太、来存良、李佃平、李正龙、孟祥军、韩纪志、谢强珍、刑士军、张善波、吕迎春	优秀奖（第13届）
87	ZL200710179466.2	双伸缩立柱全能升柱系统及矿用液压支架	中煤北京煤矿机械有限责任公司	胡志永、王建	优秀奖（第13届）
88	ZL200610047805.7	高强磁煤用重介质磁选机	抚顺隆基电磁科技有限公司	张承臣、李恒盛、朱春生、殷胜民	优秀奖（第13届）
89	ZL200710099134.3	循环煤流化床煤气发生炉系统	广东科达机电股份有限公司、马鞍山科达洁能股份有限公司	谢志平	优秀奖（第13届）

续表

序号	专利号	专利名称	专利权人	发明人	奖项
90	ZL200410093976.4	双质体稳定节能筛	天津大学、平顶山天安煤业股份有限公司田庄选煤厂	陈予恕、曹树谦、高亚平、林建	优秀奖（第12届）
91	ZL200710012409.5	硬岩掘进机	三一重型装备有限公司	李恩龙，梁坚毅，侯宝革，刘德林，牟东	优秀奖（第12届）
92	ZL03157066.6	干法分选床、采用该分选床的复合式干法分选机及分选装置	唐山市神州机械有限公司	李功民、杨云松	优秀奖（第12届）
93	ZL200610012308.3	煤矿用防爆式支架搬运车	煤炭科学研究总院太原分院	雷煌、王步康、王明普、马涛、金江、常凯、丁永成、赵明岗、柳玉龙、周旭、刘惠莉、年魁、李文军、刘希望、王文华、张春英、刘映刚、张福祥、仇卫健、马凯	优秀奖（第11届）
94	ZL98111185.8	预测含气煤岩砼灾害的方法及装置	中国矿业大学	何学秋，王恩元，钱建生，刘富强，刘贞堂，陈治国	优秀奖（第11届）
95	ZL200510044290.0	煤矿瓦斯与细水雾混合输送方法及装置	胜利油田胜利动力机械有限公司	陈宜亮，马晓钟，孙佳俊，齐志军，张华儒	优秀奖（第11届）
96	ZL98110616.1	多喷嘴对置式水煤浆或煤粉气化炉及其应用	华东理工大学、水煤浆气化及煤化工国家工程研究中心	于遵宏、龚欣、吴韬、王辅臣 于广锁、潭群钊	优秀奖（第10届）
97	ZL99112531.2	一种低位放顶煤液压支架	兖矿集团有限公司、煤炭科学研究总院北京开采研究所	谢斌、乔秀蕊、孟凡增、曹铁生、潘庆琦、刘九丰、王恩鹏、胡万昌、曾明胜	优秀奖（第9届）